CONÉCTATE CON CRISTO Y SU PALABRA

CLIC

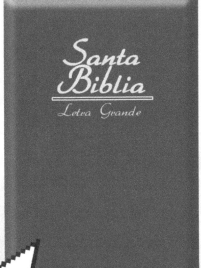

Santa Biblia

Letra Grande

INCLUYE:

52 lecciones para todo el año, recursos para la enseñanza de cada lección
y las hojas de trabajo fotocopiables para adolescentes de 12 a 17 años
y jóvenes de 18 a 23 años

LIBRO 6

Picavea, Patricia
    Clic 6 : conéctate con Cristo y su palabra . - 1a ed. - Derqui : Casa Nazarena de Publicaciones, 2015.
    276 p. ; 19x27 cm.

    ISBN 978-987-1340-62-0

    1. Educación Religiosa. 2. Cristianismo. I. Título
    CDD 268.4

Fecha de catalogación: 25/06/2015

Publicado por
Casa Nazarena de Publicaciones
17001 Praire Star Parkway
Lenexa, KS 66220 EUA.

informacion@editorialcnp.com • www.editorialcnp.com

Patricia Picavea, Editora
Diseño de portada: Isabel Ambrosio
Diagramación de interior: Slater Joel Chavez / www.slaterdesigner.com

ISBN 978-987-1340-62-0

Categoría: Educación cristiana

Impreso en Argentina
Printed in Argentina

Contenido

Presentación

Es importante reconocer que el ministerio de enseñanza para adolescentes y jóvenes es un trabajo muy serio; más si entendemos que es en esta etapa donde tomarán decisiones que afectarán el resto de sus vidas. Muchas de las personas que nos rodean tomaron la decisión de que profesión iban a estudiar y ejercer, con quién se iban a casar, en qué iglesia se iban a congregar y donde iban a servir, en ésta etapa. Considere cuántos de los miembros de nuestras iglesias tomaron sus decisiones espirituales más importantes en la adolescencia o juventud.

El hecho que usted o su iglesia hayan adquirido Clic para enseñar muestra la importancia que están dando a la formación de la vida cristiana de los adolescentes y jóvenes.

Todas las lecciones de este libro están basadas en las Sagradas Escrituras, preparadas y escritas por un equipo internacional de pastores y líderes juveniles. Deseamos que tanto usted como maestro o maestra como sus alumnos disfruten de esta maravillosa experiencia que es la enseñanza y el aprendizaje.

Clic 6 cuenta con ocho unidades que abarcan 52 lecciones en total, para ser utilizadas durante todo un año. Cada unidad no tiene el mismo número de lecciones, pues varía de acuerdo al objetivo y tema de cada una de ellas.

Entendemos que cada edad tiene sus características, por eso Clic se ha diseñado para enseñar adolescentes de 12 a 17 años y jóvenes de 18 a 23 años, de manera más efectiva. Las lecciones bíblicas son iguales para los dos grupos, pero las dinámicas introductorias y las actividades para el alumno son diferentes. Usted puede adaptarlas de acuerdo a las necesidades y facilidades que tenga su iglesia local o el lugar donde se reúnan.

En cada lección, usted, encontrará las siguientes secciones:
- El Objetivo de la lección. Que es lo que se espera cumplir o alcanzar al finalizar la misma.
- La sección Conéctate, que es la introducción al tema. Aquí se encuentra la Dinámica introductoria para cada edad.
- La sección ¡A Navegar!, es el desarrollo de la lección.
- La sección Descargas es donde se encuentra la actividad práctica para cada grupo de edad. En este libro usted tiene las respuestas a cada actividad. Estamos conscientes que a través de esta actividad, usted podrá realizar una retroalimentación y fijar el principio fundamental en la mente y corazón de sus alumnos y alumnas.
- Finalmente, usted encontrará al inicio y al final de cada lección, un recuadro con una Advertencia. La del inicio le ayudará a dar seguimiento a la sección ¡Vamos al chat! presentada la lección anterior. La Advertencia del final le recordará trabajar con la sección ¡Vamos al chat! de la siguiente lección, que aparece en las hojas de trabajo del alumno.

En la hoja de trabajo en el libro del alumno, encontrará las siguientes secciones:
- Conéctate. Tiene el versículo bíblico para memorizar. Una parte importante en el aprendizaje es la memorización.
- Descargas. Es la actividad práctica para cada edad.
- ¡Vamos al chat! Es un reto o desafío personal que se relaciona con la lección para que el adolescente joven realice durante la semana.
- Sabías qué... Aquí encontrará datos curiosos o relevantes acerca del tema tratado.

Es nuestro deseo que por medio de este material pueda guiar a sus alumnos a un continuo crecimiento, comience ya.

Patricia Picavea

Editora, Publicaciones ministeriales

A y u d a s

para la maestra y el maestro

Alcanzar inteligentemente a la juventud es vital para el crecimiento y desarrollo de la iglesia. La mayor parte del liderazgo evangélico coincidirá con esta afirmación. Por otro lado ser maestro de Escuela Dominical es un privilegio que Dios nos da y a la vez constituye una gran responsabilidad.

El privilegio de enseñar viene de haber sido enseñados primero y del mandato que hemos recibido de Jesús de enseñar a otros (Mateo 28:20). Si comprendemos bien la dinámica de la enseñanza, no nos asustará la responsabilidad, sino que gozaremos el privilegio y nos capacitaremos constantemente para formar a Cristo en otros.

Le animamos a que estudie cuidadosamente y con anticipación cada lección. De esa manera tendrá un mejor dominio de cada tema y sin duda alguna será un tiempo de crecimiento espiritual.

Preparación de la lección

1. Ore al Señor pidiéndole sabiduría y discernimiento para entender los pasajes bíblicos de estudio y poder aplicarlos primeramente a su vida. No olvide orar por sus alumnos para que sean receptivos a la enseñanza de la Palabra de Dios.
2. Prepare un lugar sin distracciones para estudiar la lección, donde tenga una mesa o escritorio. Es importante contar con algunos útiles como: hojas, lapiceros, lápices, borrador, etc.
3. En la medida de sus posibilidades, además del libro Clic, tenga a mano un diccionario de idioma español, un diccionario bíblico y algunos buenos comentarios bíblicos.
4. Lea la lección del Clic las veces que sean necesarias al principio de la semana. Esto le ayudará a preparar los materiales que puede necesitar para la clase, a estar atento a noticias y otros datos que podría incluir en la lección que está preparando.
5. Busque en la Biblia y lea cada pasaje indicado.
6. Lea el objetivo de la lección para saber a donde dirigir a sus alumnos y alumnas.
7. Escriba en una hoja el nombre de la lección, cuáles son los puntos que se desarrollarán, luego escriba el título del primer punto y vaya desarrollando su propio resumen conforme estudia la lección. Escriba y resalte las citas bíblicas que se leerán durante la clase.
8. Anote el significado de palabras que desconozca, de tal manera que pueda entender mejor la lección y explicar a las personas que eventualmente le pregunten.
9. Revise bien la hoja de trabajo para estar seguro de que comprendió lo que tienen que hacer los alumnos y el desafío de la lección en la sección ¡Vamos al chat!

Presentación de la lección

1. Llegue temprano a su lugar de clase. Es importante que cuando llegue la primera persona usted ya esté allí.
2. Cambie la posición de las sillas (semicírculo, círculo, grupos, etc). Esto hará que el grupo se sienta más cómodo para participar y no sienta que todo es muy rutinario.
3. Antes de iniciar la lección, dé la bienvenida a sus alumnos. Esto le permitirá crear un ambiente agradable de estudio. Interésese por las personas y ore por aquellos que tienen necesidades.
4. Comience la clase con una oración, pidiéndole al Señor que Él les permita entender su Palabra y les dé la disposición de obedecerla.
5. Escriba en la pizarra: El título de la lección y el texto para memorizar. Lea con sus alumnos el texto

para memorizar varias veces. Una vez que inicie la lección escriba en un extremo de la pizarra los puntos principales de la lección. Esto le permitirá tener a la vista la secuencia de los puntos que enseñará.

6. Haga la dinámica lo más atractiva posible.
7. Lleve un orden en el desarrollo del tema. Escriba el título del punto 1 y empiece a explicarlo. Utilice la pizarra como recurso didáctico para anotar palabras claves, respuestas a preguntas de la Hoja de trabajo, etc.Cuando termine el punto 1, escriba el título del punto 2 y así sucesivamente.
8. Dedique unos minutos para comentar cómo aplicaremos las verdades bíblicas a nuestra vida diaria.
9. Lea el Sabías que... y ¡Vamos al chat! antes de terminar.
10. Invítelos a asistir la próxima vez que se reúnan. Motívelos a invitar a otras personas a la clase. Termine la clase con una oración.

Otras sugerencias

1. Metas y Premios: Puede ofrecer un premio sencillo para los alumnos que: Aprendan todos los textos para memorizar y los digan ante la clase; completen todas las Hojas de trabajo y asistan puntualmente.
2. Certificado: Si desea a los alumnos que fueron fieles o no se ausentaron más de una o dos clases en el estudio de la unidad les puede entregar un certificado con el nombre de la unidad correspondiente. Esto puede dar la idea de que va avanzando en su aprendizaje y puede motivar a otros a que asistan fielmente.
3. Disfrute de la clase y permita que sus alumnos también lo hagan. Confíe en el Señor y ore para que Él haga que cada palabra llegue al corazón de sus alumnos.

Patricia Picavea

Editora, Publicaciones ministeriales

Parte 1

Lecciones para la maestra y maestro

Un libro actual

Objetivo: Reafirmar en el joven el valor de la Biblia como el único manual de la vida cristiana en todos los tiempos.

Para memorizar: "Para siempre, oh Jehová, permanece tu palabra en los cielos" Salmo 119:89.

Advertencia

Tome un momento para evaluar la lista hecha en la lección anterior de metas y situaciones que debían dejar. Si lo considera oportuno deje pasar más tiempo.

Aceptar

Conéctate | ¡A Navegar! | Descargas

Dinámica introductoria (12 a 17 años).

- Materiales: Periódicos.
- Instrucciones: Divida a la clase en grupos, y a cada uno de estos entrégueles periódicos. Después, escriba en una pizarra las siguientes palabras: Moda, tecnología, política, violencia, economía y diversión. Luego, pida que ejemplifiquen esas palabras con noticias que aparezcan en los periódicos que se les entregó. Al final de la dinámica, comente con los alumnos cómo es que han evolucionado o cambiado esos ítems con relación a cinco años atrás.

Dinámica introductoria (18 a 23 años).

- Materiales: Hojas y lápices.
- Instrucciones: Divida a sus alumnos en grupos, y asígneles a cada uno los siguientes temas: Los cambios en la moda; los cambios en la computación; y los cambios en la comunicación. Indíqueles que deben explicar el desarrollo de cada uno de esos temas en los últimos 8 o 10 años.
  Luego, hagan entre todos una comparación entre la vigencia del mensaje bíblico con el paso del tiempo y los temas que desarrollaron anteriormente. ¿Qué tan vigente es la Biblia hoy?

Conéctate | **¡A Navegar!** | Descargas

La Biblia es el libro más conocido; y también, es el libro que se ha traducido a casi todos los idiomas. Es el mismo que se ha publicado a lo largo de todo el mundo, asimismo, es preciso mencionar que este maravillo libro fue escrito por más de 40 escritores durante un período de 1500 años; no obstante, su coherencia, veracidad e importancia permanecen hasta hoy.

La Biblia contiene una gran cantidad de información acerca del mundo natural, que ha sido confirmada por investigaciones y observaciones científicas. Muchos sucesos históricos registrados en la Biblia han sido confirmados por fuentes extrabíblicas. Con frecuencia, la investigación histórica muestra grandes similitudes entre la información bíblica y la información extrabíblica de los mismos eventos. En muchos casos, se ha reconocido que la Biblia es históricamente más precisa.

Sin embargo, debemos tener presente que la Biblia no es un libro de historia ni un texto de psicología o una publicación científica. La Biblia es mucho más que todo eso: Es la descripción que Dios nos da acerca de quién es Él, de lo que Él desea y cuáles son sus planes para la humanidad. Es allí donde radica su permanencia y actualidad.

El cambio es moverse de una situación o estado a otro. El mundo está en constante cambio. Así pues, hay cambios en la sociedad, en los conceptos, en la ciencia y en todo lo que rodea la vida del ser humano, quien en sí mismo está en un constante cambio. Veamos a continuación algunos cambios que la sociedad vive en la actualidad:

1. Cambios climáticos y en el universo:

"E inmediatamente después de la tribulación de aquellos días, el sol se oscurecerá, y la luna no dará su resplandor, y las estrellas caerán del cielo, y las potencias de los cielos serán conmovidas." (Mateo 24:29). Actualmente, observamos que el clima cambia constantemente: Las estaciones y períodos de lluvia ya no son los mismos que hace tiempo atrás. En el universo, es constante la formación de estrellas y aun nuevos planetas. Pero también podemos confiar que los cambios son controlados por Dios: "Dios ve los rincones más lejanos y todo lo que hay debajo del cielo" (Job 28:24 TLA); y también dice la Biblia: "¿Puedes hacer que las estrellas se agrupen en constelaciones y aparezcan todas las noches?... (Job 38:32a TLA); entre muchos otros versículos más que nos muestran que Dios tiene el control sobre estas situaciones. Entonces, aunque todo a nuestro alrededor esté en constante cambio, podemos confiar en que Dios no cambia: "Yo soy el Señor, no he cambiado. Y por eso ustedes, descendientes de Jacob, no han sido aniquilados" (Malaquías 3:6 DHH); y como consecuencia su Palabra tampoco cambia.

2. Cambios en la humanidad:

El hombre actualmente pasa por muchos cambios en su percepción ética, moral y aun espiritual. Cada vez es más común ver gente con desviaciones morales. Así pues, 1 Juan 2:17 nos muestra claramente que los deseos de la humanidad cambian: "Pero lo malo de este mundo, y de todo lo que ofrece, está por acabarse. En cambio, el que hace lo que Dios manda vive para siempre." (TLA); pero también nos afirma que el que hace la voluntad de Dios tiene como recompensa la permanencia eterna. Vemos nuevamente que Dios, a pesar de que la humanidad es cambiante, promete que sus promesas no cambiarán.

Ante un cambio constante en nuestra vida y en nuestro entorno, Dios hace manifiesta la permanencia de su Palabra para darnos firmeza y confianza en Él. Estudiemos detenidamente esto que se ha mencionado.

Permanencia de la Palabra

En 1 Pedro 1:25, se nos muestra que la Palabra de Dios permanece para siempre: "...pero la Palabra del Señor permanece para siempre y esa Palabra es la buena noticia que el Señor Jesucristo les ha enseñado." (TLA). Este versículo dice, por tanto, que la Biblia es un libro de aplicación constante: "Mas la palabra del Señor permanece para siempre. Y esta es la palabra que por el evangelio os ha sido anunciada." (RVR 60). La Biblia contiene una gran cantidad de información relevante y precisa; sin embargo, el mensaje más importante de la Biblia es la redención que es perpetuamente aplicable para toda la humanidad. Cuando el ser humano busca en la Biblia como lo que es, la Palabra de Dios, jamás se equivocará. Las culturas cambian, las leyes cambian, las generaciones van y vienen; pero la Palabra de Dios es tan relevante hoy como lo fue cuando se escribió. Aunque es preciso mencionar que no toda la Escritura necesariamente se aplica explícitamente a nosotros en la actualidad; pero sí debemos tener en cuenta que toda la Escritura contiene verdades que podemos y debemos aplicar a nuestras vidas hoy. En Mateo 24:35, dice: "El cielo y la tierra pasarán, pero mis palabras no pasarán"; lo cual nos afirma que aunque el mundo esté en constante cambio y llegue a finalizar, la Palabra de Dios con sus promesas estarán vivas para siempre y, por tanto, podemos confiar en ellas, pues es palabra fiel: "Esto es muy cierto, y todos deben creerlo" (1 Timoteo 4:9 DHH).

La Biblia nos sigue hablando hoy

La sola mención de la Biblia nos hace pensar en algo muy antiguo, y en temas e historias de otra época. Y este es el peligro más grande, es decir, leerla como un libro del pasado. Si ese fuera el caso, a lo más la Biblia sería un libro interesante e instructivo; pero no pasaría de allí para la persona que la leyera. No obstante, podemos afirmar certera y confiadamente que la Biblia es mucho más que eso, porque es un libro siempre actual, como la Palabra que contiene. En la Biblia, Dios sigue hablando a las personas hoy y aquí. Ni los viajes espaciales ni las computadoras electrónicas restan actualidad a la Biblia, ya que su mensaje es eterno.

La Biblia tiene que ver, y mucho que ver, con todo lo que pasa en cada persona y en el mundo entero. Si bien es un libro que se pudiera denominar religioso, no por eso es ajeno a la realidad toda, puesto que en ella encontramos variedad de temas y consejos que nos guían en toda nuestra vida. Tal vez pocos libros sean tan realistas como la Biblia.

Nacida de la realidad propia de las distintas épocas en que fue escrita, y encarnada en ella, la Biblia tiene que ser leída, o mejor dicho, releída en la realidad de nuestra época y de cada época. Releída con ojos siempre nuevos, no para hacerla decir lo que nosotros queremos que diga; sino para que ella nos diga lo que siempre tiene de nuevo que decirnos.

Instrucciones de las hojas de trabajo

Hoja de trabajo (12 a 17 años).

Pida a sus alumnos que unan con una línea los términos actuales con los versículos que se relacionen con los mismos. Las respuestas son las siguientes:

Homosexualismo	Romanos 12:2
Modas	1 Pedro 3:3-4
Sexo prematrimonial	Hebreos 13:4
Guerras	Mateo 24:6
Violencia	Salmo 91:7
Economía	Salmo 37:25
Diversión	1 Corintios 10:23

Hoja de trabajo (18 a 23 años).

Dé un tiempo para que escriban qué significan para ellos estos conceptos (aquí colocamos para usted una respuesta la cual está subrayada, según la lección):

Cambio: El cambio es moverse de una situación o estado a otro. El mundo está en constante cambio. Así pues, hay cambios en la sociedad, en los conceptos, en la ciencia y en todo lo que rodea la vida del ser humano, quien en sí mismo está en un constante cambio.

Permanencia: La permanencia es lo que dura a través del tiempo y no cambia ni desaparece. La Biblia es la descripción que Dios nos da acerca de quién es Él, de lo que Él desea y cuáles son sus planes para la humanidad. Es allí donde radica su permanencia y actualidad.

Luego, pida que relacionen los dos conceptos con lo que dicen las Escrituras, según vieron en la lección.

_____

_____

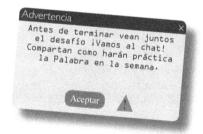

Advertencia

Antes de terminar vean juntos el desafío ¡Vamos al chat! Compartan como harán práctica la Palabra en la semana.

Aceptar

Leo, estudio, vivo

Objetivo: Que el joven vea a la Biblia como la única regla de fe y práctica.

Para memorizar: "Toda la Escritura es inspirada por Dios, y útil para enseñar, para redargüir, para corregir, para instruir en justicia" 2 Timoteo 3:16.

Advertencia

Comience preguntando acerca de lo que hicieron durante la semana. Puede iniciar dándoles el ejemplo de cómo hizo práctica la Palabra usted.

Aceptar

Conéctate | ¡A Navegar! | Descargas

Dinámica introductoria (12 a 17 años).

- Materiales: Libros, revistas, un estante pequeño, bolígrafos, papel, diccionario castellano.
- Instrucciones: Dependiendo de la cantidad de alumnos organícelos en pequeños grupos de tres. Oriénteles que nombren un secretario para que tome nota. Pídales que contesten las siguientes preguntas:
1. ¿Qué es una biblioteca?
2. ¿Para qué sirve?
3. ¿Han visitado alguna vez una biblioteca? ¿Qué uso le dieron? ¿Les gustó? Cuenten las vivencias que tuvieron cuando visitaron la biblioteca.

   Dé tiempo suficiente para que contesten. Cuando hayan contestado, pida que los secretarios de los grupos presenten sus trabajos en el plenario. Escriba la definición de biblioteca en la pizarra: "Institución cuya finalidad consiste en la adquisición, conservación, estudio y exposición de libros y documentos. Local donde se tiene considerable número de libros ordenados para la lectura" y compárela con las definiciones que dieron los grupos. Pida a los secretarios que le ayuden a colocar los libros y revistas en el estante. Anime a los alumnos a pensar en la Biblia como una biblioteca.

Dinámica introductoria (18 a 23 años).

- Materiales: Dos cartulinas, marcadores.
- Instrucciones: Tenga a mano las cartulinas, coloque una a la derecha y otra a la izquierda del salón de clase. En la de la derecha escriba "Formas de mostrar amor e interés por la Biblia; en la de la de la izquierda escriba "Formas que indican falta de amor e interés por la Biblia". En cada cartulina anote los aportes de sus alumnos.

Conéctate | ¡A Navegar! | Descargas

El pueblo de Dios, tanto en el Antiguo como en el Nuevo Testamento, tuvo acceso a los escritos sagrados que escribieron hombres bajo la inspiración del Espíritu Santo. Estos fueron cuidadosamente seleccionados, y compilados formando así un solo ejemplar.

En el inicio cuando se formó la primera parte no se le llamó Biblia, eran conocidos simplemente como la ley, los profetas y los salmos. Tales escritos sagrados regían la vida del pueblo de Dios en lo político, económico, social y religioso. Por más de dos mil años a estos escritos se les consideró sagrados y especiales. Ellos integraron lo que hoy conocemos como Antiguo Testamento. Como todos sabemos esto sucedió antes de la primera venida de nuestro Señor Jesucristo.

Después con el paso de los años y siglos surgieron otros escritos, después de la obra redentora de Cristo y su ascensión. Nos referimos a la época de los apóstoles y de la iglesia primitiva cuando comenzaron a circular los evangelios, las cartas, el libro de Hechos y Apocalipsis.

La iglesia cristiana recibió con fe los libros del Antiguo Testamento y los tuvo en alta estima. Los aceptó como "Palabra de Dios", "Palabra sagrada", "Palabra inspirada divinamente". Asimismo comenzó a producir sus propios escritos y a verlos como palabra categórica inspirada por Dios. Sin embargo, en el inicio no se hizo una colección exhaustiva de sus escritos. La Historia de la iglesia cristiana registra que fue Marción, un gnóstico, quien hizo la primera colección de escritos. Esta incluía sólo los escritos paulinos de los cuales quitó todo lo que tuviera que ver con el judaísmo.

Los hijos e hijas de Dios tenemos ante nosotros la Santa Biblia, la Palabra de Dios, podemos acceder a varias traducciones o versiones si quisiéramos. Es una gran bendición acercarse y disfrutar del hermoso contenido de la Biblia. Pregunte: ¿Cómo podemos mostrar nuestro amor e interés por la santa Biblia y aprovechar sus valiosas enseñanzas?

1. Lectura cotidiana de Biblia

El Señor Jesús llegó a la sinagoga de Nazaret "y se levantó a leer"(Lucas 4:16). "Los judíos generalmente permanecían sentados cuando enseñaban o comentaban las Sagradas Escrituras o las tradiciones de los ancianos; pero cuando leían, ya fuera la ley o los profetas, invariablemente se levantaban; no les era lícito ni siquiera apoyarse en algo mientras estaban leyendo".(Comentario de la Santa Biblia. Tomo III Nuevo Testamento. Adam Clarke. CNP, USA: 1974, p.116).

A Jesús le dieron a leer el libro del profeta Isaías, y leyó la profecía que tenía que ver con Él y su ministerio (Lucas 4:18-19).

El Señor Jesús en las discusiones con sus adversarios los fariseos, y otros líderes, daba por sentado que ellos debían haber leído y conocido las Sagradas Escrituras. Les preguntó:

¿No habéis leído lo que hizo David?(Mateo 12:3);¿O no habéis leído en la ley?(Mateo 12:5);¿No habéis leído que el que los hizo al principio…?(Mateo 19:4);¿Nunca leísteis?(Mateo 21:16);¿Nunca leísteis en las Escrituras?(Mateo 21:42); ¿No habéis leído lo que os fue dicho?(Mateo 22:31);¿No habéis leído en el libro de Moisés?(Marcos 12:26);¿Qué está escrito en la ley?¿Cómo lees?(Lucas 10:26).

El apóstol Pablo aconsejó al joven pastor Timoteo que se dedicara a leer. Le dijo: "Entre tanto que voy, ocúpate en la lectura, la exhortación y la enseñanza"(1 Timoteo 4:13); en tanto Juan el vidente, escritor del Apocalipsis, exhortó a sus lectores así: "Bienaventurado el que lee, y los que oyen las palabras de esta profecía"(Apocalipsis 1:3)

Vemos pues, que la lectura asidua de las Escrituras es de vital importancia para el pueblo de Dios. "Todos debieran leer la Biblia. Es Palabra de Dios. Contiene la solución de la vida. Cuenta del mejor amigo que el hombre jamás haya tenido; el hombre más noble, más bondadoso y más verdadero que jamás haya pisado esta tierra"(Compendio Manual de la Biblia. Henry H. Halley. Moody, p.714).

La lectura de la Santa Biblia debe caracterizarse por ser:

Lectura ferviente

Fervor es: "Devoción, intensidad en el sentimiento religioso. Entusiasmo, ardor, eficacia con que se hace algo. Admiración, adoración hacia algo o alguien"(Diccionario Consultor Espasa. Calpe,S.A, Madrid: 1998, p.161).

El cristiano lector de la Biblia debe entusiasmarse y animarse porque no está leyendo cualquier libro acerca de Dios. Al estilo de los creyentes de la época de Esdras y Nehemías deben ponerle sentido a lo que leen (Nehemías 8:8).

Lectura provechosa

El lector sincero de la Santa Biblia le saca provecho a sus enseñanzas, porque son una guía en todos los aspectos de la vida (2 Timoteo 3:16-17).

Lectura que sustenta

La Palabra de Dios es alimento que sustenta y nutre la vida espiritual del ser humano. El alma hambrienta de Dios y de hacer el bien será saciada (Mateo 4:4).

Dios usa su poderosa Palabra para sustentarnos cada día (Salmo 119:28,116; Hebreos 1:2-3).

2. Estudio a conciencia de la Biblia

Además del buen hábito de leer las Escrituras, debemos estudiarlas. Ello implica más esfuerzo y trabajo, pero vale la pena hacerlo porque así las conoceremos mucho mejor.

El estudio responsable de la Palabra conlleva inversión de tiempo, memorización de sus hermosos textos e historias, uso de herramientas que faciliten la asimilación de su contenido y la aplicación de un método de estudio adecuado.

El propósito del estudio bíblico, además de asimilar el contenido, es entenderlo.

Las siguientes indicaciones pueden ayudar a lograr tal propósito:

¿Qué es lo que en realidad dice el pasaje? ¿Contiene el pasaje alguna enseñanza específica acerca de Dios, el hombre, el mundo, la iglesia…? ¿Contiene algún ejemplo que seguir, una advertencia, o una promesa? ¿Se exige alguna acción, a la luz del pasaje?

3. Aplicación a la vida cotidiana de la Biblia

Sabemos bien que la Biblia es el mensaje de Dios para la humanidad, y que el impacto que ella tiene en la vida de las personas da como resultado vidas transformadas. Sus efectos son duraderos. A continuación veremos algunos de ellos.

Transforma nuestro estilo de vida: Quien sigue las enseñanzas de la Palabra, va a entregarse a Cristo. El Señor, entonces, opera ese glorioso cambio en el corazón de modo que esa vida jamás volverá a ser igual (2 Corintios 5:17). Una vez en Cristo, seguimos creciendo y desarrollándonos. En ese crecimiento y desarrollo juega un papel importante la Biblia.

Nos ayuda a ser mejores:

a) Mejores hijos e hijas de Dios: Como tales vamos a honrar y agradar al Señor con un testimonio público, santo y limpio (Filipenses 2:15).

b) Mejores familias: Todos los integrantes de la familia trabajarán para mantener la unidad del núcleo familiar (Efesios 5:1,4).

c) Mejores ciudadanos: Vamos a respetar y obedecer a las autoridades constituidas legítimamente en nuestros países (Romanos 13:1,7).

| Conéctate | ¡A Navegar! | Descargas |

Instrucciones de las hojas de trabajo

Hoja de trabajo (12 a 17 años).

Pida a sus alumnos que lean detenidamente las declaraciones y que coloquen al lado una (V) si es verdadera, o una (F) si es falsa.

1. La Biblia fue escrita sólo por el esfuerzo humano.(F)
2. La lectura diaria de la Santa Biblia es una manera de mostrar nuestro amor e interés por ella.(V)
3. La lectura superficial de la Biblia ayuda a entender su mensaje.(F)
4. El Espíritu Santo inspiró a los escritores de la Santa Biblia.(V)
5. El estudio de la Biblia implica más esfuerzo y trabajo.(V)
6. Uno de los resultados del impacto de la Biblia en las personas es que transforma su estilo de vida.(V)

Hoja de trabajo (18 a 23 años).

Oriente a sus alumnos a que lean el texto bíblico y llenen los espacios:

1. Hebreos 4:12 La Palabra de Dios es <u>viva y eficaz.</u>
2. 2 Tesalonicenses 3:1 Se debe orar para que la palabra del Señor <u>corra y sea glorificada.</u>
3. Salmo 119:105. La Palabra de Dios es <u>lámpara y luz.</u>
4. Juan 6:63. Las palabras del Señor son <u>espíritu y vida.</u>
5. 2 Timoteo 3:16. La palabra de Dios es útil para <u>enseñar, para redargüir, para corregir, para instruir en justicia.</u>
6. Salmo 119:9. El joven limpiará su camino con <u>guardar su palabra.</u>

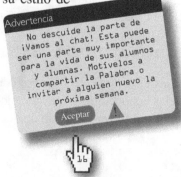

Advertencia

No descuide la parte de ¡Vamos al chat! Esta puede ser una parte muy importante para la vida de sus alumnos y alumnas. Motívelos a compartir la Palabra o invitar a alguien nuevo la próxima semana.

Aceptar

¡Te prometo!

Objetivo: Que el joven sepa de las promesas de Dios y del cumplimiento de éstas a su tiempo.

Para memorizar: "Mantengamos firme, sin fluctuar, la profesión de nuestra esperanza, porque fiel es el que prometió" Hebreos 10:23.

Advertencia

No descuide la parte de ¡Vamos al chat! Esta puede ser una parte muy importante para la vida de sus alumnos y alumnas. Pregunte si compartieron la Palabra o invitaron a alguien nuevo en la semana.

Aceptar

Conéctate ¡A Navegar! Descargas

Dinámica introductoria (12 a 17 años).

- Materiales: Escriba en rectángulos de papel las siguientes promesas (Mateo 11:28; Juan 14:1a; 14:16; Romanos 8:28; Salmos 23:1; 91:1; 91:7; etc.) calcule un texto para dos personas. Luego córtelas para que queden incompletas (ejemplo: "los que aman a Dios" - "todas las cosas les ayudan a bien"). Biblias.
- Intrucciones: Coloque en una mesa o en el piso los pedazos de papel con parte de las promesas todos mezclados y dados vuelta. Pida que tomen un papel, y busquen entre sus compañeros completar la promesa que se halla allí escrita. Cuando la completen que la lean y conversen sobre lo que dice allí. Cuando todos terminen pida que comenten lo que les tocó. Si los jóvenes no conocen mucho de Biblia puede colocar la cita en el texto para que la busquen.

Dinámica introductoria (18 a 23 años).

- Materiales: Pizarra y tiza, o papel grande y lápiz.
- Instrucciones: Instrucciones: En la pizarra escriba con letras grandes la frase "Una Promesa" y pídale a sus estudiantes que describan lo que la palabra significa para ellos (usted puede ir escribiendo en la pizarra los conceptos que ellos van describiendo); después de unos minutos, escriba en un lado el título "Una Promesa Rota" y hagan el mismo ejercicio descrito arriba. Para concluir, anime a sus estudiantes a pensar en lo hermoso que son las promesas que nunca fallan.

Conéctate **¡A Navegar!** Descargas

Durante lo largo de su existencia, una persona recibe numerosas promesas, por ejemplo: promesas de matrimonio, de empleo, de vivienda, de resultados educativos o económicos, de obsequios, de visitas, de becas, etc. Algunas se cumplen y otras no. Hoy veremos el verdadero valor de una promesa.

1. El significado de una promesa

En el diccionario la palabra "promesa" se describe como la "expresión de la voluntad de dar a uno o hacer por él una cosa", o también "acto y expresión con los que una persona asegura que va a hacer una cosa" (www.freedictionary.com). Una promesa también se puede entender como "un acuerdo entre dos partes a través del cual una de ellas se compromete a realizar algo ante el cumplimiento de una condición o el vencimiento de un plazo" (www.definicion.de). En la lección de hoy, estudiaremos acerca de las promesas más especiales que podemos recibir.

Cuando vemos a nuestro alrededor podemos notar que en nuestra vida social abundan las promesas.

Los estudiantes también tenemos un contrato mutuo (aunque no hayamos firmado un documento oficial) con nuestros maestros de la escuela: Por ejemplo, que ellos nos enseñarán las materias, y si nosotros cumplimos con nuestras tareas y con demostrar en los exámenes que hemos aprendido el contenido, confiamos que ellos nos darán una buena calificación y finalmente un título de educación completada.

Las promesas que recibimos de Dios también son un acuerdo en el que si nosotros somos obedientes y confiamos en Él, Él va a cumplir su parte del (1 Juan 2:25; Hechos 2:33,39). En estos maravillosos versículos podemos leer muy clara y específicamente que Dios prometió la vida eterna a los que creen en Jesús y que también prometió la ayuda del Espíritu Santo. El significado especial de las promesas de Dios es que son una expresión de su amor eterno por nosotros, que demuestran su clara intención de salvarnos, y que Él es el que inicia sus promesas hacia nosotros, buscando nuestra respuesta positiva. Podemos estar seguros de que Dios anhela estar de acuerdo con nosotros para bendecirnos.

2. El valor de una promesa

En nuestra vida estamos y estaremos rodeados de muchas promesas que hacemos y recibimos. Lastimosamente, debemos mencionar que muchas promesas no se cumplen fielmente: algunos alumnos no realizan el esfuerzo necesario en su aprendizaje; o hay maestros que no reconocen el esfuerzo del estudiante, en ocasiones, los bancos no devuelven el dinero a las personas que ahí lo guardaron; a veces, los jefes despiden a las personas de su trabajo, o los dueños desalojan a los inquilinos; tristemente, a veces los noviazgos o matrimonios fallan por infidelidad. No podemos negar que una promesa no cumplida o "rota" puede traer mucha tristeza, desilusión, y dolor al corazón de la persona que esperaba ver cumplida esa promesa. Es posible, que estas experiencias dolorosas ya sean parte de la vida de una persona joven, a pesar de su corta edad.

Vemos que el valor de una promesa está íntimamente relacionado con la veracidad de la palabra de la persona que hace la promesa. Si una persona miente o generalmente falla, el valor de su

promesa será inexistente. Por el contrario, cuando una persona siempre cumple lo que promete, las promesas que esa persona hace son de mucho valor, porque aunque no estén cumplidas todavía, la evidencia pasada da completa seguridad también para el futuro de que la persona cumplirá su palabra. En nuestro caso como hijos de Dios, podemos ver que las promesas de Dios tienen un valor tan grande que es incalculable, porque ninguna promesa de Dios ha fallado. A diferencia de nuestra confianza en seres humanos que pueden fallar, nuestra confianza en las promesas de Dios, no tiene sombra de duda. En Hebreos 11:1 podemos leer que "confiar en Dios es estar totalmente seguro de que uno va a recibir lo que espera. Es estar convencido de que algo existe, aún cuando no se pueda ver" (TLA). Veamos también los pasajes de Hebreos 10:23 y 2 Corintios 1:20. Observamos que el autor de Hebreos nos menciona que podemos confiar en las promesas de Dios porque Él es fiel, y nunca ha fallado a su palabra. De igual manera, en su carta a los cristianos en la ciudad de Corinto, el apóstol Pablo les enseña la mejor manera de valorar las promesas de Dios, y esa manera es recibirlas diciendo "Sí" y "Amén" (es decir, "así sea"), confiando en que las promesas de Dios son totalmente confiables; y que en ellas podemos descansar.

En conclusión, el valor de una promesa reside en la persona que la dice y en la gran paz y confianza que trae al que la recibe.

3. El cumplimiento de una promesa

Una promesa alcanza su valor por la persona que la expresa, y ese valor es complementario también al cumplimiento de dicha promesa. Cuando una promesa finalmente se cumple, ambas partes que se habían puesto de acuerdo quedan completamente satisfechas por que recibieron lo que anhelaban. El cumplimiento de una promesa requiere total compromiso y esfuerzo de la persona para llevar a cabo lo que se prometió; por consiguiente, para que una persona cumpla su promesa debe ser capaz de recordarla y de llevar a cabo la acción necesaria, a veces por un tiempo extendido.

Muchas veces, el cumplimiento de una promesa no es fácil. Podríamos decir, que mientras más valor tiene una promesa, probablemente más esfuerzo tomará cumplirla, y por eso, éstas son las promesas más especiales.

En nuestro caso como hijos de Dios, podemos ver que las promesas que Dios nos hizo son únicas y de un valor incalculable porque su valor es espiritual. El cumplimiento de las promesas divinas son en el tiempo de Dios: este tiempo es conocido sólo por Él hasta que Él lo revele, y su tiempo es perfecto, porque está determinado por la sabiduría perfecta de Dios.

Como seres humanos, es muy común que tendamos a sufrir de impaciencia, es decir, que suframos del sentimiento de urgencia y/o desesperación acerca del tiempo en que las cosas deben ocurrir.

Un sentimiento de desesperación, que puede llegar a abrumarnos en algunas situaciones difíciles de la vida, debe ser sometido a Dios ante sus promesas, y debemos resistir la tendencia a desesperarnos o a pensar que las promesas de Dios tienen que cumplirse cuando "yo" pienso que sería mejor. De la misma manera, es vital resistir a la tentación de pensar que si lo que yo deseo no sucede "ya" o "ahora", entonces nunca sucederá. Por el contrario, debemos siempre confiar y estar completamente seguros de que Dios sabe cuándo es el mejor momento para cada situación y su resolución.

Vemos que eso de "la cuestión del tiempo" es muy relativo; es decir, puede ser que algo que a nosotros nos parezca que es "el tiempo ideal", para Dios no lo es, por el contrario Él nos responderá: "Aún no es el tiempo perfecto". Esto también se aplica a otros aspectos de nuestra vida joven, incluyendo el noviazgo, tener hijos, independizarse de los padres, decidir trabajar o estudiar, etc.

Finalmente, vemos que para llegar a ver el cumplimiento de las inigualables promesas de Dios, necesitamos tener paciencia y fe: confiar que Él es fiel y hará lo que ha dicho (Hebreos 6:12). Podemos confiar en que las promesas de Dios se cumplirán fielmente en el momento perfecto.

| Conéctate | ¡A Navegar! | Descargas |

Instrucciones de las hojas de trabajo

Hoja de trabajo (12 a 17 años).

Pida que completen las palabras que faltan para que queden completas las promesas.

Salmo 25:9 "Encaminará a los humildes por el juicio, y enseñará a los mansos su carrera."

Salmo 29:11 "Jehová dará poder a su pueblo, Jehová bendecirá a su pueblo con paz."

Josué 1:9 "Mira que te mando que te esfuerces y seas valiente; no temas ni desmayes, porque Jehová tu Dios estará contigo en dondequiera que vayas."

Jeremías 33:3 "Clama a mí, y yo te responderé, y te enseñaré cosas grandes y ocultas que tú no conoces."

Mateo 5:8 "Bienaventurados los de limpio corazón, porque ellos verán a Dios."

Hechos 16:31 "Ellos dijeron: Cree en el Señor Jesucristo, y serás salvo, tú y tu casa."

Hoja de trabajo (18 a 23 años).

Dé un tiempo para que escriban lo que cada promesa significa para su vida.

CITA BIBLICA CON PROMESA	SIGNIFICADO DE LA PROMESA
Jeremías 29:11	Dios tiene un plan bueno para mi vida y mi futuro
Hageo 2:4-5	Jehová me acompaña en los momentos difíciles
Salmos 25:9; 32:8	Dios me puede indicar mi campo de estudio profesional
1 Corintios 10:13	Dios puede ayudarme a vencer las tentaciones
Filipenses 4: 6-7	Dios me puede dar paz en los momentos de mayor ansiedad
Santiago 1:5	Dios desea ayudarme a tomar muy buenas decisiones

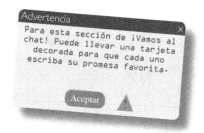

Advertencia

Para esta sección de ¡Vamos al chat! Puede llevar una tarjeta decorada para que cada uno escriba su promesa favorita.

Aceptar

Tu "disco duro"

Lección 4

Ana Zoila Díaz • Panamá

Objetivo: Promover la memorización y la aplicación de la Biblia.

Para memorizar: "Hijo mío, no te olvides de mi ley, y tu corazón guarde mis mandamientos" Proverbios 3:1.

Advertencia

Inicie preguntando si escogieron la promesa y permita que algunos lean las suyas.

Aceptar

Conéctate | ¡A Navegar! | Descargas

Dinámica introductoria (12 a 17 años).

- Materiales: Carteles con las siguientes palabras, mente, libro, televisión, revistas, corazón y espíritu.
- Instrucciones: Saque usted cada cartel y pregunte si cada palabra se refiere a una unidad externa o a una unidad interna. Cuando se pongan de acuerdo o después de un rato, presente las respuestas como se presentan a continuación:

Mente: Memoria RAM. Unidad interna.

Libro: Unidad externa.

Televisión: Unidad externa.

Revistas: Unidad externa.

Cerebro: Disco Duro. Unidad interna.

Espíritu: Unidad interna.

Dinámica introductoria (18 a 23 años).

- Materiales: Carteles individuales que presenten todas las palabras de dos o más versículos bíblicos poco memorizados o conocidos.
- Instrucciones: Presente la(s) cita(s), y pida a los alumnos que memoricen dichos versículos. Luego, dígales que traten de ordenar las palabras del versículo o versículos en el orden que se lo(s) memorizaron.

Conéctate | **¡A Navegar!** | Descargas

También nosotros nos podemos comparar de alguna manera con las memorias de una computadora, porque podemos guardar en nuestra memoria datos que cuando los necesitamos allí están.

1. Al igual que la memoria RAM, la mente puede ser un lugar en el cual se guarde la información por un tiempo determinado; pero al desconectarnos de la información, esta se pierde y olvidamos todo lo que recibimos en ella, como dijera una frase popular: "La información entra por un oído y sale por el otro".

2. Las unidades o dispositivos externos pueden ser las distintas fuentes de información que aparecen en nuestra vida: Los libros, lo que escuchamos y aun lo que vemos. Muchas veces para recordar lo que dicen estas fuentes tenemos que recurrir a ellas; pero no siempre están al alcance de nuestras manos.

3. El disco duro se asemeja a nuestro cerebro: Si tú guardas o archivas algo en él, tienes la seguridad que estará al alcance al momento de necesitarlo. Por ello, es que es interno. De esta manera, está protegido de todo lo externo para evitar que algo lo dañe.

1. ¿Qué guardas en tu "disco duro"?

Existe una alegoría entre una computadora y el ser humano, y es la siguiente:

La memoria de la computadora (RAM) es un lugar provisional de almacenamiento para los archivos que usted usa. La mayoría de la información guardada en la RAM se borra cuando se apaga la computadora. Por lo tanto, su computadora necesita formas permanentes de almacenamiento para guardar y recuperar programas y archivos de datos que desee usar a diario. Los dispositivos de almacenamiento (también denominados unidades) fueron desarrollados para satisfacer esta necesidad. Los tipos más comunes de dispositivos son los siguientes:

- Unidades externas: Memorias USB, CD, DVD, etc.
- Unidades internas: Disco duro.

El disco duro es el sistema de almacenamiento más importante de su computadora. En él, se guardan los archivos de los programas y los archivos que usted crea con dichos programas.

Nuestro cerebro es un "disco duro", una memoria interna como la de la computadora. En este sentido, la memoria es una de las condiciones necesarias para que tenga lugar el aprendizaje, el cual se produce, justamente, cuando cambia el contenido de la memoria. Así pues, una vez que se ha recibido un estímulo, dato, explicación, etc., nuestra memoria pasa de un estado de no tener un dato a otro de poseerlo. Puede decirse que aprender es guardar algo en la memoria para recordarlo cuando es necesario. Memoria y aprendizaje, por lo tanto, están íntimamente relacionados. La memoria es el test del aprendizaje.

La memorización es una actividad intelectual gracias a la cual fijamos y retenemos en nuestras mentes los conocimientos que debemos aprender para después recordarlos cuando sea necesario. Sin embargo, debemos mencionar que existe una diferencia entre memorismo y memorización. Memorismo es aprender de memoria, sin comprender; así como un loro que repite, mas no analiza. Memorización es aprender de memoria, pero entendiendo o comprendiendo lo aprendido.

Según la Biblia la información esta en el corazón en forma metafórica y allí debemos guardar la Palabra de Dios. Esta está llena de exhortaciones para implantar su verdad en nuestros corazones. El rey David escribió que un joven puede guardar puro su camino atesorando la Palabra de Dios en su corazón (Salmo 37:31, 119:9-11). Y el sabio Salomón también se refirió a esto en Proverbios 4:4b: "...Retenga tu corazón mis razones, guarda mis mandamientos, y vivirás."

La palabra retenga viene del término hebreo que significa "agarrar, entender, capturar". La memorización de la Escritura le da una comprensión firme de la Palabra de Dios, y permite que la Palabra le cautive. El rey Salomón también mencionó escribir la Palabra "en la tabla de tu corazón" (Proverbios 7:3), y tener la Escritura escrita dentro de nosotros para que esta esté afirmada en nuestros labios (Proverbios 22:18).

En Proverbios 3:1-2, se nos muestra el consejo del rey Salomón de no olvidar la Palabra. El olvido de las cosas nos hace cometer muchos errores. Si tú olvidas la manera de llegar a cierto lugar, lo más seguro es que perderás tiempo que pudieras haber utilizado en otras cosas. Estos versículos nos aconsejan, entonces que guardemos la ley de Dios, su Palabra, en nuestro corazón; porque Dios sabe que de él mana o procede la vida (Proverbios 4:23). Tu corazón es un lugar que debe ser guardado, protegido de todo para que garantices el buen funcionamiento de tu vida. Si tú guardas en él palabras de odio, rencor, palabras negativas, lo más seguro es que tus acciones van a ser iguales de negativas. Pero si guardas en tu corazón el mensaje de Dios para tu vida, Dios te promete largura de días y paz para tu vida. Largura de días, porque no gastarás tu tiempo en cosas que no aprovechan. Es decir, no perderás tu tiempo en caminos que Dios no quiere que tomes ni perderás tiempo en decisiones absurdas.

Colosenses 3:16 nos motiva a que la Palabra de Dios habite en nosotros. Esto quiere decir que Dios quiere que su Palabra y su dirección estén presentes en todas las áreas de nuestra vida. Que esta sea la que nos guíe y nos muestre el mejor camino a seguir, aun en las cosas más mínimas. Josué 1:7 nos muestra que a este líder se le recomendó que no se apartara de la Palabra ni a su derecha ni a su izquierda. La derecha simboliza los tiempos de bienestar en tu vida, pero la mano izquierda son los tiempos de angustia o de oscuridad. Si tú guardas la Palabra de Dios en tu cerebro, este te ayudará a sobrellevar todas las situaciones de tu vida. No siempre vas a tener al alcance una Biblia, pero si tú grabas en tu cerebro el mensaje que está en ella, es seguro que saldrá en tu ayuda en cualquier situación que vivas.

2. Ventajas de tener la Palabra de Dios en el ''disco duro''

Si tú guardas la información de tu computadora en el disco duro y lo proteges, garantizas que tu máquina funcione bien y obtengas buen resultado de la información. De la misma manera, Dios tiene promesas para el que guarda la Palabra y la pone en práctica. Pide a tus alumnos que hagan una lista de seis ventajas de guardar la Palabra, según los versículos de estudio mencionados líneas adelante.

Las promesas que Dios ofrece a nuestra vida en estos pasajes son las siguientes:

1. Proverbios 3:1-2: Largura de días y paz, es decir, más días de vida para cumplir el propósito de Dios y los cuales serán días de paz.
2. Proverbios 3:3-4: Gracia y buena opinión delante de las personas y delante de Dios. La gente también se da cuenta si tú pones en práctica el guardar la Palabra y ponerla por obra. La gente te admirará y buscará de tu ayuda, porque tú eres guiado por Dios. De la misma forma, Dios mismo se sentirá orgulloso de que lo hagas.
3. Josué 1:7-8: Prosperidad en todo lo que emprendas. Dios te habla de buenos resultados en todo lo que hagas.
4. Colosenses 3:16: Nos ayuda a ayudar a otros. Si tu mente y corazón no reciben consejo a través de la Palabra, no tendrás las palabras adecuadas para las necesidades de los demás.

3. No es suficiente guardar la Palabra. Hay que ponerla en práctica

La idea de guardar información en nuestro "disco duro" es para utilizarla cuando la necesitemos. No tiene sentido llenar la memoria del disco con información que no nos será útil para nuestro trabajo.

Dios pide que toda la Palabra que guardemos en nuestro cerebro (corazón) sea puesta por obra, en otras palabras, que actuemos según esta. En Colosenses 3:17, se nos habla de la acción de hacer, de actuar. La Palabra puesta en práctica es la que realmente trae como resultado las promesas anteriormente vistas. Entonces, si tú no la pones por obra, no fue tu "disco duro" el que utilizaste; sino tu memoria RAM, o sea tu mente, y lo cual vendrá a ser sólo una información momentánea.

Conéctate	¡A Navegar!	Descargas

Instrucciones de las hojas de trabajo

Hoja de trabajo (12 a 17 años).
Pida que hagan una lista de seis ventajas de guardar la Palabra según los siguientes versículos de estudio(las respuestas están en el punto 2 de la lección):

1. Proverbios 3:1-2 *Largura de días y paz, es decir, más días de vida para cumplir el propósito de Dios y los cuales serán días de paz.*

2. Proverbios 3:3-4 *Gracia y buena opinión delante de las personas y delante de Dios.*

3. Josué 1:7-8 *Prosperidad en todo lo que emprendas. Dios te habla de buenos resultados en todo lo que hagas.*

4. Colosenses 3:16 *Nos ayuda a ayudar a otros.*

Hoja de trabajo (18 a 23 años).
Presente a sus alumnos la siguiente lista de situaciones y pida que recuerden qué versículos vistos en su vida los ayudarían en las distintas situaciones. A continuación hay una lista que le puede ayudar en el caso que ellos no recuerden ningún versículo.

Situaciones	Contraataque
Tienen que estudiar para un examen y el curso es muy difícil.	1 Corintios 2:16
Tu papá y tu mamá se separaron, o no los conociste.	Salmo 27:10
	Mateo 28:20
Te sientes solo.	Filipenses 4:13
Estás desanimado, sin fuerzas.	2 Timoteo 1:7
Mal uso del tiempo.	Efesios 5:16

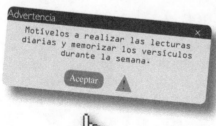

Advertencia

Motívelos a realizar las lecturas diarias y memorizar los versículos durante la semana.

Aceptar

Mi arma

Objetivo: Que el joven sepa que la salvación es el casco que proteje su cabeza, y la Palabra de Dios la espada que les da el Espíritu Santo.

Para memorizar: "Y tomad el yelmo de la salvación, y la espada del Espíritu, que es la palabra de Dios" Efesios 6:17.

Advertencia
Comience preguntando si hicieron las lecturas y memorizaron los pasajes.
Aceptar

Conéctate · ¡A Navegar! · Descargas

Dinámica introductoria (12 a 17 años).

- Materiales: Fotos de un soldado listo para la batalla (puede ser tomada de internet o de algún libro de la biblioteca).
- Instrucciones: Muéstreles a los alumnos las fotos que consiguió y pídales que le compartan lo que notan de diferente en el soldado, de lo que verían en cualquier otra persona caminando de civil. Hoy estudiaremos acerca de lo que nos protege como hijos de Dios.

Dinámica introductoria (18 a 23 años).

- Materiales: Pizarra y tiza, o papel grande y lápiz.
- Instrucciones: Pída que describan cómo un enemigo ataca a un soldado en una guerra (por ej. armas de mano, tanques, bombas, etc). Pídale que compartan las formas en las que el enemigo ataca a los hijos de Dios (dudas, tentaciones, pruebas dolorosas, etc.). Escriba sus respuestas en la pizarra. Luego pídales que digan cómo pueden defenderse de esos ataques.

Conéctate · ¡A Navegar! · Descargas

Cuando un soldado se prepara para ir a una batalla, debe asegurarse de que va a estar lo más listo posible para poder sobrevivir la situación tan difícil que enfrentará. En general, los soldados se preparan físicamente (para poder correr y escapar, para aguantar heridas, o caminar por terrenos difíciles), se preparan emocionalmente (para poder controlar las emociones de miedo y angustia), y finalmente, también se preparan con el armamento que los pueda ayudar a contraatar al enemigo. En la lección de hoy estudiaremos acerca de un armamento innovador e infalible.

En el pasaje de Lucas 4:1-14, vemos que el autor nos relata, con increíble detalle, la experiencia de la tentación de Jesús. Al leer la historia, podemos entender la tensión que había en el ambiente y la dura batalla entre Jesús y el diablo.

1. La fortaleza en la Palabra de Dios

Desde la creación Dios deja un claro mandato sobre la institución del matrimonio (Génesis 2:24). Esta unidad indisoluble era el propósito original de Dios. Dios no tenía en mente que las parejas se separaran, Él quería que perseveraran juntas. La unión sexual hacía de esta pareja un enlace tan significativo que ya no eran dos sino una sola carne, razón suficiente para emprender una vida juntos, al punto de dejar padre y madre. El matrimonio en los tiempos de Jesús y aun antes, más que una cuestión sentimental era un pacto de honor. Generalmente los hombres se casaban con mujeres de familias conocidas o parientes, el padre que se consideraba responsable tenía el deber de buscarle a su hija un marido adecuado. El matrimonio no era una celebración pública como hoy en día, no había firmas en papeles, sólo la palabra de honor. Se sobreentendía que esta unión sería respetada de por vida.

Como jóvenes en el camino de la vida, no podemos ignorar ni negar que hay muchas cosas que pueden destruirnos (el alcohol, las drogas, el tabaco, las relaciones sexuales fuera del matrimonio, las enfermedades transmitidas sexualmente, los desengaños amorosos, los accidentes automovilísticos o con armas de fuego, el involucramiento con pandillas, los problemas educacionales y/o laborales, etc). Las situaciones descritas arriba pueden causar no solamente la enfermedad o muerte física sino también pueden afectar grandemente nuestra salud espiritual y emocional, causando depresión, ansiedad o ataques de pánico, inseguridad o baja autoestima, pensamientos de suicidio o daño personal, etc.

Por estas razones, es importante también conocer que Dios, nuestro Creador, nos proveyó de un arma excepcionalmente efectiva para luchar contra estos males que nos atacan. Esta arma maravillosa es la Biblia, la misma Palabra de Dios. Debemos reconocer que desde el comienzo de la historia, Dios usó su palabra para crear todo el universo (el que conocemos y aún la parte del universo que no conocemos, allá en las galaxias). En Génesis 1 podemos leer acerca de la asombrosa historia de la creación y de cómo Dios usó la palabra para crear lo que vemos; es decir, su palabra es tan poderosa que puede hacer que aparezcan cosas creadas de la nada (vv.3,11).

Éste mismo poder lo vemos resaltado en Lucas 4:4 donde leemos que la Palabra le dio fortaleza a Jesús para sobrellevar la tentación que el enemigo le presentó. El enemigo, astutamente sabía que Jesús había pasado cuarenta días sin comer y que como resultado tendría mucha hambre, sentiría debilidad física y mental. En esos duros momentos de lucha, Jesús recordó y citó la Palabra de Dios que estaba en su mente (v.4); y en ese momento, esta misma Palabra que Jesús mencionó, lo ayudó a fortalecerse y a no hacer lo que el diablo le sugería, sino a seguir la voluntad de Dios de continuar buscando su presencia.

Vemos, entonces, que la Palabra de Dios tiene la capacidad de proveernos fortaleza en el tiempo de debilidad; y esta arma estará a nuestra disposición cuando nos enfrentemos con circunstancias que nos agotan las fuerzas. Podemos estar completamente seguros de que leer la Biblia, y memorizarla, nos dará la capacidad de seguir adelante haciendo la voluntad de Dios. En nuestra lucha de guerra, no podemos ganar si no tenemos el arma preparada.

2. La guía en la Palabra de Dios

En otros momentos difíciles de nuestra vida, puede que enfrentemos la necesidad de tomar decisiones muy determinantes. Como jóvenes debemos comprender que, aunque "el futuro" parezca estar muy lejos del presente, en realidad cada decisión que tomemos ahora está, desde hoy, determinando varias situaciones del futuro que viviremos, ya sea un futuro cercano o más lejano. Una forma de comprender esta idea es pensar en las semillas que son el comienzo de cualquier fruto. Si te comes una manzana, podrás observar que en tu mano te quedan unas semillitas negras que no puedes comer, y que generalmente tiramos en la basura; desde luego no parecen sevir de mucho. Sin embargo, si esas semillitas llegan a caer en un buen pedacito de tierra y reciben abono y agua de lluvia, en un tiempo empezará a brotar un tallito, luego ese tallo se fortalecerá y crecerá en altura y grosor, dará más hojas y de él saldrán ramas con más hojas. Ya sabes, que finalmente, esa semilla terminará convirtiéndose en un árbol grande que dará cientos y cientos de nuevas manzanas. Nosotros podemos comparar nuestra vida con una huerta, las ideas que dejes caer en la tierra de tu corazón y de tu mente puede que parezcan sencillas semillitas, pero finalmente se convertirán en decisiones grandes como un árbol que serán difíciles de ignorar o quitar.

El enemigo conoce muy bien este proceso (arriba descrito) y por eso también ataca nuestro centro de decisiones (nuestra mente)para lograr sus malos resultados de hacernos caer en situaciones dolorosas y complicadas. Como jóvenes tenemos un arma especializada en ayudarnos a contraatacar esta estrategia de nuestro enemigo. La Palabra de Dios es un arma maravillosa para ayudarnos a tomar las mejores decisiones; podemos estar seguros de que la Biblia nos puede ayudar en cada una de las situaciones que enfrentemos y que siempre será la mejor guía que podamos encontrar.

La Biblia te puede ayudar a decidir cómo debes pensar y actuar en cuanto a las drogas, el alcohol y el tabaco; la Biblia también te puede guiar acerca de cómo proceder en tus relaciones con tus amistades y también en cuanto al noviazgo. Ésta te puede ayudar a disfrutar de un noviazgo y un matrimonio más feliz de lo que puedas imaginar. De la misma manera, la Palabra de Dios te puede ayudar a saber cómo puedes comportarte en cuanto a la violencia, y también en cuanto a tus estudios, carrera profesional, y/o desarrollo laboral. La Palabra también nos ayuda a combatir situaciones de depresión, ansiedad, enojo excesivo, problemas relacionales y familiares. Leamos la Biblia todos los días y marquemos especialmente aquellos versículos que nos dan consejos para nuestra vida!

3. La verdad en la Palabra de Dios

El enemigo quiso confundir a Jesús diciéndole él mismo unos pasajes de la Biblia que aparentemente le permitieran a Jesús hacer lo que el diablo le pedía (Lucas 4:9-11). Esta era una situación extremadamente complicada y difícil. Cuán duro debe haber sido para Jesús, en estos momentos de debilidad por el prolongado ayuno, poder discernir estas palabras. Maravillosamente vemos cómo una vez más la Palabra de Dios, memorizada por Jesús, le ayudó a dar la respuesta final y contundente.

En nuestra propia vida como jóvenes debemos recordar que, muchas veces el enemigo también utilizará mentiras para atarcanos en esta batalla que afrontamos. Algunas mentiras que el diablo usa repetidamente son las siguientes: "no te preocupes, nadie se va a dar cuenta si lo haces", "tú eres el dueño/a de tu cuerpo, tú puedes decidir qué hacer con él", "no estás lastimando a nadie", "nadie te ama, no tienes esperanza de ser feliz", o la más común, "no va a pasar nada". Pregunte: ¿Alguna vez has sentido que el enemigo haya usado alguna de estas mentiras para hacerte caer? No tienes que compartir la respuesta con nadie, pero sí es útil hacernos esta autoevaluación para saber dónde debemos fortalecernos. Así cómo los soldados deben analizar dónde puede atacarlos el enemigo para estar preparados practicando sus tácticas y afinando las armas; así mismo nosotros debemos prepararnos para estar listos cuando esta clase de mentiras lleguen para confundirnos.

La verdad de la Palabra de Dios es como una potente linterna que ilumina claramente para que distingamos y desechemos las mentiras del enemigo. La Palabra de Dios es lo que nos capacita para salir victoriosos de la batalla que enfrentamos, igual que lo hizo Jesús.

Conéctate | **¡A Navegar!** | **Descargas**

Instrucciones de las hojas de trabajo

Hoja de trabajo (12 a 17 años).

Pida que busquen en sus Biblias algunos versículos que les pueden ayudar con fortaleza, guía, o recordándoles una verdad. Pueden pedir la ayuda de sus compañeros de clase o de usted.

SITUACIÓN DE ATAQUE	ARMAMENTO BÍBLICO
Dudas acerca de mi futuro: llamado, profesión o pareja/noviazgo y familia	Jeremías 29:11
Conflicto con mis padres	Éxodo 20:12, Proverbios 23:22, Efesios 6:1-3
Dudas acerca de qué estudiar en la universidad	Salmos 25:9; 32:8
Situaciones de adicciones	Salmo 40, Efesios 4:22-24, Proverbios 23:29-35
Sentimientos de ansiedad, miedo, o nerviosismo	Filipenses 4: 6-7, Salmo 27, Hebreos 13:5-6
Sentimientos de depresión	Salmos 16 y 130, Efesios 3:14-21

Hoja de trabajo (18 a 23 años).

Dé un tiempo para que encuentren y escriban las palabras que faltan y cómo ayudaron a Jesús. Después compartan con qué situaciones de hoy se asemejan, o en qué situaciones podrían hacer uso de esos pasajes.

Lucas 4:4 "Jesús, respondiéndole, dijo: Escrito está: _No sólo de pan_ vivirá el _hombre,_ sino de _toda palabra de Dios."_

Esto ayudó a Jesús dándole una palabra de fortaleza.

Lucas 4:8 "Respondiendo Jesús, le dijo: _Vete_ de mí, Satanás, porque escrito está: _Al Señor_ tu Dios _adorarás,_ y a él solo _servirás."_

Esto ayudó a Jesús dándole una palabra de guía.

Lucas 4:12 "Respondiendo Jesús, le dijo: Dicho está: _No tentarás_ al _Señor_ tu _Dios."_

Esto ayudó a Jesús dándole una palabra de verdad.

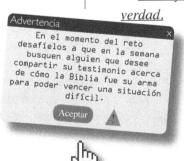

Advertencia

En el momento del reto desafíelos a que en la semana busquen alguien que desee compartir su testimonio acerca de cómo la Biblia fue su arma para poder vencer una situación difícil.

Aceptar

¡Gracias, abuelo!

Objetivo: Valorar bíblicamente el papel del abuelo dentro de la familia y su relación con los nietos.

Para memorizar: "…Y él [Israel] dijo: Acércalos ahora a mí, y los bendeciré" Génesis 48:9b.

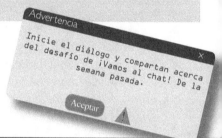

Advertencia

Inicie el diálogo y compartan acerca del desafío de ¡Vamos al chat! De la semana pasada.

Aceptar

Conéctate ¡A Navegar! Descargas

Dinámica introductoria (12 a 17 años).
- Materiales: Fotos de personas mayores (pueden ser dibujos hechos a mano, recortes de revistas o fotografías de Internet).
- Instrucciones: Pida a sus estudiantes que expresen qué ideas tienen cuando ven las fotos que usted les presenta. Pregúnteles cómo se imaginan a ellos mismos en la vejez y qué les gustaría hacer en esa época de sus vidas. Luego, ayúdeles a considerar cómo Dios ha diseñado esa etapa de la vida para sus hijos.

Dinámica introductoria (18 a 23 años).
- Materiales: Pizarra y tiza, o papel grande y lápiz.
- Instrucciones: En la pizarra, dibuje una línea vertical que la divida en dos lados iguales. En un lado, escriba el título "Las desventajas de la vejez"; y en el otro, "Las ventajas de la vejez". Luego, pídales que reflexionen acerca de las características tanto positivas como las negativas de la tercera edad. Si tienen dificultad en expresar sus ideas, sugiérales que piensen en algún/a abuelito/a o persona mayor de la iglesia.

Conéctate **¡A Navegar!** Descargas

En años recientes, la niñez y la juventud han disfrutado de recibir gran atención y valoración de parte de la sociedad, incluso de los campos de la política, la psicología, y la medicina. Esta renovación incluye el desarrollo de los derechos del niño y la especialización de tratamiento de la salud para ellos. Sin embargo, este cambio también ha causado una cierta desvalorización de la tercera edad en nuestra sociedad, en comparación a tiempos antiguos, cuando la vejez era considerada con especial respeto y admiración. En la lección de hoy, reflexionaremos en la perspectiva que Dios tiene de las personas mayores (Génesis 28:13, 32:9, 48:8-10,15-16).

La tercera edad es el tiempo de la vida en el que el ser humano ha vivido ya la niñez y la vida adulta, y se encuentra en la etapa final de su vida. De acuerdo a diferentes psicólogos, la vejez puede comenzar alrededor de los 65 años de edad. En esta etapa de adultez madura, muchos ancianos dejan de trabajar secularmente y no se sienten parte activa de la sociedad; otros pueden sufrir problemas de la salud, dificultades económicas, separación de la familia y, por ende, tristeza. En los pasajes que hoy estudiaremos, veremos que la Biblia nos enseña claramente acerca del papel tan importante que tienen los adultos maduros en la vida familiar y social. Y también veremos nuestro papel como parte de la vida de las personas mayores que tenemos a nuestro alrededor.

1. La naturaleza de los abuelos

En el pasaje de Génesis 48:8-10, entramos en una escena muy especial: Es la parte de la historia en la que Jacob acababa de reencontrarse, después de muchos años, con su hijo José y con los hijos que José había tenido en Egipto: Efraín y Manasés. Con el pasar del tiempo, Jacob se había convertido en abuelo.

Vemos en el versículo 10 de este capítulo que "...los ojos de Israel (otro nombre de Jacob) estaban tan agravados por la vejez que no podía ver. Les hizo, pues, acercarse a él, y él les besó y les abrazó". Es innegable que la naturaleza de la vejez incluye ciertas dificultades. Primeramente, vemos que la vejez cambia las habilidades físicas de una persona. En en el caso de Jacob, fue que su vista desapareció. En otros, la salud y fortaleza física disminuyen y causan variadas dificultades. Hay personas mayores que sufren problemas para caminar, dolores en su cuerpo, problemas para dormir o asearse, enfermedades internas, etc. De igual manera, la vejez puede afectar en cómo una persona se siente acerca de sí misma. Al no tener un cuerpo fuerte como el de la juventud, una persona anciana puede experimentar tristeza, miedo e inseguridad al tener que depender de otros para muchas actividades que antes hacía sola. En la vejez, por la falta de

fortaleza del cuerpo, la persona suele llegar a una etapa de jubilación del trabajo secular, y esto trae consigo la disminución de entradas de dinero. En esta situación, la persona puede sentir tristeza al tener necesidad económica, miedo al pensar en el futuro, inseguridad al tener que depender de otros para sobrellevar las responsabilidades y, finalmente, culpabilidad al sentirse "como una carga" para los más jóvenes.

En otro aspecto, vemos también que las personas mayores suelen tener un deseo de compartir su tiempo y afecto con su familia y amigos. Así pues, vemos que Jacob fue muy cariñoso con sus nietos y los besó y los abrazó. Estar conectados emocional y afectivamente es una necesidad imperativa de una persona de la tercera edad.

Al conocer los cambios mencionados arriba, podremos comprender mejor a los abuelitos y abuelitas que Dios haya puesto en nuestra vida y evitar caer en el error de criticarlos, maltratarlos o ser desconsiderados con ellos. Más bien, así como vemos que la familia de Jacob lo ayudó, nosotros también debemos apoyar a nuestros abuelitos en sus cargas y animarlos en sus dificultades.

2. La honra de los abuelos

En los versículos 12 y 13 del mismo pasaje (Génesis 48), vemos otra maravillosa escena de esta historia familiar en la que José muestra un respeto especial hacia su padre que ya estaba muy anciano. Dice la Biblia que "José...se inclinó a tierra" y le presentó a sus hijos, es decir, los nietos de Jacob. El inclinarse o ponerse de rodillas delante de una persona es una señal de gran respeto hacia dicha persona y un reconocimiento de que esa persona tiene más estima o estatus que la persona que se arrodilla. Esta forma de mostrar sometimiento es muy usada cuando un súbdito se presenta delante de su rey. En esta escena, vemos que José, siendo el más alto gobernador de Egipto, le demostró a su padre Jacob que lo respetaba, admiraba, y que reconocía la honra que Jacob tenía como padre. La actitud de José está en opuesto contraste a la actitud que a veces las personas más jóvenes demuestran a las personas mayores en la actualidad.

Hoy en día, la sociedad moderna ha adoptado una actitud generalizada de rapidez, gratificación inmediata y egocentrismo. Estas son formas de pensar que chocan radicalmente con la actitud que nos enseña la Biblia de paz, dominio propio y amor ágape. Aún mayor dificultad presentan estas actitudes para un joven al intentar relacionarse con una persona de la tercera edad quien a veces debe moverse con lentitud, quien necesita la paciencia y la atención del joven. Como jóvenes cristianos debemos autoevaluar nuestras actitudes personales hacia las personas que son más débiles, más lentas y más necesitadas que nosotros. Si encontramos que nuestra actitud es de impaciencia, de crítica o de maltrato, debemos pedirle a Dios que la cambie con su poder sobrenatural.

En la Biblia, vemos que las personas mayores, incluyendo a Jacob en el capítulo antes mencionado, tienen un lugar de honra. En el diccionario, la palabra honra se define como "una demostración de aprecio que se hace a una persona reconociendo su virtud y mérito", "buena opinión y fama", y "estima y respeto de la dignidad propia". Es necesario trabajar intencionalmente para que nuestra actitud hacia nuestros abuelos sea una verdadera demostración de aprecio, una genuina estima y respeto por ser ellos los padres de quienes nos dieron la vida física.

Debemos reconocer que esta forma de ser no siempre será fácil de alcanzar, pero mientras más dependamos de la ayuda de Dios y más trabajemos para tener una actitud de respeto para nuestros abuelos, ¡lo podremos logar! Podemos comenzar hoy mismo a pensar en formas prácticas de honrar a las personas mayores que hay en nuestra vida, ya sea obedeciendo sus deseos, pasando tiempo de calidad con ellos (incluyendo prestándoles atención), haciendo alguna actividad juntos que ellos elijan, ayudándoles en sus necesidades de limpieza de hogar, limpieza de jardín o con sus necesidades físicas o económicas.

Por medio de este pasaje, Dios nos enseña acerca del lugar valioso y de honra que tienen las personas mayores para una familia.

3. La instrucción de los abuelos

Jacob tomó la palabra y les instruyó a sus nietos acerca de Jehová y de sus obras (Génesis 48:15-16). Es conmovedor ver las enseñanzas de Jacob acerca de la fidelidad y el gran poder protector de Dios; al igual que podemos ver la honra y la estima que el mismo Jacob tenía por sus generaciones anteriores al recordarlos. En la frase final, vemos que Jacob bendijo a sus nietos deseándoles un futuro próspero y feliz.

En la historia de este pasaje bíblico, podemos ver que los abuelos, por la gran experiencia que tienen de la vida, son una maravillosa fuente de instrucción para los más jóvenes. A lo largo del caminar de la vida, las situaciones que una persona enfrenta hacen que dicha persona madure y tenga un conocimiento único de las cosas. En nuestra sociedad moderna, el orgullo lleva a mucha de la juventud a pensar erróneamente que los ancianos "ya no tienen mucho que ofrecer a otros"; sin embargo, no hay nada más lejos de la realidad. La verdad es que los ancianos pueden ser de gran ayuda para una persona joven e inexperta, ya que sus consejos pueden ayudar al joven a ahorrarse una infinitud de problemas, a solucionar situaciones difíciles, y a sobrellevar ciertas cargas con responsabilidad y aceptación.

La clave del éxito para poder experimentar la bendición del consejo de una persona mayor es recibir la instrucción con una actitud abierta y humilde. Es necesario pasar tiempo con la persona y escuchar atenta y detenidamente las historias y consejos que dicha persona nos pueda dar. Dios es muy bueno y amoroso para con todas sus criaturas, sin importar la etapa del desarrollo en la que estén. De la misma manera, Dios nos llama a amar a nuestro prójimo como a nosotros mismos (Santiago 2:8), y desde luego, nuestros prójimos también son nuestros abuelitos y abuelitas. ¡No nos perdamos las grandes bendiciones que Dios tiene para nosotros por medio de las enseñanzas de nuestros abuelos!

| Conéctate | ¡A Navegar! | **Descargas** |

Instrucciones de las hojas de trabajo

Hoja de trabajo (12 a 17 años).

Dé un tiempo para que unan con una línea los conceptos con las definiciones.

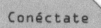

Palabras de Hoy	Definiciones
Honra	Una cualidad que permite identificar a algo o alguien, distinguiéndolo de sus semejantes.
Instrucción	Nombre de respeto de una persona, padre o madre de su padre o de su madre.
Característica	Una demostración de aprecio que se hace a una persona reconociendo su virtud y mérito.
Abuelo	Acción de instruir, enseñar, adoctrinar, comunicar conocimientos, dar a conocer el estado de algo.

Hoja de trabajo (18 a 23 años).

Pida que describan algunas formas en las que pueden poner en práctica los puntos de la lección de hoy.

Formas de dar honra	Formas de recibir instrucción
No hablar críticamente de ellos a otras personas.	Pasar tiempo con mi abuelito aprendiendo con él a hacer las cosas.
Dirigirme a mis abuelos con nombres y palabras respetuosas.	Escuchar con atención cuando me den un consejo.
Etc.	Etc.

Advertencia

Motívelos a visitar a sus abuelos o a invitar a una persona mayor de su congregación a tomar un café o a visitarlo en su hogar.

Aceptar

Honrar a mamá

Objetivo: Que los alumnos valoren el papel que las madres ejercen en las familias.

Para memorizar: "Es verdad que ninguna disciplina al presente parece ser causa de gozo, sino de tristeza; pero después da fruto apacible de justicia a los que en ella han sido ejercitados" Hebreos 12:11.

Advertencia

Recuerde preguntarles si fueron a visitar a una persona mayor o a sus abuelos en la semana y permita que compartan como les fue.

Aceptar

Conéctate · ¡A Navegar! · Descargas

Dinámica introductoria (12 a 17 años).

- Materiales: Hojas de papel y lápices.
- Instrucciones: Instrucciones: Pídales que escriban la palabra que usan para llamar a su mamá ("mamá", "mami", "mamita", "amá", "jefa", "señora", "vieja", el nombre, etc.) y que luego hagan un acróstico con la palabra que ellos usan.

  Al final, recuérdeles que en esta vida sólo tendremos una madre, y que si la tenemos con vida podríamos honrarla ahora, y no esperar a que nos haga falta.

Dinámica introductoria (18 a 23 años).

- Materiales: Lápices y hojas de papel.
- Instrucciones: Pida que cada uno escriba el nombre de una madre que se encuentre en la Biblia (Agar --la mamá de Ismael; Jocabed -la mamá de Moisés; Noemí --suegra de Rut; María --mamá de Jesús; Elizabeth --mamá de Juan Bautista, y Eunice --mamá de Timoteo, etc.) y qué enseñanza deja su vida.

  Al final, recuérdeles que en la historia bíblica tenemos ejemplos de mujeres que no sólo decidieron ser madres, sino que ejercieron ese rol de manera excelente.

Conéctate · **¡A Navegar!** · Descargas

En Latinoamérica, desde hace casi medio siglo, ha estado en la mesa de discusión, en materia de políticas públicas, el asunto del aborto. Los partidos de izquierda, especialmente, han propuesto que "son las mujeres las que deben decidir convertirse o no en madres", porque sólo ellas tienen el derecho sobre su cuerpo y acerca de lo que llevan dentro de él.

¡Claro que esto es anticristiano! Pero, además de eso, es interesante ver que muchas mujeres, a pesar de que en varios países ya se aprobó la despenalización del aborto (en México, por ejemplo, se ha recurrido a un argumento tan temerario como el que una mujer aborte porque "el producto no le beneficia a su futuro"), ellas siguen decidiendo ser mamás.

Y gracias a esa libre decisión de ser madres, muchos de nosotros estamos aquí.

1. Valoremos más a mamá

Antes de abrir la Biblia, recordemos algunas cosas por las que pasan las mujeres que deciden ser mamás:
- Son ellas a las que Dios les ha permitido producir el "hogar" en que el embrión crecerá hasta convertirse en un ser humano.
- Ellas deben lidiar con cólicos, antojos, mareos, náuseas y hasta dolores con los que no estaban acostumbradas. Estos durarán casi desde la concepción y durante nueve meses.
- Son ellas quienes deben cuidarse en todo momento, ya que el ejercicio físico, la mala alimentación y los desvelos.

- pueden provocarles enfermedades (a ellas y a sus bebés) y hasta la muerte del bebé.
- No pueden ingerir cualquier alimento (los médicos recomiendan que su alimento diario debe incluir más vegetales) ni automedicarse, ya que pueden causarle problemas al bebé, y aun la muerte.
- El tono de la piel, el volumen de su cuerpo, sus cabellos y hasta el olor que expelen las mujeres embarazadas cambia radicalmente (incluso muchas de ellas dejan de ser quienes eran después de dar a luz).
- Sólo ellas sufren los dolores de parto... Para darnos una idea, el dolor más grande que los varones y las mujeres que no son mamás podemos tener es el dolor de muelas. ¡Pero los dolores de parto son trecientas veces mayor que eso!
- Ellas son las que tienen que darle los primeros cuidados y alimentos a su bebé (como la leche materna sufriendo cuando el bebé tiene que "romper" sus pezones para alimentarse).

Piensa en tu mamá: Muchos de nosotros vivimos mejor vidas que ellas cuando eran niñas. Porque ellas desean darnos lo que no tuvieron.

2. Honra a tu madre

Cuando Dios le dio a Moisés los 10 mandamientos, incluyó uno que tiene promesa; es el primer mandamiento con la promesa de vivir muchos años en la tierra: "Honra a tu padre Y A TU MADRE" (Éxodo 20:12).

Es interesante que en esa fecha (1500-1400 a.C.) ya en la ley del pueblo de Dios se reconociera a ambos progenitores. El mandamiento no dice: "Honra a tus padres", sino que señala expresamente que debían honrar tanto al padre varón como a la mujer madre. Esto nos indica que la honra hacia nuestros padres no es simple, sino específica; ya que, como muchas personas hemos visto, algunos hijos aman mucho al padre (y lo demuestran cada vez que pueden), pero no a la madre o viceversa.

Se trata, pues, de amar a papá y de amar a mamá; de obedecerles y honrarlos siempre.

¿Recuerdas los datos que leímos al principio? ¡Sería bueno honrar a mamá! Y más cuando la misma Biblia nos lo está exigiendo.

La palabra que se traduce como "honra" tiene, por lo menos, dos significados:

A. Significa hablar bien de una persona
La Biblia nos está diciendo que es nuestro deber hablar bien de nuestra madre. Es cierto, a ella le tocó educarnos y a veces no fue la mejor haciéndolo, pero nuestro deber es hablar bien de ella. Quizá no tiene educación académica ni títulos ostentosos, pero no es tarea nuestra juzgarla, sino hablar bien de ella.

B. Significa hablarle con cortesía
La Biblia nos señala con este verbo ("honrar") que no basta con hablar bien de ella, sino hablarle a ella con toda la educación posible.

¿No es común que cuando ella nos llama la atención, o nos pide que hagamos algo, nosotros respondamos de forma grosera? ¡Cuidado! Estamos atentando contra la Palabra de Dios.

¿No crees que sea una doble moral cuando hablamos bien con un amigo, pero no lo hacemos así con una de las personas que más nos ama?

3. Tendremos larga vida

Carlos escucha la instrucción de su madre, pero hace sólo lo que cree más conveniente. Marta hace lo que le pide su mamá, pero enojada y a medias porque no es lo que le gusta hacer. Carmen realiza lo que le solicita su mamá, pero no se queda con las ganas de expresar su inconformidad cada vez que puede. Raúl siempre está quejándose con sus amigos porque en casa solamente él hace los mandados. Estos y otros ejemplos señalan que generalmente no estamos honrando a mamá.

En Efesios 6:2-3 Dios dio una promesa para los hijos que honran a sus padres: "Para que te vaya bien y seas de larga vida sobre la tierra", y eso es un eco de lo que mencionó el mandamiento de Dios a través de Moisés.

Los israelitas estaban en el desierto e iban a entrar, en algún momento (de acuerdo con la promesa de Dios), a una tierra rica y hermosa. Dios les estaba preparando para cuando tomaran posesión de esa tierra. En esa nueva tierra iban a hacer su propio gobierno, a tener leyes, a construir nuevas formas de convivencia... por lo tanto, debían empezar a vivir conforme a la voluntad de Dios. ¡Y qué mejor manera de empezar a vivir en armonía que obedeciendo en casa!

La voluntad de Dios para nuestra vida como hijos es que aprendamos a respetar a las autoridades, y lo haremos si empezamos a respetar, a honrar, a nuestra mamá. Y viviremos muchos años más, porque nuestro nombre seguirá como un buen recuerdo entre la gente que nos conoció.

Muchas veces cuestionamos a mamá antes de obedecer su instrucción, y a veces creemos injustas las reglas en el hogar, pero la Palabra de Dios nos dice que obedecer es justo. La obediencia de los hijos es lo que más desean los padres. La madre busca el bienestar de su familia, se esfuerza por atender a los miembros de la familia, especialmente a los hijos. Ella está pendiente de las actividades de sus hijos, sus amigos, la escuela, su salud y generalmente brinda afecto y atenciones a sus hijos. Su anhelo es el bienestar de su familia y busca la forma de brindarlo. Muchos hijos adultos se quejan de haber sido tratados injustamente diciendo: "tenia un hijo preferido", "me pegaba por cualquier cosa", "no me brindó afecto" y muchas otras más. A lo mejor alguno de nosotros tiene esa apreciación de su relación con su madre y no esté convencido de obedecerla en todo...

¡Ánimo! Si cumplimos el mandato de Dios, nuestra vida será perdurable, y nuestro nombre será recordado por muchas generaciones.

Conéctate | **¡A Navegar!** | **Descargas**

Instrucciones de las hojas de trabajo

Hoja de trabajo (12 a 17 años).

Con base en la clase de hoy, ¿cuáles son los dos significados de honrar?

1. _____
2. _____

Si lo estás haciendo, ¡felicidades! Dios te recompensará.

Pero si estás fallando en alguna de las dos formas de honrar, ¿cómo le harás para honrar a tu mamá a partir de hoy?

1. _____
2. _____

Intercambia ideas con tus compañeros de clase para que puedas honrar a tu mamá.

Memoriza y escribe Éxodo 20:12 que nos insta a honrar a mamá, sin importar cómo sea ella.

"Honra a tu padre y a tu madre, para que tus días se alarguen en la tierra que el Señor tu Dios te da".

Hoja de trabajo (18 a 23 años).

Escribe una poesía o reconoce por escrito todo lo que tu madre o la persona que ocupó su lugar ha hecho por ti:

_____
_____
_____
_____
_____
_____

¡Podrías llevarte esta hoja y dársela a ella justo ahora! Si la tienes aún contigo, ¡valórala!

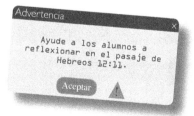

Advertencia

Ayude a los alumnos a reflexionar en el pasaje de Hebreos 12:11.

Aceptar

¡Ese es mi hijo!

Objetivo: Que el alumno reafirme lo que Dios espera de él en su rol de hijo, en la relación familiar.

Para memorizar: "Hijos, obedeced a vuestros padres en todo, porque esto agrada al Señor" Colosenses 3:20.

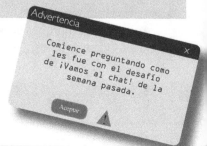

Advertencia

Comience preguntando como les fue con el desafío de ¡Vamos al chat! de la semana pasada.

Aceptar

Conéctate | **¡A Navegar!** | **Descargas**

Dinámica introductoria (12 a 17 años).
- Materiales: Hojas blancas de papel cortadas por la mitad; lápices y cinta adhesiva para pared.
- Instrucciones: Entregue papel y lápiz a cada alumno. Luego, pídales que escriban en sus hojas sus respuestas a la siguiente pregunta: ¿Qué espera Dios de mí en cuanto a mi rol de hijo dentro de mi familia? Dígales que pueden responder según su parecer o según la Biblia si conocen versículos que hablen al respecto. Al finalizar, invítelos a que compartan con el resto de la clase sus respuestas y motívelos también a que dialoguen un momento al respecto. Después, inicie la lección.

Dinámica introductoria (18 a 23 años).
- Materiales: Hojas blancas de papel cortadas por la mitad y lápices.
- Instrucciones: Entregue papel y lápiz a cada alumno. Luego, pídales que traten de escribir una definición de la palabra hijo en tres a cinco líneas. Después, elija a cinco alumnos para que lean lo que escribieron, y a continuación, usted y todos sus alumnos realicen una lluvia de ideas a fin de escribir una sola definición de la palabra antes mencionada.

Tenga presente que los jóvenes tienen un concepto diferente al que tienen sus padres, y esto debido a su madurez. Por ello, es importante que se puedan identificar como hijos.

Conéctate | **¡A Navegar!** | **Descargas**

Comience pidiendo a los alumnos que expresen con qué palabras les gustaría que sus padres se refirieran a ellos, si tuvieran que hablar de sus personas a un desconocido. (Aquí es muy probable que sus alumnos expresen que esperan que sus padres utilicen palabras de admiración, cariño o reconocimiento). Luego, le sugerimos que utilice esas respuestas a lo largo de la lección para que ellos reconozcan que para recibir esas palabras que desean de sus padres, hay ciertas acciones que ellos deben realizar.

1. Aspectos generales

El libro de Proverbios es sin duda uno de los mejores manuales que una persona puede usar para aprender a ser un buen hijo. Con toda la sabiduría que Salomón recibió de Dios, pudo reunir una serie de consejos e instrucciones que cualquiera pudiera seguir.

Y esto no solamente para ser un buen hijo, sino también para vivir cada día con sabiduría.

En Marcos 1:11, se encuentra el mejor reconocimiento que un padre puede hacer a su hijo. Jesús había obedecido y honrado a su Padre en todo; y Dios, como un padre orgulloso, deseaba que todos supieran que Él amaba a su Hijo y se complacía en Él.

Quizá la responsabilidad más enseñada respecto del papel de un hijo sea la de ser obediente a sus padres. Este deber, además de ser un mandato de Dios, promete traer mucha bendición para el hijo que lo cumple. Pero obedecer no es fácil; principalmente, en la época de la adolescencia, en donde el ser humano busca definir su propia identidad y alcanzar cierto grado de independencia.

Puede ser que para algunos de sus alumnos, este aspecto de la vida cristiana esté creándoles muchos conflictos. Esto, principalmente, si sus padres no se han mostrado interesados en conocerlos, entenderlos y mostrarles su amor incondicional.

2. El mejor ejemplo

Pídales a sus alumnos que definan la palabra obediencia. Después, compártales que al leer la Biblia, podemos encontrar varios versículos que nos invitan a obedecer a Dios, a los padres y a las autoridades. Cuando la Biblia habla de obedecer, no deja margen a consideraciones de parte de quien obedece, es decir, el mandato es claro. Obedecer quiere decir, ceder la voluntad propia para hacer la voluntad de alguien más. Esto, debido a la naturaleza humana, puede resultar un asunto complicado, un mandato difícil de cumplir; pero ciertamente no imposible. Dios en su amor y misericordia permitió que Jesús, su Hijo, diera a la humanidad el mejor ejemplo de obediencia y honra hacia los padres.

Para Jesús obedecer no fue un asunto sencillo (Lucas 22:42). Como todo ser humano, Él tuvo que enfrentarse con el dilema de escoger entre hacer lo que quería y hacer la voluntad de su Padre. Pero Jesús escogió la obediencia, y su Padre no podría haber estado más orgulloso (Filipenses 2:9). Ver la obediencia en nuestro Señor Jesús, quien es nuestro modelo a seguir, puede ayudarnos a entender el concepto con más claridad.

Obedecer, principalmente en situaciones que no comprendemos, puede ser algo difícil; pero Jesús nos demostró que esto sí es posible. Él es nuestro mejor ejemplo, nuestro modelo a imitar.

3. Agradar a Dios por medio de nuestra obediencia

Pida a sus alumnos que hagan una lista de los aspectos en los que a ellos les cuesta obedecer. La obediencia, entendida simplemente como un mandato, puede aumentar el desagrado a cumplirla. En este sentido, considere que sus alumnos podrían estar enfrentando situaciones en su vida familiar en las que les resulte difícil entender por qué tienen que obedecer a sus padres. Así que enseñarles que deben hacerlo, porque es una orden de Dios y nada más, puede hacer que el problema se agrave.

La obediencia a los padres, más allá de ser una responsabilidad que cada hijo tiene, trae consigo una gran bendición; puesto que no sólo es lograr que los padres vean que son respetados (aunque esto es importante), sino también es saber que nuestra obediencia a ellos le agrada a Dios (Colosenses 3:20).

Cualquiera sean las condiciones de vida de sus alumnos, ellos serán impactados al saber que con su obediencia no solamente están "quedando bien" con sus padres; sino que también están construyendo una mejor relación con Dios, porque su Padre celestial se agradará siempre con su obediencia.

4. Siendo de bendición para nuestros padres

Pida a sus alumnos que escriban en sus libros cuatro cosas que ellos pueden hacer para que sus padres se sientan orgullosos de ellos. No existe nada mejor en el mundo que saber que nos encontramos en el centro de la voluntad de Dios, que lo que hacemos le agrada y que Él está contento con nuestro comportamiento.

Como cristianos estamos llamados a ser luz y reflejar a Cristo en toda nuestra manera de vivir. Este punto es de mucha importancia, especialmente, si sus alumnos viven en un hogar que no es cristiano. Dígales que su testimonio como hijos obedientes puede impactar la vida de sus padres.

No existe un mejor regalo para un padre que sentirse orgulloso de lo que su hijo hace. Jesús nos dejó ejemplo de ello, pues su Padre se complacía en Él (Lucas 3:22). Hágales saber a sus alumnos que, al obedecer y honrar a sus padres, no sólo están cumpliendo un mandato y agradando al Señor; sino que también pueden ser de bendición a sus padres.

Al ver la obediencia de sus hijos los padres podrán expresar con orgullo: ¡Ese es mi hijo!; pero también por otro lado, si sus padres no fueran cristianos, pueden cada uno de ellos ser la luz que refleje a Cristo en sus hogares y hacer que sus padres y/o el resto de sus familiares lleguen a obtener la salvación.

Al terminar la clase, pueden hacer una oración de compromiso con Dios en donde expresen su deseo de ser mejores hijos y dar testimonio de su vida cristiana a través de su comportamiento ejemplar en casa. Le sugerimos que dé un tiempo para que sus alumnos oren individualmente. Después, cierre con una oración.

Instrucciones de las hojas de trabajo

Hoja de trabajo (12 a 17 años).

En Colosenses 3:20, la Biblia nos pide que obedezcamos a nuestros padres en todo. Pida que hagan una lista de los momentos o situaciones en los que les resulta más difícil obedecer a tus padres.

- _____
- _____
- _____
- _____

Y luego escriban cuatro cosas que pueden hacer para que sus padres puedan sentirse orgullosos de su comportamiento.

- _____
- _____
- _____
- _____

Pida que escriban el siguiente de versículo Lucas 3:22.

"...Tú eres mi Hijo amado; en ti tengo complacencia".

Hoja de trabajo (18 a 23 años).

Escribe V si es verdadero o F si es falso según corresponda.

1. El mandato de la obediencia es para algunos.   F
2. La obediencia es mandato de Dios.   V
3. Es imposible ser obediente en todo.   F
4. Jesús fue modelo de obediencia.   V
5. Hay condiciones para ser obedientes.   F
6. Jesús se hizo hombre por obediencia.   V
7. Jesús murió por obediencia.   V
8. La obediencia es sólo cuando somos niños.   F
9. Sólo los hijos del pastor deben ser obedientes.   F
10. La obediencia puede ser parte de nuestro   V
testimonio.

¿Cómo te calificarías en obediencia del 1 al 10?

_____

¿Qué recomendarías a un adolescente que no quiere obedecer a sus padres?

_____

¿Qué pasajes bíblicos de la clase te quedaron que podrías utilizar para compartir con un joven desobediente?

_____

Advertencia

Desafíelos a reflexionar y poner la obediencia en práctica o acentuarla a partir de esta semana.

Aceptar

¡Fidelidad extrema!

Objetivo: Que el alumno se convenza de que Dios diseñó la monogamia para la relación matrimonial y Jesús la reafirmó.

Para memorizar: "Así que no son ya más dos, sino una sola carne; por tanto, lo que Dios juntó, no lo separe el hombre" Mateo 19:6.

Advertencia

Comience generando el diálogo sobre la obediencia y cómo la aplicaron en la semana.

Aceptar

Conéctate | ¡A Navegar! | Descargas

Dinámica introductoria (12 a 17 años).

Relate el siguiente caso: "Imagina que un/a amigo/a queda de acuerdo contigo para salir a pasear el sábado a un centro comercial. Pero luego, te dice que no le es posible asistir como convinieron, porque sus papás no se lo permiten. Aun así, de todas maneras tú vas al centro comercial con tus papás y encuentras a tu amigo/a con otros/as amigos/as".

Después de concluido el relato anterior, pregunte a la clase lo siguiente: ¿Cómo crees que te sentirías? ¿Qué harías y qué dirías? ¿Cómo llamarías a este acto de tu amigo/a? Permita que compartan sus respuestas por unos minutos y luego inicie la lección.

Dinámica introductoria (18 a 23 años).

Divida a su clase en dos equipos. Luego, indique a uno de ellos que estará a favor de la monogamia; mientras que el otro estará en contra de esta. Asimismo, dígales que cada equipo debe presentar tres argumentos para sostener su postura. Dé unos minutos, de acuerdo al tiempo que disponga, para que los miembros de cada equipo se pongan de acuerdo. Por turnos, cada equipo presentará sus argumentos. A continuación, favorezca la discusión por cinco minutos y luego inicie la lección.

Conéctate | ¡A Navegar! | Descargas

Dios hizo al ser humano, hombre y mujer, a su imagen y semejanza (Génesis 1:27), y los bendijo y los puso como mayordomos de su creación (Génesis 1:28). La Biblia indica que Dios evaluó su trabajo creador como "bueno en gran manera" (Génesis 1:31). En el capítulo 2 de Génesis, se narra la creación del hombre y la decisión de Dios de hacerle una única esposa que estuviera con él para siempre.

Sin embargo, este propósito de Dios fue estropeado por la entrada del pecado al mundo, y de ahí en adelante la sociedad y la cultura se han encargado de hacer creer a la gente que está bien tener más de una esposa o esposo.

El Diccionario de la Lengua Española define monogamia de la siguiente manera: "Régimen familiar que veda la pluralidad de esposas. Incluye la exclusividad sexual y afectiva".

Una investigación realizada por la UNAM (Universidad Autónoma de México) concluye que la infidelidad va en aumento, ya que el "15 por ciento de las mujeres y 25 por ciento de los hombres han mantenido alguna vez en su vida relaciones extras con personas que no son su pareja. Y si se contabilizan las infidelidades sólo emocionales, es decir, que no involucraron sexo, los números se elevan a 35 por ciento en el caso de mujeres y 45 para los varones" (La infidelidad va en aumento... revela investigación de la UNAM. Aparecido en febrero de 2012 y recuperado de http://www.jornada.unam.mx/2012/02/14/sociedad/039n1soc el 13 de enero de 2014).

Dios sabe lo que es bueno para el ser humano y por esa razón instituyó el matrimonio monógamo, y el Señor Jesús lo confirmó (Mateo 19:4-6).

1. El mejor proyecto para la humanidad

La institución del matrimonio monógamo surgió de la mente y el corazón de Dios al ver que el hombre por Él creado necesitaba una compañera para que juntos pudieran administrar su creación (Génesis 1:28-30).

En Génesis 2:22-24, se indica claramente que el hombre reconoció a la mujer como la única de entre todas las criaturas formadas por Dios que era de la misma esencia que él. Por eso, con ella llegaría a formar la unidad que llevaría adelante los planes de Dios.

La declaración de Dios, en un principio (Génesis 2:24), y del Señor Jesús, tiempo después (Mateo 19:5-6), de que hombre y mujer fueran una sola carne implica que el matrimonio es monógamo. Es decir, que la unión matrimonial debía ser exclusiva de dos personas de diferentes sexos, donde no hubiera posibilidad alguna de que otra mujer u hombre formen parte de esa unión matrimonial o interrumpiera esa unión.

Por otra parte, la mayoría de las personas piensan que la monogamia se trata única y exclusivamente de fidelidad sexual. Esto no es así, ya que la monogamia incluye el observar valores cristianos como la exclusividad, la fidelidad, el compromiso, el respeto y la honestidad. Estos valores se constituyen en el "elemento clave para la monogamia, que significa una entrega dinámica a una relación personal y que implica también respeto y consideración" (Sexología para Cristianos; Smedes Lewis. Caribe, Miami: 1982, p189). Estos valores se enseñan y fortalecen en el seno de una familia donde ambos, el padre y la madre, los practican cotidianamente el uno para con el otro y ambos para la familia total.

Por el contrario, las mentiras y artimañas son fundamento de la infidelidad, y estas se aprenden tanto en la familia como por los medios de comunicación que los presentan como algo natural o normal (la infidelidad, deshonestidad e irrespeto al vínculo matrimonial).

Dichos antivalores son malos por sus dolorosas consecuencias, y porque hieren a la persona afectada directamente (aquella a la que se le es infiel) y también a quienes le rodean (hijos, familiares, amigos). Pero sobre todo aquellos antivalores son dañinos, porque rompen la unidad que Dios espera que se dé entre el hombre y la mujer.

2. Jesús confirmó la monogamia

A. Unión ¿para siempre?

En el Nuevo Testamento, Jesucristo interpretó el deseo de Dios de que hombre y mujer en la relación matrimonial llegaran a ser una sola carne, de manera que nadie ni el mismo matrimonio pudiera separarla sin dañarla, sin acabar con su existencia como matrimonio y sin perjudicar a sus seres queridos (Mateo 19:1-11).

En el pasaje que acabamos de mencionar, se muestra a los fariseos poniendo a prueba a Jesús. Debido a la gran hostilidad que sentían hacia Él, ellos querían encontrarle algún error teológico para desacreditarlo y hacerlo ver como alguien que contradecía la ley de Moisés. Por eso, le preguntaron si al hombre le es permitido divorciarse de su esposa por cualquier causa. Pero Jesucristo no contendió con ellos y se limitó a citar el pasaje de Génesis 2:24 añadiendo: "...Por tanto, lo que Dios juntó, no lo separe el hombre." Y ante la insistencia de los fariseos al respecto, el Señor concluyó: "Moisés os permitió repudiar a vuestras mujeres; mas al principio no fue así"

B. Un duro corazón

En el Antiguo Testamento, vemos que desde muy temprano en la historia de la humanidad la monogamia dejó de ser una práctica general común. Entre ellos, podemos mencionar a Lamec (Génesis 4:19), descendiente de Caín, quien tomó dos mujeres para sí. De ahí en adelante, el pecado siguió endureciendo el corazón de la humanidad. Así pues, vemos a muchos hombres importantes que tuvieron más de una esposa: Abraham (Génesis 16:1-4); Esaú (Génesis 26:34-35, 28:9); Jacob (Génesis 29:15-28, 30:1-13); Gedeón (Jueces 8:30); David (2 Samuel 3:2-5, 12:8, 15:16) ; y Salomón (1 Reyes 11:1-3).

Los hombres prefirieron seguir sus deseos personales antes que obedecer a Dios (Levítico 20:10----21; Deuteronomio 22:22----29), quien también les habló por medio de los profetas haciéndoles saber que Él reprueba la deslealtad, porque va en contra de su plan original: La monogamia (Jeremías 3:1; Miqueas 2:9; Malaquías 2:14-16).

3. Un ejemplo de fidelidad

Dios alimenta a las aves y le da vestido a las flores, ¿no valéis vosotros mucho más que ellas? (Mateo 6:26). No debemos afanarnos por aquellas cosas que Dios ha prometido suplir. El afán puede dañar nuestra salud física y mental, afecta la manera en que nos relacionamos con otros y disminuye nuestra capacidad de confiar en Dios.

Planificación y ansiedad no son lo mismo. Nosotros también debemos hacer nuestra parte, proveer para nuestro futuro, pero completamente fundamentados en la verdad de que Dios tiene cuidado de nosotros. Él debe ocupar nuestro corazón y debe ser en quien debemos tener puesta nuestra visión, Él es el Señor que ha prometido cuidar de mí. El afán es una expresión de incredulidad en la promesa que Dios añadirá todo aquello de lo que Él ya sabe que tenemos necesidad.

4. La monogamia basada en la confianza y la fe en Dios

La monogamia es la expresión de la fe en que si Dios llama a una vida fiel y monógama, también acompañará en el cumplimiento de los votos hechos por los cónyuges al Señor y a la comunidad de fe. La monogamia es creer que Dios estará con el matrimonio para que crezcan juntas; hagan cada vez más fuerte su relación matrimonial y cuando sean tentadas por factores externos para considerar la posibilidad de ser infieles, Él les ayude a ser leales al voto matrimonial. Sin duda, la monogamia es un desafío no sólo para mantener la fidelidad sexual, sino para ser leales y responsables de hacer todo lo posible por contribuir al desarrollo del cónyuge y un compromiso para hacer que también la honestidad y la exclusividad sean valores permanentes en la relación matrimonial. Y mientras llega el momento de casarse, podemos proponernos que estos valores sean parte de nuestra vida. En la relación matrimonial, las personas adquirimos un compromiso y si lo cumplimos no sólo nos sentimos satisfechos, sino que nos desarrollaremos como personas y disfrutaremos de bienestar, armonía y felicidad.

En todas las relaciones interpersonales, las personas adquirimos ciertos compromisos. Y si los cumplimos no sólo nos sentimos satisfechos, sino que crecemos como personas.

Conéctate	¡A Navegar!	Descargas

Instrucciones de las hojas de trabajo

Hoja de trabajo (12 a 17 años).

Divida la clase en cuatro grupos; y si son pocos, en parejas. Asigne a cada grupo un número de tres preguntas para que respondan. Luego, dé un tiempo para que compartan sus respuestas con el resto la clase.

Dichos grupos de preguntas se presentan a continuación.

¿Cómo definirías la fidelidad? ¿En qué relaciones se debe practicar?

¿Es importante la fidelidad?

¿En qué consiste la exclusividad en una relación de pareja?

¿Cómo podría mostrar una persona a otra que ella tiene un lugar exclusivo en su vida?

¿Cómo se puede mostrar respeto en una relación de pareja?

¿Qué pasa cuando no hay respeto entre la pareja?

¿Cómo definirías el compromiso?

¿Cómo te sentiste alguna vez que cumpliste con un compromiso?

¿Cómo te sentiste alguna vez que incumpliste con un compromiso?

¿Qué se piensa de una persona que no es honesta?

¿Cómo se llega a ser honesto/a?

¿Qué dificultades hay para ser honesto/a?

Hoja de trabajo (18 a 23 años).

Antes de iniciar la clase, puede pedir que escriban las siguientes definiciones (indíqueles que lean las definiciones a medida que van avanzando la lección):

FIDELIDAD: _Lealtad, observancia de la fe que uno debe a otro._

HONESTIDAD: _Cualidad de honesto (Honesto: decente, decoroso; recatado, pudoroso; razonable, justo; probo, recto, honrado._

RESPETO: _Consideración y reconocimiento del valor de una persona o de una cosa que nos conduce a no faltar a ella)._

COMPROMISO: _Responsabilidad u obligación que se contrae._

EXCLUSIVIDAD: _Calidad de exclusivo, que excluye o tiene fuerza y virtud para excluir; único, sólo excluyendo a cualquier otro._

EXCLUSIVO: _Que excluye o tiene fuerza para excluir. Único, solo, excluyendo a cualquier otro._

Advertencia

Permítales escoger uno de los cinco valores que se mencionaron en la lección de hoy para aplicarlo a su vida personal.

Aceptar

¿Unido a mi familia?

Objetivo: Que el joven descubra cómo debe comportarse para contribuir a la unidad de la familia.

Para memorizar: "Solícitos en guardar la unidad del Espíritu en el vínculo de la paz" Efesios 4:3.

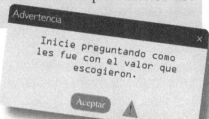

> **Advertencia**
>
> Inicie preguntando como les fue con el valor que escogieron.
>
> Aceptar

Conéctate | ¡A Navegar! | Descargas

Dinámica introductoria (12 a 17 años).

- Materiales: Papel (puede ser escrito o impreso que ya no sirva) el cual se utilizará para hacer barcos o aviones de este material.
- Instrucciones: Coloque las hojas de papel sobre una mesa y pida que cada uno arme todos los barquitos de papel o avioncitos que pueda en un minuto. Al final de ello, reconozca al ganador. Luego, forme grupos de tres o cuatro integrantes y dé la misma indicación dada al inicio. Recuerde siempre reconocer al grupo que ganó.

Una vez concluida la dinámica, guíe a la reflexión haciendo las siguientes preguntas: ¿Hubo alguna forma de organización? ¿Cuándo hicieron más barcos o aviones: Solos o cuando estaban en grupo?

Después, hágales saber que al igual que en una familia, cuando trabajamos juntos se tendrá mejores resultados. Si los integrantes de una familia buscan su propio bienestar y no, el de los demás; o si tratan de hacer lo que a ellos les convenga, lo único que van a lograr es que la familia se destruya.

Dinámica introductoria (18 a 23 años).

- Materiales: Varios ovillos de hilo (puede ser hilo para coser).
- Instrucciones: Forme parejas y pida que se aten las muñecas pasando una vuelta de hilo. Luego, indíqueles que se suelten las manos rompiendo el hilo. Después, que vuelvan hacer lo mismo, pero con dos vueltas; y a continuación, pídales nuevamente que las rompan y se suelten. Anímelos a que repitan la actividad sumando una vuelta de hilo más a sus muñecas, y así sucesivamente hasta que no puedan romper el hilo.

Después de finalizada la dinámica anterior, pregúnteles qué les hace pensar eso que hicieron. Después, llévelos a pensar en la familia y cómo se aplica esto a la misma.

Conéctate | ¡A Navegar! | Descargas

1. La importancia de la familia

El joven debe tener presente en todo momento la importancia que le da Dios a la familia para que pueda valorarla. La sociedad de hoy está quitándole el valor y la relevancia que esta tiene. Los tiempos en familia se sustituyen por otras actividades; y el joven, por querer estar al día con la sociedad, se deja contagiar por estas ideas y las sigue.

Para clarificar este asunto, pida a los alumnos ejemplos de actividades que sustituyen el tiempo en familia. Estas pueden ser las siguientes: Estar conectado a Internet; jugar con la PlayStation; chatear por el iPhone, etc.

Luego, mencione que se verá lo que dice la Biblia en cuanto a la familia. En esta parte de la lección, le sugerimos que forme grupos para que busquen los versículos bíblicos indicados más adelante y expliquen lo que estos dicen con relación a la familia. Asigne un versículo por grupo (Génesis 1:28, 2:24; Deuteronomio 6:7; Mateo 1:24-25).

En Génesis 2:24, 1:28 vemos que Dios establece y bendice el matrimonio y además, ordena que este matrimonio se reproduzca; es decir, que se forme la familia. Por lo tanto, el matrimonio, que es de donde nace la familia, no fue un invento humano, sino que fue creación de Dios.

Deuteronomio 6:7 nos dice que Dios conocía la gran influencia que tiene la familia en el ser humano y que del conjunto de ellas se forma la sociedad o pueblos. Por eso, instó que en cada casa se repitiera su ley y la aprendieran, porque Él quería un pueblo que lo reconociera, amara y adorara.

Mateo 1:24-25 nos señala que Jesús mismo nació dentro de un hogar ya constituido, en vez de aparecerse en la Tierra de forma sorprendente. Entonces, es válido preguntarnos lo siguiente: ¿Por qué lo hizo así?... Y la respuesta es porque Dios reconoce lo importante que es para el ser humano ser parte de una familia.

Hemos visto de manera rápida el lugar que Dios le da a la familia. Él sabe que la familia es el lugar más importante de nuestra formación. Sin embargo, cuando el joven entra en la etapa de la adolescencia, menosprecia por completo a su familia prefiriendo estar con otros y llegando al punto de faltarles el respeto a sus padres. Muchos se vuelven tan rebeldes que los padres ya no tienen control sobre ellos, y esto les afecta tanto que incluso los padres llegan a tener depresión por este problema.

Esta actitud sólo demuestra una cosa: Que el joven no está dándole a su familia el lugar que se merece. Y esto se debe a que no está sometiéndose a la voluntad de Dios.

2. Someterse a Dios

Cuando uno entra en la etapa de la juventud, es cuando más debe agarrarse de la mano de Dios. Sólo de esa manera se podrán sobrellevar estos cambios que producen reacciones o actitudes que ponen en peligro la unidad de la familia.

Si el joven se somete a la voluntad de Dios, le será más fácil tener un comportamiento que ayude a mantener la armonía y la paz dentro del hogar (Filipenses 2:13). El joven que busca a Dios tendrá la ayuda de Él para no dejarse llevar por esos deseos de rebeldía y enojo que se producen en la adolescencia y que sólo traen división y pleitos en el hogar. Y es que sólo Dios nos da ese dominio propio que tanto necesitamos (Gálatas 5:23; 2 Timoteo 1:7).

El joven suele pensar sólo en sí mismo, sin tomar en cuenta las preocupaciones de sus familiares. Esto es porque en su vida hay egoísmo y esa es la evidencia de la carencia de Dios en su vida. Al consagrarse a Dios, el joven deja que Él trabaje en su vida a través de su Espíritu Santo, logrando de esa manera ser libre del egoísmo y preocupándose más por los demás.

Y ¿cómo someterse a Dios? Simplemente, buscándolo diariamente en oración y estudiando su Palabra. Esta es la única manera en que podremos estar más cerca de nuestro Señor. El joven que estudia la Palabra de Dios adquiere mayor conocimiento acerca de la voluntad de su Señor y esto le da una mayor responsabilidad y deseo de ponerla en práctica.

Uno de los grandes mandamientos se encuentra en Mateo 22:37. Una vez que el joven asimila este mandamiento y lo pone por obra en su vida, todo aquello que Dios le pide hacer será mucho más fácil de cumplir. Y entre todas las cosas que Dios demanda de nosotros está el deber que tenemos como hijos de someternos a nuestros padres.

3. Someterse a los padres

Efesios 6:1-3 explica muy bien cuál es la función del hijo dentro del hogar. Y es aquí donde el joven tiene muchas luchas, porque debido a su afán por querer hacer todo a su manera y sentirse libre suele faltar a este mandamiento, poniéndose en rebeldía con los padres.

En cada familia, suele haber reglas y todos los miembros de cada familia tienen que cumplirlas para poder vivir en armonía. Al cumplir con este mandamiento que se encuentra en Efesios 6, no sólo se está trayendo unidad y paz al hogar, sino que además, el joven está trayendo bendición a su vida. El versículo 3 dice: "Para que te vaya bien, y seas de larga vida sobre la tierra". Dios promete bendecir a los hijos que cumplan con este mandamiento. La obediencia es el mejor regalo que se le(s) puede dar a Dios y a los padres. Por eso, si el joven quiere ayudar a que su familia esté unida, debe ser obediente y respetar la autoridad que Dios ha dejado sobre los padres.

Otra manera de contribuir a esta unidad familiar es orando por ella. Es muy importante que oremos por los hermanos, los padres, abuelos, etc. Así pues, Santiago 5:16 enseña que debemos orar unos por otros. Cuando lo hacemos, estamos dejando a un lado el egoísmo y esto agrada a Dios. Al orar por la familia, estamos demostrándole a Dios que nos preocupamos por ella, que la amamos y que verdaderamente nos importa. Además, el segundo gran mandamiento que se encuentra en Mateo 22:39 dice: "...Amarás a tu prójimo como a ti mismo". Por eso debemos tratar a nuestros familiares con amor, como si de nosotros mismos se tratara. También Mateo 7:12 dice que debemos hacer con los demás como nos gustaría que hicieran con nosotros.

Si el Señor Jesús, siendo el mismo Dios, se sujetó a sus padres terrenales, ¡cuánto más nosotros, simples seres humanos, debemos hacer lo mismo!

En la Biblia, también encontramos ejemplos de familias que se mantuvieron unidas gracias a la correcta actitud de uno de sus integrantes; sin embargo, también encontramos familias que se dividieron por la envidia, el egoísmo o la falta de perdón.

En esta parte de la lección, pida a los jóvenes que busquen los siguientes pasajes bíblicos y que identifiquen quiénes procuraron la unidad en su familia y quiénes no.

Éxodo 2:1-9: La hermana de Moisés hizo todo lo posible por mantener a su familia unida. Cuando la princesa de Egipto le mandó traer una nodriza para el niño, no dudó en llamar a su madre para que cuidara de su propio bebé.

Génesis 7:7: Los hijos de Noé no reclamaron ni protestaron por no quedarse en el lugar donde habían nacido. Simplemente, obedecieron a su padre Noé y lo dejaron todo. Su obediencia ayudó a mantener la armonía y la unidad en la familia.

Génesis 4:1-11: Caín no fue buen ejemplo de un hijo que procuró la unidad de su familia; al contrario, la dividió matando a su hermano.

Génesis 37:13-28: Los hermanos de José se dejaron llevar por la envidia y así trajeron tristeza y división a su familia.

Por último, no debemos olvidar que el perdón es lo que más nos ayudará a vivir en unidad con la familia. Sea cual sea la familia que nos haya tocado, nunca debemos guardar resentimiento contra ninguno de nuestros familiares. Recordemos que Cristo nos perdonó a nosotros. El resentimiento sólo trae dolor. Busquemos siempre la unidad en nuestro hogar.

Conéctate   **¡A Navegar!**   **Descargas**

Instrucciones de las hojas de trabajo

Hoja de trabajo (12 a 17 años).

Pida que unan con una línea los textos bíblicos con las respectivas afirmaciones.

Dios estableció la familia.	Génesis 1:28, 2:24
Los dos grandes mandamientos.	Mateo 22:37-39
Mandamiento para los hijos.	Efesios 6:1-3
Dios nos da una buena actitud.	Filipenses 2:13
Orar por la familia.	Santiago 5:16

Hoja de trabajo (18 a 23 años).

Dé un tiempo para que respondan las siguientes preguntas:

1. ¿Qué nos dicen Génesis 1:28 y 2:24 con relación al tema de la familia?

_____

2. ¿Cómo puedo contribuir a la unidad de su familia?

_____

3. ¿Qué nos dice Efesios 6:1-3 con respecto a la familia?

Dios da la promesa de que si los hijos se someten a los padres, todo les irá bien y serán de larga vida en la Tierra.

4. ¿Qué dos grandes mandamientos hay en Mateo 22:37-39?

_____

5. Según Santiago 5:16, ¿de qué otra manera podemos contribuir a la unidad familiar?

Orando por nuestros familiares.

Advertencia

Al final de la clase afirme la importancia de que cada uno contribuya a la unidad de su hogar con una actitud correcta.

Aceptar

¡Qué padre!

Objetivo: Que los jóvenes valoren el papel que los padres ejercen en las familias.

Para memorizar: "Camina en su integridad el justo; sus hijos son dichosos después de él" Proverbios 20:7.

> **Advertencia** ✕
>
> Genere una conversación preguntando si tuvieron oportunidad en la semana de contribuir a la unidad de su hogar.
>
> Aceptar ⚠

Conéctate | ¡A Navegar! | Descargas

Dinámica introductoria (12 a 17 años).
- Materiales: Pizarra y marcadores para la misma..
- Instrucciones: Pídales que pasen a la pizarra y escriban un concepto del padre ideal. Al final, pregunte (sin esperar respuesta pública, sino sólo para su propia reflexión) si sus padres cumplen con estos ideales.

Dinámica introductoria (18 a 23 años).
- Materiales: Lápiz y hoja de papel en blanco.
- Instrucciones: Pida que dividan la hoja en dos y en una parte escriban la relación ideal que debe existir entre padres e hijos, y en la otra parte que elaboren una lista de las amenazas a la armonía de la familia. Al final, sólo para su propia reflexión, pregunte si existe esa relación en su hogar y si las amenazas están destruyendo su hogar y por lo tanto, destruyendo la iglesia de Cristo.

Conéctate | ¡A Navegar! | Descargas

La Palabra de Dios nos dice que: "Obedezcamos en el Señor a nuestros padres..." (Efesios 6:1-4). Y a nosotros, lectores de la Biblia en este siglo, nos parece que es un asunto radical: ¿Obedecer? ¿Por qué tenemos que obedecer?

Pero veamos el contexto cuando Pablo escribió esto: Los primeros cristianos vivían bajo el imperio romano; lo que se acostumbraba en Roma era que el padre tuviese poder absoluto sobre todos sus hijos; tenía el derecho a castigarlos tal como su ira lo permitiera, sin que nadie pudiera hacer algo para evitarlo. Los hijos eran un objeto más de su propiedad. El padre podía vender a sus hijos como esclavos si creía que ellos eran demasiado caros, o que no valían la pena para él... o, bajo ciertas condiciones, podía incluso quitarles la vida. Esta potestad del padre sobre sus hijos duraba toda la vida. La vida del niño valía poca cosa, como nos lo revela una carta fechada el año 1 a.C., escrita por un soldado romano llamado Hilario, desde Alejandría, Egipto, a su esposa Alis: En la carta le ordenó que si daba a luz un niño lo dejara vivir, pero que si era niña se deshaga de ella.

El abandonar a los niños para que ellos proveyeran sus propios alimentos era cosa acostumbrada en esos días.

1. El valor que nos da la Palabra de Dios

Lo que Pablo está haciendo es dignificar el lugar de los hijos en los hogares de la recién nacida comunidad cristiana (y confirmando lo que Jesucristo hizo en Mateo 19:14, cuando pidió que los niños se acercaran a Él). Y su enfoque es hacia una relación dentro de los hogares donde hay amor genuino, el cual es la base de todas las relaciones, pero donde también todos tienen un deber social y aun espiritual.

El mundo en esa época no valoraba a los hijos, pero el apóstol Pablo afirma el valor infinito de cada niño, así como al hacer su cuidadosa alineación de las responsabilidades mutuas de padres e hijos, lo cual refuerza tal valor.

Pablo exhorta a los hijos a obedecer a los padres. El verbo que generalmente es traducido "obedecer" (hupakouo) es una palabra compuesta basada en la palabra "escuchar" (akouo); por ende tiene en su base la idea de "escuchar" o "darle atención a" y por tanto "obedecer". Mucha de la desobediencia surge cuando los niños se niegan a escuchar las instrucciones que se les dan, así como las razones de esas instrucciones.

En Proverbios 4:1-6 hace la vinculación de tres generaciones y demuestra cómo el amor se transmite principalmente por la influencia personal.

2. ¡Cuidado con nuestro juicio!

Cuando somos jóvenes y sin la experiencia de ser papás, muchas veces juzgamos severamente lo que papá hizo o hace en casa. Pero la verdad es que ellos aprendieron a ser papás con nosotros; no existe hasta este día un manual adonde los papás puedan recurrir en todos los casos de nuestra formación. Además, Latinoamérica es un continente donde el papá no ejerce mucha influencia en la familia, ya que tradicionalmente él es quien sale de casa para trabajar y traer el sustento al hogar. En muchísimas ocasiones, la figura del papá es más una especie de justiciero que nos castigará si no hacemos correctamente las cosas; e infinidad de veces escuchamos una frase que para nada es saludable en nuestra vida, en especial cuando él nos ordena a obedecerlo y nosotros le increpamos: "¿Por qué?", y él nos dice: "Porque soy tu padre".

Los padres muchas veces creen saberlo todo, y eso no debe asustarnos; la razón de esto es porque ellos tienen mucha más experiencia que nosotros, y lo que quieren es evitar que a nosotros nos vaya mal (en la escuela, en el amor, en la vida). La experiencia les ha proporcionado sabiduría, pero ésta no garantiza el buen trato ni elimina su humanidad, por eso muchas veces siguen cometiendo errores con nosotros. El mismo apóstol Pablo escribió, inspirado por el Espíritu de Dios, a los padres que "no exasperaran a sus hijos, para que no se desalienten" (Colosenses 3:21), porque para los padres sus hijos deben ser mejores que ellos, llegar más lejos, alcanzar más triunfos... ¡y deben hacerlo pronto!

Los padres normalmente proyectan en sus hijos, sus aspiraciones y los logros que ellos no alcanzaron, y piensan que esos lugares con los que soñaron y esos anhelos que aún anidan en su corazón serán alcanzados por medio de sus hijos (ya sean metas materiales, intelectuales e incluso físicas, metas que muchas veces los hijos no desean para sí). Y en la mayoría de las ocasiones parecen ser "impuestas" por los padres a los hijos. Eso es peligroso, ya que no necesariamente tendremos los mismos objetivos y metas que nuestros padres. Pero debemos buscar la voluntad de Dios para nuestras vidas y luchar por ella con amor y perseverancia.

3. Obedecer en el Señor

Pablo en su carta a los Colosenses nos muestra los cambios visibles de la nueva vida en Cristo, en relación con la sociedad pero especialmente en las relaciones familiares. A los padres, específicamente, les habló sobre el trato a la esposa y a los hijos; este trato debe ser un reflejo de la relación Cristo-iglesia.

Desde el Antiguo Testamento el pueblo judío conocía el mandamiento "Honra a tu padre y a tu madre" el cual es el primer mandamiento que incluye una promesa: "...Para que te vaya bien..." (Éxodo 20:12; Efesios 6:2). Sin embargo, a los hijos no les es fácil cumplir este mandamiento, ya que en la actualidad, existen padres que son difícil de honrar.

Una de las principales causas de la desintegración familiar en nuestra sociedad es el fracaso en el desempeño del papel del padre en la familia; algunos problemas que esto ha acarreado son: Violencia, adicciones, adulterio y abandono; y lo que es peor, cuando un padre abandona a su familia, lo más probable es que su hijo, al crecer, haga lo mismo.

La Palabra de Dios nos guía a la solución de este problema: En Efesios 6:4 se nos dice, "Padres, no provoquéis a ira a vuestros hijos sino criadlos en disciplina y amonestación del Señor". Pero a los hijos se nos manda a "obedecer en el Señor a nuestros padres"; lo que significa que tenemos que escucharles y hacer lo que nos piden cuando sabemos que eso agrada a Dios.

Atendamos a la Palabra: Aprenderemos mucho si comenzamos a tener la misma relación que Dios quiere tener con cada uno de sus hijos; Proverbios 23:26 dice, "Dame, hijo mío, tu corazón, y miren tus ojos por mis caminos".

Si existe amor entre padre e hijo es fácil cumplir con los mandamientos de Dios, pero debe haber un compromiso mutuo e individual con Dios.

"Honra a tu padre y a tu madre..." no tiene pretexto ni excusa, es un mandamiento; así que debemos buscar, dentro de la voluntad de Dios, honrarlos. Y los padres deben imitar al padre amoroso de quien Jesucristo narró en Lucas 15:11-32. No se trata de un amor cándido y sonriente, sino de algo profundo, como el de Dios hacia nosotros, un amor que procura proveer el afecto que tanto hace falta, la protección que se necesita, la seguridad de un abrazo, la guía y el ejemplo que tanto deseamos en esta vida.

Observemos atentamente la historia y fijémonos bien que, aunque el hijo menor tuvo alguna razón para irse, cuando estuvo lejos la razón para regresar fue mayor: El amor de su padre.

Conéctate   ¡A Navegar!   Descargas

Instrucciones de las hojas de trabajo

Hoja de trabajo (12 a 17 años).

Pida que respondan.

1 ¿Cómo está la relación con tu papá?

_____

_____

_____

Si estás en buena relación con él, podríamos tener un tiempo para orar y darle gracias a Dios. Si no es así, ¡qué mejor forma de empezar a mejorar la relación que intercediendo por él!

2 Si estás en una mala relación con tu padre, ¿qué pasos podrías dar tú para mejorar eso?

Buscarlo, pedirle perdón, perdonarlo y hablarle del amor de Dios.

3 Escribe lo que aprendes de los siguientes dos pasajes bíblicos en la relación con tu papá:

Proverbios 23:12-26

_____

_____

Juan 15:1-17

_____

_____

Hoja de trabajo (18 a 23 años).

Dé un tiempo para que reflexionen sobre el rol que ha ejercido su papá en el hogar y en los actos del padre en la parábola del hijo pródigo. Dios puede concederles el ser papá, y tú tendrás ahora la oportunidad de mejorar:

LO QUE HIZO MI PAPÁ	PARÁBOLA DEL HIJO PRÓDIGO	LO QUE YO HARÉ COMO PAPÁ
Ejemplo: Actuó con severidad	Actuó siempre con paciencia	Seré paciente con mis hijos.

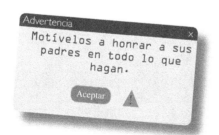

Advertencia ☒

Motívelos a honrar a sus padres en todo lo que hagan.

Aceptar ⚠

GPS para mí

Objetivo: Que el joven vea a la Palabra de Dios como la única guía para enfrentar las influencias perturbadoras del mundo y para mantener su relación personal con Dios.

Para memorizar: "Toda la Escritura es inspirada por Dios, y útil para enseñar, para redargüir, para corregir, para instruir en justicia" 2 Timoteo 3:16.

Advertencia

Pregúnteles como honraron a sus padres en esta semana que acaba de pasar.

Aceptar

Conéctate | ¡A Navegar! | Descargas

Dinámica introductoria (12 a 17 años).

- Materiales: Biblias; concordancias bíblicas (a veces se encuentran en la parte final de las Biblias); marcadores (plumones, lápices, etc.); figuras de espada, martillo y lámpara en foami (goma eva) o cartón.
- Instrucciones: Divida a la clase para que trabajen en grupos, o si son pocos puede pídales que trabajen individualmente. A continuación, reparta cada una de las figuras, e indique que de acuerdo a la misma deben buscar un versículo donde se compare a la Palabra de Dios con cada una de las figuras que se les entregó. Una vez ubicada la Escritura, deben escribirla en sus respectivas figuras utilizando los marcadores en su respectiva figura.

  Después, pida a cuatro participantes (uno por cada figura) que lean sus versículos y reflexionen brevemente sobre el significado del símbolo asignado. Es decir, ¿en qué sentido se compara la Palabra de Dios con la espada, el martillo y la lámpara respectivamente? (Respuestas: Espada (Efesios 6:17 y Hebreos 4:12); Martillo (Jeremías 23:29); y Lámpara (Salmos: 119:105).

Dinámica introductoria (18 a 23 años).

- Materiales: Biblia, hojas de papel y lápices.
- Instrucciones: Instrucciones: Reparta las hojas de papel y los lápices a los participantes y pídales que escriban una lista con las citas de los versículos que se saben de memoria, y en la misma, subrayen la cita de su versículo favorito.

  Después, pida a algunos voluntarios que lean sus listas; otros que reciten su versículo favorito; y otros que digan ¿por qué lo consideran así?

Conéctate | **¡A Navegar!** | Descargas

La Biblia se llama a sí misma "las Sagradas Escrituras" y "la Palabra de Dios". Este maravilloso libro ha sido "inspirado por Dios"; está lleno de sabiduría para la vida práctica, y nos revela la salvación a través de Jesucristo.

Sin embargo, a veces olvidamos su importancia y trascendencia en nuestra vida. Es necesario tener presente siempre que Dios nos ha regalado la Biblia como la guía para conocerle y disfrutar de sus bendiciones.

En este sentido, es muy importante aprender la Biblia desde nuestra juventud. Muchos de nosotros hemos sido criados en hogares cristianos y, por lo tanto, hemos recibido la enseñanza bíblica desde nuestra niñez. Eso se ha convertido en una buena base para nuestra relación personal con Dios.

La Biblia nos muestra todo lo que necesitamos conocer acerca de Dios y su propósito con nosotros. Asimismo, puede ayudarnos a enfrentar con éxito cualquier problema y a vivir correctamente. Entonces, la Biblia se puede comparar con un mapa o GPS que nos guía para no extraviarnos. ¡Qué maravillosa es la Palabra de Dios!

1. La Biblia: Conocimiento más persuasión

Una cosa es apreciar la Biblia, porque se nos ha enseñado desde la niñez; y otra, estar persuadido personalmente de que ella es la Palabra de Dios. Todos necesitamos asumir una posición personal con relación a ella.

Al respecto, pregunte lo siguiente: ¿Cuál es tu relación con la Biblia? ¿Un mero conocimiento que has aprendido? O, ¿es la que te guía en tu accionar diario?

El pasaje de estudio de esta lección nos habla precisamente del tema de la importancia de la Biblia para nuestra vida cristiana. Este se encuentra en 2 Timoteo 3:14-17.

Timoteo fue un joven criado en un hogar creyente, de ahí que se le había enseñado la Biblia desde la niñez (2 Timoteo 1:5). En aquellos tiempos, las familias creyentes daban una importancia singular a la enseñanza bíblica de los hijos. Se dice que, desde los cinco años de edad, un niño de ascendencia judía como Timoteo comenzaba a ser instruido en las Escrituras. Por ello, Pablo lo llama a "persistir" en tales enseñanzas que aprendió desde su infancia: "Pero persiste tú en lo que has aprendido y te persuadiste, sabiendo de quién has aprendido; y que desde la niñez has sabido las Sagradas Escrituras..." (2 Timoteo 3: 14-15a). Es decir, es necesario perseverar en aquellas verdades que hemos aprendido en la Biblia.

Además de aprender el conocimiento bíblico desde su niñez, Timoteo también experimentó la "persuasión" cristiana. Esta última es producida por la Palabra de Dios, a través de la mediación del Espíritu Santo, y nos conduce al arrepentimiento y al nuevo nacimiento.

Asimismo, en los versículos antes citados se menciona esto: "...sabiendo de quien has aprendido...". Esto da a entender que en la vida de Timoteo, hubo varias personas influyentes que le enseñaron la Palabra. Una de ellas fue Pablo. También se menciona a su abuela Loida y a su madre Eunice (2 Timoteo 1:5). Estas personas le dieron un buen ejemplo digno de seguir.

Luego de lo anterior, pregunte lo siguiente: ¿Quiénes son las personas que más han influenciado en sus vidas a través de la Palabra y el ejemplo cristiano? Permita que algunos alumnos compartan su propio testimonio.

2. La Biblia: El mapa a la salvación

En los edificios públicos y privados donde conviven o trabajan muchas personas, siempre hay planos o mapas que indican las rutas de escape en caso de emergencia. También se indican estas rutas en los aviones, barcos y trenes. ¡Acatar estas señales es cuestión de vida o muerte!

Un mapa se usa para no extraviarse y llegar al destino correcto. Asimismo, ahora existen los GPS que son pequeños instrumentos que guían a las personas al destino que desean ir, por medio de una voz que le va diciendo a donde dirigirse y un mapa que le va mostrando el camino.

De igual manera, la Biblia nos indica la única ruta segura por donde los seres humanos podemos transitar hacia la vida eterna. Pablo dice a Timoteo que las Escrituras (la Biblia) "...te pueden hacer sabio para la salvación por la fe que es en Cristo Jesús." (2 Timoteo 3: 15b). Es decir, la obediencia a las enseñanzas bíblicas te capacitan para vivir según el propósito de Dios, y finalmente llegar al cielo.

No hay otra forma de ser salvos, sino obedeciendo a la Palabra de Dios. Esta obediencia debe proceder de la fe en Jesucristo. Vale decir, que no es por el esfuerzo humano, sino "por la fe que es en Cristo Jesús".

El mundo tiene lo que podríamos llamar "señales engañosas", las cuales tratan de desviarnos del camino de Dios. Estas indicaciones falsas nos llevan a caminos equivocados como por ejemplo las drogas, el alcohol, el cigarrillo, las fiestas mundanas, la pornografía, el hurto, el robo, la violencia, etc. Por eso, necesitamos la Biblia como un mapa o GPS que nos conduzca por el camino verdadero.

Además, la Palabra tiene el poder suficiente para quebrantar cualquier atadura espiritual en nuestra vida (Hebreos 4:12).

3. La Biblia: El ''equipo'' para nuestro viaje

¿Has ido alguna vez en un viaje o aventura de exploración? Se necesita un equipo útil para enfrentar los riesgos que pueden sobrevenir. El gran propósito que Dios tuvo al darnos la Biblia es proporcionarnos el "equipo" necesario para vivir la vida como Él la diseñó originalmente. Pablo dice en el pasaje de Hebreos antes mencionado que la Biblia es el arma necesaria para vivir la vida correctamente. Esto es en virtud de su naturaleza: "...inspirada por Dios..." (2 Timoteo 3:16a). Esto significa que Dios, el autor de la Biblia, capacitó con su Espíritu a hombres comunes para escribirla.

En esta sección del tema, el maestro puede preparar una lámina o una presentación en PowerPoint acerca del significado del versículo de 2 Timoteo 3:16b. Se sugiere la exposición de los siguientes ítems:

La eficacia de la Biblia
- Para enseñar en justicia: Proporciona conocimiento acerca de la doctrina de Dios y cómo vivir una vida santa.
- Para redargüir en justicia: Proporciona luz a la conciencia y sensibilidad moral cuando pecamos o nos equ vocamos.
- Para corregir en justicia: Proporciona arrepentimiento, disciplina y rectificación de la conducta hacia lo bueno.
- Para instruir en justicia: Proporciona amonestación espiritual continua que nos ayuda a perseverar en la fe.

Continuamente, nos enfrentamos a diferentes situaciones en nuestro día a día en las cuales tenemos que tomar decisiones importantes. El mundo muchas veces nos ofrece cosas que no contribuyen a nuestro bienestar, sino al contrario, a nuestra destrucción. La Biblia dice: "Hay camino que al hombre le parece derecho; pero su fin es camino de muerte." (Proverbios 14:12).

Piensa, por ejemplo, en el mal que causan las drogas. Momentáneamente, pueden proporcionar placer y cierto sentido de libertad; pero finalmente, se convierten en una adicción que esclaviza y trastorna hasta destruir a quien las consume.

Lo maravilloso de la Biblia es que contiene enseñanzas pertinentes para todas las situaciones y necesidades humanas. Ella nos proporciona las herramientas útiles para salir victoriosos ante cualquier desafío y cumplir la voluntad de Dios:. "A fin de que el hombre de Dios sea perfecto, enteramente preparado para toda buena obra." (2 Timoteo 3:17).

| Conéctate | ¡A Navegar! | Descargas |

Instrucciones de las hojas de trabajo

Hoja de trabajo (12 a 17 años).

Pida que escriban V si la afirmación es verdadera o F si es falso según corresponda.

1. Timoteo fue criado en un hogar creyente. _V_

2. Pablo llamó a Timoteo a "desistir" del conocimiento bíblico. _F_

3. El mundo nos presenta señales engañosas que nos llevan por caminos equivocados. _V_

4. La Palabra de Dios puede quebrantar cualquier atadura espiritual. _V_

5. La Biblia es como un mapa para guiarnos en el camino de la vida. _V_

6. Hay situaciones de la vida para las cuales la Biblia no proporciona ninguna enseñanza. _F_

Hoja de trabajo (18 a 23 años).

Pida que definan en sus propias palabras lo siguiente:

La Biblia:_____

Persuasión cristiana:_____

Inspiración divina de la Biblia:_____

Redargüir en justicia:_____

Corregir en justicia:_____

Instruir en justicia:_____

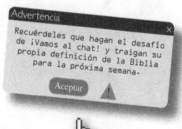

Advertencia

Recuérdeles que hagan el desafío de ¡Vamos al chat! y traigan su propia definición de la Biblia para la próxima semana.

Aceptar

Tiempo con Dios

Objetivo: Que el joven entienda que Dios escucha la oración que brota de un corazón sincero, y responde cada petición según su voluntad.

Para memorizar: "Al principio de tus ruegos fue dada la orden, y yo he venido para enseñártela, porque tú eres muy amado…" Daniel 9:23a.

> **Advertencia**   x
>
> Dé un tiempo para que compartan las definiciones de la Biblia que escribieron.
>
> Aceptar

Conéctate   ¡A Navegar!   Descargas

Dinámica introductoria (12 a 17 años).
- Materiales: Pizarra y marcadores (plumones o tizas).
- Instrucciones: Escriba en la pizarra la siguiente pregunta: ¿Qué es la oración? Luego, pída a la clase que den diferentes respuestas y las escriban en la pizarra. Después, redacte una respuesta grupal tomando en consideración las respuestas que ellos le dieron antes.

Dinámica introductoria (18 a 23 años).
- Materiales: Sillas colocadas en forma circular, pizarra y marcadores (plumones o tizas).
- Instrucciones: Pida a la clase que se siente tal cual están distribuidas las sillas. Después, plantee la siguiente pregunta: ¿Responde Dios todas las oraciones? Permita que sus alumnos dialoguen durante unos minutos al respecto. Luego, escriba en la pizarra afirmaciones importantes que surgieron de la conversación.

Conéctate   **¡A Navegar!**   Descargas

La oración (orar, plegaria) según la RAE (Real Academia Española) significa lo siguiente: "Ruego que se hace a Dios. Rogar, pedir, suplicar. Súplica humilde y ferviente para pedir algo. Rogar con manifestaciones y demostraciones exageradas para que se conceda algo que se desea."(Diccionario de la Real Academia Española).

Por otro lado, la oración según el diccionario teológico es definida de esta manera: "Es el acto consciente del hombre de dirigirse a Dios para comunicarse con Él o buscar su ayuda en tiempo de necesidad. El hombre puede ser impulsado a buscar a Dios por sus anhelos, por emergencias o por su propia insuficiencia o incapacidad para hacer frente cada día a las situaciones difíciles." (Diccionario Teológico Beacon. CNP, EUA: s/f, p.479).

Para llegar a una conclusión, comparta que nos daremos un tiempo durante la lección de hoy a fin de evaluar la forma en la que Dios respondió la oración elevada por Daniel.

1. La oración sincera

Daniel era un joven israelita que en el tiempo del cautiverio fue llevado a Babilonia (Daniel 1:1-8). Él fue un joven fiel a Dios que con el paso del tiempo llegó a ser un consejero de reyes. Pero a pesar de todo ello, Daniel nunca estuvo dispuesto a renunciar a sus convicciones. Así pues, Daniel aplicó los mandamientos de Dios a su vida y no cambió los buenos hábitos que adquirió, tales como el hábito de la oración, el cual mantuvo a pesar de que la práctica de esta atentara contra su propia vida (Daniel 1:1-6:28).

Asimismo, Daniel nos enseña con su ejemplo que no hay que esperar estar en una situación difícil para aprender acerca de la oración, y sobre todo para ponerla en práctica en nuestra propia vida.

Los comentaristas bíblicos destacan, dentro de las cualidades de Daniel, que él era un hombre que estaba cercano a la Palabra del Señor; por ello, pudo identificar que algunas de las profecías de los libros de Levítico y Jeremías correspondían a los tiempos que él estaba viviendo.

Al respecto, pregunte lo siguiente: Cuando te acercas a los libros de la Biblia, ¿entiendes la Palabra del Señor? ¿Puedes identificar, tal como lo hizo Daniel, los tiempos en los que te toca vivir y así compartir el mensaje de esperanza?

Daniel era un joven con una vida íntegra y que mantenía una relación cercana a Dios por medio de la oración. Llegado el momento, hizo lo que solía hacer: Orar. De esta manera, Daniel se sometió a un tiempo de oración personal y por el pueblo de Israel:

"Aún estaba hablando y orando, y confesando mi pecado y el pecado de mi pueblo Israel, y derramaba mi ruego delante de Jehová mi Dios por el monte santo de mi Dios; aún estaba hablando en oración…" (Daniel 9:20-21a).

Daniel estaba buscando la intervención divina. El pasaje de Daniel 9:3 nos dice de la desesperación con que Daniel buscaba el favor de Dios: "Y volví mi rostro a Dios el Señor, buscándole en oración y ruego, en ayuno, cilicio y ceniza". Daniel oraba con mucho fervor y pedía conforme al propósito divino. Indudablemente que su oración venía de un corazón sincero.

Al estudiar el ejemplo de Daniel, vemos que él era un hombre íntegro, y que Dios escuchó su oración. Pero en la Biblia, encontramos también el caso de otras personas que no tuvieron una relación cercana a Dios y menos una vida íntegra; pero en un momemento de aflicción, clamaron al Señor y fueron escuchados. Ejemplos de tales casos son los siguientes:

El ladrón de la cruz (Lucas 23:40-43)

El centurión (Mateo 8:5-13)

El fariseo y el publicano (Lucas 18:9-14).

2. La respuesta de la oración

Santiago 4:3 dice: "Y cuando piden, lo hacen mal, porque lo único que quieren es satisfacer sus malos deseos" (TLA). En este sentido, al contrastar la oración de Daniel con muchas de las que nosotros hacemos, encontraremos una diferencia: Daniel pudo orar poniéndose en el lugar de otro y asumiendo su propio pecado y el del pueblo (Daniel 9:20-21a). Es decir que Daniel oró por los pecados de otros y por sus amargas consecuencias. Él oró por su pueblo (Daniel 9:3-7)

Aquí es necesario detenernos para preguntarnos lo siguiente: ¿Hemos orado por las cosas que hacen doler el corazón de Dios, o sólo las que lastiman el nuestro?

Hay aspectos que son muy importantes de incluir en nuestra oración y los cuales muchas veces los pasamos por alto. Tales aspectos se mencionan a continuación.

Orar por conocimiento de la voluntad de Dios (Colosenses 1:9).

Para andar como es digno del Señor, para tener una creciente relación con Dios (Colosenses 1:10).

Para llevar fruto y que este permanezca (Juan 15:16).

Para tener poder, fortaleza y paciencia de continuar la carrera cristiana en medio de las pruebas (Colosenses 1:11).

Para tener gozo y una buena actitud (Colosenses 1:12).

3. ''Sí'', ''no'', ''espera''

Pregunte: ¿Cómo responde un padre a la petición de su hijo? Responde según lo que ve qué es más conveniente para su hijo en su desarrollo integral, y de acuerdo a su experiencia de vida.

Pregunte: ¿Difiere esto de la forma en la que Dios responde a nuestras oraciones? Dios siempre procurará nuestro bienestar. Así pues, su Palabra dice en Jeremías 29:11-13 lo siguiente: "Porque yo sé los pensamientos que tengo acerca de vosotros, dice Jehová, pensamientos de paz, y no de mal, para daros el fin que esperáis. Entonces me invocaréis, y vendréis y oraréis a mí, y yo os oiré; me buscaréis y me hallaréis, porque me buscaréis de todo vuestro corazón".

Nuestra parte es creer este principio de la Palabra de Dios, pues el Señor desea nuestro bienestar, y Él siempre nos oye. Dios espera un corazón sincero, lleno de fe y paciencia sabiendo que oramos y estamos en sus manos, y que Él tiene el control de todo siempre (Hebreos 10:35-37). Y cuando nos parece que retarda su respuesta, es porque está fortaleciendo nuestro carácter.

Al llegar a este punto, puede surgir la siguiente pregunta: ¿Por qué nuestras oraciones no reciben la respuesta que esperamos? No lo sabemos, pero permítame compartir las palabras del pastor Rick Warren:

"Amigos, he estado estudiando la pregunta "por qué" por 37 años, y voy a darles mi respuesta educada:

no lo sé. Y nunca lo voy a saber, porque yo no soy Dios. ¡Y tú tampoco! Hay algunas cosas que nunca vamos a entender hasta que lleguemos al otro lado de la muerte. Entonces todo va a ser muy, muy claro. Sólo Dios lo sabe. Y si no recibes su respuesta inmediatamente, deberías dejar de preguntar "¿por qué?" porque simplemente estás prolongando el dolor." (http://rickwarren.org/devotional/spanish/dios-por-qu%C3%A9-me-est%C3%A1-pasando-esto#.U7xFvPl5P_E).

Entonces, que la respuesta a mi oración no sea la que yo esperaba, no significa que Dios no me escucha. Recordemos que Él siempre nos escucha, desea nuestro bienestar y sus propósitos van con relación al avance del Reino. Él ve la sinceridad de nuestro corazón. Su Palabra dice en 1 Corintios 13:9,12 lo siguiente: "Porque en parte conocemos, y en parte profetizamos;... Ahora vemos por espejo, oscuramente; mas entonces veremos cara a cara. Ahora conozco en parte; pero entonces conoceré como fui conocido".

Para concluir, mencionemos que Dios sí contesta todas las oraciones, aunque no siempre de la forma que nosotros esperamos. Así pues, algunas veces dirá que sí a nuestra petición; otras dirá que no; y en otras espera.

| Conéctate | ¡A Navegar! | Descargas |

Instrucciones de las hojas de trabajo

Hoja de trabajo (12 a 17 años).

Dé un tiempo para que respondan.

¿Cómo te sientes cuando no recibes respuesta de alguien?

_____

_____

Ciertamente, Dios responde todas las oraciones. ¿Tú sientes que hay alguna oración en tu vida que no fue contestada? ¿Por qué?

_____

_____

Relata el ejemplo de dos respuestas claras de oraciones contestadas.

_____

_____

Desarrolla tiempo de oración en tu vida. Haz una planificación diaria e incluye el tiempo de oración dentro de esta planificación.

_____

_____

Hoja de trabajo (18 a 23 años).

Escribe una definición de oración que presente todos los aspectos que esta debe incluir.

_____

_____

Desarrolla tiempo de oración en tu vida. Haz una planificación diaria e incluye el tiempo de oración dentro de esta planificación.

_____

_____

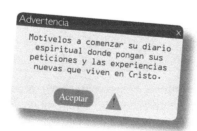

Advertencia

Motívelos a comenzar su diario espiritual donde pongan sus peticiones y las experiencias nuevas que viven en Cristo.

Aceptar

Mi refugio

Lección **14**

Ela González • Guatemala

Objetivo: Que el joven comprenda que en los momentos más difíciles de su vida (tristeza, amargura o soledad), Dios siempre estará a su lado.

Para memorizar: "Está mi alma apegada a ti; tu diestra me ha sostenido" Salmo 63:8.

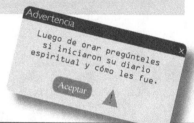

> **Advertencia**
>
> Luego de orar pregúnteles si iniciaron su diario espiritual y cómo les fue.
>
> Aceptar

Conéctate | ¡A Navegar! | Descargas

Dinámica introductoria (12 a 17 años).

- Instrucciones: Divida a la clase en dos grupos. Cuando los grupos estén separados, solicíteles que se formen en dos filas. Indíqueles que cada fila debe estar ubicada de espaldas a la otra, manteniendo una distancia de un metro entre una fila y otra y, medio metro entre cada uno de sus respectivos integrantes. Después, dígales que con los ojos cerrados se den media vuelta, de manera que cada uno de los integrantes de cada fila se quede frente a frente, sin abrir los ojos y en silencio. Una vez ubicados en esa posición, (las dos filas frente a frente) pida a los alumnos que levanten los brazos, den un pequeño paso hacia el frente y extiendan los brazos de manera que se tomen de las manos con la persona que esté en frente. Por último, pídales que, tomados de las manos abran los ojos y se abracen.

  Muchos necesitamos una mirada dulce y un abrazo, aunque no hayan palabras de por medio. Recordemos que Dios siempre tendrá sus brazos extendidos hacia nosotros para abrazarnos, así que de nosotros depende si queremos o no recibirlo.

Dinámica introductoria (18 a 23 años).

- Materiales: Hojas blancas de papel cortadas en cuatro partes y lápices de colores.
- Instrucciones: Entregue los papeles y los lápices a los alumnos. Luego, pídales que escriban la siguiente frase: "VALE POR UN ABRAZO". Después, indíqueles que al finalizar la clase, cada uno de ellos debe intercambiar su escrito con alguien que no es muy íntimo, o con quien haya tenido algún momento de discordia.

  Tenga presente que los jóvenes adultos, aunque en apariencia son más maduros, muchas veces tienen más dificultad para acercarse a otras personas, especialmente cuando se han sentido ofendidos. Sin embargo, es muy importante tener presente y mencionarles que si Dios nos abraza siendo viles, ¿quiénes somos nosotros para no aceptar un abrazo de un semejante nuestro?

Conéctate | ¡A Navegar! | Descargas

Inicie la clase preguntando a sus alumnos lo siguiente: ¿Alguna vez has tenido que esconderte de alguien? ¿De quién fue y por qué? ¿Cómo era tu escondite? Si alguno quiere compartir, bríndele la oportunidad de que lo haga. A continuación, lea el Salmo 63 de una forma dinámica, de ser posible en una versión contemporánea, para introducir la Palabra de Dios y que la aplicación vaya quedando en las mentes y corazones de los alumnos. Luego, explique que en este Salmo, David se encontraba en circunstancias adversas, huyendo por el desierto, lejos de sus seres queridos, rodeado de montañas rocosas; sin embargo, su confianza y esperanza estaban en Dios. Así pues, el salmista reconoció que Dios era el único que merecía su alabanza desde la madrugada hasta el anochecer, y además sabía que la adoración y alabanza traían paz, seguridad y fortaleza.

1. Sé que estás aquí

Todo ser humano se enfrenta en algún momento de la vida a situaciones difíciles, y en el momento de sentirse impotente, busca refugio en algo o alguien. El rey David no fue la excepción. De hecho, él tenía necesidad de Dios, ya que había tenido problemas con sus hijos. Su hijo mayor llamado Amnón había violado a Tamar, su hermanastra; y Absalón, hermano de esta, ordenó que mataran a Amnón (2 Samuel 13).

En los versículos 1 y 2 del Salmo de este estudio, en la versión de la Biblia Reina-Valera Contemporánea, literalmente dice: "Dios mío, ¡tú eres mi Dios! Yo te buscaré de madrugada. Mi alma desfallece de sed por ti; mi ser entero te busca con ansias, en terrenos secos e inhóspitos, sin agua, con deseos de ver tu poder y tu gloria, como los he mirado en el santuario". En primer lugar, y sin duda alguna se ve que el rey David reconoció quién era su Dios; y se dirigió a Él con seguridad aunque se encontraba en una situación adversa. Su hijo Absalón había hecho una revolución con el fin de tomar el trono, poniendo a parte del pueblo en contra de su padre, razón por la que David huyó al desierto. Sin embargo, lejos de la ciudad, David sabía que Dios estaba en todas partes, aunque no tenía acceso a un santuario o templo, estaba seguro de encontrar al Señor aun en ese lugar inhóspito. Por ello, David se propuso buscarlo desde la madrugada para ver nuevamente el poder y la gloria de ese único Dios que había visto y conocido antes.

Y el Dios milagroso que conoció David es el mismo que está dispuesto a sacar de la depresión, tristeza, ansiedad, enojo, etc. a quien le busque.

2. Escóndeme en tus brazos

Un albergue es un lugar de refugio que no dura para siempre, porque es un sitio temporal donde se encuentra seguridad y lo necesario para subsistir (alimento, techo y protección). David, en medio de la angustia, no dejó de alabar y adorar al Señor, porque sabía que son armas para atacar la desesperación que lo estaba asediando. De hecho que el rey estaba haciendo de su relación con Dios su escondite. El acto de alzar las manos es símbolo de rendición. Cuando alguien es atacado en un asalto a mano armada, es obligado a levantar sus manos, esto con el fin de inmovilizar a la persona que está siendo atacada. Asimismo, mostrar las manos vacías da seguridad al atacante de que no va a recibir un contraataque. En el versículo 4 del Salmo 63, el escritor menciona levantar sus manos en el nombre de Jehová de los ejércitos, porque está seguro que es quien pelea sus batallas, y quien le da la victoria. En el momento de impotencia, la rendición juega un papel importante. Y con esto no estamos diciendo que Dios lo esté atacando, sino que muchas veces los ataques vienen como consecuencia de nuestros actos. Algunos son la cosecha de una siembra; y otras veces, Dios simplemente permite esto para probar nuestra fe, nuestra fidelidad, como lo hizo con Job. En este caso, David fue víctima de su propia familia. En la Biblia, se menciona que por su adoración y alabanza al Altísimo, David era del agrado de Dios, es decir, conforme a su corazón.

Fue Dios quien dijo a Saúl, por medio del profeta Samuel, que lo desechaba como rey y decidía ungir a David como rey de Israel en su lugar. Esto lo leemos en 1 Samuel 13:14 que dice así: "Mas ahora tu reino no será duradero. Jehová se ha buscado un varón conforme a su corazón, al cual Jehová ha designado para que sea príncipe sobre su pueblo, por cuanto tú no has guardado lo que Jehová te mandó".

En su juventud, David fue un varón destacado por ser sencillo, humilde, adorador, exaltador, obediente, valiente y podríamos agregar muchos atributos más, por lo cual el Señor se agradó de él. Sin embargo, David también tuvo debilidades como todo ser humano las tiene. Así pues, una de ellas fue su atracción por las mujeres, de quienes era correspondido, pues contaba con belleza física: "… Era rubio, de ojos hermosos y bien parecido…" (1 Samuel 16:12 LBLA). En ese tiempo no era mal visto que un hombre tuviera varias mujeres; por ello, David las tuvo, pero eso le acarreó consecuencias.

Así pues, sus hijos (de varias esposas) fueron rebeldes, y no tuvieron armonía entre sí, como se mencionó en el punto anterior. Añadido a lo anterior, hubo en esta familia, entre otras cosas, violaciones, engaños, asesinatos y, para cerrar con "broche de oro", la usurpación del reino por parte de su hijo Absalón. Estos antecedentes y otros, que por tiempo y espacio no se escriben aquí, llevaron a David a la desesperación, al punto de tener que huir al desierto a buscar un refugio. ¿Cuál era su guerra? La persecución de parte de su hijo para destruirlo, (2 Samuel 17:1-2). Pero David, aun frente a todo esto, tenía la confianza de que saldría vencedor.

3. Me satisface estar contigo

¿Con quién prefiero estar? Si se transporta la mente a un lugar de albergue para el bienestar psicológico, moral, emocional y espiritual, aparte de las condiciones físicas del refugio, es necesario tener también la compañía de alguien que nos levante el ánimo, que nos dé palabras de esperanza, que tenga las mejores ideas para salir adelante, una persona que nos brinde seguridad, amor y todo lo necesario para ese tiempo de dificultades.

No importa lo que antes haya pasado, o qué le obligó a la persona a llegar a un lugar como este, lo que interesa es lo que sigue y de quién o quiénes se va a rodear en adelante.

David siendo un rey se encontraba asilado en el desierto; posiblemente en alguna cueva, sin las comodidades del palacio real, acompañado de sus guardaespaldas y sus guerreros. Ellos a lo mejor eran no pocos, pero ninguno llenaba los requisitos para confortarlo, porque ellos eran sus súbditos, inferiores a él y David necesitaba de alguien superior. El Salmo 63:5-8 dice que cuando se reconoce la presencia de Dios en nuestra vida, hay bienestar (RVC). Dios, es la compañía única que brinda todo lo necesario en todas las áreas del ser humano y David lo sabía.

El refugio eterno se puede experimentar desde ahora, y se obtiene con la adoración, la alabanza, la oración y la confianza dirigidas sólo al único que merece todo ello, Jesucristo nuestro Salvador y Señor.

Conéctate **¡A Navegar!** **Descargas**

Instrucciones de las hojas de trabajo

Hoja de trabajo (12 a 17 años).

Pida que unan con una línea a cada palabra con su concepto correcto (aquí esas uniones palabra-concepto están escritas en el orden correcto):

Albergue	Lugar temporal para protegerse.
Tamar	Hija de David.
David	De ojos hermosos y bien parecido.
Rendición	Acto por el que se alzan las manos.
Samuel	Profeta que ungió a David.
Madrugada	Hora en que David buscaba a Dios.
Misericordia	Dios la tiene para todos.

Completa el siguiente versículo de Salmo 63:7.

"Porque has sido mi socorro, y así en la sombra de tus alas me regocijaré".

Hoja de trabajo (18 a 23 años).

Dé un tiempo para que reflexionen y respondan las siguientes preguntas.

¿Qué tipo de situaciones difíciles te ha tocado enfrentar o estas enfrentando?

_____

¿Cómo enfrentaste o enfrentas estas situaciones difíciles?

_____

¿Qué enseñanzas personales puedes extraer del Salmo 63?

_____

De acuerdo a lo que extrajiste del Salmo 63 escribe una oración personal.

_____

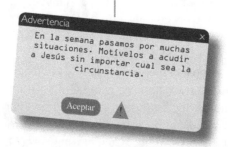

Advertencia

En la semana pasamos por muchas situaciones. Motívelos a acudir a Jesús sin importar cual sea la circunstancia.

Aceptar

¿Sin comer?

Objetivo: Que el joven reconozca que Jesús enseñó sobre la necesidad de ayunar.

Para memorizar: "El respondió y dijo: Escrito está: No sólo de pan vivirá el hombre, sino de toda palabra que sale de la boca de Dios" Mateo 4:4.

Advertencia

Al iniciar la clase recuérdeles el reto de la semana pasada y dialoguen sobre eso.

Aceptar

Conéctate   ¡A Navegar!   Descargas

Dinámica introductoria (12 a 17 años).
- Materiales: Figuras de papel blanco en forma de corazón y marcadores.
- Instrucciones: Instrucciones: Pida a la clase que lea Mateo 6:16-18 y entregue a cada participante una figura de papel y un marcador. Luego, dé un tiempo para que escriban en un lado del corazón de papel dos o tres actitudes, que a su juicio, había en el corazón de los fariseos mientras ayunaban; y del otro lado del corazón, indíqueles que escriban las disposiciones que deben haber en nuestro corazón durante el ayuno. Después, permita que compartan con la clase lo que escribieron.

Dinámica introductoria (18 a 23 años).
- Materiales: Materiales: Hojas blancas de papel y lápices.
- Instrucciones: Divida la clase en grupos y dé un tiempo para que lean las siguientes citas bíblicas y luego completen el cuadro.
  a. Deuteronomio 9: 8-11
  b. Deuteronomio 9:15-19
  c. Daniel 10:1-12
  d. 2 Samuel 12:15-2

Pasaje bíblico	Nombre del personaje	Tiempo que ayunó	Motivo por el cual ayunó

Luego, pida que cada uno comente cuál situación de los diferentes personajes le llamó más la atención y por qué.

Conéctate   ¡A Navegar!   Descargas

En el Antiguo Testamento, se ayunaba mayormente en tiempos de profundas dificultades. El ayuno era acompañado de expresiones de tristeza, como llanto, clamores, vestirse de luto, y con ropas ásperas hechas generalmente de pieles de cabras (lo que se llamaba "cilicio"). También, quienes ayunaban se sentaban sobre ceniza, y se la echaban sobre sus cabezas (Ester 4:1-3; Salmo 35:13).

Cuando la Biblia habla del ayuno, siempre lo relaciona con propósitos espirituales. Y es que el ayuno es la forma de acercarse a Dios presentando nuestros propios cuerpos en el altar de la adoración como un sacrificio vivo y santo.

1. La eficacia del ayuno

En esta oportunidad, estudiaremos en el libro de Ester un evento que ilustra el tremendo poder del ayuno. Así pues, en este libro se narra la historia de la salvación del pueblo judío ocurrida en el siglo V a.C., en tiempos del gran imperio persa.

Los judíos estaban diseminados por las 127 provincias que conformaban este reino en todo el mundo. Ellos habían llegado allí cautivos por los babilonios, que fue un imperio anterior a los persas.

Ester fue una joven judía huérfana llevada a la capital del imperio por su primo Mardoqueo quien la había adoptado. Por la providencia de Dios, siendo ella "…de hermosa figura y de buen parecer" (Ester 2:7) fue escogida entre muchas vírgenes por el rey Asuero para ser la reina en lugar de Vasti, su antigua esposa, a quien había destituido por desobedecer una orden dada por él (Ester 1:1-22).

Un hombre malo, llamado Amán, favorito del rey, había obtenido de este, bajo engaño, un decreto para exterminar a los judíos (Ester 3).

Al enterarse Ester, junto a Mardoqueo y su pueblo, no hicieron otra cosa sino acercarse a Dios en ayuno y oración. Lean Ester 4:3-16, y pregunte: ¿Cómo fue el ayuno de los israelitas?

Dios no dejó sin respuesta el clamor de sus hijos y cambió completamente la situación en que vivían poniéndola a favor de su pueblo.

Ester jugó un papel clave en esta liberación. Con una gran fe y sabiduría sustentada en la gracia de Dios, ella logró que su pueblo obtuviera una gran victoria sobre sus enemigos. Tanta fue la gracia de Dios manifestada en Ester que el rey "...cuando vio a la reina Ester que estaba en el patio, ella obtuvo gracia ante sus ojos; y el rey extendió a Ester el cetro de oro que tenía en la mano. Entonces vino Ester y tocó la punta del cetro. Dijo el rey: ¿Qué tienes, reina Ester, y cuál es tu petición? Hasta la mitad del reino se te dará" (Ester 5:2-3). Y Finalmente le concedió todo lo que pidió a favor de su pueblo.

Como vemos, el ayuno expresa un deseo profundo de obtener el socorro divino. No es una práctica vacía y sin significado, sino que tiene una gran eficacia. Dios prometió respondernos cuando clamamos a Él: "Entonces me invocaréis, y vendréis y oraréis a mí, y yo os oiré; y me buscaréis y me hallaréis, porque me buscaréis de todo vuestro corazón" (Jeremías 29:12-13).

2. El tiempo del ayuno

Es posible que surja la pregunta: ¿Cuánto tiempo debo ayunar?, o ¿con qué frecuencia debo ayunar? En la Biblia, podemos encontrar una respuesta apropiada. Estudiemos esto en Mateo 9:14-17.

Los distintos grupos religiosos del tiempo de Jesús ayunaban con frecuencia. Los fariseos, por ejemplo, ayunaban los lunes y los miércoles. Se dice que les gustaba mostrarse con caras "demacradas" en público. Parece que su interés era ser vistos por el mayor número de personas porque estos eran los días en que la gente iba a los mercados (Lucas 18:12).

Entonces, pregunte: De acuerdo a Mateo 6:16-18, ¿cómo debemos ayunar según Jesús?

Los discípulos de Jesús, al contrario de los fariseos y los discípulos de Juan, parece que no eran muy dados al ayuno. Esto inquietó a los seguidores de Juan el Bautista quienes vinieron a preguntarle a Jesús el motivo: "...¿Por qué nosotros y los fariseos ayunamos muchas veces, y tus discípulos no ayunan?" (Mateo 9:14b). La respuesta de Jesús fue profunda y lógica: "...¿Acaso pueden los que están de bodas tener luto entre tanto que el esposo está con ellos? Pero vendrán días cuando el esposo les será quitado, y entonces ayunarán." (v.15). Con esto, el Maestro dijo algo así como: ¿Cuál debe ser la actitud de las personas que asisten a una fiesta de bodas? Se refería al tiempo maravilloso que vivían con la presencia del Hijo de Dios.

Los siguientes versículos aclaran aún más el concepto de Jesús sobre el ayuno. Así pues, Jesús respondió con las siguientes analogías o comparaciones: "Nadie pone remiendo de paño nuevo en vestido viejo; porque tal remiendo tira del vestido, y se hace peor la rotura. Ni echan vino nuevo en odres viejos; de otra manera los odres se rompen, y el vino se derrama, y los odres se pierden; pero echan el vino nuevo en odres nuevos, y lo uno y lo otro se conservan juntamente." (vv.16-17).

Si se echa vino nuevo en cueros viejos que están rígidos, los cueros se revientan con el gas de la fermentación. El significado de ello no era que Jesús ni sus discípulos le restaban importancia al ayuno, sino que no compartían el modo legalista como se lo practicaba en su tiempo. Después de la ascensión de Jesús, los primeros cristianos practicaron el ayuno como un medio importante para buscar la dirección de Dios y su gracia (Hechos 13:2).

El ayuno tiene una gran importancia, y más en estos últimos tiempos que vivimos. La frecuencia de la práctica del ayuno depende de nuestra necesidad de Dios y nuestro amor por Él.

3. El alimento del ayuno

Así como nuestro cuerpo necesita ser alimentado regularmente, también lo requiere nuestra alma. Cuando uno se aparta en un ayuno para buscar el rostro de Dios, esto es precisamente lo que sucede: Nos alimentamos de la presencia de Dios y su Palabra.

Pregunte: Si hubieras pasado 40 días de hambre y tuvieras el poder para convertir las piedras en alimentos, ¿en qué comidas las convertirías?

En Mateo 4:1-4, el pasaje que habla acerca de la tentación de Jesús enseña esta gran verdad espiritual: "Y después de haber ayunado cuarenta días y cuarenta noches, tuvo hambre. Y vino a él el tentador, y le dijo: Si eres Hijo de Dios, dí que estas piedras se conviertan en pan." (vv.2-3). Notemos que esta fue la primera tentación, y es que el diablo siempre nos atacará primero por los apetitos y deseos naturales.

Así pues, Jesús fue tentado por el diablo en base a su necesidad física. El enemigo quería que Jesús le diera preeminencia a la satisfacción de su hambre natural, pero Jesús se enfocó en lo espiritual. Le citó Deuteronomio 8:3, cuando Israel fue alimentado por Dios en el desierto: "El respondió y dijo: Escrito está: No sólo de pan vivirá el hombre, sino de toda palabra que sale de la boca de Dios." (v.4).

La cultura actual nos ha enseñado a darle mayor importancia a la satisfacción de nuestras necesidades físicas que a las espirituales. La publicidad comercial nos vende todo tipo de comida rápida con imágenes encantadoras. En nuestros hogares, a veces hay un afán desmedido por la comida, y aun ¡hasta nos acostumbramos a la glotonería!

Pregunte: ¿Cómo responderemos al llamado de Dios para sustentar nuestro ser espiritual? El ayuno espiritual es una parte importante de esa nutrición divina.

Lo más importante de un ayuno es la disposición espiritual que se tenga. La respuesta de Dios al ayuno corresponderá a esa motivación que haya en nuestro corazón.

| Conéctate | ¡A Navegar! | Descargas |

Instrucciones de las hojas de trabajo

Hoja de trabajo (12 a 17 años).

Dé un tiempo para escriban V o F al lado de cada afirmación.

1. Los judíos ayunaron por Ester durante tres días. _V_

2. Es importante ayunar una vez al mes. _F_

3. El ayuno es de valor espiritual. _V_

4. Los primeros cristianos jamás practicaron el ayuno. _F_

5. La primera tentación que le hizo el diablo a Jesús fue por la necesidad del hambre. _V_

4. ¿Has ayunado alguna vez? Comparte tu experiencia.
_____
_____

Hoja de trabajo (18 a 23 años).

Dé un tiempo para que respondan a las siguientes preguntas:

1. ¿Cuántos días ayunaron Ester y su pueblo?
_Tres días._____

2. ¿El ayuno de Ester fue parcial o absoluto?
_Absoluto._____

3. ¿Cuál es tu alimento durante el ayuno?
_La Palabra de Dios y la oración._____

4. ¿Has ayunado alguna vez? ¿Cuál fue tu experiencia?
_____

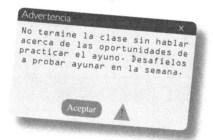

Advertencia

No termine la clase sin hablar acerca de las oportunidades de practicar el ayuno. Desafíelos a probar ayunar en la semana.

Aceptar

Creados para alabar

Objetivo: Enseñar al joven que sin importar la situación que estemos viviendo, podemos y debemos alabar a Dios.

Para memorizar: "Bendeciré a Jehová en todo tiempo; su alabanza estará de continuo en mi boca" Salmo 34:1.

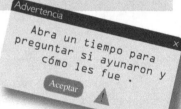

Advertencia

Abra un tiempo para preguntar si ayunaron y cómo les fue.

Aceptar

Conéctate   ¡A Navegar!   Descargas

Dinámica introductoria (12 a 17 años).

• Materiales: Hojas blancas de papel tamaño carta, lápices o lapiceros.

• Instrucciones: Instrucciones: Entregue una hoja de papel a cada alumno y pida que escriban sus nombres bastante visible. Después, cada uno deberá entregar su hoja a quien esté sentado a su derecha, cuando termine de escribir lo que se le indique deberá darla a su compañero de la derecha nuevamente. Esto lo repetirá hasta que haya escrito en todas las hojas y finalmente vuelve a él la hoja con su nombre. La indicación para todos será que escriban características positivas del dueño de la hoja, elogios y cualidades. Luego de lo anterior, cada persona deberá leer lo que le escribieron en su hoja y compartir al grupo cómo se sintió.

Esta dinámica sirve para reflexionar sobre la importancia de compartir lo positivo a las personas y cómo esto es recibido.

Dinámica introductoria (18 a 23 años).

• Instrucciones: Instrucciones: Pida que se sienten en círculo y cada alumno tomará un tiempo para pararse en el centro del círculo. Una vez allí, los demás compañeros le dirán a la persona, que es el foco de atención, todos los sentimientos positivos que tienen hacia ella. La persona solamente deberá oír. El impacto de esta dinámica es más fuerte cuando cada uno se coloca delante de la persona, la toca, la mira a los ojos y le habla directamente. Al final de la dinámica, se sugiere promover el intercambio de comentarios acerca de la experiencia.

Conéctate   **¡A Navegar!**   Descargas

Pregunte: ¿Cuántas veces en la semana o en un día elogiamos y celebramos con palabras cualquier acontecimiento a nuestro alrededor? Seguramente, en la cotidianidad de nuestras vidas, pocas veces sucede tal acontecimiento. Y como cristianos ¿cuántas veces elogiamos y celebramos el nombre de nuestro Dios? Probablemente, sean pocas veces también. A veces limitamos esto al culto dominical, cuando alabamos el nombre de Dios por medio de los cantos; otras veces, apelamos a nuestras situaciones o estados emocionales para hacerlo.

Reflexionemos en el versículo del Salmo 34:1 y descubramos la resonancia que tienen dichas palabras en nuestro corazón y acción.

La palabra alabanza en la actualidad generalmente está ligada a los momentos de cantos en nuestras iglesias. Así pues, al buscar la definición de alabanza encontramos lo siguiente: "Toda acción que tiende a glorificar, ensalzar y bendecir el nombre y la persona de Dios, en especial con himnos y cantos" (Diccionario Bíblico de e-Sword The Sword of the Lord with and electronic edge). Tal definición nos muestra que realmente la alabanza va ligada a exaltar el nombre de Dios con palabras y con cantos. Al respecto, pregunte: ¿Qué canto o alabanza viene a su mente que exalte el nombre de Dios y que cumpla esa función?

Entonces, realmente por lo menos una vez a la semana alrededor de 10 minutos o más alabamos el nombre de Dios; pero ¿esto es suficiente? Además, cabe preguntarnos ¿con qué actitud estamos exaltando el nombre de Dios? ¿De forma automática, de corazón, cuando estamos gozosos y felices únicamente?

Es muy importante reflexionar en la actitud con la que alabamos a Dios pero también los momentos en que lo hacemos. Hoy en día, muchos cristianos(as) en sus iglesias esperan el tiempo de las alabanzas para exaltar el nombre de Dios; pero ¿qué pasa el resto de los días?

1. Alabando en todo tiempo…

El Salmo 34 nos habla de las maravillas que Dios hizo en la vida de David. El salmista expresa el enorme agradecimiento hacia las maravillas que Dios había hecho con él. Pero cuando nos detenemos a pensar en el contexto en el cual fue escrito, con asombro nos daremos cuenta que David no lo escribió en sus momentos de gloria y de paz; sino en medio de la angustia y persecución.

David estaba huyendo de Saúl, quien quería matarlo. Este relato se describe en 1 Samuel 21. David huyó hacia Gat, tierra de los filisteos. Allí se presentó ante el rey Aquis, siendo reconocido por los siervos del rey. Esto provocó gran temor en David quien se fingió demente por lo que fue echado por el rey y fue a refugiarse a la cueva de Adulam.

Cuando David escapó de esta situación, escribió el Salmo 34. Esto nos hace pensar que en realidad David no se encontraba en un momento óptimo de gozo, paz y bienestar; sin embargo, él alabó el nombre de Dios.

Además, esa situación mencionada no fue la primera vez que David alabó el nombre de Dios en medio de su huída; puesto que hay ocho salmos en cuyos títulos se aluden a la persecución que David sufrió por parte de Saúl (Salmos 7, 34, 52, 54, 56, 57, 59 y 142).

Pregunte: ¿Es posible alabar el nombre de Dios en medio de una situación tan difícil como la que David pasaba? Si pensamos las ocasiones en que hemos elogiado a alguna persona, seguramente han sido debido a un sentimiento de profunda felicidad y agradecimiento. Entonces, probablemente, nuestra alabanza a Dios parte del reconocimiento de Dios en nuestras vidas. Pero el salmista David nos enseña en este Salmo que no sólo cuando recibimos algo especial y agradable de parte de Dios debemos alabarle; sino que en medio del dolor o la aflicción es necesario alabar y bendecir el nombre de nuestro Dios.

2. La alabanza nace del reconocimiento de quién es Dios

Pregunte: ¿Quién es Dios? ¿Cuál es la respuesta o respuestas más comunes? Los jóvenes y adolescentes, probablemente, responderán que es una deidad, nuestro padre, nuestro amigo, nuestro pastor, el Todopoderoso, etc.

Al intentar definir quién es Dios, encontramos lo siguiente: "La doctrina bíblica principia con el entendimiento que Dios es el Creador. Las primeras páginas describen a Dios como el iniciador y la fuente de todas las cosas. Su actividad creativa no admite muchos otros acercamientos a la definición básica. Las Escrituras asumen en todas partes que Dios es una persona que sabe, siente y actúa" (Diccionario Teológico Beacon, CNP, EUA: 1995). Es importante resaltar que Dios es el iniciador y la fuente de todo, y que además está interactuando con la humanidad. Al ser creados a imagen de Dios con Él compartimos los atributos como el sentir, pensar y saber. Por lo cual se puede concluir que el reconocimiento que tendrá cada persona de Dios será a partir de la comunión que establezca con Él. Es innegable su poder, majestad, amor, sustento y misericordia; sólo que la humanidad (aun en muchas ocasiones, los mismos cristianos) de una forma absurda nos perdemos el admirar y palpar todo lo que Dios es.

Así que cuando en realidad conozcamos a Dios cara a cara, no habrá más que exaltar su nombre, y reconocer todo lo que es.

3. La alabanza nace de la voluntad

Por otra parte, hemos señalado que Dios sigue siendo Dios aunque la humanidad entera no lo reconozca. En su infinita misericordia, Dios continuamente se ha acercado (a lo largo de la historia a la humanidad), para ofrecer su gran amor, perdón y salvación; y en el último tiempo, lo ha hecho a través de su Hijo Jesucristo.

Si bien en Dios nació el proceso de salvación y redención, y Él trabaja en la persona por medio del Espíritu Santo antes de la conversión, en un determinado punto, la persona decide creer en la Palabra, arrepentirse y aceptar el don del perdón de Dios.

Después, la vida del cristiano es una continua decisión de mantenerse firme y buscando continuamente la voluntad, el gozo y el reflejo de Dios en su vida.

Este gozo que el mundo no nos puede quitar (pues viene de Dios) nos puede llevar a asemejarnos a David y a poder decir de igual manera: "Bendeciré a Jehová en todo tiempo; su alabanza estará de continuo en mi boca", sin importar las circunstancias que estemos atravesando.

Las dificultades siempre estarán presentes, en tanto que vivamos en este mundo (donde constantemente se libra una batalla con la maldad y el pecado). Pero nosotros continuemos la carrera, despojándonos de pecado y corramos con paciencia, siempre puestos los ojos en Jesús (Hebreos 12:1-3), y al ver lo que Jesucristo hizo por nosotros, tenemos una razón voluntaria de alabanza a Él.

4. La alabanza contagia a otros

Mientras crecía tenía la creencia que el cristianismo únicamente era para personajes bíblicos o hermanos mayores.

Cuando acepte a Cristo en mi adolescencia y busque crecer en mi relación con Dios (motivada por el Espíritu Santo), aquel pensamiento se diluyó. Nadie me había dicho que la comunión con Dios desdibujaba mis problemas, temores, dolores y sufrimientos. Esto no significaba que estuviera en un estado de negación o que los problemas se borraran, sino que Dios me sostenía.

Estos testimonios abundan en los cristianos, y cuando lo escuchamos nos contagian, y cuando lo compartimos con gente no creyente, probablemente, veamos caras confundidas, pero nuestro gozo será innegable.

El rey David expresó: "En Jehová se gloriará mi alma; lo oirán los mansos, y se alegrarán" (Salmo 34:2). Eso pasa dentro del cuerpo de Cristo: Nos alegramos y gozamos con los hermanos en la fe que glorifican el nombre de Dios y agradecen en el nombre de Jesús. En la alabanza comunitaria, hay un reconocimiento a Dios por lo que ha hecho, hace y hará y nos permite testificar del maravilloso Dios que tenemos. Tal vez hemos pasado o estemos pasando momentos difíciles en donde hay desánimo, dolor o tristeza; pero hay que recordar que Dios sigue siendo Dios, sigue obrando en nuestras vidas, dándonos su amor, sustento y está ahí para nosotros. Así que sigamos alabando su nombre.

| Conéctate | ¡A Navegar! | Descargas |

Instrucciones de las hojas de trabajo

Hoja de trabajo (12 a 17 años).

Dé un tiempo para que hagan un acróstico con la palabra alabanza

Amado me siento

Llamando a los demás para que vean

A mi Dios y su obra

Bondadoso

M**A**ravilloso

I**N**igualable

Esperan**Z**a

Alabo a Dios

Hoja de trabajo (18 a 23 años).

Elaborando una alabanza: En equipos de dos o tres integrantes, pida que realicen una alabanza a partir de sus experiencias. Puede ser un canto, poema, una narración, etc. Después, tendrán que presentar al grupo su trabajo.

Advertencia

Motívelos a escoger un canto que prefieran y a entonarlo diariamente como alabanza a Dios.

Aceptar

Adoración verdadera

Objetivo: Que el joven comprenda cuál es la verdadera adoración a Dios.

Para memorizar: "…los verdaderos adoradores adorarán al Padre en espíritu y en verdad; porque también el Padre tales adoradores busca que le adoren." Juan 4:23.

Advertencia

No deje pasar la oportunidad de preguntarles sobre el desafío de ¡Vamos al chat!

Aceptar

Conéctate | ¡A Navegar! | Descargas

Dinámica introductoria (12 a 17 años).

- Materiales: Hojas de papel y lápices.
- Instrucciones: Lean en grupo (o si lo prefiere, individualmente) el pasaje de estudio en Juan 4:1-24. Luego, entregue las hojas de papel y lápices, y pida a sus estudiantes que dibujen algún aspecto de la historia que les haya llamado la atención. Después, anime a que algún voluntario explique el significado de su dibujo.

El dibujo ayuda a los estudiantes a crear imágenes mentales de lo que están leyendo y prepara el ambiente para lo que se verá en clase.

Dinámica introductoria (18 a 23 años).

- Materiales: Hojas de papel y lápices.
- Instrucciones: Instrucciones: Lean en grupo el pasaje de estudio en Juan 4:1-24. Luego, entregue hojas de papel y lápices, y pídales que respondan las siguientes preguntas guiadas:

1 ¿Dónde se llevó a cabo este encuentro?

2 ¿Quiénes participaron en este pasaje bíblico?

3 ¿Cuándo tuvo lugar este encuentro?

4 ¿Cuál fue el tema central de la charla entre la mujer y Jesús?

Estas preguntas ayudarán a los estudiantes a visualizar globalmente el tema antes de entrar de lleno en él.

Conéctate | **¡A Navegar!** | Descargas

Si alguno creció siendo cristiano y asistiendo a la iglesia, seguramente habrá escuchado con frecuencia el término adoración. Si alguien tiene poco tiempo en la iglesia, tal vez haya escuchado hablar de adoración en el momento de los cantos en el templo. O puede ser que asocie "adoración" con una figura artística o del deporte. Hoy veremos que la adoración a Dios incluye una dimensión espiritual y un elemento de verdad.

1. El escenario

La lección de hoy nos lleva al evangelio de Juan 4:1-24. Allí leemos que Jesús iba de Judea a Galilea, no sin antes pasar por Samaria. Pero, en realidad, el Señor podía haberse ido por el camino largo, por la parte oriental del Jordán; sin embargo, decidió tomar la ruta más transitada, aunque esto implicara atravesar el territorio de los nada bien vistos samaritanos (Juan 4:9a).

Su encuentro con una mujer junto al pozo de Jacob preparó el escenario para una conversación con declaraciones impresionantes de parte de Jesús. Primero, Él, un judío, le dirigió la palabra a una mujer y, lo que era peor, a una samaritana. Pero no sólo le habló, sino que le pidió que le diera de beber. Debido a la animosidad histórica entre judíos y samaritanos, la mujer quedó sorprendida por la petición de Jesús (Juan 4:9b).

Luego, Jesús empezó a hablar del agua en términos metafóricos (Juan 4:13-14), mientras que la mujer hablaba del agua en términos literales. Cuando ella vio la conveniencia de beber del agua que Jesús ofrecía que ya no daba más sed, le pidió un poco. Tal vez lo hizo porque no quería ir más al pozo a sacarla (v.15);

sobre todo, porque según la narración, ella iba sola, lo que no se acostumbraba en aquella época y lo cual nos hace pensar que su sociedad la marginaba.

Cuando Jesús le mencionó a la mujer el asunto de sus maridos (vv.16-18), ella le dijo que Él era un profeta y entonces ella misma, por perspicacia o por cambiar el tema, sacó a relucir el asunto de la adoración (v.20). Para los judíos y samaritanos la adoración tenía que ver con un lugar físico: El templo de Jerusalén y el del monte Gerizim, respectivamente. Pregunte: Para ustedes, ¿dónde y/o cómo se debe adorar?

2. El meollo del asunto

Y aquí es donde el asunto se puso interesante. Jesús hizo una afirmación enfática: "Ahora ustedes adoran lo que no conocen" (v.22a NVI). La traducción Dios Habla Hoy dice: "Ustedes no saben a quién adoran". En realidad, el problema de los samaritanos, o de nosotros hoy en día, es que creemos que la adoración tiene que ver con un lugar, o con un tipo de música, o con los ademanes, o con el atuendo; pero en realidad, tiene que ver con el conocimiento del ser a quien nosotros adoramos. Y los samaritanos no lo conocían.

Las modas musicales en la iglesia contemporánea han llevado a muchos jóvenes a ver la adoración como un ritual que debe practicarse con ritmos, instrumentos y movimientos específicos. Así pues, hay cantos catalogados como de "adoración" que obedecen a ciertas métricas, y si se salen de ellas, ya no son cánticos de "adoración". En cierta forma, hemos entrado en la falsa creencia de los samaritanos y judíos con respecto la adoración. Para ellos esta debía llevarse a cabo en un lugar, y ese lugar se volvió el centro de la adoración. Olvidaron quién era la esencia misma de lo que adoraban. Por eso, Jesús fue tan enfático con la samaritana, pues no tenían ni idea de a quién estaban adorando.

Los samaritanos sólo aceptaban el Pentateuco, mientras que los judíos tenían lo que nosotros conocemos como el Antiguo Testamento completo. En esta parte de la Biblia, se manifiesta la revelación de Dios de una salvación prometida en la figura del Mesías. Y ese Mesías, Jesús, nos reveló quién era el Padre. El Padre es nuestro motivo de adoración. A Él no se lo puede confinar a un espacio físico como un templo o un monte ni limitarlo a un ritmo o atuendo.

El Padre es Espíritu. El versículo 23 habla de la adoración al Padre en "espíritu y en verdad" (o como dice la traducción DHH: "de un modo verdadero"). Así pues, Jesús no definió la adoración en términos físicos, sino espirituales. La verdadera adoración iba más allá de todo lo que se conocía; y no era cuestión de razas ni de ubicaciones.

"Dios es Espíritu, y lo que le adoran deben hacerlo en espíritu y en verdad" (v.24 LBLA). Es decir que la adoración que Dios demanda es una adoración que conlleva una rendición total. De acuerdo con

Daniel Steel, en espíritu "implica que rindamos nuestra voluntad a Dios, nuestros pensamientos y planes a los que Él tiene para nosotros…" (Comentario Bíblico Beacon. Tomo 7. CNP, EUA: 1985, p.76). En verdad (o de un modo verdadero) se refiere a "que no estamos adorando una ´imagen´ de Dios, fabricada según nuestras ideas… Sólo Cristo nos presentó al real o ´verdadero´ Dios" (Comentario Bíblico Beacon. Tomo 7. CNP, EUA: 1985, p.76).

3. La adoración verdadera que revela

La verdadera adoración nos revela quién es Dios y qué pide Él de nosotros. En el preámbulo de la charla sobre la adoración, Jesús le reveló a la samaritana que Él era el Mesías. La mujer sabía que el Mesías les revelaría o explicaría todas las cosas. En esa ocasión, le reveló que la verdadera adoración era aquella que se centraba en el Padre, y que no tenía que ver con los aspectos materiales que a ella le habían enseñado.

Cuando adoramos al Padre genuinamente, en espíritu y en verdad, "compartimos algo de la naturaleza de la persona adorada" (Comentario Bíblico Siglo XXI Nuevo Testamento. Mundo Hispano, EUA: 2003, p.310). Así pues, somos seres espirituales y nuestro espíritu entra en comunicación con el Padre, quien es Espíritu. Y en esa comunicación, Dios, nuestro Padre, se revela a sí mismo y nos revela su voluntad.

El verbo que Jesús usó para "adorar" es proskynein, que literalmente significa "postración física". El teólogo australiano Francis J. Moloney dice que el uso de este término es "el único modo apropiado para dar culto a Dios. La referencia incondicional y absoluta de la propia vida hacia Dios es el único acto de culto aceptable" (El Evangelio de Juan. Verbo Divino, Pamplona: 2005, p. 153).

Adorarle en verdad implica despojarnos de poses y de ideas preconcebidas. La verdadera adoración tampoco se trata de nosotros, se trata de Dios. Es rendirnos a Él, entregarnos a Él. Él es el centro y la razón de toda adoración.

Instrucciones de las hojas de trabajo

Hoja de trabajo (12 a 17 años).

Dé un tiempo para que busquen en la sopa de letras las siguientes palabras que tratan sobre la verdadera adoración: GERIZIM, SAMARIA, ADORACIÓN, VERDAD, ESPÍRITU, PADRE.

R	*G*	*E*	*R*	*I*	*Z*	*I*	*M*	O	Z	O	R	R
S	E	E	J	J	A	F	E	*E*	E	*U*	S	S
A	*A*	S	O	U	R	R	V	*R*	B	*T*	A	A
O	E	*M*	P	A	C	*V*	I	*D*	E	*I*	O	O
S	I	M	*A*	O	*E*	L	I	*A*	D	*R*	S	S
A	E	J	A	*R*	N	B	O	*P*	E	*I*	A	A
O	P	S	*D*	S	*I*	S	A	S	O	*P*	O	O
I	I	*A*	Y	B	I	*A*	A	R	V	*S*	I	I
Q	*D*	E	R	T	A	Y	P	B	N	*E*	Q	Q
F	I	G	H	E	B	J	K	L	L	Q	F	F
E	S	*N*	*O*	*I*	*C*	*A*	*R*	*O*	*D*	*A*	E	E
E	E	S	Y	U	E	Q	Z	O	M	K	E	E

Luego, pida que expliquen cómo se relacionan estas palabras con la lección estudiada, o qué aportó de nuevo a sus vidas lo que se aprendió esta clase.

Hoja de trabajo (18 a 23 años).

Las respuestas pueden seguir esta línea de pensamiento:

1. ¿Por qué la mujer samaritana le preguntó a Jesús cómo se le ocurría pedirle agua?

Porque ella era samaritana y Él judío; y judíos y samaritanos no usaban nada en común, no se relacionaban.

2. Según la mujer, ¿dónde decían los judíos que se debía adorar?

En Jerusalén.

3. Según el versículo 22, ¿qué adoraban los samaritanos y qué adoraban los judíos?

Los samaritanos lo que no conocían, los judíos lo que conocían.

4. ¿Cómo rendirán culto al Padre los verdaderos adoradores?

En espíritu y en verdad.

5. ¿Qué significan estas palabras para ti hoy?

_____

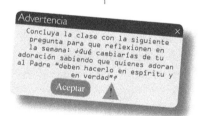

Advertencia   ×

Concluya la clase con la siguiente pregunta para que reflexionen en la semana: ¿Qué cambiarías de tu adoración sabiendo que quienes adoran al Padre "deben hacerlo en espíritu y en verdad"?

Aceptar   ⚠

Adoración en familia

 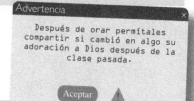
Objetivo: Que los jóvenes comprendan que el amor de Dios se vive y refleja, en primer lugar, en las familias; y que el deseo del Señor es que cada familia le adore.

Para memorizar: "...Y todas las familias de las naciones adorarán delante de ti." Salmo 22:27b.

> **Advertencia** ×
> Después de orar permítales compartir si cambió en algo su adoración a Dios después de la clase pasada.
>
> Aceptar ⚠

Conéctate | ¡A Navegar! | Descargas

Dinámica introductoria (12 a 17 años).

- Materiales: Lápices de colores y hojas blancas de papel.
- Instrucciones: Prooveéles a los alumnos las hojas y los lápices de colores para que dibujen una familia según lo que ellos consideren que es una familia.

  La idea es que, al final, compartan sobre los diferentes conceptos que existen de familia y esto introduzca la lección.

Dinámica introductoria (18 a 23 años).

- Materiales: Pizarra y marcadores (plumones o tizas).
- Instrucciones: Solicite a todos los asistentes que piensen en una familia ideal. Luego, pídales que pasen al frente y escriban en una sola palabra, en la pizarra el concepto más importante que distingue a ese ideal de familia (amor, respeto, educación, hijos, etc.).

  Al final, recuérdeles que los asuntos más importantes de una familia, cualquiera que esta sea, son los valores que la sostienen.

Conéctate | **¡A Navegar!** | Descargas

No existe una familia única y absoluta. Existen las familias. Así, en plural. Incluso en los 66 libros de la Biblia no encontramos un modelo único de familia, sino que se nos presenta una variedad de realidades familiares. Veamos a continuación algunos ejemplos: 1] La familia de Jesús estaba conformada por un padre --que pronto estaría ausente por muerte--, una madre, un hijo mayor (Jesús) que salió del hogar, y hermanos y hermanas menores que cuestionaron la labor del mayor; 2] La familia de Jacob estaba conformada por un esposo (Jacob), dos esposas (que eran hermanas), dos concubinas y trece hijos; 3] La familia en «La parábola del hijo pródigo» estaba conformada por un padre y dos hijos; 4] Otra familia estaba conformada por tres hermanos solteros (Marta, Lázaro y María); entre muchas otras.

Pero en Génesis 2:24 leemos que Dios mandó a que el hombre deje padre y madre, (mencionando la familia básica) para formar una nueva familia junto a su mujer. En Efesios 5 y 6 Pablo dio un modelo básico de familia esposo, esposa, hijos.

Piensa en tu familia. Seguramente no es la que tú deseas, o quizá esté pasando por crisis: Le hace falta un miembro, se ha convertido en una familia fragmentada, o tal vez hoy hasta pueda considerarse una familia disfuncional... Pero sea como fuere, es tu familia, y en la Palabra de Dios encontramos sabios consejos que puedes hoy poner en práctica para mejorar la vida de tu familia.

1. La vida cristiana

John Wesley, una de las personas más sobresalientes en la tradición de santidad en la historia de la iglesia cristiana, afirmó que la adoración «no se trata de un tiempo devocional, de un tiempo de adoración, sino de una vida devocional, toda una vida de adoración». Y es exactamente así como funciona la cristiandad: No se trata de un tiempo y un lugar específicos donde actuamos como cristianos (el templo, el culto público del fin de semana), sino de toda la vida, la vida diaria, la cotidianidad. Es en la vida real donde necesitamos ser cristianos; es en los lugares que no hay fe donde necesitamos ser personas de fe; es en los sitios fuera del templo y del culto comunitario donde necesitamos vivir todo lo que aprendemos en ellos. De otra forma, sólo estaríamos afirmando que la religión cristiana es simplemente eso: Una religión más, y entonces las convicciones más profundas que sostienen nuestras creencias y todo nuestro quehacer quedarían sin sentido.

Es necesario, vivir las convicciones cristianas, lo que hemos llamado valores del reino de Dios (amor, justicia, perdón, misericordia, paz y gozo, entre otros) no únicamente en el edificio donde nos reunimos domingo tras domingo para celebrar a Jesucristo, sino vivirlos de verdad durante todas las horas de todos los días, en todas las semanas de todo el mes, todos los años. Y la manera más concreta de vivir estas convicciones cristianas es en casa. Sí, en donde todos los días compartimos la vida con la familia. Sí, con todos los miembros que la conforman.

Porque, si es verdad lo que cantamos públicamente y lo que leemos los domingos en las Escrituras en el templo, entonces podemos llevarlo a la práctica. El anciano Juan lo dice de otra forma: «Si alguno dice: Yo amo a Dios, y aborrece a su hermano, es mentiroso" (1 Juan 4:20).

2. ¿Quién es mi prójimo?

Durante el tiempo que Jesús estuvo entre nosotros de manera física, Él enseñó que debemos hacer bien al prójimo. Al respecto, en Lucas 10:25-37, un intérprete de la ley cuestionó a Jesús y le insistió preguntándole lo siguiente: "¿Quién es mi prójimo?".

Dicha pregunta aún sigue vigente, porque el sentido original de esta palabra tiene que ver con "el más próximo", el que está cerca de mí. Y las personas que están más cerca, más próximas a nosotros son quienes viven y conviven a diario con nosotros: Nuestra familia.

¡Nos encanta llegar al templo! ¡Nos fascina ir al colegio o a la empresa donde trabajamos! ¡Nos deslumbran los hermanos, vecinos, compañeros y amigos con quienes pasamos mucho tiempo! Pero... ¿qué de nuestra familia?; ¿qué de nuestro prójimo, cada una de las personas más próximas a nosotros?

No cometamos el error de amar a alguien que está lejos de nosotros, pero no amar a quien está más cerca a nosotros. ¡Seríamos unos mentirosos! Personas incongruentes como aquel novio que llamó al teléfono móvil de su novia y le dijo: "Te amo. ¡Por ti soy capaz de todo! Y te prometo que siempre haré hasta lo imposible por estar contigo"; entonces ella, entusiasmada, le preguntó: "¿Vendrás a verme hoy, amor?"... Y él finalizó diciendo así: "¡Si no llueve, sí!".

3. Los actos más sencillos y más difíciles

La mayoría de nosotros sufrimos de esto: Amamos a otros, pero menospreciamos a los de nuestra propia casa. Esta situación también la sufrió hasta el mismo Jesús (Juan 7:1-5). Y es lógico, porque a los que viven con nosotros los conocemos bien, y sabemos que no son perfectos. Precisamente por eso, podemos este día decidir amarlos como a nosotros mismos (Lucas 10:27).

Aquí ponemos unas ideas para ser adoradores en medio de nuestra familia. Aunque al principio cuesta mucho hacerlas, podremos ver el resultado con el paso del tiempo.

- Por lo menos un día a la semana, podemos orar los unos por los otros. Y si en casa sólo tú eres cristiano, con mucha más razón debes interceder en oración por ellos.
- Comprometámonos a no insultarnos en casa de ninguna manera: Ni con golpes, ni con palabras ofensivas, ni con gestos.
- Una vez a la semana podemos abrir la Biblia y leer algunos pasajes de fortaleza espiritual tales como algunos de los salmos que han bendecido a miles de personas en la fe cristiana: Salmo 1, 5, 23, 27, 34, 91, etc.
- Cuando viajemos juntos, tomemos un tiempo antes de partir o regresar para hacer una oración familiar a fin de que el Señor nos proteja, lleve y traiga con bien.
- Mantengamos encendida la música que honra a Cristo durante los quehaceres domésticos.

4. La adoración en familia

Si tienes una familia cristiana, tienes una enorme ventaja para cumplir con este último punto de la clase: La adoración familiar.

Adorar a Dios no se reduce a cantar himnos o entonar los últimos coros de moda; adorar a Dios no se limita a asistir religiosamente a un templo o a mantener muchas reuniones con los hermanos de la congregación. Adorar a Dios es algo mucho más profundo que siempre va más allá de lo religioso.

Dios, en Génesis 8:15-22, le dijo a Noé que tomara a toda su familia (porque ya el diluvio había terminado) y salieran del arca. Noé, como un acto de agradecimiento, construyó un altar al Señor tomando animales limpios y haciendo con ellos un holocausto que fue grato a Dios.

Hoy podríamos hacer lo mismo; sin embargo, Dios no quiere holocaustos puesto que el sacrificio perfecto ya ha sido llevado a cabo. Hoy Dios quiere que el sacrificio seamos nosotros, en carne propia (Romanos 12:1-2); es decir que nosotros seamos la adoración viva que se queme en su altar... Y sería maravilloso que no lo hiciéramos solos; sino como Noé, quien tomó a toda su familia y construyó un altar a Dios.

Seguramente a Dios le agradará nuestra vida, y aceptará lo que hacemos y, ¿por qué no?, hasta puede darnos una promesa especial.

| Conéctate | ¡A Navegar! | Descargas |

Instrucciones de las hojas de trabajo

Hoja de trabajo (12 a 17 años).

Dé un tiempo para que respondan lo siguiente:

1. Libro de la Biblia donde narra que la familia de Noé adoró:

| G | É | N | E | S | I | S |

2. Significa "el más próximo":

| P | R | Ó | J | I | M | O |

3. Carta donde Pablo nos exhorta a ser adoración a Dios:

| R | O | M | A | N | O | S |

4. Es el primer espacio donde podemos ser cristianos de verdad:

| F | A | M | I | L | I | A |

5. Son las convicciones de fe que promueve el reino de Dios:

| V | A | L | O | R | E | S |

6. Es un acto sencillo que puedo hacer por mi familia cada semana:

| O | R | A | C | I | Ó | N |

7. Es algo que Dios puede darnos, si adoramos en familia:

| P | R | O | M | E | S | A |

Hoja de trabajo (18 a 23 años).

Dé un tiempo para que escriban lo que se les pedirá y, posteriormente, compartan algo de eso en el grupo para poder interceder por ello. Al final, motívelos a que hagan un compromiso para adorar en sus correspondientes familias.

Redacta los nombres de quienes conforman tu familia, sus roles en ella y las necesidades que tienen ahora mismo.

Ejemplo:

Eduardo Pérez	Papá	Conversión
Nombre:	Rol:	Necesidad:
_____	_____	_____
_____	_____	_____
_____	_____	_____
_____	_____	_____

Para finalizar, hagan un compromiso para que ustedes sean quienes inicien la adoración en su familia. A continuación, se les presenta un modelo de dicho compromiso.

"Yo, _____ _____, me comprometo ante Dios para ser el primero en adorar a Dios en mi hogar, siendo ejemplo en todo cuanto hago y digo".

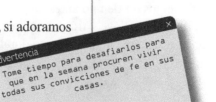

Advertencia
Tome tiempo para desafiarlos para que en la semana procuren vivir todas sus convicciones de fe en sus casas.

Aceptar

Todos ''servimos''

Objetivo: Que el joven comprenda que la iglesia funciona como un cuerpo y que como tal, cada parte o miembro del mismo tienen una función.

Para memorizar: "Así nosotros, siendo muchos, somos un cuerpo en Cristo, y todos miembros los unos de los otros" Romanos 12:5.

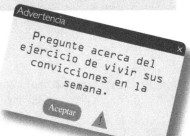

Advertencia

Pregunte acerca del ejercicio de vivir sus convicciones en la semana.

Aceptar

Conéctate | ¡A Navegar! | Descargas

Dinámica introductoria (12 a 17 años).

- Materiales: Un papel grande o pizarra, un rotulador o lápiz, hojas de papel y cinta para pegar.
- Instrucciones: Dibuje en la pizarra la silueta del cuerpo humano. Corte la hoja de papel en trocitos, y en cada uno escriba las funciones y dones espirituales, especialmente las que se realizan con claridad en su iglesia (ujieres, pastores, maestros, compasión, oración, etc.). Colóquelos todos en una cesta. Pida a los alumnos que cada uno tome un trozo de papel y lo coloque en la parte del cuerpo, en la que crean que corresponda, de acuerdo a su función, y que expliquen brevemente por qué lo colocan allí. Por ejemplo, el don de la oración podría ser colocado en las rodillas, porque una persona que ora pasa mucho tiempo de rodillas, o el de compasión podría ser colocado en el corazón, etc.

Dinámica introductoria (18 a 23 años).

- Materiales: Hojas de papel y un lápiz o bolígrafo.
- Instrucciones: Corte la hoja de papel en trocitos, y escriba en cada uno de ellos el nombre de todos los participantes de la clase. Coloque todos los nombres en una cesta y pida a los alumnos que tomen uno. Si el nombre que les tocó es el suyo propio, que lo cambien hasta que tengan uno que no sea el propio.

Cuando todos tengan un nombre, anímelos a escribir un don de aquel joven y que expliquen cómo esa persona, con su don, puede o contribuye a la unidad y armonía de la iglesia o clase. Por ejemplo: "El don de Manuel es el servicio, siempre está dispuesto a ayudar", o "Ana es una persona que lee mucho la Biblia, motiva al grupo a buscar más de Dios". Al finalizar la ronda, todos habrán escuchado algo positivo sobre ellos mismos.

Conéctate | **¡A Navegar!** | Descargas

La ciudad de Corinto era un lugar de insólita inmoralidad "con todo lo que podía servir a los placeres de los sentidos... era una de las más lujuriosas, afeminadas, ostentosas y disolutas ciudades del mundo" (Comentario Bíblico Beacon. Tomo 8. CNP, EUA: s/f, p.321). La iglesia de Corinto no pudo mantenerse al margen de toda la influencia pecaminosa que le rodeaba. Por esto, Pablo en su carta a los Corintios, les recordó que ellos eran "llamados a ser santos" (1 Corintios 1:2).

Entre todos los problemas que la iglesia de Corinto enfrentaba, estaba haber dejado de valorar los diversos dones del Espíritu Santo y considerar algunas manifestaciones como superiores a otras. Esto les había hecho perder el sentido de unidad y servicio, menospreciando otros ministerios del Espíritu Santo que consideraban menos importantes.

1. Uno en Cristo

Cada cristiano es un miembro del cuerpo de Cristo. Todos somos diferentes, vivimos en diferentes partes del mundo y tenemos diferentes funciones, pero a pesar de toda esta diversidad, en Cristo hay unidad (1 Corintios 12:12-13). Para Pablo era crucial que los corintios entendieran esto, por esta razón repitió las palabras "uno" o "un", cinco veces en sólo dos versículos. Dejó ver claramente que el énfasis era la unidad.

En el versículo 13, Pablo explica los denominadores comunes que nos hacen uno en la iglesia; a saber, dos experiencias que son compartidas por todos los creyentes:

a. Todos fuimos bautizados por un mismo Espíritu (12:13a).

Cada creyente comparte esta maravillosa experiencia. Esto elimina toda diferencia que pueda haber entre los cristianos, como racial, cultural, de posición, etc. Tanto judíos como griegos, esclavos como libres, hombres como mujeres, ricos como pobres, todos compartimos la experiencia que nos hace ser un solo cuerpo, una iglesia.

b. Todos compartimos la comunión de un mismo Espíritu (12:13b).

Los cristianos estamos unidos porque compartimos la comunión de un mismo Espíritu que mora en cada uno de nosotros. En esta comunión, compartimos la vida eterna, provisión y misión de Cristo (Juan 6:53-58), rompiendo así con todas las barreras que nos puedan dividir.

2. Importancia de la diversidad

"Además, el cuerpo no es un solo miembro, sino muchos" (1 Corintios 12:14). Esta analogía entre el cuerpo humano y el cuerpo de Cristo nos enseña que el cuerpo es una unidad en la diversidad. Pablo, (vv.14-26) trató de dejar claro este mensaje (hasta de una manera un poco graciosa), que cada miembro del cuerpo tiene un rol y que todos son importantes y necesarios para el buen funcionamiento del mismo. Personificando las diferentes partes del cuerpo, trasmitió la idea de que cada parte, por diferente que sea, es importante.

De forma indirecta, Pablo presenta dos problemas o tendencias en la iglesia que nos impiden disfrutar y valorar la unidad en diversidad, y éstos son los complejos de inferioridad y superioridad.

No subestimemos nuestra importancia en el cuerpo de Cristo (autocompasión): Por más que pensemos que somos inferiores a los demás, respecto a los dones, no significa que no seamos parte fundamental e importante del cuerpo (vv.15-16). Al tomar los ejemplos de Pablo, puede ser normal que el pie se sienta inferior y poco importante con respecto a la mano. La mano toca instrumentos, da la bienvenida a los visitantes, hasta toma parte de la adoración cuando levantamos nuestras manos. Aun así, sin el pie no podríamos ir a evangelizar, participar en carreras, transportar cargas, mantener en buena forma física al resto del cuerpo. Dios espera que hagamos nuestra parte con lo que nos dio. Recordemos que cada parte del cuerpo es importante.

No sobrestimemos nuestra importancia en el cuerpo de Cristo (orgullo): Pablo nos habla del otro extremo, cuando un miembro tiene un concepto de sí mismo más alto que el que debe tener (v.21). Pablo se acerca cada vez más a los problemas que había entre los corintios. Era necesario que el mensaje quedara claro: Todos somos importantes y nadie es imprescindible. Pablo rechaza la forma de pensar errónea de los corintios, quienes valoraban y honraban más ciertos dones, considerándolos superiores con respecto a los "menos importantes". Escogían los dones o ministerios más vistoso por razones egoístas, cuando el propósito de los dones es el de contribuir al crecimiento del cuerpo. Si nos creemos espiritualmente superiores o indispensables por los dones que desempeñamos, quizás nos estemos saliendo de la voluntad de Dios. Debemos pensarlo mejor y pedir perdón a Dios de inmediato, antes que sea demasiado tarde.

Cuidemos y busquemos siempre la unidad y disfrutaremos de la diversidad en nuestra iglesia.

3. Diversos dones, pero un mismo cuerpo

Pablo presenta una lista de dones y oficios de la iglesia (1 Corintios 12:27-31). Pero antes, vuelve a remarcar que todos son el cuerpo de Cristo, aunque cada uno, un miembro en particular. Y antes de empezar la lista, hace otra aclaración, los "...puso Dios en la iglesia...". Los miembros no escogen su oficio ni eligen sus dones. Dios es quien pone a las personas para que hagan determinadas cosas en la iglesia.

Pablo divide la lista en dos. Por un lado, apóstoles, profetas y maestros, y por otro, milagros, los que sanan, ayudan, los que administran y el don de lenguas. Aunque hace una clara división, esto no significa que está haciendo distinción de dones, ni que la lista está organizada por orden de importancia. Ningún don u oficio debe ser menospreciado o exaltado por encima de los demás, todos son necesarios. Por esto hace, a continuación, una lista de preguntas retóricas, cuyas obvias respuestas son negativas: Ni todos son apóstoles, ni todos tienen dones de sanidad (vv.29-30). Todos son valiosos y debemos aceptarlos, honrarlos y respetarlos de la misma manera.

Todos los miembros del cuerpo de Cristo tienen talentos, habilidades y dones espirituales únicos. Esta variedad de dones enriquece a la iglesia. Cada parte es vital y necesaria para el buen funcionamiento de todo el cuerpo. Todos somos llamados a hacer nuestra parte, a contribuir con nuestros dones y talentos al crecimiento del cuerpo. Esto significa que todos debemos descubrir nuestros dones espirituales y servir de la mejor manera posible.

Conéctate | **¡A Navegar!** | **Descargas**

Instrucciones de las hojas de trabajo

Hoja de trabajo (12 a 17 años).

Permita que encuentren la palabra usando la definición. (Lista tomada de 1 Corintios 12:28 y Romanos 12:6-8).

1. Predicación: Proclamar la palabra de Dios.
2. Servicio: Habilidad de ayudar a otros en forma práctica.
3. Maestros: Enseñan la palabra de Dios con claridad.
4. Exhortar: Motivar a vivir una vida cristiana.
5. Repartir: Apoyar materialmente para la obra de Dios, dar.
6. Presidir: Guiar a otros con visión y solicitud, liderar.
7. Misericordia: Tener compasión de las necesidades de los demás.
8. Sanidad: Orar por los enfermos.
9. Administración: Habilidad de organizar y dirigir actividades.

Hoja de trabajo (18 a 23 años).

Divídalos en grupos para que escriban las definiciones de los siguientes dones, y una o dos funciones prácticas para la iglesia. (Lista tomada de 1 Corintios 12:28 y Romanos 12:6-8). Luego que piensen cuál es su don dentro de la iglesia.

1. Administración: Habilidad de organizar y dirigir actividades, secretario, ecónomos.
2. Exhortación: Habilidad de motivar a las personas a vivir una verdadera vida cristiana, consejero.
3. Repartir o Dar: Habilidad de apoyar materialmente para la obra por medio de las ofrendas.
4. Presidir o Liderar: Habilidad de guiar a un grupo con visión y solicitud, líder de célula, pastor, maestro.
5. Misericordia: Tener compasión por las necesidades de los demás, ministerios de compasión, dar comida al hambriento, etc.
6. Profecía o predicación: Habilidad de proclamar y aplicar la palabra de Dios, pastor.
7. Servicio: Habilidad de ayudar a otros en forma práctica, ujieres.
8. Enseñanza: Habilidad de comunicar a otros, con claridad, las verdades bíblicas, maestros, líderes de células.
9. Sanidad: Orar por sanidad, visitar y orar por los enfermos.

Advertencia

Desafíelos a poner sus dones al servicio de Dios hoy.

Aceptar

¿Cómo Servir?

Objetivo: : Que el joven comprenda que los talentos y bienes que posee le han sido dado por Dios para que le sirva.

Para memorizar: "Porque al que tiene, le será dado, y tendrá más; y al que no tiene, aun lo que tiene le será quitado" Mateo 25:29.

Advertencia
Pida voluntarios que quieran compartir sobre el tema de los dones en sus vidas y cómo piensan ponerlos en práctica.
Aceptar

Conéctate | ¡A Navegar! | Descargas

Dinámica introductoria (12 a 17 años).

- Materiales: Trozos de papel de 5 x 7 cm y lápices.
- Instrucciones: Cada alumno escribirá en el trozo de papel una lista de sus habilidades, tales como hablar en público, redactar, cantar, pintar, etc. Luego pida que las lean y socialicen cómo usar esas habilidades para servir en la iglesia.

Dinámica introductoria (18 a 23 años).

- Materiales: Hojas de periódico de la sección de empleos y hojas de papel en blanco y lápices.
- Instrucciones: Lleve a la clase las hojas de periódico de la sección de empleos y pida que los alumnos lean en voz alta los perfiles que se requieren para algunos empleos. Luego pídales que elaboren el perfil de un servidor de Dios y que analicen si ellos llenan ese perfil para servirle al Señor y si están sirviendo con eficacia en el reino de Dios.

Conéctate | **¡A Navegar!** | Descargas

Un talento es la capacidad de una persona para entender y desempeñar determinada ocupación. Los talentos podemos adquirirlos por herencia genética o por estimulación y aprendizaje. Sea por herencia o por aprendizaje, debemos consagrarlos para el servicio de Dios. ¿Qué podemos hacer para agradar a Dios con los talentos que nos dio?

1. Cumpliendo el rol de servidores

Los hijos de Dios tenemos la responsabilidad de servirle y velar por los intereses de su Reino, y por eso nos dio habilidades para realizar eficazmente los ministerios que nos confió. En Mateo 24:45-51, el Señor relató una parábola para enseñar cómo Él desea confiar en nosotros como buenos servidores.

A. El servidor bueno y fiel

El señor Jesucristo prometió volver por su iglesia y nadie sabe cuándo sucederá, pero mientras tanto, debemos estar haciendo lo que nos encomendó. Según esta parábola, el buen siervo de Dios tiene las siguientes características:

Fidelidad: Consiste en tener cuidado de no defraudar o traicionar la confianza que depositaron en nosotros. La persona es fiel en presencia o en ausencia de la otra persona; ejecuta con exactitud lo que se le encomendó.

En la parábola se exalta a la persona que tiene estas cualidades. Fidelidad es justamente lo que Dios espera de sus hijos. Debemos asegurarnos de no quebrantar la confianza de Dios sirviéndole con excelencia, con amor y gratitud (vv.45-46).

Prudencia: Una persona prudente es cautelosa y sensata en sus actitudes y acciones. Esta cualidad es necesaria para no perjudicar los intereses de quien confía en nosotros. En nuestro servicio a Dios, necesitamos poner todo nuestro esfuerzo para que éste sea eficaz y el Señor se complazca (vv.45-46).

Recompensa: Toda decisión tiene una consecuencia. El siervo que decidió ser responsable, fiel y prudente fue declarado dichoso y sería puesto en una posición de mayor autoridad. El Señor premiará bendiciendo a quienes le sirven con fidelidad (v.47).

B. El servidor malo

Según esta parábola, el siervo malo tiene las siguientes características:

Negligencia: Es saber lo que se debe hacer y no hacerlo. El mal servidor es aquel que no hace lo que le corresponde pensando que su jefe tardará mucho en volver, o que no le pedirá cuentas y cree que tendrá tiempo para enmendar su descuido (v.48-49).

Abuso: Es usar mal, excesiva, injusta o indebidamente de algo o de alguien. Puede ser hacer objeto de trato deshonesto a una persona de menor experiencia, fuerza o poder, (vv.48-49).

El Señor confió algunas responsabilidades en la iglesia. Pregunte: ¿Estás realizando lo que Dios te encomendó? ¿Has sido fiel y cuidadoso o has sido negligente e irresponsable? Las personas asisten a la escuela o al trabajo aunque estén enfermas, pero no a la iglesia y además desatienden sin excusa las áreas de servicio que se les confió.

Recompensa: El siervo malo tuvo que enfrentar las consecuencias por su deslealtad e imprudencia: al regresar su señor, fue castigado duramente y echado de su puesto de servicio. Los cristianos que confían en que tienen mucho tiempo por delante y no cumplen con las oportunidades de servicio que el Señor les da, también perderán la oportunidad de estar en su reino. Será mejor que asumamos con responsabilidad el rol de siervos del Señor, para que cuando Él vuelva nos encuentre haciendo su voluntad y sirviéndole (v.51).

2. Usando y reproduciendo los talentos

Los talentos que el Señor nos da debemos usarlos y reproducirlos. En Mateo 25:14-30 encontramos la parábola de los talentos, estos eran una medida de cambio utilizada en las transacciones. Pero la enseñanza vital de la parábola incluye aspectos más allá del valor económico.

A. Confianza, capacidad y responsabilidad

Cada talento representaba una fortuna puesta en manos de los siervos: El hombre depositó no solo riqueza sino también confianza en cada uno de ellos. Las habilidades intelectuales, artísticas, profesionales, administrativas, manuales, de consejería, etc., son bienes recibidos para utilizarlos en agradar a Dios, y no solo para ganar dinero. El Señor da los talentos de acuerdo a la capacidad de cada persona. La capacidad consiste en la "Aptitud, talento, cualidad que dispone a alguien para el buen ejercicio de algo" *(Diccionario de la Real Academia Española, http://lema.rae.es/drae/?val=Capacidad)*. Dios nos confió talentos al darnos la aptitud para realizar determinadas actividades, pero también nos dio la capacidad para utilizarlos en bien de sus intereses. El Omnipotente no necesita de nadie, pero con amor nos da el honor de servirle.

Dios te da responsabilidades de acuerdo a tu capacidad, no eres responsable de lo que no puedes hacer, pero sí eres responsable de lo que puedes hacer. La responsabilidad es la capacidad humana de responder por nuestros actos. Al recibir talentos, cualidades o aptitudes y habilidades, a veces tenemos la falsa idea que Dios está muy lejos y no se da cuenta de lo que hacemos. Sin embargo, Jesús enseñó que volverá y entonces cada uno rendirá cuentas de lo que hizo con lo que recibió. En la iglesia sufrimos constantemente la falta de responsabilidad de algunos, por lo que el servicio de otros es recargado. El no cumplir no nos exonera de responsabilidad.

Pregunte: ¿Por qué creen que podemos servir bien en las tareas seculares y no en las del Reino? Quiza porque en las tareas seculares tenemos un jefe o un maestro que nos controla y si no cumplimos podemos perder el trabajo, el estudio, etc.

Los talentos debo desarrollarlos, corregirlos, perfeccionarlos y ponerlos a su servicio. William Carey, misionero en la India, decía, "Mi negocio es el Reino de los Cielos. Soy zapatero sólo para cubrir los gastos de mi negocio". Ese hombre humilde, pero lleno de amor por la obra del Señor dijo en uno de sus sermones las siguientes palabras: "Espera Grandes Cosas De Dios. Intenta Grandes Cosas Para Dios". (Lecciones Misioneras del Dr. Carey *http://www.rlhymersjr.com/Online_Sermons_Spanish/2006/021906PM_Lecciones-Misioneras.html).*

B. Acciones diferentes

Los primeros dos siervos asumieron una actitud dinámica, activa, porque de inmediato tomaron acciones para realizar lo que se les pidió y el resultado fue evidente porque duplicaron el capital recibido (vv.16-17).

El único esfuerzo del siervo negligente, fue esconder el capital recibido (v.18). Muchos cristianos no emprenden ninguna cosa en la iglesia, porque antes de intentarlo ya decidieron que no va a funcionar. La actitud pesimista no solo impide trabajar sino ver resultados. El siervo malo se excusó descargando la culpa de su irresponsabilidad sobre su jefe. Pregunte: ¿Qué excusas dan los hermanos en la iglesia cuando no cumplen con sus privilegios? ¿Qué excusas has utilizado para no usar tus dones y talentos en el servicio del Señor?

Cada siervo fiel recibió elogios y aumentó su capital, pero el infiel perdió lo poco que tenía. Si quieres contar con la bendición de Dios, debes usar los dones y talentos que Él te dio, en lugar de esconderlos y dar excusas (vv.21-18). La Palabra enfatiza la realidad que llegará el día de rendir cuentas ante Dios del uso de nuestro tiempo y de nuestras habilidades y destrezas, sin excusa. Lo importante no será la cantidad de talentos recibidos, sino los resultados de haber invertido los bienes del Señor en su Reino.

| Conéctate | ¡A Navegar! | **Descargas** |

Instrucciones de las hojas de trabajo

Hoja de trabajo (12 a 17 años).

Dé un tiempo para que escriban un acróstico con las palabras SIERVO FIEL.(Ejemplo)

S iervo fiel eres cuando sirves a Dios con todo tu corazón y pones todo

I nterés en hacerlo bien.

E scucha la voz de Dios hablando a tu vida y sé

R esponsable en el cumplimiento de tus privilegios.

V alora los ministerios de los demás,

O ra antes de realizar tus actividades y ten mucha

F e en la dirección de Dios para tu vida.

I ncluye a otros para que también aprendan a servir y sigue el

E jemplo de cristianos fieles que han servido al Señor, además, sé

L eal al Señor antes que a cualquier otra cosa.

Hoja de trabajo (18 a 23 años).

Preguntas para discusión en grupos:

1. Piensa en una persona (si quieres puedes decir su nombre) de tu congregación que se caracteriza por su disponibilidad en servir en lo que se le pida y lo hace con gusto. ¿Qué efecto ha tenido su ejemplo en tu vida? ¿Es una persona amada y respetada? ¿Te gustaría ser como ella? ¿Por qué?

_____

2. De acuerdo con Mateo 24: 30-51, ¿Cuáles son las características de quienes no son fieles en hacer la obra que Dios les ha encomendado?

Son perezosos, pesimistas, comodones, negligentes, e irresponsables.

3. ¿Cuáles pueden ser los resultados de la negligencia en el servicio a Dios?

La desaprobación y el rechazo de parte de Dios y de la iglesia.

4. ¿Cuáles serán las consecuencias de la fidelidad en el servicio a Dios?

Sentiremos que estamos haciendo la voluntad de Dios y seremos reconocidos por Él como sus siervos fieles. Tendremos más responsabilidad.

5. ¿Qué lecciones prácticas tiene para tu vida la parábola de los talentos?

_____

6. ¿Qué estás dispuesto a hacer como resultado del estudio de esta lección?

_____

Advertencia

Tomen un tiempo para hablar sobre servicios que pueden hacer en la iglesia.

Aceptar

Dentro y fuera

Objetivo: Que el joven reconozca la importancia de cumplir el ministerio al que Dios nos ha llamado, dentro y fuera de la iglesia.

Para memorizar: "Ten cuidado de ti mismo y de la doctrina; persiste en ello, pues haciendo esto, te salvarás a ti mismo y a los que te oyeren" 1 Timoteo 4:16.

Advertencia

Inicie orando y luego pregúnteles si pensaron en formas prácticas en las cuales pueden servir.

Aceptar

Conéctate | **¡A Navegar!** | **Descargas**

Dinámica introductoria (12 a 17 años).

- Materiales: Hojas blancas de papel, lápices, sillas individuales.
- Instrucciones: Pida a sus alumnos que formen parejas, y cada uno entrevistará al otro preguntándole: ¿Si tuvieran que dirigir o empezar un ministerio en la iglesia, cuál sería? Cada pareja pasará al frente y presentará a su compañero y dirá lo que escribió de esa persona.

Dinámica introductoria (18 a 23 años).

- Materiales: Sillas individuales para organizar equipos, tarjetas con letreros.
- Instrucciones: Traiga a la clase tarjetas con nombres de diferentes ministerios que se pueden desarrollar en la iglesia: evangelismo, discipulado, compasión, oración, visitación, administración, educación, música y adoración, etc. Péguelas en diferentes partes del salón de clases, y pídales que cada uno se siente cerca del letrero del ministerio que más llama su atención. Después, cada grupo razonará de cómo podrían desarrollar un ministerio dentro y fuera de la iglesia. Compartirán sus

Conéctate | **¡A Navegar!** | **Descargas**

Definamos la palabra ministerio. En el Antiguo Testamento se usaba el término hebreo "sharat" que significa ministrar, servir, oficiar. El término latino de ministro deriva de minister y este, a su vez, del adjetivo minus que significa menos o menos que. El minister era el sirviente o el subordinado que estaba al servicio de su maestro. En el Nuevo Testamento el término más usado para ministro fue el de diakoneo que significa ser siervo, asistente, servir, asistir, ministrar. Se traduce principalmente con el verbo servir. (Diccionario Expositivo de palabras del Antiguo y del Nuevo Testamento. W.E. Vine. Caribe, 1999, Colombia, pag.554).

Estas definiciones nos ayudan a entender que desarrollar un ministerio en la iglesia implica un compromiso serio de servicio a Dios y a las personas que nos rodean.

1. Para poder desarrollar un ministerio, primero hay que ser siervo

En el contexto del Nuevo Testamento, ser siervo era sinónimo de ser un esclavo al servicio de su señor. Esto implicaba total sumisión a la voluntad y órdenes de su amo. En la vida cristiana, ser siervo implica primero ser cristiano y aceptar el señorío de Jesucristo como rey y Señor. Entender la condición de siervo es estar dispuesto a humillarse ante Dios y decidir servirle. Timoteo era un joven que desde pequeño había conocido a Cristo y a pesar de la situación de persecución, estuvo dispuesto a servir a Dios (2 Timoteo 1:5; 2:1-3). Todo cristiano es llamado a servir en la iglesia, ya que esta es un organismo vivo; cada uno es capacitado por el Espíritu Santo para desarrollar un ministerio específico dentro de su obra (1 Corintios 12:12-27).

2. Para ministrar, hay que prepararse

Pablo invitó a Timoteo a ser un buen ministro del evangelio. En 1 Timoteo 4:6-16, le menciona algunas cualidades que debe cultivar para ser un buen ministro.

Prepararse para la tarea: "si esto enseñas". Esto implica preparación, estudio. Así, Timoteo estaría a) Nutrido con las palabras de la fe, y b) De la buena doctrina. El ministro del Señor no tiene que ser un gran maestro, pero si debe conocer la Palabra de Dios y en lo que cree.

Reconocer la falsa doctrina: "desecha las fabulas y de viejas". La versión autorizada de King James: "Old wives fables", esto es, "desecha las fabulas de las esposas viejas, o, de mujeres ancianas". La Versión Popular dice: "No hagas caso de cuentos mundanos y tontos". Tristemente muchos cristianos evangélicos que sirven a Dios en diversos ministerios, no conocen su doctrina, no saben diferenciar entre una doctrina falsa y una bíblica. Y es lamentable saber cuánta gente acude a ciertas congregaciones donde no se enseña la Palabra de Dios. Los que sirven a Dios, deben conocer a Dios, a través de su Palabra.

Ser piadoso: "…ejercítate para la piedad…" Existen cristianos que son buenos deportistas y otros casi fisicoculturistas, pero no practican la piedad. No significa que Pablo este en contra del ejercicio físico, solo le advierte que éste no ocupe el primer lugar en su vida, ya que hay cosas de mayor importancia. Para los cristianos liberales, la piedad es la fidelidad de los deberes religiosos. "Pero en la Biblia tiene un significado más amplio. En su expresión hebrea (hesed) implica ayuda mutua, eficaz y fiel a los hermanos, parientes, amigos aliados, etc. La piedad no es tal si no se expresa en actos específicos de misericordia. A la piedad de Dios por su pueblo, debe responder otra piedad, la obediencia fiel y el culto amoroso del hombre a Dios" (Vocabulario Bíblico, Xavier León Dufour. Sígueme, Barcelona: 1965, p.615). En el pasado hubo muchos hombres piadosos, hoy son muy escasos. Las iglesias necesitan hombres y mujeres de esta talla. El mismo Pablo dice que la piedad tiene promesa para esta vida presente y para la venidera.

Trabajar y sufrir: Los trabajos generalmente (excepto el de ministro de Jesucristo), son empleos que tienen un horario establecido de entrada y salida; después de sus horas de labor el empleado se puede ir a casa tranquilamente, puede dormir sin interrupciones, si trabaja de lunes a viernes, puede disponer de sábado y domingo para descansar o salir de paseo con su familia. Pero el trabajo del ministro es muy distinto. Pablo dice a Timoteo "…Esfuérzate…, sufre penalidades…, ninguno que milita se enreda en los negocios de la vida…, lucha como atleta… (2 Timoteo 2:1-8). Si el ministro no recibió una buena preparación, a la primera batalla dejará inmediatamente su ministerio. Para servir a Dios, hay que pagar un precio, hay que dedicar tiempo y esfuerzo.

Ser ejemplo: Pablo menciona claramente que el que quiere servir a Dios, necesita vivir una vida íntegra de ejemplo a los demás, en su forma de hablar, en su conducta, en el amor al prójimo, en fe y pureza de corazón. Hay un dicho muy común que dice, "Tus actos dicen más que mil palabras". Para que nadie te desprecie o te considere demasiado inmaduro o sin experiencia para desarrollar cualquier ministerio, es necesario demostrarlo con un buen testimonio. El testimonio de un joven cristiano es determinante para tener éxito en cualquier ministerio que desarrolle; no importando la edad, sino la entrega total a Cristo.

Mantenerse ocupado: Para desarrollar un ministerio hay que ejercitarlo. Pablo, aunque sabía que Timoteo era muy joven, lo invitó a prepararse y practicar. No esperes saber mucho para empezar a servir, sino en la marcha: Lee, infórmate sobre lo que vas a hacer, aprende de otros, enseña a otros, sirve al Señor.

Cuidar su ministerio: Timoteo había recibido la imposición de manos para ser ordenado ministro de la iglesia, (lo que hoy llamaríamos ser ordenado presbítero) para pastorear

una congregación. Esto implicaba una gran responsabilidad para un joven. Por lo tanto, la recomendación de Pablo fue: Cuida el don que hay en ti y úsalo para bendecir a otros. Hoy en día debemos valorar el servir a Dios. Cuando se nos dé un ministerio para servir en la iglesia, debemos hacerlo con gozo y alegría y no ser irresponsables; ya que daremos cuenta a Dios de lo que hicimos con los dones que Él nos dio. Toma en serio tu ministerio, servir a Dios es un privilegio, no una obligación.

3. Para servir, hay que estar dispuesto a todo

A. Ministrar dentro de la iglesia

Hay ministerios dentro de la iglesia que sirven para la edificación del cuerpo de Cristo, es decir para lograr el crecimiento espiritual de los que son creyentes o simpatizan con el evangelio. Normalmente hay muchas posibilidades para servir dentro de la iglesia, como el ser maestros, ujieres, participar en la música, canto, discipuladores, oración, administración, liderazgo, etc. La mayoría de los cristianos se involucran en desarrollar estos ministerios.

B. Ministrar fuera de la iglesia

Los ministerios que son más necesarios en la iglesia, son aquellos que tienen el propósito de alcanzar a otros, y estos deben desarrollarse fuera de las cuatro paredes de un templo. Entre ellos podemos encontrar los ministerios de evangelismo, visitación, compasión, discipulado, líderes de células, predicadores, plantadores de iglesias, misioneros, etc. A veces las iglesias no crecen, porque todos los ministerios están enfocados en conservar a los que ya están dentro de la iglesia y no a ganar a los que no conocen a Cristo.

Hoy debemos reflexionar sobre nuestra vida espiritual y preguntarnos, ¿Soy verdaderamente un hijo de Dios? ¿Estoy dispuesto a ser siervo? ¿Qué dones espirituales me ha dado Dios para servirle? ¿Cómo estoy desarrollando mis dones? ¿En qué ministerios puedo involucrarme dentro o fuera de la iglesia?, etc.

Conéctate | **¡A Navegar!** | **Descargas**

Instrucciones de las hojas de trabajo

Hoja de trabajo (12 a 17 años).

Dé un tiempo para que lean los pasajes, reflexionen y respondan:

1 Timoteo 4:7-8, ¿Por qué Timoteo no debía hacer caso de chismes y dejar de lado el ejercicio físico, para dedicarse a cumplir su ministerio?

Porque para cumplir su ministerio, debía dar el primer lugar a Dios en su vida, dejar a un lado lo que lo distraía, como los chismes, falsas doctrinas, teorías filosóficas, deportes, etc.

1 Timoteo 4:12, ¿En que áreas de tu vida cristiana debes trabajar para poder desarrollar un ministerio en la iglesia?

En mi testimonio, cómo me comporto, el ejercicio de mi fe, cómo hablo, cómo estoy viviendo, en mi relación con mi prójimo, etc.

¿En qué áreas del ministerio te gustaría servir a Dios, dentro o fuera de la iglesia?

_____

_____

Hoja de trabajo (18 a 23 años).

Pida que formen parejas, luego lean y analicen el siguiente pasaje: 1 Timoteo 4:6-14, y anoten qué cualidades debía tener Timoteo para ser un buen ministro de Jesucristo.

1. (v.6) *Nutrirse de la Palabra de Dios y la doctrina.*

2. (v.7) *Reconocer las falsas doctrinas o chismes.*

3. (v.8) *Ejercitarse para la piedad, no tener como prioridad el ejercicio físico.*

4. (v.10) *Trabajar y sufrir por Cristo.*

5. (v.12) *Ser ejemplo en palabra, conducta, amor, espíritu, fe y pureza.*

6. (v.13) *Mantenerse ocupado en la lectura, exhortación y enseñanza.*

7. (v.14) *cuidar el don y ministerio que Dios le ha dado.*

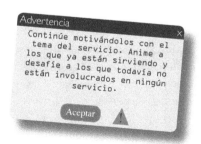

Advertencia

Continúe motivándolos con el tema del servicio. Anime a los que ya están sirviendo y desafíe a los que todavía no están involucrados en ningún servicio.

Aceptar

¿Siervo o amo?

Objetivo: Que el alumno vea el servicio como parte de la vida cristiana.

Para memorizar: "Y el que de vosotros quiera ser el primero, será siervo de todos" Marcos 10:44.

Advertencia

Si alguien se involucró en un nuevo servicio ¡celébrenlo!

Aceptar

Conéctate · ¡A Navegar! · Descargas

Dinámica introductoria (12 a 17 años).

- Materiales: Dibujos de personas ayudando a otros (a cruzar la calle, a cargar algo pesado, atendiendo a un enfermo, dando dinero, consolando a alguien que llora) o carteles que mencionen algún tipo de servicio.
- Intrucciones: Pídale a sus estudiantes que expresen qué sienten al ver dichas escenas; reflexionen en cómo Dios actúa con nosotros en nuestra necesidad y cómo nosotros debemos servir a otros de la misma manera.

Dinámica introductoria (18 a 23 años).

- Materiales: Pizarra y marcadores o tiza (gis), o papel grande y lápiz.
- Instrucciones: En la pizarra escriba en un lado: "persona servicial" y en el otro lado: "persona egoísta". Pídale a sus estudiantes que describan las características que suelen tener cada una de esas personas. Al finalizar, reflexionen juntos en las diferencias que se hayan mencionado y la influencia que dichas características pueden llegar a tener en las relaciones interpersonales de dichas personas.

Conéctate · **¡A Navegar!** · Descargas

El verdadero servicio cristiano está intrínsecamente relacionado con el significado original, es decir, incluye actitudes de humildad, de sacrifio y de amor activo. Debemos reconocer que estas características no son temporales en la vida del joven, sino que deben convertirse en un estilo de vida cotidiano, en el que viva consistentemente sirviendo a Dios y a otros, respondiendo a la pregunta: ¿Soy siervo o amo?

1. La actitud de humildad en el ministerio

En los versículos anteriores al pasaje de estudio para hoy (Marcos 10:35-45), vemos que Jesús había estado viajando hacia Jerusalén y enseñando a las personas por el camino (Marcos 10:1, 17,32). En Marcos 10:29-31 observamos que Jesús les aclaró a los discípulos que, en el reino de Dios, el orden de importancia es completamente opuesto al orden de importancia que existe en nuestra sociedad humana (v.31).

Paradójicamente, advertimos que tan sólo unos versículos después, dos de los discípulos de Jesús hicieron una petición que estaba en contradicción a lo que el Maestro acababa de decir. En Marcos 10:37, leemos que lo que los hermanos Santiago y Juan le pidieron a Jesús fue: "queremos ser primeros y no últimos". Notamos en estas palabras, que los hermanos estaban pensado en su propio bienestar futuro y que demostraban una actitud de orgullo al pensar que ellos merecían un lugar más prestigioso que los otros seguidores de Jesús. Lastimosamente, esta actitud es una que se repite, incluso hoy en día, en muchos de los actuales seguidores de Jesús. Esta actitud permanece en la iglesia contemporánea cuando un joven cristiano busca sentirse alabado o halagado por otros, o trabaja sólo para sentirse en un lugar más elevado que los demás, o trata a otros con desprecio o falta de atención cuando esa otra persona es menos reconocida en el ambiente social de la congregación, del grupo de jóvenes o de la comunidad.

Jesús fue muy paciente y claro con sus discípulos que todavía luchaban con una actitud de orgullo. Él les aclaró que en el reino de Dios, sólo Dios sabe cómo serán organizadas las cosas y que eso no debe ser nuestra responsabilidad o preocupación (v.40). En cambio, lo que es de máxima importancia para un joven cristiano que sirve en el nombre de Jesús, es tener una actitud de humildad diariamente. Por ejemplo: pensar consistentemente en cómo se sienten los demás, qué necesitan otros y qué puedo hacer yo al respecto. Nuestra oración constante, como cristianos jóvenes que sirven en la iglesia, debe ser que Jesucristo nos libere cada día de una actitud de orgullo. Que nuestra forma de hablar, mirar, vestir y relacionarnos con otros sea siempre un fiel reflejo de la actitud humilde de Jesús. Es necesario que roguemos a Dios que, a nuestro alrededor, las personas siempre se sientan recibidas, amadas y bendecidas por Él. Debemos reconocer que esto no será fácil en nuestra naturaleza humana, que tiende siempre al orgullo personal, pero al someternos a la lectura de la palabra, la oración sin cesar y el trabajo purificador del Espíritu Santo, podremos ser jóvenes cristianos humildes y sumamente sensibles a las necesidades de los demás (Lucas 1:37).

2. La disposición al sacrificio en el ministerio

En los siguientes versículos de nuestro pasaje de estudio para hoy, vemos que Jesús compartió algo difícil con los discípulos que querían servir. Jesús dijo: "No sabéis lo que pedís. ¿Podéis beber del vaso que yo bebo, o ser bautizados con el bautismo con que yo soy bautizado?" (Marcos 10:38). El mismo versículo en la versión de la Biblia "Traducción en Lenguaje Actual", dice: "Ustedes no saben lo que piden. ¿Están dispuestos a sufrir todo lo malo que va a pasarme?" (Aquí Jesús se refería a lo que acababa de decir en Marcos 10:33-34, que era su tortura y muerte en la cruz).

Jesús les aclaró a sus seguidores que el ministerio cristiano no estaba centrado en los privilegios y/o bendiciones que vienen con ese camino, sino que es una jornada que requiere una clara y decisiva disposición al sacrificio por otros. Este sacrificio requiere mucho del joven cristiano, incluyendo tiempo personal, familiar, laboral, dinero y otros recursos materiales y también muchas veces sufrimiento emocional e incomodidad. Es importante entender que en esta jornada de sacrificio por otros, no siempre habrá la recompensa esperada de reconocimiento humano de los líderes, no siempre habrá el resultado esperado de agradecimiento o crecimiento en aquellos por los que se hace el sacrificio y, finalmente, entender que muchas veces será un camino de soledad, dolor y desgaste. Esta clase de servicio está en total oposición a la tendencia general de la sociedad moderna, que siempre busca el placer en vez de sufrir por otros.

En los casos en los que el joven cristiano no posee una disposición al sacrificio por otros, ya sea en la casa, en la iglesia, o en la escuela, notarán la tendencia egoísta de éste. Resultará lastimoso y probablemente otros jóvenes seguirán ese ejemplo de pensar primero en ellos mismos y no pensar en otras personas de la congregación y mucho menos, en las personas todavía inconversas. Esta situación mantiene a muchas iglesias estancadas en sí mismas y en una falta crónica de vitalidad espiritual.

Al entender estas realidades difíciles del servicio diario a Dios, el joven cristiano que sirve (en diferentes áreas) podrá asegurarse de que depende al cien por ciento de la fortaleza de Jesús para su ministerio. Al buscar estudiar el ejemplo de Jesús en la Biblia y rogarle al Espíritu Santo que lo llene de su amor y sabiduría, el joven cristiano, podrá ser capacitado para un ministerio de verdadero amor sacrificial que transforme vidas y agrade al Señor. Jesús les dijo a sus fieles seguidores que sufrirían muchas de las mismas cosas que Él sufrió y las sobrellevarían (Marcos 10:39), también les dijo "he aquí estoy con vosotros todos los días, hasta el fin del mundo" (Mateo 28:20).

3. La acción de servicio en el ministerio

Finalmente, en Marcos 10:43-44, Jesús les habló a los discípulos sobre la importancia de la acción de servir a otros. El Señor mencionó que muchos líderes seculares de ese tiempo abusaban de su posición de autoridad sobre otros, para su propio beneficio (v.42). Podemos notar que, en nuestra sociedad contemporánea, esta situación continúa. El deseo de poder de las personas los llevan a buscar, por cualquier medio inexcusable, una posición de autoridad y desde allí se olvidan de las necesidades de otros.

Por el contrario, Jesús enseñó que debemos caracterizarnos por una acción constante de servicio a otros y no por buscar que sean otros los que me sirvan. Esta acción debe ser exactamente eso, una acción, y no simplemente palabras que se dicen sin hacerlas una realidad. La acción de servicio requiere gran esfuerzo de parte del joven cristiano, pues como seres humanos nos cansamos, tanto física como mental y emocionalmente. Cuando este agotamiento sucede es fácil caer en una actitud que espera o exige que sean los demás los que hagan el trabajo (por ejemplo: limpiar la iglesia y los baños, visitar a los jóvenes desanimados o enfermos, salir a entregar folletos evangelísticos alrededor del barrio, preparar las cosas necesarias para el servicio de adoración, trabajar en la cocina, ir a buscar a hermanos que no tienen transporte, buscar refugio o comida para aquellos que no lo tienen, orar por los que están pasando alguna necesidad, etc.).

El joven que quiere servir, debe tener en cuenta que, para poder ser un siervo como Jesús enseñó, se requiere también buscar la misma capacitación que Jesús buscó. En las Escrituras vemos que Jesús, regularmente, apartaba tiempo para estar a solas con Dios y derramar su corazón triste o preocupado con su Padre celestial en oración. Observamos que Jesús compartía tiempo a solas con sus compañeros cercanos, para comer y descansar del trabajo duro, que tenía tiempo para ayunar y también tiempo para alimentarse; además, Jesús disfrutaba de tiempo con familiares y amigos (las bodas de Caná de Galilea, Juan 2:1) y también con los niños (Marcos 10:14). Hoy en día, el joven cristiano se beneficiará al cuidar su cuerpo físico con ejercicios y cuidado médico básico; también cuidando su mente y corazón al tomar tiempo para estar a solas con Dios, descansar, distraerse y disfrutar con su familia cercana.

La humildad, el sacrificio y el servicio son características íntimamente relacionadas y que son también esenciales e indispensables en el verdadero servicio cristiano. Hemos también notado que ésta clase de servicio, lleno de vitalidad espiritual, sólo es posible cuando Dios es el centro de todo esfuerzo y el joven hace simplemente lo que el Señor Jesús pide diariamente. "Porque nosotros somos colaboradores de Dios…" (1 Corintios 3:9).

Conéctate | ¡A Navegar! | Descargas

Instrucciones de las hojas de trabajo

Hoja de trabajo (12 a 17 años).

En algún momento de la lección que crea conveniente, pida que escriban lo que les sugieren las siguientes afirmaciones a sus vidas hoy.

"Maestro, querríamos que nos hagas lo que pidiéremos" Marcos 10:35b.

_____

"Concédenos que en tu gloria nos sentemos el uno a tu derecha, y el otro a tu izquierda" Marcos 10:37.

_____

"No sabéis lo que pedís. ¿Podéis beber del vaso que yo bebo, o ser bautizados con el bautismo con que yo soy bautizado?" Marcos 10:38.

_____

"El que de vosotros quiera ser el primero, será siervo de todos" Marcos 10:44.

_____

Hoja de trabajo (18 a 23 años).

Dé un tiempo para que piensen en ejemplos prácticos de sus vidas diarias que demuestren la actitud correspondiente, (las respuestas son a manera de ejemplos).

ENSEÑANZA DE JESÚS	MI RESPUESTA
Actitud de Humildad	• Hablar con aquellos que no me siento cómodo/a. • No hablar mal de otros, más bien decir cosas positivas.
Disposición al Sacrificio	• Dar ofrendas en vez de comprarme algo para mí. • Compartir mi comida con otro/a joven.
Acción de Servicio	• Ayudar en las labores del hogar de alguna persona mayor o enferma del barrio. • Juntar fondos para una familia en más necesidad.

Advertencia
Continuemos motivando a los jóvenes con el énfasis del mes sobre el servicio.

Aceptar

¿Una opción?

Objetivo: Que el alumno compare las características del siervo de Dios con las características que tiene actualmente.

Para memorizar: "Porque los que ejerzan bien el diaconado, ganan para sí un grado honroso, y mucha confianza en la fe que es en Cristo Jesús" 1 Timoteo 3:13.

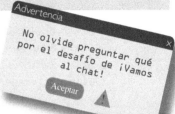

Advertencia

No olvide preguntar qué por el desafío de ¡Vamos al chat!

Aceptar

Conéctate | ¡A Navegar! | Descargas

Dinámica introductoria (12 a 17 años).

- Materiales: Hojas de papel (tamaño rectangular 20x10 cm., color blanco o de colores), lápices o marcadores y suficientes broches para colgar ropa, para cada alumno.
- Instrucciones: Es importante que llegue temprano al salón de clases, se prepare con anticipación y se asegure de tener a mano todos los materiales necesarios. Coloque las sillas en círculo. Cuando los alumnos lleguen deles la bienvenida, pídales que cada uno tome su lugar. Elija a uno de sus alumnos para que sea su ayudante y entregue a los demás una hoja, un lápiz y un broche. Pídale que cada uno escriba en la hoja que recibió (según su criterio) una característica que debe tener un siervo de Dios. A medida que vayan terminando de escribir, cada uno pasará al frente y colocará su papel abrochándolo a la ropa de la persona que designó como su ayudante.

Estas son las cualidades que un siervo de Dios, según sus propios pensamientos, debe tener. Comparen sus propias vidas con las características o cualidades del siervo, que entre todos escribieron. Pregunte: Tú, ¿qué tanto te pareces a él?

Dinámica introductoria (18 a 23 años).

- Materiales: Hojas con diferentes casilleros donde escribirá las cualidades de cada uno de sus alumnos (si tiene 10 alumnos, hará un cuadro con 10 casilleros) y lápiz.
- Instrucciones: Entregue a cada uno de sus alumnos una hoja y pídales que en cada casillero, hagan firmar a la persona que ellos creen que es dueño de esa característica que dice el casillero; el primero que consiga llenar de firmas todo el cuadro será el ganador, pero todos deben llenar cada una de las casillas con firmas.

Todos tenemos características especiales que nos hacen diferentes y valiosos ante los demás.

Conéctate | ¡A Navegar! | Descargas

El apóstol Pablo escribió que somos cartas abiertas leídas por todos, (2 Corintios 3:1-3); en otras palabras, todo el tiempo las personas que nos rodean, están leyendo nuestras cartas, viendo nuestro testimonio, nuestra forma de comportarnos. Pregunte: ¿Qué piensas que pueden llegar a decir las personas de nosotros como cristianos? ¿Será que la gente ve en nosotros las cualidades de un siervo de Dios?

Pregunte: ¿No les ha pasado, a veces, que a la hora de hacer algún trabajo, no tienen todo lo necesario para hacerlo y solucionan la situación reemplazando una cosa por otra? A la hora de realizar un buen trabajo, no hay nada más satisfactorio que tener todo lo que necesitamos, por ejemplo: si vamos arreglar algo tener las herramientas o si vamos a cocinar tener todos los ingredientes o si vamos hacer una manualidad todos los materiales. Si esto lo aplicamos a la vida espiritual podríamos decir que Dios, para cada tiempo, tiene sus instrumentos escogidos, o herramientas, a las cuales echará mano para realizar todo lo que Él quiere hacer en este tiempo con nuestras vidas. Para llevar a cabo sus planes, muchas veces utilizó a jóvenes que se pusieron en sus manos. Pero, ¿a qué clase de jóvenes usó Dios? El Señor usó a jóvenes con ciertas cualidades significativas, por ejemplo:

1. Josué, un joven diferente a los demás

a. Desde temprana edad, Josué se caracterizó por una vida de servicio consagrada y dedicada a Dios. "Siempre que Moisés entraba en la Carpa comunitaria, hablaba con Dios personalmente, como si hablara con un amigo. Después, Moisés regresaba al campamento. Pero Josué, que era su ayudante, nunca se alejaba de la carpa" (Éxodo 33:11, TLA).

b. A pesar del pensamiento negativo de sus colegas espías, Josué demostró que se podía marcar la diferencia en medio de una generación rebelde, desagradecida e incrédula. Era una persona entregada a Dios, que tenía una perspectiva diferente a los demás ante las diferentes situaciones de la vida. Desde esta perspectiva logró los objetivos trazados. "También se rasgaron la ropa en señal de dolor Josué y Caleb, que eran dos de los que habían ido a explorar el país. Les dijeron a todos los israelitas: «El territorio que vimos es bastante bueno; allí siempre habrá abundancia de alimentos. Dios nos ama; nos ayudará a entrar en él y nos lo dará. Lo importante es que no se rebelen contra Dios ni tengan miedo de la gente que vive en ese territorio. Será muy fácil vencerlos, porque ellos no tienen quién los cuide. Nosotros, en cambio, contamos con la ayuda de nuestro Dios. ¡No tengan miedo!»" (Números 14:6-9, TLA)

c. Cuando Dios tuvo que buscar el sucesor de Moisés no necesitó ir muy lejos, inclusive fue una transición natural de liderazgo para el pueblo.

d. Para tiempos tan difíciles como los de hoy, Dios se valdrá de "Josués" que aprendieron sirviendo a sus líderes y que tienen un pensamiento contrario al común de todas las personas que dicen hoy en día "no se puede", "no voy a lograr los objetivos" o "nunca saldré adelante en medio de mi situación". Personas desafiadas por Dios, como Josué, quien miró a Dios sobre todos los problemas.

2. Josías era un joven de buen corazón para Dios

a. Josías en hebreo significa "el Señor me apoya" o "Jehová ha sanado". Fue rey de Judá entre los años 639 y 608 a.C., e instituyó reformas muy importantes para toda la nación. Josías subió al trono a los ocho años de edad, debido al asesinato de su padre, Amón, y reinó durante treinta y un años. Él no imitó lo malo que sus antepasados hicieron; no vemos en él excusa alguna acerca de las malas administraciones que hasta el momento se habían hecho, si no que, por el contrario, se preocupó por lo que él podía hacer en ese momento. "Josías obedeció a Dios en todo, pues siguió fielmente el ejemplo de su antepasado David" (2 Crónicas 34:2; 2 Reyes 22:2, TLA)

b. Ya a los 18 años de edad, Josías, mostró una gran preocupación por la casa de Dios, la cual hasta ese momento estaba abandonada, sin mantenimiento, y envió a repararla. Depositó su total confianza en las personas que trabajaban en la construcción, pensando bien de ellos (2 Reyes 22:7). Pero, por sobre todas las cosas, él tenía un gran y profundo temor a Dios. La Escritura nos ilustra cómo se entristeció y angustió ante la lectura de la Palabra, la cual escuchaba por primera vez (vv.10-11).
  • Su corazón se enterneció
  • Se humilló delante de Jehová
  • Rasgó sus vestidos
  • Lloró en su presencia

c. Algo muy interesante por resaltar es que, por escuchar a Dios, Dios escuchó a Josías (v.19). Se volvió al Señor de todo su corazón, y como resultado de tal consagración, fue convertido en un instrumento que trajo un gran avivamiento espiritual para toda una nación. Todavía Dios sigue usando herramientas útiles para producir avivamientos, estas personas entienden que según el impacto que hayan tenido con la palabra y la presencia de Dios en sus corazones, será la magnitud de la bendición de Dios sobre toda una nación (2 Crónicas 34:3, 14-33).

Cuántas veces nos hemos preguntado: ¿Será el ministerio una opción para mí?, ¿Seré yo, Señor, la persona idónea para desarrollar este trabajo? Una vez escuché a un autor decir que, "La gente no rechaza el mensaje, sino rechaza al mensajero". ¿Será que por el mal testimonio de algunos mensajeros se ha perdido la imagen de un buen siervo de Dios, que ejemplifica con características concretas lo que significa ser un buen pastor, diácono, o un buen evangelista?

Hoy Dios quiere usarte: para cada trabajo Dios usará una herramienta eficaz para llevar a cabo su cometido. Como Josué que aprendió del gran líder Moisés, e imitó sus pasos y se mantuvo recto ante los ojos de Dios, o como Josías que volvió su corazón a Dios, más allá de todo lo que habían hecho sus antepasados y recibió el favor de Dios, no solo para él, sino para toda su nación. Hoy Dios quiere seguir usando jóvenes que estén dispuestos a obedecerle.

Conéctate | ¡A Navegar! | Descargas

Instrucciones de las hojas de trabajo

Hoja de trabajo (12 a 17 años).

Dé un tiempo para que encuentren las 6 diferencias que se encuentran en la figura de la derecha.

Hoja de trabajo (18 a 23 años).

Pida que identifiquen, a lo largo de la Biblia, a personas que dijeron sí al ministerio como forma de vida.

- Nació en Tarso, fue perseguidor de la iglesia, predicó a los gentiles. (Apóstol Pablo)
- Varón lleno del Espíritu Santo, fe y sabiduría. (Esteban)
- Pastor joven, de buen testimonio, discípulo de Pablo. (Timoteo)
- Fue uno de los compañeros de Pablo, en quien depositaba mucha confianza, era gentil. (Tito)
- Profeta y legislador hebreo, fundador de Israel o del pueblo judío. Llamado por Dios para liberar a su pueblo. (Moisés)
- Nativo de Betsaida, se le llamaba Simeón y también Simón, hijo de Jonás; hermano de Andrés, era pescador, negó tres veces a su Maestro. (Pedro)
- Habló del Reino de Dios, hizo muchos milagros, nació en un pesebre, es el hijo de Dios. (Jesús)
- Fue el segundo rey de Israel, era el hijo más joven de Isaí, fue un pastor de Belén, adquirió fama por sus aptitudes musicales y por su valentía, en su enfrentamiento contra el gigante filisteo Goliat. (David)

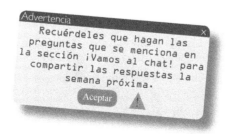

Advertencia
Recuérdeles que hagan las preguntas que se mencionan en la sección ¡Vamos al chat! para compartir las respuestas la semana próxima.

Aceptar

Somos testigos

Objetivo: Que el joven reconozca que el llamado a cumplir la Gran Comisión es para todos.

Para memorizar: "Por tanto, id, y haced discípulos a todas las naciones, bautizándolos en el nombre del Padre, y del Hijo, y del Espíritu Santo" Mateo 28:19.

> *Advertencia*
>
> Comience dando un tiempo para que compartan el desafío que tuvieron en la sección ¡Vamos al chat!
>
> *Aceptar*

Conéctate ¡A Navegar! Descargas

Dinámica introductoria (12 a 17 años).

- Materiales: Lápices, hojas de papel en blanco, reloj, tres bombones y un buzón (puede ser una caja de cartón envuelta).
- Instrucciones: Reparta una hoja en blanco y un lápiz a cada participante y solicite a cada uno de que escriba la mayor cantidad de nombres y apellidos de sus amigos; pueden ser amigos de su escuela, barrio, etc. Dé medio minuto y una vez que haya pasado el tiempo pida que depositen la hoja con su nombre y apellido en el buzón. Al finalizar, que cada uno sume la cantidad de amigos que han escrito en sus hojas. Los tres participantes que hayan escrito la lista más larga de amigos, ganará.
  Pregunte: ¿Han anunciado el evangelio a estas personas? ¿De qué manera han podido expresar el mensaje de Jesús a cada uno de ellos?

Dinámica introductoria (18 a 23 años).

- Materiales: Caja con objetos: una Biblia, una carta, devocionales, un foco, papel, radio, celular, etc. Marcadores y un pizarrón.
- Instrucciones: Pida que se dividan en dos grupos y cada grupo se organice en parejas. Luego cada pareja deberá pararse espalda contra espalda, de modo que el jugador "A" quede de frente al grupo y el jugador "B" frente a la pizarra, con una marcador en la mano. El que dirige el juego deberá darle al jugador "A" un objeto de la caja. Él deberá describírselo al compañero, sin decirle de qué se trata. El jugador "B" tendrá que dibujarlo sin verlo. No vale decir para qué se usa. Controle el tiempo que tarda cada pareja en lograr describir el objeto y dibujarlo. Las parejas que lo consigan en menos tiempo, harán ganar a su grupo.
  ¿Cuán rápidos somos para compartir el evangelio y ser testigos de su Palabra? El mundo necesita luz, cada objeto dibujado expresa un mensaje.

Conéctate **¡A Navegar!** Descargas

El libro de los Hechos narra la historia de la primera iglesia. El Espíritu Santo es el autor de todos los acontecimientos en cada uno de sus relatos.

La primera iglesia fue fundada por los apóstoles, por personas que a través de los años asumieron ser testigos de Cristo. Esta historia es una narración de acontecimientos, de milagros, de vidas cambiadas. Jesús nos pide que seamos sus testigos para que a través de su historia presentemos su mensaje y llevemos salvación (Mateo 28:19).

1. Un testigo que espera la promesa y la recibe

Los discípulos habían disfrutado muchas experiencias con Jesús, pero llegó el tiempo en que tendrían que seguir solos. Jesús había cumplido sus propósitos y dejaba la tierra e iba al cielo. Él tenía muchos planes para sus discípulos y un llamado especial para sus vidas; quería que ellos fueran sus testigos. Los discípulos asumían un gran reto para poder alcanzar los planes que Jesús tenía para ellos.

Los discípulos tenían que aprender a "esperar". Jesús les había prometido que tendrían la guía del Espíritu Santo, y que en los planes que emprendieran y proyectos que asumieran, siendo sus testigos, el Espíritu

Santo estaría para ayudarlos y consolarlos en todo. Esperar nos cuesta, confiar también, pero si aprendemos a experimentar este pedido, Jesús nos usará y nos hará parte de sus grandes proyectos.

Es tiempo de ser discípulos de Cristo. Que no nos dejemos llevar por nuestra propia conciencia o por nuestras propias decisiones, sino que aprendamos a consultar con Dios cada una de nuestras decisiones, y mucho más en cuanto al servicio a Dios se refiere. Sigamos el ejemplo de los discípulos (Hechos 1:13-14) que aprendieron a esperar estando todos unánimes juntos orando al Señor.

2. Un testigo que asume su rol y lleva frutos

Hacer "discípulos" no era labor fácil, era un gran desafío y los discípulos debían asumirlo con un gran compromiso de su parte. Su tarea era clave, debían ser testigos (Hechos 1:8), tenían que compartir la historia de Jesús, la historia de salvación. Pero "hacer discípulos" no solamente era hablar del evangelio, sino que también incluía compartir las enseñanzas de Jesús, hasta el punto que las personas asumieran públicamente que pertenecían a Cristo a través del bautismo.

Debemos reconocer que este gran desafío de "hacer discípulos" no ha quedado en el pasado. Es un compromiso que no solamente está dado para los discípulos que estuvieron en tiempos de Jesús. Es una tarea que nosotros los que nos consideramos hijos de Dios, los que hemos asumido el mensaje de Jesucristo, debemos considerarlo y aplicarlo a nuestras vidas.

Debemos ser testigos, asumiendo el rol de discipuladores, llevando el nombre Cristo en alto. Compartiendo su Palabra, trabajando de manera más seria, a fin de que las personas acepten a Jesús, aprendan de Él y busquen ser bautizados. También, debemos motivarlos para que nuestros discípulos se animen a seguir compartiendo con otros este gran desafío y formando nuevos discípulos.

3. Un testigo convocado y que juega su mejor partido

Ser convocados para formar parte de un equipo, asumir el rol que allí se nos asigne, identificarse con el equipo y compartir un mismo propósito, nos lleva a tener sentido de pertenencia, y nos motiva alcanzar metas y desafíos.

Los discípulos eran del equipo de Jesús y sabían que constituían un gran equipo. Al irse Jesús y volver resucitado a convocarlos, creyeron en Él y se animaron a llegar al lugar donde Jesús les ordenó: "Pero los once discípulos se fueron a Galilea, al monte donde Jesús les había ordenado" (Mateo 28:16). Pero no todos llegaron a la convocatoria, uno de los doce faltó, no estaba más (Hechos 1:16-19).

En el mundo secular la mayor cantidad de equipos los mueve el deporte. Ser un jugador convocado para pertenecer a una selección es un gran privilegio. Pero no todos los jugadores se animan a darlo todo, no todos asumen su rol, no todos dejan lo mejor de ellos durante el juego. Sólo el mejor equipo trae a casa el trofeo de ganador, del mejor, o de uno de los mejores.

Jesús nos convocó para poder dar lo mejor de nosotros; necesitamos asumir el rol de ser testigos. Jesús sabe del talento que tenemos y confía que podemos jugar el mejor partido. Es interesante que en Mateo 28:17 dice que "cuando le vieron, le adoraron…", pero es triste también leer "pero algunos dudaron".

Jesús confía en nosotros y tiene esperanza, no dudemos de las cosas grandes que puede hacer con nosotros; asumamos y juguemos el mejor partido. Respondamos con confianza al mandato que Él nos dejó: "Id, y haced discípulos a todas las naciones"

Recordemos que, caminar con Jesús es aprender cada día más de Él, es experimentar su gracia, gozar de sus bondades. Pero asumir ser sus testigos es ayudar a otros a vivir la misma experiencia, teniendo la gran oportunidad de ver vidas transformadas con su mensaje y dar bendición a cada persona que se encuentre con Él.

Instrucciones de las hojas de trabajo

Hoja de trabajo de (12 a 17) años.

Dé un tiempo para que busquen en la Biblia Hechos 1:13 y encuentren los nombres de los discípulos.

Hoja de trabajo de (18 a 23).

Pida a la clase que busque las citas bíblicas y encuentren los nombres de los testigos de Cristo que fueron sus discipulos:

Hechos 2:14: <u>Pedro</u>

Hechos 3:1: <u>Pedro y Juan</u>

Hechos 6:8 <u>Esteban</u>

Hechos 8:26: <u>Felipe</u>

Hechos 9:36 <u>Tabita</u>

Hechos 16:1 <u>Timoteo</u>

Hechos 17:10 <u>Pablo y Silas</u>

Colosenses 4:12: <u>Epafras</u>

Efesios 6: 21: <u>Tíquico</u>

Advertencia

Sería muy bueno que entre todos discutan ideas creativas de ser un testigo de Cristo.

Aceptar ⚠

Nuevo pueblo

Objetivo: Que el alumno comprenda que somos el pueblo de Dios, escogido y adquirido por amor y que por lo tanto es nuestra responsabilidad guardar sus mandamientos.

Para memorizar: "… Jehová tu Dios te ha escogido para serle un pueblo especial… guarda, por tanto, los mandamientos, estatutos y decretos que yo te mando hoy que cumplas" Deuteronomio 7:6b,11.

No olvide pedir testimonios del reto de la semana pasada. ¿En qué manera fueron testigos en la semana?

Aceptar

Conéctate   ¡A Navegar!   Descargas

Dinámica introductoria (12 a 17 años).

- Materiales: Una hoja de papel y lápiz para cada alumno.
- Instrucciones: Diseñar en la hoja de papel, un cuadro con varios casilleros y en cada casillero escribir cosas que sus alumnos puedan tener en común, (nombre, edad, altura, peso, número de calzado, mes de nacimiento, sexo, cantidad de hermanos, etc.). Dentro de cada casillero dejar un espacio para que puedan llenar y otro para que sus compañeros puedan firmar. Al llegar sus alumnos a la clase, entrégueles la hoja y un lápiz para que llenen los casilleros. Luego dígales que les dará un tiempo determinado, para que puedan preguntar entre ellos y encontrar a la persona que coincida con lo que escribieron en el casillero y que le pidan que firme. Al finalizar pregunte, ¿ Cuántos de ustedes conocían a los que tenían las características semejantes a las suyas, sin preguntar? Existen muchas cosas que ustedes tienen en común y que quizá no lo sabían porque no se conocen en profundidad o porque nunca lo dijeron. Pero sí, hay algo que todos los que estamos en este lugar, tenemos en común. Luego inicie la lección.

Dinámica introductoria (18 a 23 años).

- Materiales: Una Biblia, ropa grande, es decir, un pantalón y una remera o buzo donde puedan entrar dos personas. Una mesa pequeña, una silla, algo para beber, vaso, plato, algo para comer; puede ser un sandwich, o una torta, o un postre o simplemente un paquete de galletas. También van a necesitar cubiertos y servilletas.
- Instrucciones: Pida tres vountarios que quieran ayudarle con una dinámica y que pasen al frente. A dos de ellos pídales que se vistan con la ropa que trajo, y explíqueles que ellos serán la parte de un cuerpo y la tercera persona será la cabeza de este cuerpo. Esta tercera persona se posicionará en medio de ellos, es decir, se pondrá detrás de ellos y su cabeza estará en medio de los dos, además deberá darles algunas órdenes y los que hacen la parte del cuerpo deberán cumplirlas. Mientras ellos se preparan, acerque la mesa y la silla hacia delante con todos los elementos. Luego explíquele a la tercera persona (quien será la cabeza de este cuerpo) que deberá darle ciertas instrucciones a su cuerpo, (estoy muy cansado, quiero sentarme, tengo sed, quiero beber, tengo ganas de comer, ¿qué dice el devocional de hoy? Deuteronomio 7:6-11). Las dos personas que hagan del cuerpo, tratarán de sentarse en la silla, e ingeniárselas para comer y buscar en la Biblia la cita bíblica para que la cabeza pueda leerla en voz alta. Una vez terminada la dinámica, pregunte a sus alumnos qué enseñanza pueden sacar de lo que han visto. Luego inicie la lección.

Conéctate   ¡A Navegar!   Descargas

Pregunte: ¿Te has detenido por un instante para pensar lo importante y especial que eres para Dios? La Biblia nos dice en Génesis 1:26-27 que fuimos creados a su imagen y semejanza y nos hizo señorear sobre toda la tierra. También nos dice en su Palabra que nos hizo poco menor que los ángeles y que nos coronó de gloria y de honra (Salmo 8:5-8).

Al momento de aceptarlo en nuestro corazón, nos otorgó un lugar muy privilegiado e inclusive nos hizo sus hijos amados, somos parte de su familia y su pueblo especial.

Quizá podrás preguntarte, ¿Cómo es eso de que somos tan importantes para Dios? ¿Por qué? ¿Para qué? Dios nos dio ese gran honor y lugar, con un gran propósito; veamos qué dice su Palabra.

1. Somos parte de su pueblo

Leamos Deuteronomio 7:6-11 y 1 Pedro 2:9. En estos versículos, encontramos una palabra que es común en los dos pasajes; la palabra que se enfatiza es "pueblo".

En el Antiguo Testamento, nació el concepto de "pueblo de Dios". Su origen se dio con Abraham, patriarca del pueblo de Israel. Él fue llamado por Dios para dejarlo todo, salir de su tierra e ir a un lugar desconocido, y es allí donde Dios le dió la promesa (Génesis 12:2). Dios escogió a Israel como un pueblo para que guardara su ley, sus mandamientos y fuera un instrumento de redención, para que a través de él las naciones conocieran a Dios.

Dios quería que Israel fuera un faro a las naciones, así como lo mencionó en Isaías 42:6-8. Pero ya todos conocemos como continuó la historia, el pueblo que Dios escogió, le fue infiel en reiteradas oportunidades. Ellos desobedecieron su ley, adoraron a otros dioses y poco a poco le dieron la espalda a Dios y fueron olvidándose del propósito al cual Dios los llamó.

Con el tiempo Dios levantó profetas, jueces y reyes para encaminar a su pueblo, pero vez tras vez caían en el pecado y se alejaban de Dios.

Sin embargo, Dios que es misericordioso y su gran amor es incomparable, llegado el tiempo, envió a Jesucristo, para salvar al mundo (Lucas 19:10). Hasta antes de la venida de Jesús, se podría haber pensado que para Dios no importaba más que Israel; no obstante, en Jesucristo se demostró el amor pleno de Dios para toda la raza humana.

Jesucristo no vino solamente para redimir o salvar a Israel, sino a toda la humanidad, tal como lo dice en Juan 3:16.

La única manera de llegar a ser parte del pueblo de Dios, es poniendo nuestra fe en Jesucristo, quien por medio del sacrificio en la cruz permitió que fuéramos reconciliados con Dios. El pecado nos separaba de Dios, éramos esclavos del diablo; sin embargo, Él nos miró con amor y nos perdonó.

Gracias a su sangre derramada en la cruz, pasamos a formar parte del pueblo de Dios, no de una nación, ni tampoco de los judíos, sino del pueblo de Dios.

2. Los privilegios que nos ha otorgado

Deuteronomio 7:6-11, nos muestra claramente el amor de Dios para con su pueblo, y hoy se hacen extensivas sus palabras hacia nosotros, quienes formamos parte de ese pueblo escogido. Permita que sus alumnos expliquen, con sus propias palabras, cada frase del texto y si es necesario aclare algunos de los conceptos que no entiendan: somos pueblo santo, somos escogidos, para serle pueblo especial, éramos insignificantes, nos amó y rescató de servidumbre, para que guardemos sus mandamientos.

En 1 Pedro 2:9 encontramos cuatro características o privilegios que Dios otorgó a sus hijos, a aquellos quienes creyeron en Él como su Salvador y Señor.

a) Linaje escogido: Linaje es pertenecer a una familia, a una descendencia, o sea, nosotros somos descendencia de Dios (Génesis 12:1-9).

b) Real sacerdocio: Según algunos estudiosos, puede indicar que "pertenece o sirve al Rey, a Dios". O también puede significar "una casa real", o "una residencia real". Es decir, Pedro les expresó a sus lectores que ellos son una casa o un palacio donde reside Dios el Rey. Así como el sacerdocio del Antiguo Testamento debía estar libre de contaminación, debía ser una persona santa, consagrada para este servicio, de la misma manera Dios nos llama a vivir vidas santas para que también podamos ser un sacerdocio santo.

c) Nación santa: Denota que somos parte de una nación, y no cualquier nación, sino de una que está especialmente dedicada o consagrada a Dios, pues Él nos ha apartado del mundo para su honra y gloria.

d) Pueblo adquirido por Dios: Quiere decir que somos pertenencia exclusiva de Dios, Él nos compró con precio de sangre por medio de su hijo Jesús. Nosotros no éramos nadie, no merecíamos su amor y misericordia, sin embargo, nos eligió como su pueblo; esto significa que nos dio una identidad, ahora somos sus hijos y en retribución a lo que Dios hizo por nosotros, nuestras vidas están a su completo servicio.

Instrucciones de las hojas de trabajo

Hoja de trabajo (12 a 17 años).

Pida que lean cada consigna y descubran las palabras escondidas en este crucigrama. Tenga en cuenta que algunas palabras se escriben de derecha a izquierda y otras de izquierda a derecha.

	N	A	C	I	O	N	N			S
S	O	O	D	I	R	I	U	Q	D	A
C		I		L	O		E	O		C
E	S	C	O	G	I	D	O	V	I	R
R	A	P			N	A		O	L	I
D	N	O			A	C	P		E	F
O	T	D			J	E	U		G	C
C	O	A			E	P	E		N	I
I		T	I	N	I	E	B	L	A	S	O
O					L	U	V			
		P	A	C	T	O	Z	E		

Horizontal:
1. Sinónimo de elegido (escogido)
3. Sinónimo de convenio, trato (pacto).
5. Conjunto de habitantes de un país regido por el mismo gobierno (nación).
6. Sinónimo de conseguir, comprar, posesionarse (adquirido).
8. Sinónimo de oscuridad, tenebrosidad (tinielas).

Vertical:
2. Sinónimo de consagrado, dedicado a Dios (santo).
4. Línea de antepasados y descendientes de una per sona (linaje).
7. Cargo, estado y ejercicio del sacerdote (sacerdocio).
9. Sinónimo de resplandor, claridad (luz).
10. Falta cometida con conciencia contra la ley de Dios (pecado).
11. Generalmente, al ofrecimiento u ofrenda de una persona, animal, etc., con el objeto de conseguir un determinado fin (sacrificio).
12. Acto formal, por el que una persona recibe como hijo al que no lo es naturalmente (adopción).
13. Hechos y narraciones que anuncian la salvación de Dios (evangelio).
14. Contrario de viejo, antiguo (nuevo).
15. Población pequeña y con menos habitantes que una ciudad (pueblo).

Hoja de trabajo (18 a 23 años).

Dé un tiempo para que escriban en sus propias palabras qué significa el texto de 1 Pedro 2:9.

_____

_____

_____

Advertencia

El reto de esta semana nos motiva a compartir el evangelio tomen un tiempo para organizar una actividad evangelística aplicando la enseñanza de esta unidad.

Aceptar

Corazón misionero

Objetivo: Que el joven se sienta parte de una iglesia con llamado misionero, dispuesto a comprometerse con Dios a cumplir la Gran Comisión dada por Jesucristo.

Para memorizar: "¿Cómo, pues, invocarán a aquel en el cual no han creído? ¿Y cómo creerán en aquel de quien no han oído? ¿Y cómo oirán sin haber quien les predique?" Romanos 10:14.

Advertencia
Si realizaron un proyecto de evangelización compártanlo o sigan planeándolo para más adelante.

Aceptar

Conéctate ¡A Navegar! Descargas

Dinámica introductoria (12 a 17 años).

- Materiales: Recortes de periódicos, revistas o panfletos de lugares turísticos nacionales o extranjeros, un recorte por cada 5 o 4 alumnos; una o dos hojas y lápices.
- Instrucciones: uestre a sus alumnos los recortes, y deje que ellos elijan el lugar que les gustaría visitar. Reúnalos por grupos según el lugar elegido, proporcióneles papel y lápiz para que hagan un presupuesto aproximado de gastos, incluyendo costo de pasaporte si es en el extranjero, trámite de visa, imprevistos, etc. Luego haga un análisis, en conjunto con los alumnos, de los obstáculos para lograr un viaje como el que se presupuestó. Hacer una lista y reservarla para el final de la clase.

Dinámica introductoria (18 a 23 años).

- Instrucciones: Con anticipación, prepare a dos jóvenes (pueden ser de la clase) que dramaticen una experiencia en un viaje misionero. A uno pídale que comparta todas las dificultades de las cuales fue testigo (incluyendo los costos personales para el viaje) y el otro que mencione los logros alcanzados. Luego haga un balance con el grupo. (Recomiende a los que dramaticen que se pongan de acuerdo para que haya valido la pena el viaje). Si alguien en la iglesia tuvo una experiencia de algún viaje o actividad misionera, invítelo para que la comparta y no realice la dramatización. Finalmente puede planificar una actividad extra aula con los alumnos, pude ser en un hospital, asilo de ancianos, llevando algo para compartir

Conéctate **¡A Navegar!** Descargas

Sin duda alguna, los resultados de un viaje recreativo, no siempre son del todo satisfactorios, a pesar de que haya sido una actividad de descanso, el trajín del viaje y algunos imprevistos (enfermedad, accidentes, robo, etc.) puede que opaque el paseo, y resulta en cansancio. Sin embargo queda la satisfacción de haber realizado actividades diferentes a la rutina. Posiblemente, el factor económico termine en una situación no solvente, por haber hecho algún préstamo, o si los pagos se hicieron con tarjeta de crédito, y se gastó más de lo previsto. Sucede en algunos casos, que alguno de los viajeros regresa golpeado o enfermo debido a cambios climáticos y alimentación, implicando gastos y molestias. En otras ocasiones puede ser que nada de esto suceda y todo resulte excelente.

¿Quiénes estarían dispuestos a invertir el mismo tiempo y dinero en un viaje a lugares no turísticos y sin el resultado del paseo? Por ejemplo un viaje para evangelizar, sin las comodidades de hoteles con camas muy cómodas, sanitarios, duchas, lavamanos, restaurantes, transportes, juegos recreativos. Pregunte: ¿Habría disposición para invertir el costo de un viaje de paseo para un servicio, en lugar de compartir con la familia o amigos? ¿Compartir con personas de muy escasos recursos, dormir en el suelo, usar letrinas, comer diferente, recibir rechazo de algunas personas de la comunidad?

El significado de la palabra "evangelio" no es más que "buenas noticias", cuando compartimos con otros esas buenas noticias decimos lo que Jesucristo hizo para darnos salvación, estamos presentando a otros el evangelio, estamos predicando su Palabra, cumpliendo con "la Gran Comisión" encomendada a quienes somos discípulos de Jesús.

1. La Gran Comisión

El Señor Jesús dijo a sus discípulos que hicieran más discípulos, y si nosotros somos discípulos suyos, debemos obedecer sus órdenes, (Marcos 16:15-18). Esta lectura corresponde a lo que se llama "la Gran Comisión", porque es la orden que Jesucristo dejó para que se cumpla. La iglesia la conformamos todos los que creímos que Jesús nació como hombre; siendo Dios, murió crucificado para darle salvación a la humanidad, resucitó al tercer día, y subió al cielo, donde es nuestro intercesor. La iglesia debe seguir compartiendo el mensaje de salvación a todos los que todavía no le conocen y andan en tinieblas.

2. Una iglesia misionera

La iglesia que cumple con la tarea encomendada, es una iglesia misionera, por lo tanto, quienes pertenecen a ella son misioneros, desde los mayores hasta los más pequeños. Cuando el Señor Jesús iba a terminar su misión en la tierra, prometió no dejar solos a sus discípulos, hizo la promesa de enviar al Espíritu Santo, quien como parte de la Trinidad, llenaría el vacío que dejaría. La presencia de Dios por medio de su Espíritu, brinda consuelo, paz, fortaleza, autoridad y todo lo necesario para cumplir con la Gran Comisión. Él es quien reparte los dones para la edificación del cuerpo de Cristo; en 1 Corintios 12, Pablo se refirió a los dones y sus funciones, y puntualmente en el versículo 11, mencionó que es el Espíritu Santo quien reparte a quien Él quiere y como Él quiere. Cada uno tiene una función específica dentro del cuerpo, por lo tanto, es en unidad que se logra llevar a cabo la misión de la iglesia.

3. Pasos a seguir

De la misma manera que se necesita la diversidad de dones para que funcione el cuerpo, debe existir un procedimiento. Para lograr el éxito en la misión es importante tomar en cuenta los siguientes pasos:

a) ORACIÓN. Es la llave que abre puertas. Ésta es parte de la armadura con que se debe vestir un cristiano, (Efesios 6:10-18).

Allí menciona la oración en todo tiempo, lo que implica en toda circunstancia, a toda hora, en las buenas y en las malas (Filipenses 4:6).

Pregunte: ¿Existen diferentes clases de oraciones? Sí, entre otras se pueden mencionar la oración de gratitud, la oración intercesora, la oración para pedir, para rogar y para suplicar. Para tener éxito en la oración se debe hacer con "acción de gracias", o sea con agradecimiento, dando gracias a Dios en toda situación. También se debe hacer con fe, creyendo que se va a recibir lo que se pide, (Mateo 21:22) y como lo hacía el apóstol Pablo, con gozo, (Filipenses 1:4). Quien se integra a la misión de compartir la Palabra, no puede dejar a un lado la oración. Mediante ella tenemos comunicación con nuestro Dios, podemos hablar con Él, decirle todo lo que sentimos y pedir lo que necesitamos.

b) APRENDER: El aprendizaje es uno de los elementos para ir al campo de batalla. Es indispensable conocer las estrategias que se van a utilizar y aprender a manejar las armas que tenemos a nuestro alcance para luchar contra el enemigo (Efesios 6:10-18).

C) ENSEÑAR: El conocimiento adquirido, es para utilizarlo en beneficio personal y de la iglesia. No debemos olvidar la Gran Comisión y hacer más discípulos. Lo aprendido se comparte con otros, para que se siga propagando el evangelio, como lo estableció el Señor Jesús.

D) DAR, COMPARTIR: Es la estrategia que Jesús usó para dar el mensaje de las buenas nuevas. Él usó su poder para restaurar la salud física a través de milagros de sanidad, alimentando a las multitudes y a sus discípulos, y llevando paz a los engañados por el diablo. Las obras que hacemos son el resultado de nuestra fe en Jesucristo, (Santiago 2:14-16). La Biblia nos enseña que seamos generosos, Pablo también enseñó este principio (Hechos 20:35). Jesús fue tan generoso, que entregó hasta su propia vida en sacrificio para salvar a todo el que creyera en Él.

Se puede contribuir a las misiones, dando recursos económicos, en dinero o en especies, recordando que lo que se aporte, sea lo mejor (Colosenses 3:23). Posiblemente muchos no pueden ir físicamente a las misiones, pero pueden dar para sostener a los misioneros.

Es urgente que la juventud también se involucre en las misiones. El Señor Jesús estaba preocupado, (y sin duda alguna, lo sigue estando) cuando les expresó a sus discípulos que "la mies es mucha, mas los obreros pocos" (Lucas 10:2). Cada vez son más escasos los obreros, y es mucha la gente que muere sin haber escuchado el mensaje de la salvación. Hoy muchos se preparan en diversas profesiones y oficios, pero solamente para beneficio personal. Algunos se conforman con asistir al templo y escuchar los sermones, pero no quieren comprometerse para compartir las buenas nuevas.

Dios le dio a Ezequiel una palabra muy dura, (Ezequiel 3:18-19) y aún el apóstol Pablo, la tomó en cuenta (Hechos 20:26). No hay que hacer oídos sordos a la Palabra del Señor, hay que poner en práctica todos sus mandamientos para que nos vaya bien. Nadie dijo que sería fácil, sin embargo se lucha mientras hay esperanza, se busca a Dios mientras se le puede encontrar, en la vida terrenal. Usemos todos nuestros recursos para ir al campo de batalla y llevar las nuevas del evangelio a aquellos que aún no las conocen. Nuestra misión es compartir, no convencer porque esa es tarea del Espíritu Santo. Debemos ser desafiados a usar la fuerza, vitalidad, el entusiasmo y deseo de servir de la juventud, para entregárselos a Dios.

Conéctate | ¡A Navegar! | Descargas

Instrucciones de las hojas de trabajo

Hoja de trabajo (12 a 17 años).

Dé un tiempo para que coloquen Falso o Verdadero

1. Los obreros para predicar son muy pocos	V
2. Sólo los pastores deben ser misioneros	F
3. Las obras no necesitan de la fe	F
4. La generosidad también es necesaria en la obra	V
5. Puedo dedicarme a enseñar sin haber aprendido	F
6. La oración es una llave para abrir puertas	V
7. A Jesús no le importa mucho las almas perdidas	F
8. Todos podemos involucrarnos en misiones	V
9. Solo viajando se puede ser misionero	F
10. Hay que predicarle solo a los cristianos	F

Subraya las palabras incorrectas en el texto de la siguiente cita bíblica: Ezequiel 3:11

"Y ve y entra a los sabios, a los padres de tu pueblo, y escríbeles y diles: Así ha dicho Jehová el Cristo; escuchen o dejen de escuchar"

Hoja de trabajo (18 a 23 años).

Escribe el número correcto según el concepto:

1) Evangelio	(7) La tarea que Jesús nos dejó
2) Enseñar	(5) Convence para arrepentimiento
3) Misionero	(2) Discipular
4) Mies	(6) Oración
5) Espíritu Santo	(1) Buenas nuevas
6) Intercesión, petición	(3) Quien comparte el evangelio
7) Gran Comisión	(4) Cosecha lista para recoger

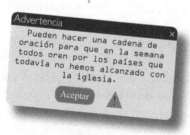

Advertencia

Pueden hacer una cadena de oración para que en la semana todos oren por los países que todavía no hemos alcanzado con la iglesia.

Aceptar

¿Soy oveja?

Objetivo: Que el joven vea a la iglesia como el rebaño de Jesús que depende de los cuidados y la dirección de Él.

Para memorizar: "Yo soy el buen pastor; y conozco mis ovejas, y las mías me conocen" Juan 10:14.

Advertencia

Luego de orar recuérdeles el reto de la semana pasada y dialoguen sobre como les fue con la oración.

Aceptar

Conéctate | ¡A Navegar! | Descargas

Dinámica introductoria (12 a 17 años).

- Materiales: Papel grande o pizarra, marcadores (plumones) de colores o gises (tizas). También puede usar recortes de ilustraciones o fotografías de ovejas, carneros, pastizales, perros, pastores, corrales y demás elementos de un rebaño.
- Instrucciones: (Forme dos equipos) Pregunte a los alumnos si han visto o conocen algún pastor de ovejas y a su rebaño. Lo más probable es que por lo menos lo hayan visto en películas o fotografías. En el papel o pizarra, pida que dibujen o peguen las ilustraciones de los animales y personas que participan en un rebaño. Puede incluir las ovejas, el pastor con su vara, los perros ovejeros y quizás hasta los lobos que atacan a los corderitos. Luego dé un tiempo a cada grupo para que describan qué hace cada personaje y la imagen que armaron en la pizarra. El grupo que haga una descripción más completa será el ganador.

Pregunte si conocen pastores de ovejas famosos que aparezcan en la Biblia.

Dinámica introductoria (18 a 23 años).

- Materiales: Papel grande o pizarra, diccionarios y/o cualquier material de consulta, marcadores (plumones) de colores o gises (tizas).
- Instrucciones: Vamos a familiarizarnos con algunos conceptos importantes de la lección. Pida a los alumnos que busquen el significado de las palabras de la lista que aparece abajo; traten también de explicar qué hace cada cosa, animal o persona enlistada. Si no es posible contar con materiales de consulta, anime a los jóvenes a que expresen los significados con sus propias palabras; en cualquier caso es importante que el maestro se prepare para dar una explicación de cada palabra.

Escriba esta lista en la pizarra.

Oveja, pastor, vara, cayado, redil, rebaño, pastos, pastura, descarriar, apacentar, ladrón y puerta.

Conéctate | **¡A Navegar!** | Descargas

¿Qué es la iglesia? La iglesia es el conjunto de personas que creen en Cristo y se reúnen para adorarlo. Pero, ¿qué más es la iglesia? Jesús, y después los apóstoles Pablo y Pedro usaron figuras metafóricas, o ejemplos, para explicar la iglesia, la relación entre sus miembros y la posición de Jesús en ella. A veces la llaman un cuerpo, otras veces un pueblo, e incluso un edificio. Pero la más conocida es la figura del rebaño y del buen pastor.

Sin duda, la metáfora de la iglesia como un rebaño es la más usada actualmente, y muchas veces sin darnos cuenta. Por ejemplo, llamamos "pastores" a los hombres y mujeres que Dios puso para que dirijan y enseñen a la iglesia.

Como veremos en los siguientes párrafos, este concepto nació en el Antiguo Testamento; pero Jesús mismo lo utilizó para describir a los creyentes y para enseñar cómo debe ser nuestra relación con Él. Lean juntos el evangelio de Juan 10:7-21; seguramente van a disfrutar escuchando otra versión que tengan disponible. ¿Cómo es el rebaño de los cristianos? ¿Quién es el verdadero pastor de ese rebaño?

1. La iglesia: El rebaño de Dios

Prácticamente cualquier cristiano se sabe de memoria el Salmo 23 (deberían recitarlo todos juntos), que habla de Jehová como un pastor que cuida a sus ovejas y les provee alimento. Y ya que estamos en los Salmos, el 100:3 dice en la Traducción en Lenguaje Actual: "Reconozcan que él es Dios; él nos hizo, y somos suyos. Nosotros somos su pueblo: ¡él es nuestro pastor, y nosotros somos su rebaño!". También en los escritos de los profetas podemos ver al pueblo de Dios descrito como un rebaño: Ezequiel 34 y Miqueas 7:14.

En el Nuevo Testamento, en el pasaje de Juan 10:7-21, Jesús presentó la parábola del rebaño; en el versículo 14b dice: "Yo conozco a mis ovejas, y ellas me conocen a mí" (RVC). Es decir, que las ovejas que conocen a Jesús pertenecen a su redil, o corral. El versículo 4 de Juan 10 dice que las ovejas siguen al pastor porque reconocen su voz. Esto significa que no cualquier persona pertenece a la iglesia de Jesús, o a su redil, sino sólo aquellos hombres y mujeres que conocen tan bien, tan íntimamente a Cristo, que pueden reconocer su voz y le siguen.

Las ovejas también distinguen voces que no son de su pastor; así lo expresa Juan 10:8: "Todos los que vinieron antes de mí eran unos ladrones y unos bandidos, pero las ovejas no les hicieron caso" (NVI). En otras palabras, el rebaño cristiano sigue única y exclusivamente al buen pastor, que es el Hijo de Dios. Además, en Él tenemos vida eterna y plena en todos los sentidos. No tenemos que esperar hasta que estemos en el cielo, sino que en la tierra podemos disfrutar de las ricas bendiciones que Dios nos da (v.10).

Juan 10:16 dice que hay unas ovejas que no pertenecen a su redil, que están perdidas, pero Jesús irá por ellas para traerlas de regreso. Entonces, ¡es una buena noticia! Aquellos que no conocen a Jesucristo como su pastor, cuando escuchen su voz y vengan a Él, formarán parte de su rebaño.

2. Jesús, el buen pastor

Jesús mismo se presentó como el pastor que llama a las ovejas por su nombre y estas lo escuchan, (Juan 10:3). Pregunte: ¿Qué hace un pastor por sus ovejas? Veamos el Salmo 23:

a. Provee alimento y sustento (v.2). El Señor suple el alimento físico y espiritual (la Palabra), que nos ayuda a madurar y crecer en la fe y sacia nuestra sed con el agua de vida, (Juan 4:13-14).

b. Nos guía por el camino correcto (v.3). Jesús dijo "yo soy el camino…" (Juan 14:6) si le seguimos no nos perderemos.

c. Nos rescata y nos protege (v.4). El cayado del pastor es un palo largo curvado en un extremo, como si fuera un gancho. Este servía para jalar a las ovejas que se alejan o que caen en hoyos y quedan atrapadas. También servía para defender a las ovejas de los animales salvajes. Jesús nos rescata cuando estamos en problemas y dificultades, pero también nos jala de regreso al rebaño si estamos descarriados. Asimismo, nos defiende de los ataques del enemigo.

d. Nos alienta y da fuerzas (vv.3-4). Cristo nos cuida y no debemos tener miedo. Él nos ayuda a vivir confiado y nos da ánimo para seguir adelante. En cualquier situación, podemos estar seguros que Jesús está a nuestro lado.

Es hermoso saber que nuestro pastor dio su vida por nosotros (Juan 10:11). ¡No existe mayor acto de amor que el que hizo Jesús por nosotros! Dio su vida en pago por nuestros pecados, y ahora podemos tener vida eterna. Él nos cuida de los engañadores (Juan 10:1-2) que son ladrones: "Queridos hermanos, no les crean a todos los que dicen que tienen el Espíritu de Dios. Pónganlos a prueba, para ver si son lo que dicen ser. Porque el mundo está lleno de falsos profetas" (1 Juan 4:1 TLA).

3. Un rebaño y un pastor

Hoy en día, cada iglesia local tiene su propio pastor. Nuestros pastores y pastoras cada día oran y buscan a Dios para seguir el ejemplo de Jesús. Ellos nos procuran el alimento de la Palabra de Dios y nos conducen para acercarnos a Él. Si nos alejamos, o estamos en problemas, se preocupan por nosotros y tratan de ayudarnos; nos animan a seguir la vida cristiana.

Si alguien quiere hacer daño o enseñar algo que no es correcto, son sabios para distinguirlo y proteger a sus ovejas. Estos hombres y mujeres de Dios han dado su vida para servir al Señor y a su iglesia. Y aunque en el mundo hay muchos pastores, hay un pastor que es mayor que ellos, que es perfecto y quien los guía en su labor, Jesús, el buen pastor.

De la misma manera, aunque hay muchas iglesias locales en todo el mundo, y cada una es distinta a las demás, todos los cristianos pertenecemos a un sólo rebaño. En este rebaño estamos los que conocemos a Jesús y le seguimos sólo a Él, cuando oímos su voz y la obedecemos tenemos salvación y vida eterna. Somos sus ovejas, y dependemos completamente de Jesucristo. Pero también los que aún no son del rebaño, pueden llegar a pertenecer a Él. Únicamente tienen que escuchar la voz del buen pastor que les llama a seguirle.

Conéctate | ¡A Navegar! | Descargas

Instrucciones de las hojas de trabajo

Hoja de trabajo (12 a 17 años).

Dé un tiempo para que relacionen las columnas: en la primera aparecen los conceptos que estudiamos en clase y en la segunda lo que representan.

A. Rebaño

B. Alimento y sustento

C. Vara y cayado

D. Puerta

E. Camino

F. Ovejas perdidas

G. Dar la vida

(B) Alimento físico y de la Palabra de Dios para crecer y madurar en la fe.

(F) Son las que no escuchan ni siguen a Jesús.

(E) El Espíritu Santo nos guía para seguir a Jesús.

(A) Grupo de personas que conocen a Jesús, creen en Él, escuchan su voz y le siguen.

(G) Jesús murió en la cruz para pagar por nuestros pecados y darnos vida eterna.

(D) Jesús es la única puerta para la salvación.

(C) El buen pastor nos rescata de los peligros y nos protege del enemigo.

Ahora que sabes que la iglesia se ejemplifica como un rebaño, ¿cómo cambiarías tu actitud respecto a los demás hermanos?

_____

¿Crees que las ovejas puedan cuidarse por sí solas?

_____

Hoja de trabajo (18 a 23 años).

Dé unos minutos para reflexionar en cómo Jesús es un buen pastor para sus vidas y la iglesia a la que asisten. Pida que llenen los siguientes espacios y después compartan sus respuestas con la clase.

Jesús proveyó alimento espiritual cuando_____

_____

Cuando _____

_____ supe que el buen pastor estaba guiando.

Siempre que estoy pasando por problemas como

_____

_____ sé que Cristo está a mi lado.

Si me siento _____ puedo buscar consuelo en Jesús.

Cuando Jesús dio su vida por mí, yo_____

_____.

Luego pídales que contesten las siguientes preguntas:

Considerando las relaciones entre los hermanos de la iglesia a la que asistes, ¿qué consecuencias debe haber al saber ahora que somos un rebaño? ¿Qué implica ser parte de un rebaño más grande?

Debemos vivir como un rebaño guiados por Jesús. Ser del rebaño más grande significa que somos del rebaño de todos los cristianos en el mundo.

Advertencia

No se vayan de la clase sin ver el ¡Vamos al chat de esta semana!

Aceptar

No del mundo

Objetivo: Que el joven comprenda que como hijo de Dios está en el mundo pero no es del mundo.

Para memorizar: "Mas vosotros sois linaje escogido, real sacerdocio, nación santa, pueblo adquirido por Dios, para que anunciéis las virtudes de aquel que os llamó de las tinieblas a su luz admirable" 1 Pedro 2:9.

Advertencia

Tome un tiempo para comentar el reto de ¡Vamos al chat! de la semana pasada.

Aceptar

Conéctate | ¡A Navegar! | Descargas

Dinámica introductoria (12 a 17 años).

- Instrucciones: Una vez que estén todos en la clase, escoja de forma muy dramática a sólo unos cuantos jóvenes. Apártelos del resto del grupo y dígales algo en secreto y felicítelos. Deje que el resto del grupo se queje del trato especial que los "escogidos" reciben. Luego reagrúpelos y pregúnteles qué sintieron los "escogidos" al haber recibido un trato especial. Pregunte a los demás qué sintieron ellos al no ser escogidos.

La Biblia nos dice que somos el pueblo escogido por Dios.

Dinámica introductoria (18 a 23 años).

- Materiales: Pizarra y tiza (gis) o marcadores.
- Instrucciones: Pida a los alumnos que enumeren cosas en las cuales ellos ponen cuidado al escoger (ejemplos: ropa para una fiesta, zapatos, novios). Escriba los resultados en la pizarra. Luego pídales que clasifiquen cada cosa dando una numeración del 1 al 5. El 5 significa que le ponen extremo cuidado al escoger esa cosa. El 1 significa que no le ponen mucho cuidado.

En la vida tenemos que escoger entre muchas cosas. Dios escogió a un pueblo muy especial y le dio una tarea única.

Conéctate | ¡A Navegar! | Descargas

Dios, en su plan perfecto escogió un pueblo muy especial, los israelitas. Ellos fueron sacados de la esclavitud y apartados de los demás pueblos. Dios le pidió que no hicieran nada de lo que vieron en Egipto, ni de lo que vieran en las demás naciones paganas que estarían a su alrededor, (Levítico 18:1-5). Pregunte: ¿Por qué Dios le pidió a su pueblo que se apartara? ¿Por qué Dios quería mantenerlos en medio de la cultura de ese tiempo, pero hacerlos diferentes? Dios pidió esto para que el pueblo se mantuviera bajo su dirección y sus mandamientos y no se apartaran tras otras creencias y dioses falsos.

Podemos aprender mucho del pueblo de Israel. Como cristianos, tenemos que vivir en medio de este mundo y de su cultura. Pregunte: ¿Cuál debe ser nuestra actitud? ¿Cómo debemos comportarnos? ¿Debemos asimilar la cultura corriente o debemos de ser diferentes? ¿No sería más fácil si nos separamos completamente de este mundo y formamos una comunidad completamente "cristiana"?

Como pueblo de Dios, hemos sido llamados a vivir en este mundo; pero, no a ser parte de este mundo, 1 Pedro 2:9 nos ayuda a descifrar esta incógnita: "Pero vosotros sois linaje escogido, real sacerdocio, nación santa, pueblo adquirido por Dios, para que anunciéis las virtudes de aquel que os llamó de las tinieblas a su luz admirable" (RV,1995).

Veamos cómo este versículo en 1 Pedro 2:9 se aplica a nuestra vida.

1. Linaje escogido

Linaje: "conjunto de los antepasados o descendientes de una persona o de una familia" (http://www.wordreference.com/definicion/linaje).

Pida a los alumnos que hablen de sus antepasados. Como maestro, busque alguna historia (suya o de alguien que conozca) que sea llamativa de su abuelo o tatarabuelo y compártala con el grupo.

Pida a los alumnos que piensen en lo maravilloso que sería ser descendiente de un héroe o de una persona famosa. Pregunte: ¿A qué personaje histórico quisieran en sus antepasados? ¿Qué tal si descubrimos que somos descendientes de la realeza?

Aunque los cristianos venimos de diferentes antepasados y países, nuestro linaje espiritual es el mismo. Por medio de Jesús hemos sido adoptados en la familia de la fe (Efesios 1:5 y Gálatas 4:4-5). Ahora somos parte de un "linaje escogido", nuestro comportamiento y nuestra conducta deben honrar ese linaje. En nuestro caminar diario, en la escuela, en el trabajo o en el mercado, debemos representar bien nuestro linaje con nuestras actitudes y acciones. Hay veces que esto es difícil ya que lo que prevalece en este mundo son las groserías, las insolencias, las malas palabras y chistes de doble sentido. Pero hay que recordar que Dios nos llamó a ser diferentes. Somos un pueblo y un linaje escogido. No podemos actuar conforme a los estándares de este mundo. Tenemos que ser diferentes. Al hacer esto, estaremos viviendo conforme a nuestro linaje, plantando semillas de amor, esperanza y fe en este mundo. Pregunte: ¿Qué cosas son culturales y nos afectan?

2. Real sacerdocio

Real sacerdocio: El mundo en el cual vivimos nos dice, mediante la cultura y los medios, que nuestro propósito en la vida es de preservación propia. Todo se resume en cómo podemos obtener placer y satisfacer el gran "yo". Las acciones de los seres humanos están basadas en un concepto totalmente egoísta.

Pero, las Escrituras nos apuntan a algo diferente, en Apocalipsis 1:5b-6 leemos que como creyentes somos sacerdotes, pero no en la manera del sacerdote del Antiguo Testamento, el cual tenía como función ofrecer sacrificios para la expiación de pecados. Jesucristo vino a este mundo para ser el Sumo Sacerdote y llevar nuestros pecados una vez y para siempre, y de tal modo nos abrió acceso directo a Dios (Hebreos 10:19-22). En 1 Pedro 2:4-5 se nos dice que nuestra función sacerdotal es ofrecer sacrificios espirituales. Pregunte: ¿Cómo es esto? Nuestra función primordial, como sacerdotes espirituales, es vivir vidas que honren a Dios y servicio a nuestro Dios y de esa manera acercar a otros a Dios. Nuestro servicio a Dios se extiende a nuestra actitud con las demás personas.

Así que, como cristianos y parte del pueblo de Dios, necesitamos entender que nuestro propósito de estar en esta tierra no es conforme a la definición de este mundo. Nuestra función en este mundo no es para vanagloria y preservación propia. Los cristianos, el pueblo de Dios, somos real sacerdocio.

3. Nación santa

Nación Santa: Dios está buscando un pueblo santo (Éxodo 19:5-6). Levítico 11:45 dice "Porque yo soy Jehová, que os hago subir de la tierra de Egipto para ser vuestro Dios: seréis, pues, santos, porque yo soy santo". Dios es santo y busca que su pueblo sea santo. La vida de santidad es completamente opuesta a lo que este mundo exige. Se está viendo más y más cómo el mundo halaga la vida pecaminosa, pero condena la vida de santidad. Atletas que deciden "salir del armario" y hacen pública su vida homosexual, son halagados y animados. Mientras que atletas que ponen su fe en Dios, en una plataforma pública son marginados.

Aun así, Dios nos pide que seamos un pueblo santo. Nuestra santidad tiene un efecto en este mundo. Cuando el pueblo de Dios va en contra de la corriente del mundo y camina en la santidad de Dios, la creación es liberada. El pecado y la maldad pierden su atadura sobre las personas y la salvación es inevitable. Romanos 8:19-22 nos dice que la misma creación está esperando su libertad. ¡Pueblo de Dios comencemos a caminar en santidad!

Pregunte: ¿Cómo podemos vivir una vida de santidad en este mundo? ¿Es posible? ¿Qué tipo de oposiciones tendremos? ¿Cómo podemos vencer estos obstáculos?

Pueblo adquirido por Dios: Dios no solamente nos escogió como su pueblo. El pagó un gran precio por nosotros. Juan 3:16 nos dice que Dios dio su más especial tesoro por nosotros, a su hijo Jesucristo. Él nos redimió de nuestros pecados (Efesios 1:7), nos salvó y nos dio vida eterna. Nos podemos preguntar, como el salmista: "¿Qué es el hombre...?" (Salmo 8:4) ¿Por qué nosotros? ¿Por qué Dios pone tanta energía y empeño en meros seres humanos?

En su infinita gracia, Dios nos escogió para derramar su amor en nosotros. Nuestra respuesta a este amor debe de ser de gratitud y proclamación. Nuestro deseo debe ser el compartir con todo el mundo estas buenas nuevas.

Anunciar: Como jóvenes cristianos necesitamos entender que vivimos en este mundo, pero que no somos de este mundo. Dios nos escogió como su pueblo, nos adoptó e hizo su linaje, somos de sacerdocio real, nación santa y pueblo adquirido por Dios... ¿Para qué? Simplemente para "anunciar las virtudes de aquel que nos llamó de las tinieblas a su luz admirable" 1 Pedro 2:9.

Dios no quiere que nos recluyamos en una comunidad santa y apartada físicamente del mundo. Dios quiere que reflejemos nuestro linaje a este mundo, que practiquemos el real sacerdocio en sacrificios espirituales hacia el prójimo; que seamos una nación santa que impacte a la creación y finalmente que por causa del gran amor de Dios, con que nos adquirió como su pueblo, proclamemos al mundo entero las grandes virtudes de Dios.

Dios está buscando un pueblo que se mantenga santo y limpio en medio de este mundo. Pero, también quiere un pueblo que impacte al mundo por medio de la santidad. Jóvenes y adolescentes... están desafiados a ser el pueblo de Dios... A estar en este mundo, pero no ser de este mundo.

Conéctate	¡A Navegar!	Descargas

Instrucciones de las hojas de trabajo

Hoja de trabajo (12 a 17 años).

Pida que escriban dos listas que según ellos hacen los del mundo y los que no son del mundo.

Personas del mundo	Personas que no son del mundo
Ejemplo: Palabras groseras	Palabras correctas
_____	_____
_____	_____
_____	_____

Hoja de trabajo (18 a 23 años).

Dé un tiempo para que escriban.

1. ¿Qué cosas haces aún, que son del mundo?
   _____

2. ¿Qué cosas del mundo has dejado de hacer?
   _____

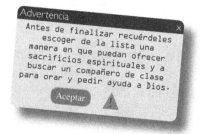

Advertencia

Antes de finalizar recuérdeles escoger de la lista una manera en que puedan ofrecer sacrificios espirituales y a buscar un compañero de clase para orar y pedir ayuda a Dios.

Aceptar

Viva y crece

Objetivo: Que el joven comprenda que la iglesia es la comunidad de creyentes que reconocieron a Jesucristo como su salvador.

Para memorizar: "Vosotros también, como piedras vivas, sed edificados como casa espiritual y sacerdocio santo,…" 1 Pedro 2:5a.

> **Advertencia**
> Comience con un tiempo donde compartan como les fue con el desafío de la semana pasada.
> Aceptar

Conéctate · ¡A Navegar! · Descargas

Dinámica introductoria (12 a 17 años).
- Materiales: Papel y lápiz.
- Instrucciones: Escriba con letras grandes la palabra IGLESIA en la pizarra. Ponga los papeles en una mesa para que ellos agarren uno. Luego dígale a cada alumno que escriba su definición de iglesia en cada papel y lo pegue en la pizarra. Lea las definiciones y al final explique que en la lección tendrán más luz bíblica de lo que han anotado.

Dinámica introductoria (18 a 23 años).
- Materiales: Pizarra, cinta adhesiva, papeles y lápiz.
- Instrucciones: Forme y asigne a cada grupo una letra de la palabra IGLESIA para que escriban una frase haciendo referencia a la actividad que nos demanda Dios como iglesia. Luego resalte que trabajando unidos podemos ver avances en nuestra vida espiritual, así como entre todos han logrado hacer la frase. En la presente lección veremos algunos parámetros que encierran el privilegio de ser parte de la familia que es la iglesia.

Conéctate · ¡A Navegar! · Descargas

Desde un principio en la mente de Dios estaba el deseo de tener comunión con la humanidad, pero tristemente el pecado frustró ese plan inicial. Desde entonces, Dios buscó la manera de restaurar la comunión con el hombre, para esto envió un intercesor. Hoy, gracias a Cristo, tenemos el privilegio de poder pertenecer a la familia de Dios.

Éfeso fue una ciudad del imperio romano, hoy en día está situada al occidente de Turquía. El apóstol Pablo visitó de pasada esa ciudad a finales de su segundo viaje misionero (Hechos 18:19); sin embargo, planificó su estadía en la agenda de su tercer viaje misionero (Hechos 19).

Cuando llegó a Éfeso no le fue fácil predicar el Evangelio en esa ciudad portuaria, por lo que estuvo allí alrededor de tres años hasta lograr plantar y organizar la iglesia. Es muy probable que en Éfeso permaneciera más tiempo que en los demás lugares, hasta que dejó como pastor al joven Timoteo.

Después de unos años, el apóstol envió una carta a la iglesia en Éfeso (Efesios 2:11-22); en ella bosquejó, en varias secciones, el rol de la iglesia de Cristo. Comenzó describiendo quiénes la componen y cuál es su propósito. La iglesia de Cristo venimos a ser todos los que hemos reconocido a Cristo como nuestro salvador personal. Y para explicar cómo se llega a ser parte de su iglesia, Pablo, primero enseñó lo que no es la iglesia, luego lo que es la iglesia, y después cuál es su dinámica.

1. Lo que no es la iglesia

Según el Antiguo Testamento el único pueblo de Dios era el pueblo de Israel por su historia y pactos. Sin embargo, en esta carta Pablo dio a entender la universalidad del Evangelio afirmando que todo aquel que había recibido a Cristo en su vida, automáticamente y por gracia pasaba a ser parte del pueblo de Dios, el Israel espiritual que es la iglesia (v.19).

La ciudad de Éfeso no se ubicaba políticamente dentro de la nación israelita; y se veían siempre como extranjeros pero Pablo tajantemente le dijo a la iglesia que ya no eran extranjeros. El nuevo pacto escrito con la sangre de Jesús hizo posible que todos sean parte de su pueblo. Con esto, Pablo hizo que ellos quitaran de sus cabezas la mentalidad de extranjeros, ahora eran parte del pueblo de Dios.

Para fundamentar esta enseñanza les escribió una carta (Efesios 2:11-13). El término "incircuncisos" denotaba, como les dijo después, lo "alejado" y "ajeno" que eran antes; pues los judíos en el Antiguo Testamento eran los de la circuncisión. Pero Pablo les explicó que por la sangre de Cristo su situación ya había cambiado; ya no eran extranjeros, ni ajenos, ni alejados de Dios.

Advenedizo se le dice a alguien desconocido, alguien que no le corresponde una posición determinada o no reúne las condiciones adecuadas para estar en un lugar determinado; según la Real Academia Española en línea dice "Que, siendo de origen humilde y habiendo reunido cierta fortuna, pretende figurar entre gentes de más alta condición social". Pablo no sólo escribió que la sangre de Cristo les permitió ser su pueblo, sino también que esa sangre tiene poder para posicionarnos como herederos de su Reino, "cercanos por la sangre de Cristo" (v.13).

2. Lo que somos

Ante las afirmaciones de que no somos extranjeros ni advenedizos, ahora viene la parte positiva de lo que somos:

La intención de Pablo de hacernos entender va más allá de creer en una ciudadanía física; él nos lleva a entender que nuestra ciudadanía es espiritual y nos hace partícipes de la patria de los santos (Efesios 2:11-14). El apóstol nos conduce por los privilegios de un hijo de Dios, expresando que pertenecemos a una nación celestial porque somos conciudadanos de los santos, (v.19) según la simiente santa de Dios.

Y no sólo conciudadanos de los santos, sino también, miembros de la familia de Dios. ¡Qué privilegio más grande!, tú y yo somos parte de su familia. Este es el mayor de todos los privilegios, el más grandioso que encontramos en la Palabra. Antes estábamos muertos (2:1), lejos (2:13,17) y éramos ajenos, sin esperanza y sin Dios (2:12). De allí nos sacó el Señor, y nos ha hecho miembros de su familia. Fue por su gracia que nos adoptó como sus hijos (1:5), nos bendijo con toda bendición espiritual (1:3), nos hizo aceptos en el Amado (1:6), nos hizo herederos (1:11) y nos selló con su Espíritu Santo (1:13).

Probablemente en nuestro pasado fuimos golpeados, abusados, maltratados o ignorados y nos hemos visto sin valor, sin el amor de nuestros seres más cercanos. Hoy tenemos la buena noticia que somos muy especiales para Dios. Pero ese privilegio lo hemos ganado por medio de nuestro Señor Jesucristo; "porque por gracia sois salvos por medio de la fe; y esto no de vosotros, pues es don de Dios" (Efesios 2:8).

3. La dinámica de lo que somos

En Efesios 2:19-22 encontramos tres propósitos especiales que debemos tener en cuenta dentro de la dinámica como pueblo de Dios.

A. Una dinámica de edificación

Así como en un taller de carpintería el carpintero usa todas las herramientas para hacer un lindo mueble de un trozo de madera; o también como un chef para cocinar un rico guisado tiene a su disposición todos los utensilios necesarios para su arte; lo mismo diríamos del cuerpo de Cristo, donde nos necesitamos todos los miembros para edificarnos unos a otros espiritualmente sobre el fundamento bíblico (v.20).

Nos edificamos:

- A través de los talentos, dones y ministerios que Dios nos ha dado. Pablo menciona cinco ministerios que sirven para edificarnos: Apóstoles, profetas, evangelistas, pastores y maestros (Efesios 4:11-12).
- A través del amor (Efesios 4:16).
- A través de las palabras que animan sabiamente (Efesios 4:29).
- A través de las enseñanzas heredadas de los profetas y apóstoles y que están en la Palabra (Efesios 2:20).

Como todos los edificios de la ciudad que están cimentados sobre grandes rocas y ángulos; lo mismo la iglesia, que somos nosotros, tiene un sólo ángulo que es Cristo (Efesios 2:20) y que está sobre la Roca inamovible. Además, la mención de los apóstoles y profetas, quienes son las columnas que sostienen a la iglesia.

Los profetas que tuvieron un papel preponderante en el Antiguo Testamento y los apóstoles en el Nuevo Testamento. Con esto quiso decir el apóstol que la Biblia es nuestro elemento fundamental para nuestra edificación.

B. Una dinámica de coordinación

Esto tiene que ver con las actitudes de unidad que debe haber entre nosotros como iglesia. Cuando un albañil quiere levantar una pared no pone ladrillo sobre ladrillo únicamente, esto sería ilógico, él usa la mezcla o pasta de cemento. Pablo, en el capítulo 4 de Efesios nos enseña sobre la unidad y nos da cuatro actitudes esenciales para mantenernos unidos así como la mezcla en los ladrillos: Humildad, mansedumbre, tolerancia y paciencia, todo esto debe estar cimentado en el amor de Dios. (v.2). Estas cuatro esencias de la unidad se contraponen al orgullo, la amargura, la inflexibilidad y al nerviosismo que mucho daño hacen a las relaciones interpersonales.

C. Una dinámica de crecimiento

La unidad no sólo nos mantiene unidos, sino que nos da un crecimiento espiritual. La vida cristiana no se trata de una monotonía, sino de un crecimiento bien estructurado (Efesios 4:15).

La iglesia está llamada a crecer en número y calidad, pero sobre todo debe preocuparse en su crecimiento de calidad espiritual, y la característica sobresaliente de su crecimiento está en el amor que practica. Nuestro crecimiento en calidad nos hará crecer en número. Pablo les exhortó a los efesios a que "cimentados en amor sean plenamente capaces de comprender con todos los santos cuál sea la anchura, la longitud, la profundidad y la altura" de ese mismo amor, (Efesios 3:17-18). Años después el Señor Jesús se dirigió a esta misma iglesia y le hizo ver que ya no crecían en ese amor; por esto les demandó que se arrepintieran (Apocalipsis 2:4-5).

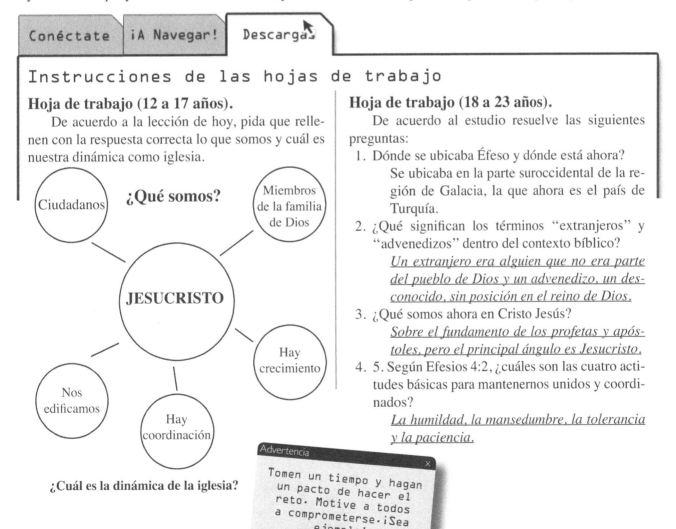

Conéctate   ¡A Navegar!   Descargas

Instrucciones de las hojas de trabajo

Hoja de trabajo (12 a 17 años).

De acuerdo a la lección de hoy, pida que rellenen con la respuesta correcta lo que somos y cuál es nuestra dinámica como iglesia.

¿Qué somos?

- Ciudadanos
- Miembros de la familia de Dios
- JESUCRISTO
- Hay crecimiento
- Hay coordinación
- Nos edificamos

¿Cuál es la dinámica de la iglesia?

Hoja de trabajo (18 a 23 años).

De acuerdo al estudio resuelve las siguientes preguntas:

1. Dónde se ubicaba Éfeso y dónde está ahora?
   Se ubicaba en la parte suroccidental de la región de Galacia, la que ahora es el país de Turquía.
2. ¿Qué significan los términos "extranjeros" y "advenedizos" dentro del contexto bíblico?
   Un extranjero era alguien que no era parte del pueblo de Dios y un advenedizo, un desconocido, sin posición en el reino de Dios.
3. ¿Qué somos ahora en Cristo Jesús?
   Sobre el fundamento de los profetas y apóstoles, pero el principal ángulo es Jesucristo.
4. 5. Según Efesios 4:2, ¿cuáles son las cuatro actitudes básicas para mantenernos unidos y coordinados?
   La humildad, la mansedumbre, la tolerancia y la paciencia.

Advertencia

Tomen un tiempo y hagan un pacto de hacer el reto. Motive a todos a comprometerse. ¡Sea ejemplo!

Aceptar

¿Qué somos?

Macario Balcázar • Perú

Objetivo: Que el joven comprenda la figura del sacerdocio y la responsabilidad que tiene la iglesia de ejercer la función sacerdotal.

Para memorizar: "Porque no tenemos un sumo sacerdote que no pueda compadecerse de nuestras debilidades, sino uno que fue tentado en todo según nuestra semejanza, pero sin pecado" Hebreos 4:15.

Advertencia

Pídales los resultados del reto que hicieron durante la semana.

Aceptar

Conéctate | **¡A Navegar!** | **Descargas**

Dinámica introductoria (12 a 17 años).

- Instrucciones: Divida la clase en dos o más grupos y que cada uno escriba una lista de características que han observado en un sacerdote católico. Es posible que algunos alumnos no hayan visto un sacerdote católico; en este caso, que hagan una lista de las características que han observado en su pastor. Después, compartirán lo que escribieron con todo el grupo. El momento se prestará para hacer preguntas, lo cual le dará la oportunidad de contestar algunas y luego anunciarles el título de la lección, diciéndoles que en el desarrollo de ésta se van a contestar otras.

Dinámica introductoria (18 a 23 años).

- Materiales: Hoja de papel y lápiz.
- Instrucciones: Realice un drama del momento. Proveáse de una túnica y cuello sacerdotal; una corbata y un cesto. Pida a la clase que escoja quién se disfrazará de sacerdote, y otro de pastor. Que se pongan las prendas y luego distribuya hojas de papel, a todos los demás. Pida que escriban algo para el sacerdote o para el pastor. Reciba los papeles en el cesto. Una vez que todos hayan depositado sus papelitos, usted saca uno a uno y se los da al "sacerdote" y al "pastor", quienes luego los leerán a toda la clase. Seguramente generará discusión y preguntas, momento ideal para anunciar el título de la lección y luego desarrollarla.

Conéctate | **¡A Navegar!** | **Descargas**

En el mundo hay naciones diferentes. En muchas ocasiones hay guerras entre dos o más naciones. Cuando la situación lo permite, se recurre a mediadores o a un mediador. Generalmente son mediadores el secretario general de la ONU, los presidentes de las naciones más poderosas, el papa u otros personajes famosos.

En algunos países hay oficinas de Conciliación, que son centros de solución de conflictos familiares, vecinales, etc. Muchos conflictos humanos se resuelven con mediadores o conciliadores.

1. Los sacerdotes humanos

En todas las religiones hay sacerdotes. En tiempos del Antiguo Testamento en Israel la separación entre los seres humanos y Dios requería de mediadores, éstos se llamaban sacerdotes (Hebreos 5:1-4).

A. ¿Cómo eran los sacerdotes israelitas?

Lean Hebreos 5:1-4 y enumeren características de los sacerdotes judíos.

Versículo uno:

1. Estaban puestos para actuar a favor de los hombres y mujeres.
2. Su relación con Dios era especial.
3. Presentaban ofrendas y sacrificios por los pecados del pueblo.

Versículo dos:

4. Eran pacientes, especialmente con los ignorantes y extraviados.
5. Reconocían que eran (los sacerdote) seres humanos con debilidades.

Versículo tres:

6. Tenían que ofrecer sacrificios por sus propios pecados.

7. Tenían que ofrecer sacrificios por los pecados del pueblo.

Versículo cuatro:

8. En el pueblo judío un sacerdote era llamado por Dios. Éxodo 28:1 dice que fue Dios quien ordenó que Aarón y sus hijos fueran sus sacerdotes para el pueblo de Israel.

B. Otras características del sacerdocio israelita

El Antiguo Testamento ofrece mucha enseñanza acerca de los sacerdotes. Veamos:

1. Dios escogió a Aarón y a sus hijos para que sean mediadores entre Dios y el pueblo de Israel (Éxodo 28:1). Después de la cautividad babilónica, este escogimiento se centró en la descendencia del sacerdote Sadoc (Ezequiel 44:15-16).

2. Por ofrecer los sacrificios y ofrendas santas al Señor, debían vivir santamente, sin contaminarse con nada, menos con cadáveres, salvo por una hermana virgen o sus padres (Levítico 21:1-4).

3. Debían evitar peinados y tatuajes que atenten contra la integridad y pureza de sus cuerpos (Levítico 21.5).

4. Debían casarse solamente con una mujer virgen (Levítico 21:13) o con viuda de sacerdote (Ezequiel 44:22).

5. Tenían que enseñar al pueblo a diferenciar entre lo bueno y lo malo, lo santo y lo profano y, lo limpio y lo inmundo (Ezequiel 44:23-24).

6. Enseñaban con sabiduría la ley del Señor (cinco primeros libros del Antiguo Testamento, llamados PENTATEUCO), considerándose mensajeros de Dios para su pueblo (Malaquías 2:7).

7. Nunca fueron mujeres, siempre varones. Gracias a Dios, en el cristianismo, varones y mujeres tenemos el privilegio de ministrar al Señor (Hechos 2:18).

8. Eran sostenidos por el pueblo mediante las ofrendas, diezmos, primicias y otros derechos que Dios mismo estableció (Números 18:8-32).

2. Cristo como el Sumo Sacerdote perfecto

El sacerdocio que descendía de Aarón (Éxodo 29:9), hermano de Moisés, (Éxodo 4:14) fue imperfecto y temporal, culminó con el sacrificio de Cristo en la cruz. Jesucristo fue el Sumo Sacerdote que reemplazó al sacerdocio israelita (Hebreos 4:14-16; 7:22-28). Veamos algunas de las características de Jesús como Sumo Sacerdote:

A. Cristo puede atendernos perfectamente

Por medio de Cristo somos atendidos (Hebreos 4:14-16):

1. Porque es el Hijo de Dios, divino y humano a la vez (v.14). Conoce nuestra humana debilidad y lo íntimo de Dios; por eso puede guiarnos a agradar a Dios (v.15a).

2. Pasó por todas las vivencias humanas, especialmente las tentaciones (v.15b). Las tentaciones más duras y difíciles fueron soportadas por nuestro Señor como hombre. Por eso puede entendernos y ayudarnos para que podamos vencer las tentaciones.

B. Es fiador o garante de un mejor pacto que el de la ley

(Hebreos 7:22-28).

1. Jesucristo es único, es eterno; los sacerdotes aarónicos fueron muchos, por no ser eternos (vv.22-24).

2. La redención que ofrece es eterna (v.25).

3. Él intercede permanentemente por nosotros (v.25).

4. Es santo, inocente, sin mancha y apartado de los pecadores. Resumimos lo anterior en la expresión: "Un sacerdote santo y perfecto" (vv.26,28).

5. No necesita ofrecer cada día sacrificios por los pecados, porque ya ofreció un sólo sacrificio perfecto y eterno (v.27).

En resumen, el sacerdocio aarónico fue imperfecto, fue una figura del sacerdocio de Cristo. Este sacerdocio fue necesario hasta el sacrificio de Cristo, pero cuando Cristo murió, resucitó y ascendió al cielo, vino a ser nuestro perfecto, permanente y fiel Sumo Sacerdote, quien intercede permanentemente por nosotros.

3. Los cristianos también somos sacerdotes

En 1 Pedro 2:4-9 encontramos lo siguiente.

A. Nuestra condición como cristianos

Somos piedras vivas, por recibir vida de la piedra viva que es Jesucristo (v.4-5a) y llamados a edificar la casa de Dios (nosotros) y a la vez somos sacerdotes santos para nuestro Dios (v.5). Como cristianos creemos en Dios y en Jesucristo, Él para nosotros es LO MÁXIMO ("precioso"), la joya más hermosa y costosa (v.7). Por otro lado en nuestra condición de creyentes en Cristo, Dios nos declara linaje escogido, real sacerdocio, nación santa y pueblo adquirido por Dios (vv.9-10).

B. Nuestro sacerdocio cristiano

Básicamente el sacerdote es mediador e intercesor. Ya vimos que los sacerdotes aarónicos mediaban entre el pueblo y Dios; pero su ministerio perdió vigencia cuando Cristo murió como el sacrificio perfecto por los pecados de toda la humanidad. Desde entonces, Cristo es nuestro Sumo Sacerdote. Es nuestro mediador e intercesor permanente (1 Timoteo 2:5).

La Biblia afirma que nosotros, los creyentes en Cristo, somos también sacerdotes:

1. Somos sacerdotes porque ofrecemos cada día ofrenda y sacrificio de alabanzas y adoración al Señor, ya sea personalmente o en comunidad en la iglesia (Hebreos 13:15).
2. Porque intercedemos ante el Señor mediante la oración. Intercedemos por nuestra familia, los enfermos, etc., pero especialmente por los pecadores, porque los amamos y queremos que se arrepientan (Filipenses 1:4; Colosenses 4:12).
3. Porque somos llamados a dedicar nuestra vida total a Dios y vivir en santidad. Un sacerdote aarónico tenía que ser santo, Cristo nuestro Sumo Sacerdote fue y es perfectamente santo; por eso tenemos que ser santos, totalmente consagrados al Señor (1 Pedro 1:15-16).

C. El propósito de nuestro sacerdocio

Servir a Dios todos los días de nuestra vida, en todos los aspectos, con todo lo que tenemos, sin desmayar en nuestra fe ni imitar al mundo.

Cristo nos llama a servirle diariamente, en santidad y justicia, a ser intercesores por los incrédulos, para que crean y sean salvos.

Instrucciones de las hojas de trabajo

Hoja de trabajo (12 a 17 años).

Encuentra y encierra las siguientes palabras:

Sacerdote, Cristo, santos, somos, intercesores, Aarón, ora, sumo, Israel, linaje, escogido, ellos, ya, fueron, nuevo, empieza, Silo.

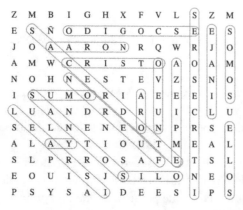

Hoja de trabajo (18 a 23 años).

¿Cómo era el sacerdocio en tiempos del Antiguo Testamento según Hebreos 5:1-4?

_____

_____

¿Qué verdades sobre el sacerdocio de Cristo encuentras en Hebreos 7:22-28?

_____

¿Qué sientes al pensar que eres un sacerdote?

_____

Advertencia

Anímelos a enviar el regalo a diez amigos e invitarlos al grupo de jóvenes.

Aceptar

Nuevos retos

Objetivo: Que los jóvenes reflexionen acerca del privilegio y responsabilidad de ser miembros de la iglesia.

Para memorizar: "Vosotros, pues, sois el cuerpo de Cristo, y miembros cada uno en particular" 1 Corintios 12:27.

Advertencia

Pida voluntarios entre sus alumnos para que testifiquen acerca de lo que compartieron con sus amigos.

Aceptar

Conéctate · ¡A Navegar! · Descargas

Dinámica introductoria (12 a 17 años).

- Materiales: Pequeñas láminas con el cuerpo humano con el nombre de las partes (puede encontrarlas en un libro de biología humana u obtenerlas en una librería), papel periódico, marcadores permanentes.
- Instrucciones: Organice a sus alumnos en tres grupos, entrégueles un pliego de papel periódico y un marcador. Indíqueles que nombren un coordinador y un secretario. Pídales que dibujen un cuerpo humano sin dar nombre a las partes, oriénteles que contesten las siguientes preguntas:

1. Según la enseñanza del apóstol Pablo, ¿qué simboliza este cuerpo?
2. ¿De cuántos miembros se compone el cuerpo?
3. ¿Qué importancia tiene la unidad del cuerpo?
4. ¿Podemos decir los cristianos que no necesitamos de otros miembros del cuerpo? ¿Por qué?
5. Use terminología bíblica o eclesiástica y dé nombre a las partes del cuerpo que dibujó según los diferentes ministerios que tienen en la iglesia (Ejemplo: líder, diácono, etc.).

Dinámica introductoria (18 a 23 años).

- Materiales: Hojas impresas con pasajes bíblicos.
- Instrucciones: Organice a sus alumnos en dos grupos. Oriente que cada grupo elija un moderador y un secretario. Pídales que lean los textos bíblicos impresos y completen lo siguiente:

Mateo 16:18. El fundador de la iglesia es ___ _____.

1 Corintios 12:12. El cuerpo es _____, el cuerpo tiene muchos_____todos los miembros de cuerpo son un solo_____

Efesios 1:22. La cabeza de la iglesia es _____ _____

Efesios 5:24. La iglesia está sujeta a _____

Efesios 5:27. La iglesia es _____

Colosenses 1:18. Pablo usa la figura del ____ _____para referirse a la iglesia.

En 1 Timoteo 3:15 Pablo usa otra figura, la__ _____ para referirse nuevamente a la iglesia.

Conéctate · ¡A Navegar! · Descargas

La iglesia cristiana es el organismo vivo que Jesucristo fundó y está formada por todas la personas que han rendido sus vidas al Señor. "La iglesia de Dios se compone de todas las personas espiritualmente regeneradas, cuyos nombres están escritos en el cielo" (Manual de la Iglesia del Nazareno. 2009-2013, CNP, EUA: 2010, p.35). De modo que, es de capital importancia conocerla y saber que como miembros de ella tenemos funciones que realizar.

Pertenecer a la iglesia de Jesucristo es una vivencia poderosa en la vida de cada persona. Sentirse parte de ella es estar seguros de que Dios nos alcanzó por su gracia y nos otorgó la salvación por medio de su bendito hijo Jesucristo. El libro de los Hechos de los Apóstoles, nos dice que "el Señor añadía cada día a la iglesia los que habían de ser salvos" (Hechos 2:47). De modo que estamos en la iglesia del Señor, no por casualidad o por voluntad humana sino por la acción soberana de Dios. Él nos llamó, y cuando atendimos su llamado, nos perdonó e incorporó en el cuerpo glorioso de Cristo.

1. Ser miembro de la iglesia es un privilegio

Privilegio es la gracia o prerrogativa que otorga un superior, a una persona. En el que nos ocupa, nos referimos a esa gran bendición que Dios nos da de pertenecer a su iglesia.

Hay personas, que no conocen a Dios, o que habiéndolo conocido se apartaron de Él, son hombres o mujeres quienes menosprecian a la iglesia, no la consideran importante, ni ven la necesidad de ser parte de ella o trabajar con ella en el cumplimiento de su misión.

Muchos viven indiferentes a la fe y no les interesa para nada lo que pasa en la iglesia, pero para los miembros de ella, es de sumo gozo pertenecer a la iglesia gloriosa que Jesucristo compró con su sangre. Para ellos no es cualquier cosa ser miembros de la iglesia, porque saben que Cristo la amó y se entregó por ella, conocen y creen lo que la Palabra dice al respecto (Efesios 5:25-27).

"La iglesia es el cuerpo de Cristo. Él es la cabeza y todos los que creen en Él son sus miembros. La iglesia es gloriosa como resultado del resplandor de la majestad de su cabeza. Es también gloriosa por la bella armonía de sus miembros". (El Cuerpo Glorioso de Cristo. R.B.Kuiper,Wm.B. Eerdman. Den Dulk Foundation, EUA: 1985, p.90).

Así que, en nuestra calidad de miembros, debemos estar contentos, motivados y agradecidos de pertenecer a la organización (si podemos aplicar el término) más importante e impactante del mundo.

Uno de los momentos más emocionantes y bendecidos que tenemos los pastores y las pastoras, es cuando recibimos nuevos miembros en el seno de la iglesia y les decimos: "Los privilegios y las bendiciones que gozamos al unirnos en la iglesia de Jesucristo son muy sagrados y preciosos. En ella se encuentra una comunión tan santa que no se puede experimentar de otra manera". Sólo en la iglesia se recibe la ayuda de la atención y el consejo fraternal.

"En ella se da el cuidado piadoso de los pastores, con las enseñanzas de la Palabra y la inspiración provechosa del culto congregacional. La iglesia propicia la cooperación en el servicio a los demás, efectuando lo que de otra manera no se puede efectuar" (Manual de la Iglesia del Nazareno. 2009-2013, CNP, EUA: 2010, p.212). Podemos crear un ambiente de tolerancia en la iglesia independientemente de nuestra forma de pensar.

2. Ser miembro de la iglesia implica responsabilidad

Hablar de responsabilidades es hablar de los deberes que deben cumplir los miembros de la iglesia. Un deber es: "el cumplimiento de una obligación en general". Es "subordinación".

(Diccionario de Ciencias Jurídicas Políticas y Sociales. Osorio, Manuel. Heliasta, Buenos Aires: 1997, p.274).

Vamos a estudiar cuatro responsabilidades, deberes o compromisos que tienen los miembros de la iglesia.

A. Contribuir a la unidad de la iglesia

Es imperativo para todos los miembros de la iglesia vivir y trabajar armónicamente. Los cismas y divisiones dentro de la iglesia no son la voluntad de Dios y siempre han dañado el testimonio de la iglesia ante un mundo dividido (Efesio 4:2-3).

En la iglesia de Corinto había un fuerte fraccionamiento. Se habían formado cuatro partidos: Los seguidores de Pablo, los seguidores de Apolos, los seguidores de Cefas (Pedro), y los seguidores de Cristo, (1 Corintios 1:12).

Frente a tan grave situación, el gran apóstol se vio obligado a hacer un enérgico llamado a los corintios, y por extensión, a todos nosotros hoy. Fue un llamado a la unidad (1 Corintios 1:10). Entonces, estamos llamados a fomentar la unidad y el compañerismo dentro de la iglesia del Señor. En 1 Corintios 12:12-27 tenemos una enseñanza e ilustración acerca de la unidad de la iglesia y las diversas funciones, actividades y dones que los miembros tenemos.

B. Edificar la iglesia

Edificar es "hacer un edificio o mandarlo a construir." (Diccionario CODESA. CREDIMAR, S.L, p.322).

En sentido estricto y absoluto, Jesucristo es quien edifica su iglesia. Él le declaró a Pedro y al resto de los apóstoles: "Edificaré mi iglesia"(Mateo 16:18). Él continúa edificando su iglesia. Pero, en un sentido relativo y secundario, cada miembro de la iglesia coadyuva a su edificación con su buen testimonio, su trabajo y el ejercicio de sus dones y talentos. Las siguientes son enseñanzas apostólicas relacionadas con la importancia de edificar la iglesia: "El amor edifica" (1 Corintios 8:1b); "No todo edifica"(1 Corintios 10:23); "Edificaos unos a otros"(1 Tesalonicenses 5:11); "Sed edificados como casa espiritual"(1 Pedro 2:5); "Edificándoos sobre vuestra santísima fe"(Judas 20).

Hagamos lo mejor para edificar y no dañar a la iglesia del Señor.

C. Valorar y no menospreciar a otros miembros del cuerpo

Esto nos lleva a ser solidarios, a tener una actitud compasiva, misericordiosa y comprensiva con otros miembros de la iglesia. Pablo dio un paso más hacia adelante cuando le dijo a los hermanos de Filipos que consideren a los demás como superiores a ellos mismos (Filipenses 2:3-4). Esa misma línea de pensamiento la hallamos en su Primera Carta a los Corintios, cuando escribió sobre los miembros del cuerpo que se necesitan mutuamente. Enseña que a ningún miembro debe menospreciarse (1 Corintios 12:21). La solidaridad, unidad, compañerismo y consideraciones mutuas entre los miembros de la iglesia, quedan expresadas en 1 Corintios 12:26.

D. Sostener el ministerio

El método de Dios para sostener su obra en esta tierra es mediante el diezmo y la ofrenda. Los miembros de la iglesia deben diezmar y ofrendar generosamente conforme Dios los prospera (Malaquías 3:10; 2 Corintios 9:7).

3. Ser miembros de la iglesia es tener oportunidades para servir

La vocación más alta, y a la vez la más humilde que tienen todos los miembros de la iglesia, es la del servicio. Se trata de la acción de servir a Dios y al prójimo.

Para ello, tenemos el paradigma, el modelo a seguir: el Señor, quien vivió aquí sirviendo al Padre y también a las personas (Lucas 22:27; Mateo 20:28).

Así que, en nuestra calidad de miembros de la iglesia debemos aprovechar las oportunidades que ella nos da para servir.

| Conéctate | ¡A Navegar! | Descargas |

Instrucciones de las hojas de trabajo

Hoja de trabajo (12 a 17 años).

Pida a sus alumnos que realicen el siguiente ejercicio de selección múltiple. Que lean detenidamente las declaraciones y subrayen la respuesta correcta.

El fundador de la iglesia es:

a. Pedro b. Pedro y Pablo c. Jesucristo

La cabeza de la iglesia es:

a. El papa b. Los obispos c. Jesucristo

Pablo usa las siguientes figuras para referirse a la iglesia:

a. La viña b. La higuera c. Cuerpo y edificación

La Iglesia está sujeta a:

a. La Conferencia Episcopal c. A Cristo c. El pastor

Los miembros de la iglesia son:

a. Todas las personas que tienen una religión

b. La persona que lee la Biblia

c. La persona que recibió a Jesús

Hoja de trabajo (18 a 23 años).

Organice a sus alumnos en dos grupos. Pida que lean los textos bíblicos y escriban la enseñanza que les dejan.

Cita Bíblica	Enseñanza
1. 1 Corintios 12:12	1.Los miembros se interesan por los otros.
2. 1 Corintios 12:14	2.Que no haya desavenencia en el cuerpo.
3. 1 Corintios 12:18	3.Los miembros se preocupan unos por otros.
4. 1 Corintios 12:25	4.El cuerpo tiene muchos miembros
5. 1 Corintios 12:26	5.Somos el cuerpo de Cristo y miembros unos de otros
6. 1 Corintios 12:27	6.El cuerpo es uno
7. Filipenses 2:4	7.Los miembros se duelen o se gozan

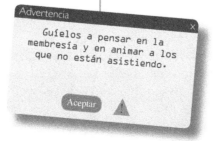

Advertencia

Guíelos a pensar en la membresía y en animar a los que no están asistiendo.

Aceptar

Tu amigo fiel

Objetivo: Que el joven entienda con qué tipo de amor Dios quiere que amemos a nuestros amigos.
Para memorizar: "El hombre que tiene amigos ha de mostrarse amigo; Y amigo hay más unido que un hermano" Proverbios 18:24.

Advertencia

Después de orar pregúnteles si pensaron en el tema de la membresía de la iglesia y si llamaron o hablaron con alguien de los que están asistiendo.

Aceptar

Conéctate | ¡A Navegar! | Descargas

Dinámica introductoria (12 a 17 años).

- Materiales: Papel grande o pizarra, cinta adhesiva, recortes de revistas o periódicos, marcadores de colores para escribir en el papel o en la pizarra (plumones, tizas,gis).
- Instrucciones: Usando los marcadores escriba en la pizarra o en el papel lo siguiente: En la parte superior, "mejor amigo"; en la parte media, "buen amigo"; y en la parte inferior, "mal amigo". Luego, entregue las revistas o periódicos a los alumnos y pregúnteles qué cosas hacen que una persona sea su mejor amigo. Déles algunas ideas como estas: Puede ser que les guste el fútbol o los videojuegos, ver películas o leer, reírse o ser serios. Después, pídale a cada uno que busque un recorte y lo pegue cerca de alguna frase en el pizarrón o papel según considere que esa ilustración corresponda a un mal, buen o mejor amigo. Una vez que todos hayan pasado al menos una vez adelante, invite a los alumnos a ponerse en el lugar de sus amigos con esta pregunta: "Si tus amigos tuvieran que calificarte, ¿pensarían que eres un buen amigo?"

Dinámica introductoria (18 a 23 años).

- Materiales: Papeles grandes (uno por equipo) o una pizarra; marcadores de colores para escribir en el papel o en la pizarra (plumones o tizas, gis).
- Instrucciones: Divida la clase en equipos; si no hay muchos alumnos, forme parejas o haga la actividad de manera grupal. A continuación, pregunte: Si existiera una receta para hacer amigos, ¿cuál sería? Después, indíqueles que usando la opinión de cada miembro de sus equipos, ellos deberán escribir y presentar una receta de cinco pasos que le permita a cualquier persona hacer amigos.

Conéctate | **¡A Navegar!** | Descargas

A todos nos gusta tener amigos, y entre más amigos tengamos es mejor. La Biblia nos da la clave para tener amigos.

Pregunte: Imagina por un momento que pudieras pedir un solo deseo y te fuera concedido. ¿Qué pedirías? Seguramente, algo que has anhelado toda la vida y que quisieras que durara para siempre. Jesús tenía un deseo así antes de que fuera entregado y crucificado: Él oró al Padre pidiendo que sus discípulos, incluidos nosotros, nos uniéramos unos con otros en amor (Juan 17:20-21).

Para ver cumplido el deseo de Jesús, únicamente hay dos opciones: La primera es que esperemos a que los demás se acerquen a nosotros para ofrecernos su amistad; pero tendríamos que esperar mucho tiempo para que esto sucediera. La otra opción es que cada uno de nosotros sea quien tome la iniciativa de acercarse a otros para ser su amigo. Si todos nosotros tomamos esta actitud, la unidad será una realidad. Jesús nos dio la clave para lograrlo, léala en Juan 15:12-13. Si alguno tiene otra versión, déle la oportunidad de leerla.

1. Un nuevo mandamiento

En cierta ocasión, un maestro de la ley se acercó a Jesús para preguntarle qué tenía que hacer para heredar la vida eterna (Lucas 10:26-28). ¿No les parece extraño que el mandato de Jesús fuera que nos amemos los unos a los otros? Podría considerarse contradictorio que Dios nos obligue a amarnos, ¿no se supone que amar es una decisión libre? Sin embargo, esto nos enseña que la voluntad de nuestro Padre es que nos amemos y que podemos amar a otros si lo decidimos.

Para Dios es importante que no sólo le amemos a Él, sino que también amemos a nuestro prójimo, y eso incluye a los que son nuestros amigos como a los que no lo son. Jesús mismo quería enseñar este principio tan importante en el reino de Dios. Así pues, durante su última cena, el Señor les dio a sus discípulos una orden, un nuevo mandamiento (Juan 15:12).

Algo muy importante por lo que debemos obedecer este mandamiento es porque al hacerlo somos amigos de Jesús (Juan 15:14). Podríamos encontrar muchas otras razones, pero lo que nos interesa entender es que Dios nos pide que nos amemos mutuamente. Pregunte: ¿Qué es un mandamiento? ¿Se puede elegir entre obedecerlo o no? ¿Qué consecuencias habría en ambos casos?

Como verdaderos cristianos que buscamos agradar a Dios, debemos obedecerle y amar a los demás.

2. El mejor ejemplo de amor

Cristo vivió su vida como el mejor ejemplo de amor por sus amigos. Cuando Jesús le dio el mandamiento a sus discípulos, dijo que se amaran de la misma manera en que Él los había amado (Juan 15:12b). Quizá hemos pensado que la forma en que nosotros demostramos amor a nuestros amigos es la mejor manera; tal vez porque es lo más natural en nuestra vida o lo más cómodo, o imitamos la forma en que nos demostraron amor a nosotros. Así pues, llamamos por teléfono a nuestros amigos, les enviamos mensajes electrónicos, los invitamos a nuestra casa, salimos con ellos, y hacemos muchas otras cosas más para probar que nos interesan ellos sus pensamientos, sus planes, sus actividades, su vida, etc. Cuando lo hacemos así, seguramente estamos siendo muy sinceros con ellos. Sin embargo, la voluntad de Dios es mucho mejor que la nuestra, y Él nos pide que amemos como Jesucristo lo hizo. A continuación veremos cinco principios de su amor.

    a. El Señor nos amó primero (1 Juan 4:19). Esto nos enseña que somos nosotros los que debemos empezar a amar a nuestros amigos sin importar que en un principio ellos no demuestren interés en hacerlo con nosotros.

    b. Él vino para servir (Mateo 20:28). Entre las razones incorrectas para hacerse amigo de alguien, se encuentra el sacar provecho o ventaja de la amistad. Jesús nos enseñó que en vez de buscar servirnos de nuestros amigos, nosotros somos los que debemos estar a disposición de ellos y ofrecernos en su beneficio.

    c. Él se hizo igual a nosotros (Filipenses 2:7). Debemos ponernos en el lugar de nuestros amigos, sentir lo que ellos sienten, conocer lo que les interesa, alegrarnos por lo que los hace felices.

    d. Él nos perdonó (Lucas 23:34a). Tal vez hayamos sentido que nos han hecho cosas imperdonables, pero si alguien tenía todo el derecho de no perdonar, ese era Cristo. De esta manera, el Señor nos enseña a hacerlo de todo corazón; sin importar la ofensa, debemos dar perdón a quien nos ha dañado. Jesús también nos enseñó a orar a Dios para que nos ayude a hacerlo.

    e. Él nos acercó a Dios (Efesios 2:13). Gracias a Cristo, nosotros podemos acercarnos a Dios. De igual manera, nosotros debemos permitir que nuestros amigos se acerquen a Dios, y más allá de permitirlo, animémoslos e invitémoslos con nuestro testimonio y forma de amarlos.

No se ve nada fácil, ¿verdad? Sin embargo, cuando Dios nos pide que amemos a los demás es porque Él va a estar con nosotros para guiarnos y ayudarnos a hacer las cosas que no podemos. Al principio nos costará trabajo, y francamente nunca podremos tener un amor tan perfecto como el de Cristo. Pero, poco a poco, con la ayuda del Espíritu Santo, iremos aprendiendo y madurando en nuestras relaciones de amistad.

Acciones tales como visitar a nuestros amigos; pasar tiempo con ellos; y otras que se han mencionado son secundarias muestras de amor que también son necesarias. Pero sin estos cinco principios del amor de Dios, dichas acciones en nada servirían. Al contrario, cuando nuestro amor por los amigos se asemeja al de Jesús, las manifestaciones y demostraciones surgirán de lo más natural y sinceramente.

3. Mostrarse amigo

¡Qué gran privilegio tenemos! Amar a nuestros amigos de la misma manera en que Jesús nos amó es una gran alegría. Pero también requiere que nos esforcemos por lograrlo. Pregunte: ¿Recuerdas algo muy significativo que algún amigo haya hecho por ti? ¿Cómo te sentiste en ese momento? ¿Te gustaría que tus amigos se sintieran así?

Uno de los principios del amor de Jesús es la iniciativa; esto quiere decir que nosotros tenemos la oportunidad de demostrar esta clase de amor a nuestros amigos antes que ellos lo hagan. No obstante, hay que recordar que podemos amarlos sinceramente, pero es mejor siempre demostrarles con acciones que de verdad lo hacemos. Y hay muchas formas de expresar nuestra amistad: Invitar a nuestros amigos a las actividades de la iglesia, buscar intereses comunes, pasar tiempo con ellos, perdonarlos cuando nos ofenden, jugar con ellos y tantas otras cosas más.

Hay una frase que dice así: "Los amigos son la familia que uno escoge". Esto se refiere a que llegamos a querer tanto a nuestros amigos, que los consideramos parte importante de nuestra vida. La misma Biblia tiene una frase parecida... ¿Recuerdas el versículo para memorizar? Dice que hay amigos que son más unidos que algunos hermanos; es decir, con nuestras amigas o amigos compartimos más cosas que nuestro ADN. Esto no significa que amemos menos a nuestros hermanos, ¡al contrario!; significa que podemos buscar que nuestros hermanos de sangre sean nuestros amigos también.

Amar a nuestros amigos es algo relativamente fácil, porque son personas que nos caen bien. Sin embargo, Jesús dijo que cualquier persona puede amar a los que lo aman, pero que sólo los hijos de Dios pueden amar a sus enemigos. ¿Qué piensan de lo que dice Mateo 5:38-48? Tener amigos es muy importante en nuestro desarrollo como adolescentes y jóvenes. Y también es importante para Dios, pues Él nos enseña que amemos a nuestro prójimo sin importar si nos cae bien o si nos hace daño. El Señor desea tanto que nos amemos que nos dio el ejemplo de su Hijo como nuestro modelo a seguir. Igual que Jesús lo hizo, nosotros podemos tomar el primer paso en demostrar amor a nuestros amigos y amigas, o en acercarnos a aquellas personas que no parecen querernos. De esta forma, viviremos como verdaderos hijos de Dios.

Conéctate | **¡A Navegar!** | **Descargas**

Instrucciones de las hojas de trabajo

Hoja de trabajo (12 a 17 años).

Dé un tiempo para que respondan las siguientes preguntas, y luego compartan con la clase sus respuestas.

Al momento de hacer amigos, ¿qué es lo que más trabajo te cuesta hacer?

_____

_____

¿Qué te resulta difícil para establecer una nueva relación de amistad?

_____

_____

¿Cómo podrías cambiarlo o mejorarlo?

_____

_____

Hoja de trabajo (18 a 23 años).

Los cinco principios del amor de Jesús tienen aplicación práctica.

Pida que formen equipos y dialoguen en cómo podrían llevar a cabo cada principio en acciones concretas.

AMARLOS PRIMERO
SERVIRLES
HACERSE IGUAL A ELLOS/AS
PERDONARLOS
ACERCARLOS A DIOS

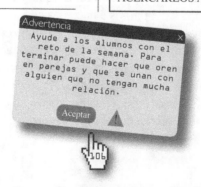

Advertencia

Ayude a los alumnos con el reto de la semana. Para terminar puede hacer que oren en parejas y que se unan con alguien que no tengan mucha relación.

Aceptar

¡Paciencia!

Objetivo: Que el joven comprenda que por causa del Señor debemos tolerarnos los unos a los otros y no enojarnos rápidamente.

Para memorizar: "Por esto, mis amados hermanos, todo hombre sea pronto para oír, tardo para hablar, tardo para airarse" Santiago 1:19.

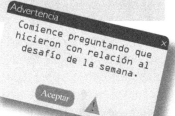

Advertencia

Comience preguntando que hicieron con relación al desafío de la semana.

Aceptar

Conéctate | ¡A Navegar! | Descargas

Dinámica introductoria (12 a 17 años).

- Materiales: Hojas de papel y lápices.
- Instrucciones: Entregue una hoja de papel y un lápiz a cada alumno. Luego, pídales que elaboren una tabla con tres columnas, e indíqueles que en cada columna anotarán respectivamente los siguientes títulos: Cosas que no podría perdonar; Tipos de personas que no tolero y Me enoja que….

Esta es una actividad de sensibilización que establece el marco de la clase y lleva al maestro a presentar el tema de la tolerancia.

Dinámica introductoria (18 a 23 años).

- Materiales: Hojas de papel y lápices.
- Instrucciones: Entregue una hoja de papel y un lápiz a cada alumno. Luego, pida a sus estudiantes que contesten las siguientes preguntas con lo primero que se les venga a la mente.

1. ¿Qué te han hecho que consideras es imposible de perdonar?
2. ¿Con qué tipo de personas te es difícil convivir, y por qué?
3. Cuando una persona que te ha ofendido intenta disculparse, ¿qué actitud tomas?
4. ¿Te has disculpado con alguna persona por algo que hayas dicho o hecho? ¿Cómo se portó esa persona?

Dé unos cinco minutos para que respondan y otros cinco para que compartan sus respuestas. Se sugiere que durante esta última parte de compartir respuestas no se haga ninguna corrección. Con el desarrollo de la lección, los estudiantes irán ampliando sus respuestas.

Con esta dinámica, se trata de hacer un diagnóstico de partida sobre el tema que es la tolerancia a los demás. No se trata de buscar respuestas profundas, sino sólo de sensibilizar a los alumnos. Si el maestro lo considera prudente, puede hacer otras preguntas para contextualizar su clase.

Conéctate | **¡A Navegar!** | Descargas

La tolerancia es básica para la convivencia humana. Pero las diferencias culturales, ideológicas, sociales, políticas, de género y credo nos llevan a tener fricciones que cuando no se tratan con amor y respeto suelen terminar en pleitos, divisiones y enojos.

Pregunte: ¿Qué recomienda la Biblia para resolver los conflictos? ¿Cómo podemos sobrellevar las diferencias entre nosotros? La Biblia nos da algunas claves al respecto que analizaremos en esta lección.

1. Clave uno: Escucha antes de hablar

Santiago nos recuerda que debemos estar listos para escuchar y ser lentos para hablar (Santiago 1:19). Cuando surge un conflicto, la gente suele expresar su versión de los hechos y dar por sentado que "su" versión es "la" versión oficial. Pocos consideran preguntarle primero al otro qué fue lo que ocurrió. Pocos en realidad quieren saber los motivos detrás de las acciones que generaron el pleito. La figura del mediador de conflictos surge como una necesidad para tratar de arreglar las disputas entre dos partes intentado que se escuchen y puedan llegar a un acuerdo. Según la Asociación de Mediadores para los Mayores y su Entorno (AMNE), un mediador busca la comunicación eficaz de las dos partes, comprender las necesidades e intereses del otro y aclarar situaciones que pudieran haberse pasado por alto, entre otros puntos (Consultado: el 28 de junio de 2014 de http://amme-mediacion.org/funciones-del-mediador/).

Para lograr lo anterior, es imprescindible saber escuchar. El otro también tiene una versión y desea ser escuchado. Probablemente en el problema en cuestión, hay circunstancias que desconocemos. Así pues, pudiera ser que la forma de actuar de una persona obedezca a diferencias culturales o sociales. Al respecto, la recomendación de Santiago en 1:19 es clara: Escucha antes de hablar. Esto implica tener la disposición de dejar que el otro hable primero. Pero, ¿qué pasa cuando "el ofendido" está tan enojado que no quiere escuchar al otro, o no quiere ni verlo?

2. Clave dos: Cuidado con la ira

"La ira humana no produce la vida justa que Dios quiere" dice Santiago 1:20 (NVI). Hay una frase popular que dice también: "El que se enoja, pierde". Cuando la gente se enoja, se ofusca y dice y hace cosas de las que después se arrepiente. Lamentablemente, algunas de esas acciones o palabras tienen consecuencias irreversibles. Actuar enojado puede llevar a arrebatos que terminen en ofensas, agresiones físicas o actos inmorales.

Pregunte: ¿Existe algún grupo de personas que les sea especialmente difícil de soportar? ¿Hay alguna actitud que no tolera? (pueden volver a las preguntas del inicio de la clase).

Añadido a lo anterior, ahora pregunte lo siguiente: ¿Conoce alguna razón para ese comportamiento que le disgusta, o por qué les es difícil soportar a ese grupo de personas?¿Qué tanto sabe sobre ellos? ¿Conoce su historia, su problemática, las razones que los llevan a actuar, vestir, hablar de esa manera?

Una forma común de explicar esto es "ponerse en los zapatos del otro", pero cuando las personas están enojadas son incapaces de hacerlo. Por ello, antes de dejar que la ira nuble nuestro entendimiento, debemos buscar entender las razones que llevan a otros a actuar como lo hacen.

Colosenses 3:8 dice: "Pero ahora abandonen también todo esto: enojo, ira, malicia, calumnia y lenguaje obsceno" (NVI). Si actuamos enojados, muy probablemente actuaremos irracionalmente; y lejos de arreglar el problema, le pondremos leña al fuego. Entonces, cuando nos sintamos tan enojados que no podamos controlar la situación, es momento de pedir al Espíritu Santo que nos ayude y nos revista de amor.

3. Clave tres: Vístete de amor

Colosenses 3:12-14 dice: "Por lo tanto, como escogidos de Dios, santos y amados, revístanse de afecto entrañable y de bondad, humildad, amabilidad y paciencia, de modo que se toleren unos a otros y se perdonen si alguno tiene queja contra otro. Así como el Señor los perdonó, perdonen también ustedes. Por encima de todo, vístanse de amor, que es el vínculo perfecto" (NVI).

Es imposible tolerar al prójimo si no hay amor. El apóstol Pablo sabía que las diferencias entre las personas causan grandes divisiones; por ello, les recomendó a los colosenses que se quisieran, que fueran amables entre ellos, que se tuvieran paciencia. Esas recomendaciones son válidas hoy. Así pues, para poder sobrellevarnos a pesar de nuestras diferencias, debemos sobre todo vestirnos de amor. Y cuando el amor de Dios nos llena, somos capaces de perdonar las ofensas, de ser pacientes y escuchar antes de hablar.

Desde luego que no se trata de permitir que nos falten el respeto o nos hagan daño, pero sí de dejarnos llenar por el Espíritu de Dios y permitirle trabajar en nosotros para responder con amor y paciencia ante las situaciones difíciles. La última parte del versículo 13 pone el dedo en la llaga: "Así como el Señor los perdonó, perdonen también ustedes" (NVI). ¡Auch!

"Pórtense bien cuando estén con gente que no cree en Dios. Así, aunque ahora esa gente hable mal de ustedes, como si fueran unos malvados, luego verá el bien que ustedes hacen, y alabará a Dios el día en que él les pida cuentas a todos" (1 Pedro 2:12). Cuando el pueblo de Dios se reviste de amor, Dios es glorificado.

Conéctate | ¡A Navegar! | Descargas

Instrucciones de las hojas de trabajo

Hoja de trabajo (12 a 17 años).

Pida que ordenen las siguientes palabras claves de la lección de hoy.

ITLANECARO	TOLERANCIA
OTREPES	RESPETO
ATANIGOS	SANTIAGO
ECAINCIPA	PACIENCIA
OAMR	AMOR
LABADIMIAD	AMABILIDAD
UCESHCRA	ESCUCHAR
SOCESOLNES	COLOSENSES
JENOO	ENOJO
RHALAB	HABLAR

Hoja de trabajo (18 a 23 años).

De acuerdo con los pasajes bíblicos vistos en clase, contesta lo siguiente:

1. ¿Qué deben mantener ante los incrédulos? (1 Pedro 2:12).

Una conducta tan ejemplar que, aunque los acusen de hacer el mal, ellos observen las buenas obras de ustedes y glorifiquen a Dios en el que Él pida cuentas.

2. ¿Para qué deben estar todos listos? (Santiago 1:19).

Para escuchar.

3. ¿Para qué deben revestirse de afecto entrañable y de bondad, humildad, amabilidad y paciencia? (Colosenses 3: 12-13).

Para que se toleren unos a otros y se perdonen si alguno tiene queja contra otro.

4. ¿Qué no produce la ira? (Santiago 1:20).

La vida justa que Dios quiere.

5. ¿Cuál es el vínculo perfecto? (Colosenses 3:14).

El amor.

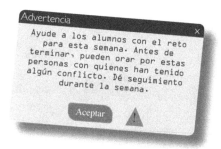

Advertencia

Ayude a los alumnos con el reto para esta semana. Antes de terminar, pueden orar por estas personas con quienes han tenido algún conflicto. Dé seguimiento durante la semana.

Aceptar ⚠

¡Uy conflictos!

Objetivo: Que el joven aprenda a enfrentar sabiamente los conflictos entre amigos.
Para memorizar: "Si es posible, en cuanto dependa de vosotros, estad en paz con todos los hombres" Romanos 12:18.

> **Advertencia**
> Inicie preguntando como se fueron de la reunión anterior y cómo les fue en la semana.
>
> Aceptar ⚠

Conéctate ¡A Navegar! Descargas

Dinámica introductoria (12 a 17 años).

- Materiales: Figuras de pirañas en papel, (peces que parezcan serlo), sogas para el camino, materiales para transportar de varios tamaños y peso.
- Instrucciones: Divida la clase en dos grupos. Explique que hay que atravesar un río lleno de pirañas y transportar cierta mercadería de una orilla a la otra; pero la única forma de hacerlo es cruzando por el camino (que será representado por la soga). Recuérdeles que se deberán mantener el equilibrio a la ida, mientras se transporte el material a la otra orilla, y a la vuelta cuando se regrese a buscar nuevos materiales (siempre pisando la soga). Puede haber varios caminos para cruzar (colocar varias sogas), pero la única regla para hacerlo es que no deben quitar los pies de la soga. Todos tienen que llegar a la orilla contraria llevando material. Cada miembro del grupo transportará su material elegido y lo colocará donde se le indique. Si el lugar donde se reúnen es grande, pueden hacerlo simultáneamente los dos grupos, o un grupo a la vez.
  Esta dinámica terminará cuando todos hayan pasado, o si son pocos alumnos, cuando cada grupo haya transportado todo lo asignado a la otra orilla. Al finalizar, pregunte: ¿Qué materiales fueron los más fáciles de transportar? ¿Ayudaron a otros a pasar? ¿Sintieron enojo o frustración en algún momento? Si lo volvieran hacer, ¿lo harían igual?

Dinámica introductoria (18 a 23 años).

- Materiales: Una lista de 10 materiales necesarios para ser rescatados en la luna, y los cuales deben estar escondidos en algún lugar del recinto.
- Instrucciones: Divida la clase en dos grupos. A uno de los grupos indíquele que deberá leer la lista de materiales perdidos en la luna, primero de forma individual, y después en forma grupal. Luego, deberán ponerse de acuerdo y realizar una lista común y decidir cuáles de los cinco materiales serán rescatados. Al segundo grupo dígale que observará las siguientes características del grupo que está jugando: – Personas del grupo que lideran el desarrollo de la reunión. – Personas cuyos comentarios no tienen ninguna incidencia (no se les hace caso). – Maneras de cómo toma las decisiones el grupo. – Observar el ambiente de la reunión (clima positivo, posibles agresiones verbales, etc.) El segundo grupo en general deberá de observar las dificultades que se encuentran como grupo para llegar a un acuerdo.
  Al final de la dinámica, con todo el grupo en común, se debe reflexionar sobre los resultados obtenidos y observados. La dinámica anterior es una técnica para conocer el funcionamiento del grupo, la interacción que se produce, detectar conflictos, roles, etc.

Conéctate **¡A Navegar!** Descargas

Los conflictos entre personas son frecuentes y forman parte de nuestra realidad diaria.
   Pasar por conflictos con amigos, compañeros de la escuela o tal vez con la familia, puede ser una experiencia frustrante y en ocasiones puede desestabilizarnos emocionalmente debido a que no sabemos cómo enfrentarlos.

En esta lección, vamos a tratar el tema de los conflictos y cómo encaminarlos hacia una vivencia saludable que nos permita crecer en las relaciones de nuestra vida cristiana.

1. ¿Qué es el conflicto?

La Biblia nos muestra muchos episodios con creyentes del Antiguo y Nuevo Testamento que tuvieron conflictos interpersonales. Pregunte: ¿Cómo hijos de Dios de mucha fe y comunión con Dios pudieron atravesar por este tipo de situación?

La explicación es que los conflictos forman una parte de nuestra vida misma. Así pues, tenemos conflictos con nosotros mismos, con nuestros semejantes y el mayor conflicto es el que tenemos con Dios. Esta realidad humana es consecuencia de la separación del ser humano de Dios por causa de la desobediencia de Adán y Eva en el Edén.

El conflicto ocurre cuando dos o más valores, perspectivas u opiniones son contradictorias por naturaleza o no pueden ser conciliadas; o también se da cuando el seguimiento de objetivos son incompatibles por diferentes personas o grupos.

Entonces, el conflicto se puede dar cuando nuestros valores y perspectivas son amenazados.

También se da en procesos de cambio social violentos o no violentos, cuando existen posiciones diferentes en grupos que tratan de trabajar juntos y se encuentran en la inhabilidad de llegar a un acuerdo entre las partes que están debatiendo un asunto y finalmente tratan de imponer su criterio sobre otro u otros. Todos sabemos dónde termina esta situación. Pida que mencionen ejemplos de conflictos que se suscitan o se podrían suscitar en sus vidas.

2. Enfrentando los conflictos con sabiduría

Pregunte: ¿Cómo quiere Dios que enfrentemos los conflictos? Veamos a continuación algunas orientaciones.

Una de las primeras cosas a tener en cuenta en tiempos de conflictos es establecer una relación de amor y confianza con Dios como tu relación principal (Santiago 4:1-10). ¿Qué tiene que ver esto con llevarse bien con otras personas? ¡Mucho! La Biblia constantemente enfatiza que la clave para el éxito en las relaciones con las demás personas es la relación exitosa con Dios. Por lo tanto, el fracaso en la relación con los demás es un síntoma de una relación ausente o deficiente con Dios (vv.6-10).

¿Cómo funciona esto? El Dios de la Biblia es el único que puede satisfacer mis necesidades de seguridad, dirección, propósito, perdón, etc. Él es, a la vez, amoroso y soberano; Él está absolutamente comprometido con mi bienestar y es capaz de trabajar con ese objetivo en cada situación, y también espera que reflejemos este mismo bienestar en la vida de nuestro prójimo (Romanos 15:1-2; Gálatas 5:13-16; Efesios 4:22-26).

Hay conflictos que surgen por egoísmo, porque deseamos tener la razón y buscamos nuestro propio beneficio sin importarnos los demás. Sólo en la medida que pongamos nuestras vidas bajo el señorío de Dios, podremos relacionarnos con los demás de manera saludable.

Otro aspecto en esto es que necesitamos reconocer si nuestra actitud hacia las demás personas es la correcta. Un buen ejercicio es examinarnos y ver si en medio de un conflicto tenemos la motivación correcta y si estamos poniendo a nuestro prójimo antes que a nosotros mismos; y si esto no fuera así, hacer los cambios necesarios.

Es también útil e importante reconocer y pedir perdón por actitudes y acciones que hieren o han causado daño a una persona en el trato cotidiano.

Algo muy importante es cómo amamos a los demás en vez de cómo ellos nos aman (Santiago 3:17-18).

Es vital concentrarse no en lo que no se puede controlar (cómo otros nos tratan), sino en lo que sí se puede controlar (cómo tratamos a otros). En la medida que hacemos esto, el Espíritu de Dios nos garantiza su paz, esperanza y gozo, incluso si las personas no responden de igual manera.

3. Creciendo en los conflictos

En 1 Pedro 3:8-9, el apóstol Pedro presentó cinco aspectos claves que podemos aprender a desarrollar en cualquier conflicto: (1) Armonía, al buscar las mismas metas; (2) Compasión, al responder a las necesidades de los demás; (3) Amor, al ver y tratar a los demás como hermanos; (4) Misericordia, al ser sensibles en nuestro afecto e interés; y (5) Humildad, al procurar animar a otros y regocijarse con los triunfos de los demás. Estas cinco cualidades son de gran ayuda para que los creyentes puedan mantener buenas y sanas relaciones y disminuir los conflictos.

Pedro tuvo que trabajar la compasión y la humildad en su vida. En sus primeros tiempos con Cristo, esas actitudes no se hicieron presentes en forma natural en su vida (Marcos 8:31-38 y Juan 13:6-9 para tener una idea de cómo era Pedro).

Pero el Espíritu Santo lo transformó, logrando que su personalidad impetuosa quedara a disposición de Dios, enseñándole lo que es la compasión y la humildad.

Otra área que debemos desarrollar es la oración. Comúnmente en nuestras relaciones diarias, herimos verbalmente a las personas o somos heridos por ellas, entonces le damos la espalda o le quitamos el saludo. Pedro, recordando las enseñanzas de Jesús de dar la otra mejilla (Mateo 5:39), animó a los creyentes a responder con oración en favor de los que les ofenden. En el reino de Dios, la venganza es una conducta inaceptable, así como el insultar a una persona sin que importe si lo ha hecho con intención o no. Para evitar conflictos, debemos resistir a la tendencia de herir a quienes nos hieren. En lugar de reaccionar con enojo, oremos por esas personas.

| Conéctate | ¡A Navegar! | Descargas |

Instrucciones de las hojas de trabajo

Hoja de trabajo de 12 a 17 años.

Pida a los alumnos que hagan una lista de situaciones donde puede haber conflictos con los amigos. Mencióneles que pueden pensar en algunos conflictos que estén atravesando o que atravesaron en el pasado. Luego, pídales que escriban qué pueden hacer al respecto. Para mayor comprensión, vea el siguiente cuadro que presenta dos ejemplos.

Conflictos	¿Qué puedo hacer?
Celos	Orar y confiar en el otro.
Bromas que al otro no legustaron	Pedir perdón y no volver ha cerlas.

Hoja de trabajo de 18 a 23.

¿Es posible vivir sin conflictos? ¿Por qué?

No, porque nacemos y vivimos con conflictos. Mencione tres caminos que nos permiten resolver conflictos.

(a)Comunión con Dios. (b)Cambiar de actitud. (c)Perdonar. Mencione una de las actitudes que necesita desarrollar cuando enfrenta una situación de conflicto, y cómo puede hacerlo.

Ejemplo: En el conflicto de tener siempre la razón, escuchar al otro y admitir donde tenga razón.

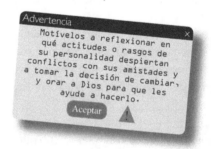

Advertencia

Motívelos a reflexionar en qué actitudes o rasgos de su personalidad despiertan conflictos con sus amistades y a tomar la decisión de cambiar, y orar a Dios para que les ayude a hacerlo.

Aceptar

¡A la conquista!

Objetivo: Entender la importancia de acercar a nuestros amigos a Cristo.

Para memorizar: ...Hemos hallado a aquel de quien escribió Moisés en la ley, así como los profetas: a Jesús..." Juan 1:45.

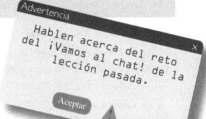

Advertencia

Hablen acerca del reto del ¡Vamos al chat! de la lección pasada.

Aceptar

Conéctate | ¡A Navegar! | Descargas

Dinámica introductoria (12 a 17 años).

- Materiales: Fichas de cartulina con textos bíblicos impresos; papel grande y marcadores (plumones).
- Instrucciones: Organice a sus alumnos en pequeños grupos de tres, y entrégueles las fichas con los textos bíblicos impresos (Job 2:11; Proverbios 17:17; Proverbios 18:24; Proverbios 27:10; Mateo 19:19; Juan 15:13; Juan 15:14). Oriéntelos para que los lean y escriban en sus papelotes qué enseñan estos acerca de la amistad.

Dinámica introductoria (18 a 23 años).

- Materiales: Fichas de cartulina de forma rectangular, tamaño normal; y lapiceros.
- Instrucciones: Pida a sus alumnos que se sienten formando un semicírculo. Luego, distribúyales las fichas de cartulina y los lapiceros. Oriénteles que escriban el significado de la palabra amigo. Cuando hayan terminado, pida que compartan lo que escribieron. A continuación, anote en la pizarra o en una hoja de papel las definiciones que considere más sobresalientes. Le sugerimos que abra el espacio para una pequeña discusión u opiniones acerca del ejercicio.

Conéctate | **¡A Navegar!** | Descargas

Generalmente, hablamos de todo con nuestros amigos y en ocasiones compartimos trabajo, celebraciones, inquietudes y buscamos en conjunto algunas soluciones a determinados problemas. Sin embargo, con ellos, tenemos también la oportunidad de hablar acerca de Jesucristo y de su bendita Palabra. En ocasiones, puede ser que nos de pena o quizá miedo de hablarles de Jesús, pues no sabemos cómo van a reaccionar; pero a pesar de todo es nuestro deber hacerlo. Hoy veremos este tema a la luz de Juan 1:35-51.

1. Jesucristo ama a nuestros amigos

Nuestros amigos son parte del conglomerado humano a quienes el Señor Jesús ama y quiere alcanzar con su poder salvífico. En su amor y gracia, todas las personas están incluidas, pues Dios las ama y quiere transformarlas.

Si nuestros amigos no conocen a Jesús, son esclavos del pecado y necesitan ser libres (Juan 8:34). Sin importar la condición en que se hallen (vicios, robo, libertinaje sexual, maldades), el Señor los ama así como son y tiene todo el poder para liberarlos.

El peso del pecado que Jesús soportó sobre su cuerpo y su Espíritu mientras pendía de la cruz, fue también por ellos y ellas. Allí estaba nuestro bendito Redentor bañando con su sangre el madero del Gólgota, proveyendo así el remedio eficaz para los pecados de todos.

El apóstol Juan en su primera carta lo dice así: "Y él es la propiciación por nuestros pecados, y no solamente por los nuestros, sino también por los de todo el mundo"(1 Juan 2:2).

El Señor sabe que si tus amigos continúan en ese camino van rumbo a la condenación eterna. Sin Jesucristo no hay manera de obtener la salvación (Romanos 3:23-24).

2. Nuestros amigos deben buscar y seguir a Jesucristo

A. Necesitan escuchar acerca de Él

Juan, apóstol del Señor, escribió que Juan el Bautista hizo una contundente declaración acerca de Jesús (Juan 1:36). Dos de sus discípulos oyeron tan poderosas palabras, y como resultado decidieron seguir a Jesús (v.37). Pregunte: ¿Qué implica seguir a Jesús? Significa negarse a uno mismo y dar lugar a que el Señor ocupe el primer lugar en nuestra vida; es estar dispuestos a sufrir por Él y abandonar todo, con tal de ofrecerle amor y fidelidad continuamente. Pregunte: ¿Qué significa para mí hoy negarme a mi mismo? Tenemos que amar menos (aborrecer) a otras personas, bienes materiales, dinero, fama, placeres, deleites, y hasta la vida misma (Lucas 14:26-27).

B. Necesitan hacer una búsqueda sincera

Nuestros amigos necesitan estar conscientes y convencidos de su necesidad de Dios y emprender su búsqueda de manera sincera y apremiante. También necesitan saber que si lo buscan lo hallarán, pues el Espíritu Santo les ayudará. Esto es parte del ministerio que Él realiza (Juan 16:8).

Cuando Jesús se percató que los dos discípulos de Juan el Bautista le estaban siguiendo (Juan 1:35-42), les preguntó: "¿Qué buscáis?" (v.38). Con esta pregunta, les abrió la puerta para establecer con Él un diálogo, una conversación e intercambio sincero y oportuno.

Cabe que nos preguntemos hoy lo siguiente: En realidad, ¿qué estaban buscando ellos? ¿Qué motivos y propósitos tenían? Ello era muy importante para Jesús, pues de sus respuestas se desprendería que no estaban buscando cosas, sino a una persona. Los dos discípulos querían conocer a Jesús y estar con Él. No estaban buscando algo para sí mismos; pues su búsqueda no estaba motivada por intereses egoístas y mezquinos. Es decir que ellos no venían para sacar ventajas y provecho personal, no era un afán por satisfacer sus propios apetitos, no querían un discipulado fácil, barato, sin arrepentimiento y falto de compromiso.

"Rabí,... ¿dónde moras?" (el término rabí ocurre con frecuencia en el Evangelio según San Juan). Con esta expresión, afirmaron su verdadero interés. Jesús conoció que los dos discípulos eran sinceros en su búsqueda; los vio bien intencionados y de seguro sedientos de tener una vivencia al lado de Él como el Cordero de Dios que quita el pecado del mundo y el cumplimiento de las profecías bíblicas. Por ello, el Señor les extendió una cordial invitación para que fueran con Él. Una invitación acompañada de un imperativo: "Venid y ved" (v.39). Aquella fue una oportunidad que los discípulos aprovecharon gozosamente. Así pues, la Biblia nos dice lo siguiente: "Ellos fueron", y entonces se percataron de la realidad, pues no era simple curiosidad lo que les movía; ellos fueron y "se quedaron con él"(Juan 1:39).

C. Necesita compartirlo con otros

El Evangelio según San Juan menciona uno de los varones que oyó a Juan el Bautista y después fue discípulo de Jesús, y más tarde llegó a ser un apóstol. Esto indica que el trabajo de Juan el Bautista no fue en vano. Lo preparó para que siguiera a Jesús. Este es un ejemplo del discipulado productivo.

Andrés comenzó su ministerio de compartir a Jesús con otros. Inició en su propio hogar, con uno de sus familiares más cercanos. Sabemos que en nuestras casas hay personas que no conocen a Cristo y lo necesitan. Este es un terreno fértil para sembrar la Palabra en sus corazones.

Andrés compartió su hallazgo con su hermano, Simón (Juan 1:41).El testimonio fue claro y convincente. El Mesías esperado por tanto tiempo, anunciado por los profetas como promesa de Dios, por fin ¡había llegado! Ya estaba identificado. No había ni la mínima duda en sus palabras. Era verdad.

Andrés le dio el mensaje a su hermano, pero además, "le trajo a Jesús". Esta fue una decisión audaz por la cual lo llevó al Salvador. El Señor lo miró con amor y le cambió su nombre por el de Cefas, es decir, Pedro (v.42). El Señor vio no sólo quién era, sino quién podría llegar a ser por el poder transformador de Dios.

La transformación de Simón Pedro es un ejemplo de lo que Dios es capaz de hacer en la vida de cualquier persona que responde con sinceridad, humildad y sumisión ante Él.

¿Estaba Jesús ante el futuro papa de la iglesia? No. Se trataba de un humilde pescador, perdido en sus delitos y pecados; pero buscado y hallado por su hermano Andrés y transformado por Jesús.

3. Nuestros amigos necesitan de nuestra ayuda

En el desarrollo de su ministerio, Jesús encontró a Felipe y lo invitó a seguirle (Juan 1:43). Dicha invitación de Jesús, así como también la disposición de Felipe, lo convirtió en discípulo. Paso seguido, Felipe procedió a compartir su fe. Natanael fue la persona con quien Él habló y le comunicó la buena noticia. La persona de quien Él hablaba era exactamente de la que hablaban las Escrituras (v.45).

Moisés y los profetas, inspirados divinamente por el Espíritu Santo, anunciaron la venida del Mesías quien vendría para "inaugurar" una nueva etapa en la relación de Dios con los seres humanos. Felipe identificó al Mesías en Jesús de Nazaret, y eso fue lo que le comunicó a su amigo. La tarea de compartir a Jesús no siempre resulta fácil, pero la insistencia deja buenos resultados (Gálatas 6:9).

Felipe tuvo que bregar fuertemente con el escepticismo de Natanael quien no se dejó convencer fácilmente. "¿De Nazaret puede salir algo de bueno?", preguntó este hombre (v.46). Y es que en la persona escéptica, la duda y la inseguridad gobiernan su mente. Entonces, nos preguntamos hoy lo siguiente: ¿Cuál habrá sido el concepto de Natanael del Mesías?

Felipe no se desalentó, invitó a su amigo a desengañarse por sí mismo. Por ello, le dijo: "Ven y ve". De esta manera,

Felipe invitó a Natanael a accionar y observar con suma atención.

Cuando Natanael se acercó al Señor Jesús (Juan 1:47), Él hizo una declaración que lo sorprendió y también lo impactó. Esto lo evidenciamos en lo que le respondió al Mesías: "¿De dónde me conoces?" Jesús le declaró que antes que Felipe lo llamara, cuando se hallaba debajo de la higuera, lo vio(Juan 1:48). Esto fue suficiente para Natanael. De hecho, evidencia claramente la omnisciencia de Jesús para reconocerlo, y por ello, Natanael decidió convertirse en su discípulo (Juan 1:49).

Los verdaderos amigos quieren siempre tratarnos bien y están listos para hacer cosas para nuestro provecho. No nos desean mal, sino que están dispuestos a defendernos ante aquellas personas que intentan hacernos daño. Ciertamente, podemos confiar en nuestros amigos, porque ellos nunca harán causa común con nuestros detractores. Pues bien, el mayor y mejor bien que les podemos hacer a nuestros amigos es compartirles a Cristo.

Conéctate **¡A Navegar!** **Descargas**

Instrucciones de las hojas de trabajo

Hoja de trabajo (12 a 17 años).

Oriente a sus alumnos a que lean con atención las siguientes declaraciones, después, y escriban si es verdadero (V) o falso(F).

1. Antes de seguir a Jesús, Andrés era discípulo de Juan el Bautista. (V)
2. Andrés era hermano de Felipe. (F)
3. Juan el Bautista le cambió el nombre a Simón. (F)
4. Cefas quiere decir Pedro. (V)
5. Un escéptico es alguien que tiene fe en Dios. (F)
6. Natanael habló de Cristo a Felipe. (F)
7. Jesús dijo de Natanael:"He aquí un verdadero israelita en quien no hay engaño". (V)

Hoja de trabajo de 18 a 23.

Organice a sus alumnos en pequeños grupos, y luego, pida que lean las citas bíblicas siguientes: (Job 2:11; Proverbios 17:17, 18:24, 27:10; Juan 15:13,14). Después, indíqueles que escriban en la columna izquierda los pasajes bíblicos que se les dio; y en la columna derecha, la enseñanza que da cada uno de dichos pasajes.

Cita bíblica	Enseñanza
Job 2:11	Los amigos llegan para condolerse y consolar.
Proverbios 17:17	El amigo ama en todo tiempo.
Proverbios 18:24	El que tiene amigos ha de mostrarse amigo.
Proverbios 27:10	No debemos dejar a nuestros amigos.
Juan 15:13	Poner la vida por los amigos es el mayor amor.
Juan 15:14	Jesús nos considera sus amigos si hacemos lo que Él nos manda.

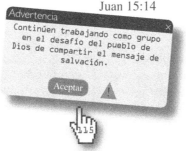

Advertencia

Continúen trabajando como grupo en el desafío del pueblo de Dios de compartir el mensaje de salvación.

Aceptar

¿Perdonar?

Objetivo: Que el joven comprenda que el perdón es un mandamiento, no es una opción.

Para memorizar: "… si perdonáis a los hombres sus ofensas, os perdonará también a vosotros vuestro Padre celestial; mas si no perdonáis a los hombres sus ofensas, tampoco vuestro Padre os perdonará vuestras ofensas." Mateo 6:14-15.

Advertencia

Genere diálogo antes de comenzar la clase. Hablen acerca de la manera en que están compartiendo de Cristo en este tiempo.

Aceptar

Conéctate | ¡A Navegar! | Descargas

Dinámica introductoria (12 a 17 años).

- Materiales: Papeles, marcadores, y cinta de papel que se adhiera.
- Instrucciones: Escriba palabras opuestas en los papeles, pero sólo una palabra por papel (por ejemplo: Amor-Odio, Frío -Caliente, Refrigerador-Horno, etc.). Después, trace en medio del aula una línea divisoria y coloque los papeles en una mesa mezclándolos previamente. Asimismo, con cinta de papel que se adhiera, haga un diagrama en el piso como el dibujo que está abajo, y separe a los estudiantes en dos grupos. Cada grupo debe de hacer una fila detrás de la línea central (rojo o azul dependiendo el equipo). Luego, indíqueles que a la cuenta de tres, la primera persona en la línea de cada grupo debe correr al polo norte y tomar un papel, e inmediatamente después, ir corriendo al polo sur y buscar la palabra opuesta correspondiente (por ejemplo, la distribución de palabras en cada polo puede ser la siguiente: Amor, Frío y Nevera deben de ir en el polo norte. Odio, Caliente y Horno deben ir en el polo sur). El primer grupo en encontrar todas las palabras opuestas ganará.

```
        Azul
Polo Norte  - - - - - - - -  Polo Sur
        ROJO
```

Dinámica introductoria (18 a 23 años).

- Materiales: Un equipo para poner música (radio, Ipod, etc.), música instrumental suave, hojas de papel, y lápices.
- Instrucciones: Prepare el salón con un ambiente muy solemne. Luego, pídales a los alumnos que entren en silencio al salón. Cuando ya estén todos sentados, dígales que reflexionen en sus vidas. Pregúnteles si en algún momento han sufrido alguna herida o decepción por otra persona (ya sea un novio, un padre, un familiar). Reparta hojas de papel y lápices, y pídales que de manera muy personal escriban los nombres de las personas que los hirieron, y también que escriban cómo se sintieron en el momento de la decepción y cómo se sienten ahora hacia esa persona. Asegúreles que ellos se quedarán con esos papales y que no serán leídos en público.

Al finalizar la clase, pídales a sus alumnos que oren a Dios y perdonen a esas personas. Luego, dígales que guarden o rompan los papeles según lo crean conveniente.

Conéctate | **¡A Navegar!** | Descargas

El 2 de octubre de 2006, Charles Carl Roberts de 32 años entró y secuestró a los estudiantes de la escuela West Nickels Mines de una tranquila comunidad Amish (son un grupo etnorreligioso cristiano anabaptista, conocidos principalmente por su estilo de vida sencilla). Después, Roberts tiroteó a diez de las niñas secuestradas antes de suicidarse. Cinco de las niñas fallecieron a causa de sus heridas. "Un día después de la masacre, se escuchó al abuelo de una de las víctimas advirtiendo a familiares más jóvenes, a no odiar al asesino, diciendo "No debemos de pensar mal de este hombre". Otro padre dijo, "Él tenía una madre y una esposa y un alma y ahora él está parado ante un Dios justo". Jack Meyer, explicó, "No creo que hay nadie aquí que quiera hacer nada menos que perdonar y no solamente ayudar o tender la mano a aquellos que han sufrido una pérdida de esta manera, sino también a la familia del hombre que cometió este acto."(http://en.wikipedia.org/wiki/Amish_school_shooting).

1. Trasfondo de la historia de José

Los padres de José eran Jacob y Raquel (Génesis 37-44). José era el favorito de su papá. Diez de sus medios hermanos lo vendieron a una caravana de ismaelitas, y fue llevado como esclavo a Egipto. Allí sufrió soledad al estar forzado a pasar largo tiempo lejos de su familia. También fue víctima de calumnias y mentiras, y fue encarcelado sin causa. Finalmente, bajo la fidelidad de Dios, la vida de José dio un giro. El Faraón tuvo un sueño, y José con la guía de Dios lo interpretó, y fue así como él llegó a ser el "segundo en el mando" de todo Egipto. Dios bendijo a José. Así pues, todo lo que él tocaba era prosperado. En los siete años de bienestar, José ayudó al pueblo a usar y guardar para los tiempos de hambre y necesidad. Cuando llegó el tiempo de hambre, José llevó a Egipto a ser uno de los países más poderosos de esos tiempos y llegó a ser alguien de renombre. Pero aunque José había logrado mucho, aún su corazón estaba afectado por las heridas que sus hermanos le habían causado. José tuvo que enfrentarse a sus sentimientos de amargura, deseos de venganza y ataduras por falta de perdón; y así poder lograr llegar a la plenitud de todo lo que Dios había preparado para él y su descendencia.

Como José, muchos de nosotros hemos enfrentado tiempos difíciles. Hemos sido azotados por golpes de la vida, muchos de ellos provenientes de seres queridos. Pregunte: ¿Nos identificamos con José? ¿Existe algo en nuestra vida que nos afecte y que no querramos recordar?

2. El perdón, un mandamiento

En la historia de José, el perdón fue algo digno de resaltar (Génesis 45:1-8). Si vemos Génesis 44:18-33, podemos notar la evidencia del verdadero arrepentimiento de los hermanos de José. A diferencia de cuando vendieron a José, cuando se volvieron a encontrar tomaron en cuenta los sentimientos de su padre, Jacob. Ellos habían aprendido la lección. En Génesis 45:1, vemos que José notó ese arrepentimiento genuino; por eso, no pudo contenerse y pidió que salieran todos los que estaban presentes (menos sus hermanos). Al ver los frutos del arrepentimiento de sus hermanos, José pudo manifestar su perdón.

Génesis 45:1-2 nos revela una verdad poderosa. José no quiso divulgar o arrastrar el pecado de sus hermanos en público; pero, al mismo tiempo no le importó enseñar sus emociones ante los egipcios. José lloró y gritó tan alto que hasta en la casa del Faraón lo escucharon. José quiso tratar la ofensa y el ofrecimiento de perdón entre familia, privadamente. Cuando somos heridos por otros, tenemos que tomar esta reacción muy en cuenta. En estos tiempos, es fácil sacar los "trapos sucios" a los "hermanos" mediante las redes sociales.

José se dio cuenta de que sus hermanos se asustaron cuando él reveló quién era, y en vez de "ponerles el dedo en la llaga" y recalcarles el dolor y la herida, José les pidió que se acercaran a él (vv.4-6). Es interesante notar que José al revelarse a sus hermanos pudo ir más allá del reproche o el juicio (v.5). Él los tranquilizó diciéndoles: "…no os entristezcáis". Aquí podemos ver el fruto de un corazón que de verdad estaba libre de amargura y resentimiento. Es evidente que José de verdad había perdonado a sus hermanos.

En Génesis 45:7-8, vemos que José decidió poner su mirada en el propósito de Dios en vez de ponerla en su dolor o en sentimientos de venganza. Él enfocó sus energías en descubrir cuál era el plan y propósito de Dios en medio de todo su sufrimiento. Así también, Dios le dio las fuerzas a José para que pudiera perdonar a sus hermanos.

La vida intachable de José en medio de la adversidad dio lugar al cumplimiento del plan de Dios. Al llegar el momento de volver a juntarse con su familia y salvarla del hambre, José perdonó a sus hermanos y dio lugar para que el plan de Dios se siguiera cumpliendo en la formación y preservación del pueblo de Israel.

3. ¿Cómo brindar el perdón?

En Mateo 6:9-15, encontramos la oración del Padre nuestro, y algo muy interesante de esta oración es la insistencia en el perdón. Los versículos 12 al 15 se enfocan en la necesidad de perdonar; pero lo más interesante de estos versículos es que son recíprocos. Al ser nuestras deudas perdonadas, así debemos de perdonar a nuestros deudores.

Usualmente, cuando hablamos de heridas o males que nos han hecho, nuestro enfoque está en la otra persona. Pero... ¿y qué de nosotros? Nosotros también hemos ofendido. Nosotros también somos culpables de ofensas. Jesús, el único que no ofendió, el único que nunca hirió a nadie; cuando fue ofendido, pudo perdonar (Romanos 5:8). Por lo cual, nuestro primer paso al ofrecer el perdón debe de ser quitar los ojos de la persona que nos hizo daño y poner los ojos en Jesús, el mayor ejemplo del perdón (Efesios 4:31-32). Seguidamente, debemos orar por nosotros y por el que nos hizo daño, entendiendo que sólo Dios nos puede dar las fuerzas para perdonar. Si sigues pensando en la ofensa, esto te traerá más dolor y amargura. Este resentimiento te dará deseos de venganza que no te dejarán tranquilo hasta que no tomes una acción. Engordar la amargura es como una bola de nieve deslizándose por el lado de una montaña; comienza pequeña, pero termina en una gran bola que estalla al llegar a su destino. El seguir reviviendo la ofensa te atará al pasado y no te dejará vivir y disfrutar del presente ni pasar al futuro. Cuando te vengan los pensamientos de la ofensa, llévaselos a Dios. Descansa en Él. Escoge el perdón, la felicidad y la libertad; la decisión es tuya. Entendamos que perdonar no significa que lo que la persona hizo estuvo bien ni que lo vamos a olvidar. Perdonar es poner la situación en las manos de Dios; no recriminar y dejar que Dios tome control.

Pregunte: ¿Y qué si la persona que me ofendió no está interesada en el perdón? Acuérdate que tú no estás perdonando para el bienestar de la otra persona solamente; estás perdonando, porque es un mandamiento de Dios y porque es necesario para tu felicidad y libertad espiritual y emocional. El perdón es un mandamiento de Dios que traerá libertad a tu vida.

Conéctate	¡A Navegar!	Descargas

Instrucciones de las hojas de trabajo

Hoja de trabajo (12 a 17 años).

Pida que busquen todas las palabras PERDÓN dentro del cuadro (no se considera la tilde).

P	E	R	P	D	O	P	E	R	D	O
P	E	P	E	P	E	R	D	O	N	P
E	E	R	R	N	O	D	R	E	P	
P	E	D	O	N	O	D	R	E	P	
E	E	O	O	O	D	R	D	R	P	E
R	N	O	N	P	N	P	D	P	N	R
D	O	N	O	O	P	O	D	N	O	D
P	E	R	D	O	N	P	D	D	O	
P	E	R	R	D	O	N	P	R	E	N
P	E	P	E	R	D	O	N	P	E	R
P	E	R	P	E	R	D	O	N	P	P

¿Qué dicen los siguientes pasajes en cuanto al perdón Marcos 11:25; Efesios 4:32; Colosenses 3:13?

_____

¿Necesitas perdonar a alguien que te ha hecho mucho daño?

_____

¿Qué impide que la perdones?

_____

Hoja de trabajo de 18 a 23.

Dé un tiempo para que busquen los siguientes versículos y escriban lo que dicen respecto al perdón.

1 Juan 1:9 El perdón viene de Dios.

Efesios 1:3,7 El perdón viene de Dios.

Mateo 18:21-22 Debemos perdonar.

Marcos 11:25; Efesios 4:32; Colosenses 3:13

Debemos perdonar como Dios nos perdonó.

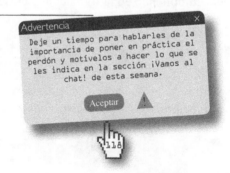

Advertencia

Deje un tiempo para hablarles de la importancia de poner en práctica el perdón y motívelos a hacer lo que se les indica en la sección ¡Vamos al chat! de esta semana.

Aceptar

¡Mi mejor amigo!

Objetivo: Que el joven comprenda que en Jesucristo encontrará a su mejor amigo.

Para memorizar: Yo soy la vid, vosotros los pámpanos; el que permanece en mí, y yo en él, éste lleva mucho fruto; porque separados de mí nada podéis hacer.

Advertencia

Comience preguntando cómo les fue con el reto de ¡Vamos al chat! de esta semana.

Aceptar

Conéctate | ¡A Navegar! | Descargas

Dinámica introductoria (12 a 17 años).

- Materiales: Hojas de papel periódico.
- Instrucciones: Tire en el piso hojas de papel periódico. Cuando los alumnos lleguen al aula, la instrucción que debe darse es que se imaginen que están en un barco que ha comenzado a hundirse y que esas hojas de papel periódico representan lanchas en el mar que se van a salvar según la orden que se dé. La orden es la siguiente: "Las lanchas se salvan con 4…". Cuando se escuche dicha orden, los participantes deben pararse en las hojas de papel de 4 en 4; las personas que no hayan encontrado lugar en las lanchas irán saliendo. El número de salvados variará según la orden que dé el que dirige el juego. Al final, los participantes comentarán cómo se sintieron al no encontrar lugar en la "lancha", o cómo se sintieron al no poder ayudar a sus compañeros y amigos a "salvarse".

Dinámica introductoria (18 a 23 años).

- Materiales: Reproductor de música.
- Instrucciones: Invite a los alumnos a formar dos círculos (uno dentro del otro) con igual número de personas, y solicite que se miren frente a frente. A continuación, coloque música de fondo. Después, pídales que se presenten con la mano y digan sus nombres, qué hacen, y qué les gusta. Luego, dé la señal para que hagan girar los círculos cada uno en sentido contrario; de esta manera tendrán en frente a otra persona. Después, solicite que se den un abrazo y que cada uno realice las mismas preguntas hechas anteriormente, pero ahora a la otra persona; pídales que vuelvan a girar y se saluden con los pies, luego con los codos, los hombros, etc. Al final, ellos deben dar sus propias aplicaciones y conclusiones.

Conéctate | **¡A Navegar!** | Descargas

Pregunte: ¿Cuántas veces dijeron, refiriéndose a alguien, que él o ella es su mejor amigo o amiga? O, ¿cuántas veces le han dicho a alguien de manera directa: "Tú eres mi mejor amigo(a)"? Seguramente, varias veces. Tener amigos es maravilloso, es algo especial. Compartimos con ellos y ellos lo hacen con nosotros; caminamos juntos, intercambiamos ideas; y muchas veces tenemos algunas cosas en común. Pero debemos tener en cuenta que posiblemente en algún momento nos pueden fallar, al igual que nosotros podemos fallarles a ellos. Y es que somos y seremos humanos, y por ello, tendemos a fallar. Algunas personas dicen que "el mejor amigo del hombre es el perro". Pregunte: ¿Qué piensas?(permita que sus alumnos argumenten al respecto). Este día y en esta lección, hablaremos de alguien que es un amigo al cual con certeza podemos llamar "mi mejor amigo". Una vez que tenemos a Jesús en nuestro corazón y se convierte en nuestro mejor amigo, tendremos que tener en cuenta los siguientes aspectos que a continuación estudiaremos.

1. Permaneceremos en Él

En Juan 15:1-17, vemos el resultado de esa relación estrecha, y esto es la producción de abundante fruto que satisface la expectativa del Padre. Veamos lo que nos dice Juan 15:5. Jesús aclara quién es Él diciendo: "Yo soy la vid"; pero también señala quiénes somos nosotros: "...vosotros los pámpanos". La idea es que nosotros, al comprender que somos los pámpanos, hagamos lo siguiente:

a. Permaneceremos en Él y Él en nosotros

Se cuenta que en cierta ocasión, cuando el misionero Hudson Taylor pasó la noche en la casa de un amigo, este le preguntó: "¿Está siempre consciente de permanecer en Cristo?"; Taylor le respondió: "Anoche mientras yo dormía, ¿dejé de permanecer en su casa, porque no estaba consciente de ello? De la misma forma, jamás debemos pensar que no permanecemos en él porque no estamos conscientes de ello" (Comentario Bíblico Mundo Hispano, Juan. Tomo 17, Mundo Hispano, EE.UU: 2005, p.321). Permanecer en Cristo es esa unión vital que existe entre cristianos y Jesucristo. La palabra "permaneced" básicamente quiere decir "quedarse". Cada cristiano está inseparablemente enlazado a Cristo en todas las áreas de su vida. Así pues, obedece su Palabra (esta lo instruye en cómo vivir); le ofrece su profunda adoración y alabanza; y se somete a su autoridad. Permanecer en Cristo es evidencia de una salvación genuina. Las personas que permanecen en Cristo tienen una fe genuina; son los que se quedarán, no se retirarán, no negarán ni abandonarán a Cristo. Los verdaderos discípulos de Jesús son los que permanecen viviendo lo que manda la Palabra (Juan 8:31).

b. Llevaremos mucho fruto

Al permanecer en Él, llevaremos mucho fruto y reconoceremos que sin Él nada podemos hacer (Juan 15:5). El deseo de Jesucristo, como nuestro mejor amigo, es que nunca nos separemos de Él; que compartamos con Él, que aprendamos de Él y que sobre todo, le conozcamos, y que así como el pámpano, estemos pegados a la vid para llevar fruto. Pregunte: ¿Cuáles frutos se verán en nosotros? Así como la vid tiene muchas uvas que se reproducen, así será nuestra vida si permanecemos en Él: Podremos ser discípulos que forman otros discípulos. Esos frutos nos permitirán hablar de Él con libertad y seguridad. Si permanecemos en Él y sus palabras permanecen en nosotros, al pedir todo lo que querremos será hecho (Juan 15:7); claro que siempre que lo que pidamos sea según su voluntad.

Jesús, en este pasaje de Juan 15, menciona 10 veces el verbo "permanecer". Esta palabra describe la relación de Jesús con el Padre, la relación de Jesús con sus discípulos, y viceversa.

2. Seremos amados por Él

Cristo tiene un modelo de amor, y ese modelo de amor es su Padre; como su Padre lo ama, Él nos ama (Juan 17:23-26) y nos invita a permanecer en su amor (Juan 15:9-11). Si permanecemos en Él, su gozo estará en nosotros.

Si Cristo habla de estas cosas tan especiales, ¿dudaremos de que sea nuestro mejor amigo? O mejor dicho, ¿vas a dudar que pueda ser tu mejor amigo? ¡Por supuesto que no! Jesucristo desea nuestro bienestar total. Ningún amigo desea lo peor para alguien; al contrario, debe desear siempre lo mejor, y si no es así, temo decirte que no es tu amigo. Juan 15:13 dice: "Nadie tiene mayor amor que este, que uno ponga su vida por sus amigos". Es impresionante cómo manifiesta Jesús, como amigo fiel, su amor hacia nosotros.

3. Su amor es universal

Cristo, como el mejor amigo de la humanidad, nos invita a amarnos los unos a los otros, como Él nos amó (Juan 15:12).

Esta expresión: "Que os améis", traduce un verbo en el tiempo presente, describiendo una actitud y acción constantes, perdurables. Jesús no sólo nos manda amarnos entre los discípulos, sino que también especifica la calidad de amor que debe existir entre nosotros: "Como yo os he amado". Con esa afirmación, describe la calidad y dimensión de su amor.

Cristo desea ser el mejor amigo de la humanidad. Él nos enseña que el gozo del compañerismo entre creyentes es uno de los grandes dones de Dios. No importa dónde nos encontremos, podemos estar en familia cuando estamos con hermanos en la fe. En Juan 15:17, encontramos el undécimo mandamiento; allí se nos dice que lo más importante para Cristo es que sus discípulos se amen. Cristo nos manifestó su amor, aun siendo pecadores: "Mas Dios muestra su amor para con nosotros, en que siendo aún pecadores, Cristo murió por nosotros." (Romanos 5:8); y pues... "En esto consiste el amor: no en que nosotros hayamos amado a Dios, sino en que él nos amó a nosotros…" (1 Juan 4:10).

Si nuestro mejor amigo ama a la humanidad, entonces nosotros debemos amarla también. Amamos a las personas, porque hemos conocido lo más grande: El amor de Dios. Entonces, a Cristo, como nuestro mejor amigo, debemos compartirlo. ¡Eso es amor!

Haz de Cristo tu mejor amigo. Él te ama y lo ha demostrado yendo a la cruz por ti y por todo el mundo. Te invito a que digas hoy con certeza: "Fiel conmigo va Jesucristo, su poder me da Jesucristo, Él mi solaz, mi perfecta paz".

| Conéctate | ¡A Navegar! | Descargas |

Instrucciones de las hojas de trabajo

Hoja de trabajo (12 a 17 años).

Dé un tiempo para que encuentren palabras relacionadas con el tema de hoy. Al al encontrarlas, indíqueles que deben colorearlas.

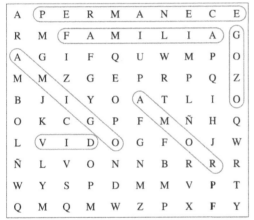

Luego, pida que respondan las siguientes preguntas:
1. ¿Quién es un amigo?

Un amigo, término que en nuestro idioma usamos extendidamente, es aquel individuo con el cual se mantiene amistad.

2. ¿Qué tipo de amigo se te ha presentado en esta lección?

Al mejor amigo.

3. ¿Cómo deben permanecer los amigos?

Unidos.

4. ¿Qué es la vid?

Una planta cuyo fruto es la uva.

5. ¿Qué son los pámpanos?

Brotes verdes, tiernos y delgados de la vid.

6. Menciona las cualidades de Jesús como tu mejor amigo (esta pregunta la pueden responder con sus propias palabras).

Es un amigo sincero, que escucha, tierno, bueno, discreto, generoso, etc.

Hoja de trabajo (18 a 23 años).

Divida la clase en grupos y escriban las definiciones de las siguientes palabras: Amigo, frutos, amor, gozo, compañerismo, humanidad, familia, hermanos, permanecer y obediencia. Luego, pida que compartan con todo el grupo sus respuestas.

Amigo	
Frutos	
Amor	
Gozo	
Compañerismo	
Humanidad	
Familia	
Hermanos	
Permanecer	
Obediencia	

Advertencia

Hágales ver la importancia de tomar en cuenta el reto y examinar como esta su relación con Cristo.

Aceptar

Sin
límites

Objetivo: Que el alumno aprenda que el Espíritu Santo es la tercera persona de la Trinidad y que cumple la misión encomendada por el Padre para edificar la iglesia.

Para memorizar: "Nadie tiene mayor amor que este, que uno ponga su vida por sus amigos." Juan 15:13.

Advertencia

Después de la oración motive a que si alguno desea comparte su testimonio de cómo es su relación con Cristo como su amigo.

Aceptar

Conéctate	¡A Navegar!	Descargas

Dinámica introductoria (12 a 17 años).

- Instrucciones: Inicie preguntando a los jóvenes cuántos amigos tienen en el Facebook. Luego, plantee las siguientes preguntas:

  De todos tus amigos en Facebook

  ¿Con cuántos hablas regularmente?

  ¿A cuántos de ellos los has visto más de una vez?

  ¿A quiénes irías a rescatarlos si su auto se quedara sin gasolina en la autopista?

  ¿A cuántos le donarías un riñón?

  ¿Darías tu vida por algunos de tus amigos de Facebook?

  La palabra "amigo" es usada muy ligeramente en nuestros tiempos. No tenemos una conciencia real de lo que significa ser un amigo verdadero.

Dinámica introductoria (18 a 23 años).

- Materiales: Papeles y lápices.
- Instrucciones: Reparta un lápiz y un papel a cada alumno. Luego, pídale a cada joven que escriba en el papel dos verdades y una mentira de sí mismo. Por ejemplo: Verdades: Yo nací en Puerto Rico; yo crecí en los Estados Unidos. Mentira: Yo viví en México. Cuando ya todos las hayan escrito en sus papeles, pida a cada alumno que lea sus tres oraciones. Los demás alumnos tratarán de decir cuál de las tres oraciones no es verdad.

Conéctate	¡A Navegar!	Descargas

En nuestro tiempo, tenemos la tendencia de llamar a cualquier persona "amigo", cuando en realidad son "conocidos" de quienes sabemos muy poco. Hoy en día, no tomamos el tiempo para darnos a conocer y plantar amistades profundas.

Sin embargo, hay frases muy conocidas sobre la amistad, tales como:

- "Los amigos son la familia que se escoge."
- "Un amigo es aquel que conoce todos tus defectos, y a pesar de ellos te quiere."
- "En la frase: "Un amigo verdadero", la palabra "verdadero" está de más."

1. Un amigo

La palabra "amigo" es usada muy ligeramente en nuestros tiempos. Con la popularidad de las redes sociales, tendemos a catalogar a cualquier conocido como nuestro "amigo". No nos detenemos a analizar de manera profunda el significado de dicha palabra.

Pregunte: ¿Qué dice la Biblia acerca de la amistad? ¿La Palabra de Dios nos provee algún ejemplo de una verdadera amistad sin límites?

En 1 Samuel 18:1, encontramos el relato de dos jóvenes, Jonatán y David. Ellos eran de dos "mundos" muy diferentes y se conocieron bajo una circunstancia poco común.

Jonatán nació como príncipe de Israel. Su padre era el rey Saúl. Él se crió en el palacio y fue expuesto a las mejores enseñanzas y entrenamientos del país. Como hijo mayor, Jonatán era el primero en la línea a heredar el reinado de Israel.

Por otro lado, la vida de David fue muy diferente a la de Jonatán. David nació en el pueblo de Belén. Él era el más joven de ocho hermanos. Era "rubio, hermosos de ojos, y de buen parecer" (1 Samuel 16:12). Asimismo, David era el pastor de las ovejas de su padre. Cuando sus hermanos fueron a la batalla, David se tuvo que quedar en casa cuidando las ovejas. Pero el humilde trasfondo de David no le impidió tener grandes cualidades. Él tenía un corazón recto delante de Dios y era un muchacho lleno de valor que no tuvo temor de enfrentar a los que amenazaban a sus ovejas (1 Samuel 17:34-36).

Fue este valor el causante de que estos dos muchachos tan diferentes se conocieran. Ocurrió que un día, David fue a llevarle comida a sus hermanos que estaban en la batalla contra los filisteos. Ahí, él conoció sobre la amenaza de Goliat. Como ya todos sabemos, David mató a Goliat y ganó la victoria para Israel. 1 Samuel 17:57 nos cuenta que David todavía estaba agarrando la cabeza de Goliat cuando se presentó ante el rey Saúl. Ahí fue que Jonatán y David se conocieron. Fue una reunión tan impresionante que sus almas quedaron ligadas desde ese momento (1 Samuel 18:1).

De este relato, podemos aprender varias cosas:

Los amigos pueden venir de trasfondos diferentes; Hay cualidades comunes que unen a los amigos; La amistad va más allá de ser un conocido. Para haber una amistad genuina tiene que haber una profundidad de alma y corazón.

En este punto de la lección, anime a sus alumnos a hablar de uno de sus amigos especiales. Pregunte: ¿Qué diferencias tienen? ¿Qué similitudes tienen? ¿Qué los atrajo a conocerse? ¿Cómo cultivaron la amistad?

2. Características de una amistad sin límites

El relato de la amistad entre Jonatán y David fue detallado en siete capítulos de la Biblia (1 Samuel 19-24). Anime a sus alumnos a leer los siete capítulos durante la próxima semana.

Asimismo, mencióneles que en estos capítulos encontramos cinco características ejemplares de una verdadera amistad, una amistad sin límites.

AMOR: El amor fue la base de la amistad entre Jonatán y David. Entre estos dos jóvenes no había envidia ni celos. Desde un principio, los dos dejaron que el amor reinara entre ellos (1 Samuel 20:17).

Tanto fue el amor de Jonatán por David que aun él dispuso de su vida al interceder por la de David ante su padre (1 Samuel 20:32). La discusión ente Jonatán y Saúl fue de tal manera que Saúl no sólo lo insultó, sino que también trató de matar a Jonatán, su propio hijo. Sin embargo, esto no detuvo el amor de Jonatán, pues él siguió apoyando a David. Aun cuando su propio padre perseguía a David en el desierto, Jonatán buscó a David para darle ánimo (1 Samuel 23:16). Esta fue la última vez que David y Jonatán se vieron; poco después, Jonatán murió.

De este amor virtuoso podemos aprender mucho. Jonatán nunca se aferró a su posición como príncipe ni trató de manipular a David. Tampoco lo humilló ni trató de imponerse sobre él. Más bien,

Jonatán utilizó el principio bíblico del amor para mantener su amistad con David. Pregúnte ¿El amor es algo que se dice o se refleja en acciones?

COMPROMISO: Jonatán y David eran hombres de palabra. En varios puntos de la historia, vemos cómo hicieron pactos entre ellos (1 Samuel 18:3, 20:16, 23:18). Jonatán y David estaban comprometidos con su amistad. Ellos no permitieron que las circunstancias ni que otras personas intervinieran en su relación. Aun ellos constantemente renovaban ese compromiso que tenían el uno con el otro.

Tome un momento en la lección para repasar este concepto con sus alumnos. Entre las amistades de los jóvenes, hay muchos conflictos. Hoy pueden ser amigos, pero mañana no. Es importante que ellos entiendan la necesidad y la bendición que hay en llegar a tener una amistad que tenga profundidad y compromiso entre dos personas.

RESPETO: Desde un principio, Jonatán reconoció el llamado de Dios en la vida de David (1 Samuel 18:4). Esto puede que sea difícil de entender. Pero la acción de Jonatán fue muy simbólica. Él se estaba despojando de su reinado, su reclamo como príncipe al trono, y estaba reconociendo y respetando el llamado de Dios sobre la vida de David. La Biblia va más allá para aclarar este punto (1 Samuel 23:17).

En una amistad, el respeto es primordial, especialmente cuando hay cambios en el crecimiento. Mientras los jóvenes crecen van a ocurrir cambios en sus vidas. Puede que uno sea aceptado en una mejor universidad, mientras que el otro amigo se queda atrás. Puede ser que uno de los amigos tenga la oportunidad de viajar a otros lugares, mientras que el otro no. Es importante que los jóvenes puedan aprender a respetarse en vez de envidiarse por causa de cambios en sus vidas.

Platique con los jóvenes sobre esto. Pregunte: ¿Alguna vez han experimentado este tipo de respeto en una amistad?

CONFIANZA: Jonatán y David vivieron tiempos muy difíciles. Pasaron persecuciones, decepciones amorosas (1 Samuel 18:19), calumnias (1 Samuel 18:24), atentados en contra de sus vidas, etc. Fueron tiempos muy tensos y llenos de emociones; pero la amistad de estos dos jóvenes era tan profunda que ellos no temían en confiar el uno al otro. Su confianza era tan sólida que ellos podían mostrar sus emociones abiertamente (1 Samuel 20:41). Es imperativo que los jóvenes entiendan que en una amistad verdadera es importante tener confianza mutua. Los amigos no deben de temer ser totalmente abiertos los unos con los otros. Pero para poder lograr recibir confianza, hay que darla.

Anime a los jóvenes a hablar de momentos en los cuales un amigo los ha decepcionado. ¡Qué mal se siente! Pero, qué bien se siente el tener alguien en quien se pueda confiar, alguien que no nos defrauda, alguien con el cual podemos ser completamente abiertos. Anime a los jóvenes a cosechar confianza en sus amistades.

LEALTAD: La amistad entre Jonatán y David tuvo un final trágico. Jonatán fue asesinado al lado de su padre. David sufrió mucho por la muerte de ambos (2 Samuel 2:11-12). Aunque ya Jonatán no estaba al lado de David, el compromiso de su amistad no disminuía. En varias ocasiones, Jonatán le había pedido a David que cuidara de su familia si algo le pasara a él (1 Samuel 20:15). David nunca olvidó esta promesa; él fue leal a su amistad.

La Biblia nos cuenta en 2 Samuel 9 que una de las primeras cosas que hizo David como rey fue buscar la descendencia de Jonatán. Al encontrar a su hijo, Mefi-boset, David no sólo le devolvió todas las tierras que habían sido de Saúl (su abuelo), sino que también le extendió una invitación para que siempre fuera parte de la mesa del rey (v.7). Por su lealtad a Jonatán, David extendió misericordia y bondad a Mefi-boset. La amistad sin límites no termina cuando se acaba la vida. La amistad verdadera perdura por generaciones.

Anime a sus jóvenes a buscar este tipo de amistad. Ayúdelos a entender que para poder tener este tipo de amistad es importante brindar una amistad llena de amor, compromiso, respeto, confianza y lealtad.

Conéctate	¡A Navegar!	Descargas

Instrucciones de las hojas de trabajo

Hoja de trabajo (12 a 17 años).

Acróstico -- Dé un tiempo para que asignen una cualidad de un amigo a cada letra de la palabra amistad. Ejemplo:

A - Amor

M - Misericordia

I - Intensidad

S -- Simpatía

T - Templanza

A - Ayuda

D - Disponibilidad

Hoja de trabajo (18 a 23 años).

Pida que conecten cada característica con un versículo.

Amor	1 Samuel 20:15
Compromiso	1 Samuel 20:41
Respeto	1 Samuel 20:17
Confianza	1 Samuel 18:4
Lealtad	1 Samuel 20:16

Advertencia

Desafíelos a trabajar en su vida personal para mejorar su relación con sus amigos.

Aceptar

Soy extranjero

Objetivo: Que el joven comprenda las causas de la migración y se sensibilice con la problemática social de los migrantes.

Para memorizar: "Y al extranjero no engañarás ni angustiarás, porque extranjeros fuisteis vosotros en la tierra de Egipto." Éxodo 22:21.

> **Advertencia**
>
> Permita que algunos voluntarios den testimonio de cómo es su relación con sus amigos.
>
> Aceptar

Conéctate | ¡A Navegar! | Descargas

Dinámica introductoria (12 a 17 años).

- Materiales: Hojas de trabajo y lápices.
- Instrucciones: Indíqueles a los alumnos que, en la hoja de trabajo, deberán llenar las dos primeras columnas antes de iniciar la lección. Para ello, en la primer columna, anotarán como título lo siguiente: Lo que sé; en la segunda, Lo que espero aprender; y en la tercera, Lo que aprendí. Después, inicie la lección. Tenga presente que los alumnos trabajarán inicialmente sólo en las primeras dos columnas; y al finalizar la clase, terminarán la tercera.

Dinámica introductoria (18 a 23 años).

- Material: Hojas de papel y lápices.

Instrucciones: Pida a sus estudiantes que contesten las siguientes preguntas con lo primero que se les venga a la mente: ¿Qué significa migración? ¿A qué se debe la migración? ¿Qué es globalización? ¿Cuál crees que es la relación entre globalización y migración, si es que hay alguna?

Dé unos cinco minutos para que respondan y otros cinco para que compartan sus respuestas.

Con esta dinámica, no se trata de buscar respuestas profundas, sino de hacer un diagnóstico de partida sobre el tema de migración. Por ello, no haga ninguna corrección. Con el desarrollo de la lección, los estudiantes irán ampliando sus respuestas. Al finalizar la lección, podrán llenar la hoja de trabajo y revisar sus respuestas del inicio.

Conéctate | **¡A Navegar!** | Descargas

Pregunte: ¿Cuántos conocen a personas que han dejado sus lugares de origen para irse a trabajar o buscar una mejor vida en otro sitio? Dé tiempo para que los alumnos compartan algunas respuestas. Indique que eso es parte del fenómeno migratorio. Muy probablemente en la escuela, el trabajo o entre los vecinos y/o hermanos de la iglesia o los mismos alumnos haya personas que por diversas razones han salido de sus lugares de origen y se han asentado aquí; o tal vez, nosotros mismos seamos migrantes o hijos de migrantes. La lección de hoy trata sobre las migraciones; cómo la globalización ha fomentado su desarrollo; y cuál es la misión de la iglesia ante este fenómeno.

1. Los movimientos migratorios

Los movimientos migratorios se pueden dar dentro de un mismo país, o de un país hacia otro. En general, obedecen a razones económicas, políticas, ideológicas, de seguridad, entre otras. Si nos remontamos al libro de Génesis tenemos algunos ejemplos en Taré (Génesis 11:31), Abraham (Génesis 12:1), Jacob y su familia (Génesis 29:1, 46:1-34).

Técnicamente, los estudiosos del tema diferencian entre emigración, inmigración, remigración y transmigración. Así pues, emigración es el salir del lugar de origen para establecerse en otro. Inmigración es llegar a un país o región procedente de otra parte. Los sociólogos emplean también los términos remigración (regresar al lugar de origen después de haber emigrado) y trasmigración (cambiar de residencia de manera tan frecuente que se vuelve parte de la cotidianidad). (La migración internacional en tiempos de globalización. Pries, L. Nueva Sociedad, 1999, p.163).

Asimismo, es importante señalar que hay una diferencia entre migración y desplazamiento forzoso. La destrucción de Israel (y su capital Samaria) a manos de los asirios (2 Reyes 18:9-12) y la de Judá (y su capital Jerusalén) a manos de los babilonios (2 Reyes 25:1-12; 2 Crónicas 36:17-21) con su posterior deportación, más que una migración se considera un desplazamiento forzoso, ya que el pueblo fue obligado a salir de Palestina como consecuencia de un conflicto armado. Para la Organización Internacional para las Migraciones (OIM) un desplazamiento se da entre aquellas personas que "han sido forzadas u obligadas a huir o a dejar su casa o lugar de residencia habitual, en particular como resultado de, o con el fin de evitar los efectos de, conflicto armado, situaciones de violencia generalizada, violaciones de derechos humanos, o desastres naturales o provocados por el hombre" (Migración y Desplazamiento, OIM, http://www.crmsv.org/documentos/IOM_EMM_Es/v2/V2S09_CM.pdf consulta:16 de diciembre, 2013).

La migración, por otra parte, aunque tenga en la mayoría de los casos como raíz el deterioro económico y la consecuente necesidad de mejorar las condiciones de vida, se considera un acto voluntario en el que las personas deciden dejar su lugar de origen. Las condiciones actuales de vida propician que personas de todos los sectores de la sociedad, de las diferentes naciones y grupos étnicos decidan optar por la migración como una vía para sacar a sus familias adelante.

Así, la migración dio origen a naciones como los Estados Unidos, Canadá, Australia, y formó parte importante del crisol cultural en lugares como Argentina, Brasil, Chile, entre otros.

2. La globalización y los movimientos migratorios

Las migraciones internacionales se acrecentaron después de la Revolución Industrial, cuando un gran sector de la sociedad europea empobreció y se vio en la necesidad de buscar un mejor futuro económico en otras tierras. Fue entonces cuando se dio un proceso multifactorial conocido como globalización. Normalmente, asociado a cuestiones económicas y de mercado, el término globalización abarca otras áreas del quehacer humano. Para efectos de esta lección, se definirá a dicho término como el acercamiento entre naciones y su interdependencia económica, tecnológica, cultural y social. Así pues, la globalización ha contribuido a que las personas cambien de residencia buscando mejorar sus condiciones de vida.

Por consiguiente, personas de diferentes naciones, lenguas y culturas (o subculturas) entran en contacto directo cuando coinciden en una misma región. Esto ocasiona que las personas vayan modificando parte de sus tradiciones y costumbres en el nuevo ambiente que les rodea e incorporen elementos culturales propios de su nuevo lugar de residencia.

Los cambios incluyen cuestiones tan sencillas como la modificación de la dieta, o el cambio en la forma de vestirse, e incluso la modificación del idioma y una redefinición de la identidad cultural y lingüística. Así pues, no es extraño conocer a hijos de migrantes que no hablan la lengua de sus padres, o que no están familiarizados con las tradiciones de sus padres. Asimismo, muchos de ellos tienen conflictos internos fuertes cuando tratan de definir su identidad; mientras que otros ven en su propia diversidad cultural y lingüística una ventaja para adaptarse a nuevas situaciones migratorias.

El pueblo de Dios en el Antiguo Testamento se enfrentó a estas crisis de identidad (2 Reyes 17:24-41). Así vemos que el Reino del Norte asimiló las costumbres de los asirios, se olvidó de los mandamientos dados a sus padres (Éxodo 20) e incorporó nuevas conductas a su diario vivir. Asimismo, cuando el pueblo de Judá fue llevado cautivo a Babilonia, también asimiló parte de la cultura de este lugar. La lengua hebrea cayó en el olvido y el pueblo incorporó el arameo como lengua de uso diario.

3. La misión de la iglesia ante los movimientos migratorios

Como probablemente muchos lo hayan visto, hay ciudades, países y regiones que reciben olas de migrantes cada año. Los puntos fronterizos suelen presenciar estos movimientos de manera más tangible. Y dadas las duras predicciones económicas del Banco Mundial para el futuro (http://www.bancomundial.org/temas/remesas/.Consultado 22 de diciembre, 2013). Estas olas migratorias difícilmente disminuirán.

Pregunte: ¿Qué debe hacer la iglesia ante esta situación? ¿Cómo puede la iglesia ministrar a los migrantes? Dé unos minutos para que los alumnos compartan sus ideas. Asimismo, dígales que los migrantes son personas que en su gran mayoría llegan en condiciones difíciles. El dejar su lugar de origen y las travesías desgastantes que se viven física, emocional y económicamente deja a las personas en una situación de vulnerabilidad.

Algunos llevan consigo el dinero apenas suficiente como para instalarse en su nuevo punto de residencia; sin embargo, la mayoría carece de él. Otros han tenido que viajar por su cuenta o separarse de sus familias en el viaje y están solos y sin conocidos en el lugar donde radicarán. Los más afortunados tienen trabajo y otros se movilizan por sus trabajos; pero no tienen un lugar que les haga sentirse en casa.

La iglesia está llamada a ser un instrumento de Dios en la restauración de las personas al abrir sus puertas y ministrar a los necesitados. La iglesia puede ser ese lugar que los migrantes llamen hogar. Así pues, hay iglesias que deciden establecer comedores para migrantes, y otras crean centros de acopio para ayudar a los albergues ya establecidos. También hay congregaciones que tienen presentaciones especiales en Navidad o Semana Santa en los albergues de migrantes; mientras que otras se especializan en temas migratorios para ayudar a sanear las condiciones de vulnerabilidad.

La mayoría puede abrir sus puertas y presentar el mensaje de salvación y restauración. Todos podemos ponernos en el lugar de los migrantes. Imaginemos su situación y lo que han tenido que pasar, y preguntémonos: ¿Cómo nos gustaría que nos trataran si tuviéramos que emigrar a otro sitio? Como dice el apóstol Pablo en 1 Corintios 9:19-23, si la iglesia de verdad quiere ganar a todos, debe ser capaz de entender a cada una de las personas y la situación en la que llegan. Después de todo, nosotros mismos (que conformamos la iglesia), o nuestros antepasados, también emigramos de otra parte y hemos encontrado un lugar que ahora llamamos hogar, y un día viajaremos hacia nuestro hogar eterno.

Conéctate   ¡A Navegar!   Descargas

Instrucciones de las hojas de trabajo

Hoja de trabajo (12 a 17 años).

Dé un tiempo para que contesten la última columna: "Lo que aprendí" de la dinámica de inicio, y luego comenten en clase en qué han cambiado sus respuestas de la columna 1 en comparación con la 3.

Lo que sé	Lo que espero aprender	Lo que aprendí

Hoja de trabajo (18 a 23 años).

Dé un tiempo para que descifren la palabra escondida y escriban la definición en sus propias palabras.

Niloboglazica: **Globalización**: El acercamiento entre naciones y su interdependencia económica, tecnológica, cultural y social.

Crasnoramtigi: **Trasmigración:** Cambiar de residencia de manera tan frecuente que se vuelve parte de la cotidianidad.

Ranocinimig: **Inmigración**: Es llegar a un país o región procedente de otra parte.

Tiendadid: **Identidad:** Se llama así al conjunto de rasgos propios de una persona o grupo que los diferencia frente a los demás.

Nasomiliaci: **Asimilación:** Incorporar lo que se aprende a los conocimientos previos.

Clurtau: **Cultura:** Conjunto de formas de vida, costumbres, conocimientos, desarrollo artístico, científico e industrial en una época, grupo social y lugar determinados, etc.

Nocigraimer: **Remigración:** Regresar al lugar de origen después de haber emigrado.

Advertenci   x
De acuerdo a la situación de los inmigrantes en su comunidad vea la posibilidad de hacer algún proyecto con los jóvenes.

Aceptar

¿Qué veo o leo?

Objetivo: Que el joven sepa elegir los contenidos que mejor le convengan de los medios de comunicación.

Para memorizar: "Para memorizar: "Por lo demás, hermanos, todo lo que es verdadero, todo lo honesto, todo lo justo, todo lo puro, todo lo amable, todo lo que es de buen nombre; si hay virtud alguna, si algo digno de alabanza, en esto pensad" Filipenses 4:8.

Advertencia

Comparta sobre el reto de ¡Vamos al chat! de la semana pasada.

Aceptar

Conéctate | ¡A Navegar! | Descargas

Dinámica introductoria (12 a 17 años).

- Materiales: Pizarrón, varias revistas juveniles, tijeras, periódicos y cinta adhesiva (para pegar).
- Instrucciones: Divida la clase en grupos de cuatro integrantes y pídales a los alumnos que revisen las revistas, los periódicos y recorten las secciones que les llame más la atención. Luego, indíqueles que los peguen en el pizarrón para exhibirlo a toda la clase, mencionado por qué les llaman la atención dichos recortes.

  Esta dinámica sirve para que los chicos identifiquen la información que eligen y aprendan a discriminar si les es útil o no. Por lo tanto, pregunte: ¿Sus recortes y sus informaciones les aportan algo necesario?

Dinámica introductoria (18 a 23 años).

- Materiales: Papeles de colores de 10cm x 10cm y lapiceros.
- Instrucciones: Pida que cada alumno anote en un papel de color el nombre de un programa de radio o de televisión que le guste ver u oír, o el nombre de un sitio web que le gusta frecuentar. Luego, recoja todos los papelitos y al azar tome uno, léalo y pida que la clase explique de qué se trata dicho programa. Al terminar de leer los papelitos, pregunte a la clase lo siguiente: ¿Cuáles de estos programas nos edifican, nos ayudan a ser mejores; y cuáles nos perjudican, o sólo nos entretienen sin aportar nada bueno?

Conéctate | ¡A Navegar! | Descargas

Los medios de comunicación influyen en la forma de actuar y pensar de las personas, y pueden modificar la forma en la que conocen y comprenden la realidad que les rodea.

Por ejemplo, cuando analizamos los programas de televisión más populares tales como series animadas, novelas, reality shows, etc., de seguro notaremos que varias de las personas que conocemos actúan como en dichos programas o hablan con expresiones de allí o se visten como sus personajes, porque indudablemente, sus vidas están siendo influenciadas por el contenido. Es decir que su forma de pensar o actuar está siendo modificada, y por tanto, la realidad que viven es afectada.

Los medios de comunicación, hablando de los programas de radio y televisión, son 80% entretenimiento y 20% información. Entonces, como el porcentaje más grande es entretener, es lógico que algunos programas resulten atractivos, agradables y ocupen mucho de nuestro tiempo sin importar si nos benefician o no. Pregunte: ¿Cuántas horas miras televisión, o escuchas música o estás en Internet? ¿ Te beneficia ese contenido, te hace ser mejor persona?¿Cómo contribuye al crecimiento de tu vida?

Los adolescentes y jóvenes están expuestos a los medios de comunicación todo el tiempo, y son un punto de ataque predilecto ya que son los mayores consumidores. Por ello, es importante enseñarles a filtrar o escoger lo que ven, lo que escuchan o lo que leen para que la personalidad sea formada apropiadamente y no sea perjudicada por el contenido negativo de los medios de comunicación. Para lograrlo, hay que aplicar estos tres consejos que provienen de la Palabra de Dios:

1. Pensar lo mejor

No todo es malo y no todo es bueno. Pero si los medios de comunicación influyen en nuestro pensamiento y modifican la forma en que percibimos la realidad, debemos filtrar el contenido. Y… ¿cómo podemos filtrar lo que nos ofrecen? Pues, aplicando el filtro de Filipenses 4:8: "Por lo demás, hermanos, todo lo que es verdadero, todo lo honesto, todo lo justo, todo lo puro, todo lo amable, todo lo que es de buen nombre; si hay virtud alguna, si algo digno de alabanza, en esto pensad".

Los medios de comunicación pueden emitir muchos mensajes y diversidad de contenidos; pero debemos aplicar esta norma de pensamiento (léalo 2 o 3 veces).

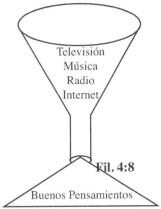

La Biblia nos aconseja cuidar nuestros pensamientos. Muchos médicos dicen que las personas se enferman más a causa de los pensamientos que por otros factores tales como los biológicos o los alimentarios. Entonces, Dios fue sabio al decir que debemos estar pendientes de nuestros pensamientos. Todo lo que entra a nuestra mente debe ser verdadero, honesto, justo, puro, de virtud, digno de alabanza, etc.

Analiza el tipo de contenido que estás recibiendo de los medios de comunicación y fíjate si te edifican; pues de no ser así, posiblemente deberías cambiarlos. Recuerda que lo que no te hace bien, te destruye. Si quieres ser una mejor persona, debes escoger bien lo que dejarás entrar a tu mente. Este consejo posiblemente te enfrenta a tomar un gran desafío: Decir que sí a lo que te hace ser mejor, y decir que no a lo que genera en ti malos pensamientos, acciones negativas, palabras destructivas, etc. Todo lo que es injusto, deshonesto, impuro, engañoso, vano, egoísta, malo, etc. sólo corrompe la mente y puede hacer que las personas actúen de una manera equivocada y dañina.

Por ello, para ser una mejor persona, vale la pena intentar pensar y escoger lo que Filipenses 4:8 manda.

2. Retener lo mejor

Lea 1 Tesalonicenses 5:21-22: "Examinadlo todo; retened lo bueno. Absteneos de toda especie de mal".

Luego, muestre a la clase algún objeto interesante (puede ser un cubo o un adorno especial, una piedra rara, etc.). Después, pida que examinen el objeto y digan lo que ven lo que les gusta, o el material del que pareciera estar hecho dicho objeto, así como sus utilidades, etc.

Examinar significa discernir, discriminar, diferenciar, hacer distinción de lo bueno y lo malo. Entonces, la Palabra nos pide que todo lo que llegue a nosotros podamos examinarlo, de la misma manera que hicimos con "el objeto". Así pues, un programa, una canción, una imagen, un contenido, etc. debe ser examinado para que podamos distinguir si esto es bueno o no, si nos bendice o nos aleja de la verdad.

Los contenidos de los medios de comunicación no pueden ser tomados a la ligera y pensar que no nos afectan; pues siempre influirán en nuestra vida. El versículo de 1 Tesalonicenses aconseja "retener lo bueno"; es decir que no todo contenido es desechable. Esto no significa que nos vamos a desconectar del mundo; pero sí que vamos actuar con una mente examinadora que podrá quedarse con lo que le aporta, y desechar lo que es inútil. Y aunque pareciera obvio la siguiente frase del versículo mencionado: "Absteneos de toda clase de mal", es necesario meditarla, pues abstenerse implica una acción voluntaria de aplicar un "no" a algo que posiblemente estoy deseando o me gusta. Hay que asegurarse de desechar, descartar, eliminar lo que conduce al error, y que la Biblia lo llama "toda clase de mal". Hay que pensar, entonces qué vamos a hacer con las películas de terror, las series violentas, las letras que inducen al libertinaje, las imágenes sensuales o pornográficas, etc. Hay que pensar seriamente en abstenernos.

3. Hacer lo mejor

Colosenses 4:5 dice: "Andad sabiamente para con los de afuera, redimiendo el tiempo". La Biblia nos aconseja aquí que nuestra forma de vivir sea sabia, y no solamente cuando estamos solos; sino también cuando estamos en presencia de otros. Tenemos la gran responsabilidad de ser ejemplo y buen testimonio en todo momento. A veces la gente que se acerca o busca a Cristo lo hace más al ver las buenas acciones de los creyentes que por oír sus palabras.

Plantee la siguiente situación: "Javier y todos los compañeros de su clase se reúnen en una casa para ver películas. De pronto, alguien pone una película subida de tono sin consultar con los demás. La mayoría está de acuerdo, y algunos saben que Javier es un seguidor de Jesús". Pregunte: ¿Qué harías tú en el lugar de Javier? Presente las siguientes opciones:

a) Te quedarías callado y seguirías mirando la película.

b) Dirías que no estás de acuerdo, pero te quedarías para no perder a tus amigos.

c) Explicarías tu desacuerdo y te retirarías del lugar.

¿Cuál de estas opciones indicaría una actitud sabia que cuida la mente y usa bien el tiempo?

Definitivamente, la tercera. Hacerlo es todo un desafío de valientes, pero hará que Cristo sea glorificado y todos sabrán que te importa más lo que piensa Dios de ti, que lo que dice la gente. Esta es una actitud de verdadera rebeldía que cambia el mundo para bien.

Los medios de comunicación pueden ser aprovechados para nuestro beneficio; pero siempre debemos examinar y seleccionar bien el contenido que elijamos. De esta manera, nuestra mente se mantendrá saludable y nuestro comportamiento será bueno gracias a ello. No olvidemos que nuestras elecciones pueden ser un impacto y testimonio a los demás.

| Conéctate | ¡A Navegar! | Descargas |

Instrucciones de las hojas de trabajo

Hoja de trabajo (12 a 17 años).

El versículo que vimos hoy nos motiva a pensar en todo lo puro, en todo lo honesto, en todo lo justo, en algo digno de alabanza. Pida que escriban al costado de cada palabra qué cosas hacen para favorecer esto; y qué cosas deben dejar de hacer, porque no lo promueven. Por ejemplo:

Puro: Leo mi Biblia.

Honesto: Necesito trabajarlo más, pues a veces me quedo con los vueltos adicionales de dinero.

Justo: No soy justo al jugar con mis hermanos.

Digno de alabanza: Ayudo a algunos compañeros de escuela con sus tareas.

Hoja de trabajo (18 a 23 años).

Pida que respondan con sus palabras las siguientes preguntas:

1. ¿En qué quiere Dios que pensemos?

En todo lo puro, lo justo, lo honesto, lo digno de alabanza.

De todo el contenido del versículo para memorizar, ¿qué cosas estoy haciendo bien y cuáles necesito mejorar?

Puro: _____

Honesto: _____

Justo: _____

Digno de alabanza: _____

¿Cómo debo ocupar mi tiempo?

_____

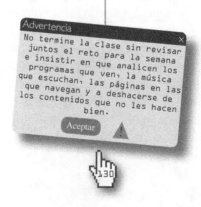

Advertencia

No termine la clase sin revisar juntos el reto para la semana e insistir en que analicen los programas que ven, la música que escuchan, las páginas en las que navegan y a deshacerse de los contenidos que no les hacen bien.

Aceptar

Marcando diferencias

Objetivo: Que el joven comprenda en qué manera su identidad cristiana lo separa del mundo.
Para memorizar: "Para que seáis irreprensibles y sencillos, hijos de Dios sin mancha en medio de una generación maligna y perversa, en medio de la cual resplandecéis como luminares en el mundo" Filipenses 2:15.

Advertencia

Antes de comenzar la clase pregunte como les fue con el análisis de los programas que ven, la música que escuchan y las páginas en las que navegan.

Aceptar

| Conéctate | ¡A Navegar! | Descargas |

Dinámica introductoria (12 a 17 años).
* Materiales: Una cantidad considerable de velas (pueden ser las que se usan para un pastel de cumpleaños) y fósforos /cerillos o linternas/lámparas de batería.
* Intrucciones: Tenga los materiales encendidos, además de una luz eléctrica o natural en su aula de clases, antes de que lleguen sus estudiantes. Después de darles la bienvenida, comuníqueles que desea hacer un experimento y apague el interruptor de la luz. Divida la clase en dos grupos y pida que un grupo dramatice una situación donde un cristiano es luz y otro grupo una situación donde un cristiano no sería luz.

Dinámica introductoria (18 a 23 años).
* Materiales: Pizarra y marcadores (tizas o plumones), o papel grande y lápiz.
* Instrucciones: Pídales a sus estudiantes que le ayuden a confeccionar una descripción o definición de la palabra identidad. Para ello, tenga esta definición según la Real Academia Española como referencia: "Conjunto de rasgos propios de un individuo o de una colectividad que los caracterizan frente a los demás". Después, pregúnteles acerca de cómo Dios influye en el desarrollo de nuestra identidad humana.

| Conéctate | ¡A Navegar! | Descargas |

La palabra luminares tiene la connotación de ser algo que tiene la capacidad de brillar o de dar luz. Generalmente, esta palabra se usa en referencia a las estrellas que vemos en nuestro cielo. En una clase de astrología, se enseña que las estrellas en realidad no tienen luz propia, sino que reflejan intensamente la luz del Sol. Durante el día, cuando la luz del Sol es muy brillante, no podemos distinguir ninguna estrella en el cielo; pero al anochecer y en la plena oscuridad, las estrellas pueden ser distinguidas con la mirada, y su luz es brillosa y notable en medio de toda la oscuridad nocturna.

En Filipenses 2:15, Pablo llamó "luminares" a los cristianos que vivían en Filipos, porque su amor era algo que resplandecía en medio de la maldad y del odio de los que estaban a su alrededor. En esta lección estudiaremos más acerca de esa luz, y... ¡cómo nosotros también podemos ser luminares!

En el diccionario, la palabra identidad se define como el conjunto de características propias de una persona que la hace diferente de las otras personas. La identidad incluye características físicas (como, por ejemplo, las huellas digitales que son únicas de cada persona) y también características emocionales, psicológicas e intelectuales. De la misma manera, hay características espirituales y morales que separan y señalan a una persona como un hijo o una hija de Dios, y la ausencia de dichas características indica lo contrario. En la lección de hoy, veremos que nuestra vida debe llevar las marcas de una identidad cristiana y que así será la única forma de marcar la diferencia en un mundo donde dichas características son a veces difíciles de encontrar. Al hacerlo, nuestra vida indicará el camino hacia Jesús.

1. Una identidad que nos da libertad

En el pasaje de estudio de Gálatas 5:1-5, vemos que Pablo escribió acerca de una libertad muy especial y la comparó con la triste condición de la esclavitud. En su mensaje, les recordó a los gálatas que la vida sin Jesús es una vida de esclavitud al pecado.

En nuestros días, vemos que a pesar de que muchas personas luchan por ganar la libertad, y que en general, en el mundo la esclavitud está prohibida por los derechos humanos, podemos reconocer que muchas personas todavía sufren de una esclavitud aún más difícil de abolir; y esa es la esclavitud al pecado. Así pues, hay personas que sufren las consecuencias de un vicio (la pornografía o las apuestas), las consecuencias de una adicción a substancias (las drogas o el alcohol), las consecuencias de la delicuencia (tiempo en prisión), las consecuencias de decisiones impulsivas (un embarazo no planeado), etc. A esta lista de consecuencias es necesario añadirle las consecuencias emocionales que una persona puede llegar a sufrir, como lo son la depresión, la ansiedad, pensamientos suicidas, irritabilidad, y otros conflictos que pueden afectar la personalidad y las relaciones interpersonales.

El apóstol usó adecuadamente la palabra esclavitud, porque la persona finalmente no es capaz de dejar de hacer las acciones que hace a pesar de las terribles consecuencias; es decir, el enemigo los tienta y atrapa una y otra vez.

Es por eso que el apóstol Pablo les aclaró a los cristianos en Galacia que ellos, como hijos de Dios, tenían todo el poder de Dios a su disposición para no tener que seguir obedeciendo los deseos de la maldad. Ellos podían ser verdaderamente libres para elegir sus acciones.

Como jóvenes debemos reconocer que nosotros también enfrentamos y enfrentaremos situaciones que fácilmente nos pueden atrapar y dejar esclavos por mucho tiempo; quizá con mayores consecuencias de las que podemos imaginar. Un predicador decía: "El pecado paga, y paga mal"; y esto es una enseñanza acerca de la gran mentira que el diablo nos dice: "Hazlo, nadie va a salir lastimado" o "no pasa nada, nadie se va a enterar". La realidad es que son mentiras que debemos reconocer e ignorar. Debemos más bien recordar que Jesús murió para hacernos libres de todas las artimañas de la maldad, y que tenemos toda la libertad de negarnos al pecado.

Una características importante de la identidad cristiana es la de la verdadera libertad para escoger lo mejor para nuestra vida.

2. Una identidad que nos da seguridad

En el segundo pasaje de estudio para hoy (1 Juan 2:18-28), leemos que el apóstol Juan les escribió a los cristianos acerca de la importancia de reconocer a Jesús como el enviado de Dios para proveer salvación. Sin embargo, a pesar del gran ejemplo que Jesús nos dio durante su vida aquí en la Tierra y de todos los milagros y señales que hizo por el poder de Dios, hay muchas personas que no lo reconocieron como el Mesías. Tristemente, esa misma situación se sigue repitiendo en nuestros días, ya que muchos grupos de personas niegan el lugar de Jesús en la salvación. Estos grupos incluyen otras religiones tales como las religiones orientales, el islam, y los testigos de Jehová, por nombrar algunos.

En medio de un mundo donde la inseguridad abunda y afecta la vida de muchos jóvenes, el joven cristiano puede marcar la diferencia. Hoy en día, la inseguridad lleva al joven que la padece a tomar decisiones basadas en el miedo. Por ejemplo, hay jóvenes que participan de fumar mariguana o beber alcohol llevados más que nada por el miedo de que si no participan, no serán parte del grupo de amigos. De la misma manera, la inseguridad lleva a jóvenes a participar de tener relaciones sexuales por miedo a perder una relación de noviazgo y sentirse solos. En contraste a lo anterior, ¡la identidad cristiana nos da maravillosa seguridad en el amor eterno y activo de Dios!

3. Una identidad que nos hace diferentes

El apóstol Pablo les escribió a los cristianos que vivían en Filipos y les dio una recomendación la cual se encuentra en Filipenses 2:15. El apóstol les escribió a los filipenses acerca del papel que ellos jugaban en medio de la sociedad en la que vivían, y les animó a que marcaran la diferencia. Así, el apóstol Pablo escribió acerca de que los hijos de Dios son personas a las que no hay nada qué reprocharles, nada qué reclamarles, porque son sencillos y hacen las cosas sin maldad o "sin mancha" (Filipenses 2:15). Estas cualidades están en completo contraste con las de la mayoría de las otras personas quienes continuamente toman decisiones de maldad y de daño a otros. Nuestra vida, caracterizada por la justicia y el amor, se convierte en una luz que ilumina en medio de la injusticia y del odio de la sociedad.

Debemos considerar que no siempre es fácil ser una estrella en medio de una generación "maligna y perversa" (Filipenses 2:15). Como joven, quizá has experimentado situaciones de burla y ridiculización por algunas de las decisiones que tomas debido a tus creencias cristianas (por ejemplo, no aceptar invitaciones a fiestas donde se sirve alcohol, no participar de escuchar cierta clase de música o de fumar, procurar obedecer a tus padres o respetar a tus maestros). Muchas veces, los jóvenes no cristianos sentirán envidia, celos o hasta odio hacia el joven cristiano que trabaja para hacer las cosas de acuerdo al plan de Dios, y esos sentimientos lo llevarán a molestar al joven cristiano o a influenciarlo para cambiar. Sin embargo, es muy importante recordar que Dios entiende lo que estamos pasando y desea ayudarnos.

Jesús mismo sufrió grandes consecuencias al hacer la voluntad de Dios, incluso el ser matado en una cruz; pero vemos que Jesús, aun en esos momentos, demostró amor por otros y una gran seguridad en el amor que Dios tenía por Él. Dios quiere ayudarte a que tu vida pueda ser una estrella que brilla cada vez más en la oscuridad del mundo. La identidad cristiana es una identidad que marca una diferencia innegable. ¡No dejes que tu luz deje de brillar!

Conéctate | **¡A Navegar!** | **Descargas**

Instrucciones de las hojas de trabajo

Hoja de trabajo (12 a 17 años).

Pida que completen las palabras que han desaparecido, pero sin buscar en la Biblia. ¡A trabajar la memoria…! Si no conocen los pasajes que busquen en la Biblia lo completen y escriban que dice esto a sus vidas hoy.

Estad, pues, firmes en la libertad con que Cristo nos hizo libres, y no estéis otra vez sujetos al yugo de esclavitud (Gálatas 5:1).

_____

Y ahora, hijitos, permaneced en él, para que cuando se manifieste, tengamos confianza, para que en su venida no nos alejemos de él avergonzados (1 Juan 2:28).

_____

"Para que seáis irreprensibles y sencillos, hijos de Dios sin mancha en medio de una generación maligna y perversa, en medio de la cual resplandecéis como luminares en el mundo" (Filipenses 2:15).

_____

Hoja de trabajo (18 a 23 años).

Pida que piensen en maneras prácticas en las que pueden marcar una diferencia en sus vidas diarias.

SITUACIÓN	TU RESPUESTA DIFERENTE
CASA/FAMILIA	Ejemplo: Responder con respeto./Ayudar.
ESCUELA	Ejemplo: Trabajar para sacar buenas notas.
TRABAJO/CON AMIGOS	Ejemplo: No participar de actividades negativas.

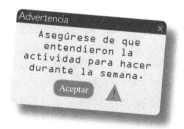

Advertencia ✕
Asegúrese de que entendieron la actividad para hacer durante la semana.
Aceptar ⚠

Contracultura cristiana

Objetivo: Que el joven reconozca que el mensaje cristiano es, en muchas ocasiones, contrario a las prácticas culturales.

Para memorizar: "Porque no nos ha dado Dios espíritu de cobardía, sino de poder, de amor y de dominio propio" 2 Timoteo 1:7.

Advertencia

No comience la clase sin preguntar como marcaron la diferencia durante la semana.

Aceptar

Conéctate | ¡A Navegar! | Descargas

Dinámica introductoria (12 a 17 años).

- Materiales: Lápices, colores, borradores y hojas blancas de papel.
- Instrucciones: Pida a sus alumnos que dibujen al Señor Jesús tal y como ellos se imaginan que fue, sobre todo con base en las lecturas que han hecho de Él.

  La idea es que se confronten con un Jesús mucho más "humano" que el que hemos visto en los filmes.

  Al finalizar, muéstreles un dibujo previamente elaborado por usted donde se muestre a Jesús sudoroso (pues caminaba todo el tiempo), algo sucio (andaba siempre en las calles empolvadas), flaco (por los ayunos), ojeroso (por las oraciones), desaliñado y con su cabello y piel tostados por el sol (pueden ser figuras de diferentes personas con esas características; y si no consigue dibujos, ponga carteles que digan las características mencionadas).

Dinámica introductoria (18 a 23 años).

- Materiales: Pizarra y marcadores (plumones o tizas).
- Instrucciones: Pida a sus alumnos que pasen a la pizarra y escriban las características que deben identificar a una persona cristiana.

  Al final, recuérdeles que muchas de las características no son físicas, sino éticas. Se trata, pues, de que los cristianos marquemos la diferencia en medio de una sociedad que fomenta valores anticristianos.

Conéctate | ¡A Navegar! | Descargas

Jesucristo, el único Señor a quien seguimos, no es alguien cómodo para nuestra era. Sus dichos, por ejemplo, no son frases divertidas para copiarlas y pegarlas en algún muro; sus parábolas no son historias infantiles que nos llamen a la recreación... Nuestro Señor es, además de muchas cosas, un maestro de la contracultura. Su vida y sus enseñanzas reflejan eso: Desafió las tradiciones establecidas, los hábitos religiosos, no se conformó con la costumbre y así, confronta nuestra manera de vivir hoy.

1. Personas diferentes

Jesús, a diferencia de otros maestros de la época, no escogió a los mejores estudiantes de la ley mosaica; sino que salió de los esquemas y buscó en las calles y las plazas a quienes Él quiso llamar. Estas personas no eran una buena referencia social ni ejemplos a seguir; pero Él los llamó.

Es curioso, porque en la Biblia leemos que Dios usó a todos sus hijos para hacer cosas diferentes: Pablo predicó el evangelio a los gentiles (Hechos 9:15); Pedro cambió sus prejuicios raciales (Hechos 11:15-18); una exprostituta se convirtió en parte del pueblo de Dios (Josué 2:12-14); a Jacob le cambió el nombre (Génesis

35:9-11); y, entre muchas otras cosas, los primeros cristianos no ambicionaban cosas materiales, sino que daban parte de lo que tenían para ayudarse mutuamente (Hechos 2:42-47).

Son valores que no se conforman a la norma cultural, sino que representan una contradicción cultural llamada contracultura. Lo común hubiera sido que Pablo predicara el evangelio a los hebreos; que Pedro quedara instalado en un judaísmo reformado nada más; que la prostituta Rahab se hubiera quedado ejerciendo su oficio en otro sitio o incluso hubiera muerto con su pueblo; que Dios hubiera prescindido del tramposo de Jacob y que, en fin, los primeros cristianos hubieran decidido hacer negocios para obtener más, antes que dar lo que tenían.

Miremos alrededor y ahora preguntémonos: ¿Las personas cristianas hoy estamos viviendo acomodados a los valores culturales o somos personas diferentes (como tantos personajes bíblicos) que envían un mensaje distinto a las prácticas comunes?

2. A favor de una cultura diferente

La crítica que muchos autores cristianos han hecho a la misma iglesia de Cristo es que nosotros somos una "subcultura"; es decir, una pequeña nota cultural en medio del gran contexto cultural del que estamos rodeados. Somos, pues, una expresión religiosa de la misma cultura. La razón de esta crítica es que no marcamos diferencia alguna respecto de las prácticas que toda la gente hace y que ofenden a Dios, quien ya nos dijo su voluntad en la Palabra escrita.

Si en las empresas roban dinero, también muchos cristianos roban dinero; si en la escuela varias personas faltan a sus clases, también muchos cristianos lo hacen; si los jóvenes mienten acerca de cualquier cosa, muchos jóvenes cristianos también; si la gente se pelea, mucha gente cristiana también lo hace; si en el trabajo muchas personas son irresponsables, también muchos cristianos lo son. ¡No marcamos la diferencia!

Está de moda usar cierto peinado, ¡también así se peinan los cristianos! Las frases, los hábitos y la apariencia que el mundo promueve están en la iglesia de Cristo y habitan allí sin que nadie cuestione esto.

Una subcultura cristiana, que es como decir que el hecho de ser cristianos sólo tiene que ver con ciertos hábitos religiosos, y con la identidad en Cristo; pero esta no permea toda nuestra cotidianidad. ¡No estamos marcando la diferencia!

Salió la moda de ser "emo", y muchos cristianos adoptaron esa moda; medio mundo habla y actúa como tal personaje de televisión, y muchos cristianos hablan y actúan exactamente igual; mucha gente está metida en pandillas, y tristemente muchos cristianos no ven en eso una ofensa a Dios, imitando incluso señales y gestos como los que hacen varias asociaciones delictivas para identificarse.

¿Por qué, si Dios nos ha dado un Espíritu diferente a sus hijos, seguimos tratando de imitar al mundo?

Pablo le dijo a su hijo espiritual que "Dios nos ha dado un Espíritu de poder, de amor y de dominio propio" (2 Timoteo 1:7). Y si es Dios quien ha hecho esto, entonces seguramente podemos vivir de manera distinta a lo que vive el resto de la gente.

¡Atención! No se trata de ser fanáticos y llevar la contraria a todo lo que nos digan; sino más bien de afirmar los valores del reino de Dios en medio de los asuntos culturales que ofenden a Dios.

3. Una cultura cristiana

Las personas cristianas podemos distinguirnos del resto del mundo por lo que hacemos en medio de esta cultura que nos tocó vivir (parafraseando un poco el Sermón del monte en Mateo 5 al 7, y las recomendaciones paulinas en Romanos 12 y 13) diciendo:

- Si todos imitan la vestimenta y el hablar de cantantes y personajes de la farándula, los cristianos imitemos la manera en que Cristo amaba a la gente.
- Si todos son impuntuales en el trabajo o la escuela, los cristianos seamos puntuales.
- Si cuando la gente discute, la discusión termina en pleito, los cristianos expresamos nuestro punto de vista con amor y procurando entender la perspectiva de los otros.
- Si algunas personas no cumplen con sus obligaciones en la escuela o el trabajo, los cristianos seamos personas responsables en todo.
- Si mucha gente vive en un hogar donde reinan los insultos, los cristianos hagamos de nuestros hogares sitios amables, porque ahí reina la paz de Dios.
- Si muchos se enojan y mantienen su rencor contra otras personas, los cristianos atrevámonos a pedir perdón y a perdonar.

- Si la gente busca cumplir solamente sus propios intereses, los cristianos busquemos ayudar a que los intereses de otros también se realicen.
- Si las personas están cegadas por la ambición, los cristianos estemos gozosos en dar y servir a los demás.
- Si las personas son infieles, los cristianos seamos fieles aun con el pensamiento.
- Si las personas fallan a sus promesas, los cristianos cumplamos lo que prometemos aun cuando sólo fue expresado verbalmente.
- Si otros presumen sus obras de caridad, los cristianos vivamos siendo compasivos sin necesidad de hacernos propaganda.
- Si la gente busca culpables, los cristianos busquemos el perdón.

(Permita más ideas de los asistentes.)

Jesucristo manda a renovarnos cada día, no sólo del pensamiento; sino aun de cosas que puede que estemos haciendo mal. ¡Hoy es el día de restauración!

Si hemos dejado que la cultura nos absorba, hoy podemos hacer votos delante de Dios para ser cristianos, personas que viven y fomentan una vida que agrada y honra a Dios y que beneficia a quienes nos rodean.

Conéctate | **¡A Navegar!** | **Descargas**

Instrucciones de las hojas de trabajo

Hoja de trabajo (12 a 17 años).

Dé un tiempo para que descubran doce valores que los cristianos fomentamos en nuestra sociedad (no se consideran las tildes).

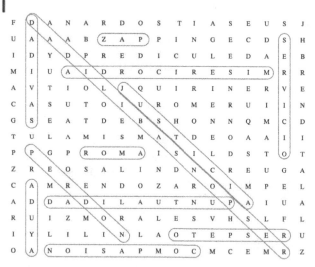

3 <u>verticales</u> -- Dádivas, ayuda, servicio
6 <u>horizontales</u> -- Paz, misericordia, amor, puntualidad, respeto, compasión
3 <u>diagonales</u> -- Responsabilidad, justicia, perdón

Hoja de trabajo (18 a 23 años).

Con base en el ejemplo, pida que enlisten diez valores culturales que el mundo promueve y que los confronten con los que en la Biblia Dios nos ha enviado a vivir.

VALOR CULTURAL	PASAJE BÍBLICO	VALOR DEL REINO DE DIOS
Ambición	Lucas 6:38	Generosidad
1		
2		
3		
4		
5		
6		
7		
8		
9		
10		

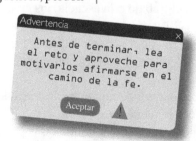

Advertencia

Antes de terminar, lea el reto y aproveche para motivarlos afirmarse en el camino de la fe.

Aceptar

¿Corrupción?

Objetivo: Que el joven entienda claramente que la integridad no puede ir a la par con la corrupción como aliada.

Para memorizar: "Todas las cosas son puras para los puros, mas para los corrompidos e incrédulos nada les es puro; pues hasta su mente y su conciencia están corrompidas" (Tito 1:15).

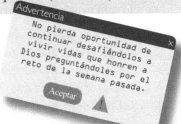

Advertencia

No pierda oportunidad de continuar desafiándolos a vivir vidas que honren a Dios preguntándoles por el reto de la semana pasada.

Aceptar

Conéctate   ¡A Navegar!   Descargas

Dinámica introductoria (12 a 17 años).

- Materiales: Materiales: Hojas de papel blanco y lápices.
- Instrucción: Pida a sus alumnos que hagan una lista de lo que ellos identifican como corrupción en la familia, en la iglesia, en la sociedad o nación, y también en sí mismos. Luego de terminar la lista, pida que la lean y hagan algunos comentarios.

Dinámica introductoria (18 a 23 años).

- Materiales: Seis cintas que identifiquen a seis jóvenes quienes interpretarán a seis personajes: Un(a) policía, un(a) maestro(a), un(a) político(a), un(a) cristiano(a), un(a) médico(a), un(a) juez(a).
- Instrucciones: Cada uno de ellos se presentará ante los demás alumnos y estos, en dos minutos, le preguntarán acerca de la corrupción en la institución que representa. Al final, bajo la dirección suya como maestro(a) se hará una lista de aspectos más resaltantes de la corrupción en la sociedad.

Conéctate   ¡A Navegar!   Descargas

En todo el mundo, hay corrupción. Sin embargo, es preciso mencionar que el nivel de la corrupción en cada país no es igual: Hay sectores en el mundo donde la corrupción ha alcanzado prácticamente a todos los sectores y personas, sin importar su condición social, económica, religiosa o intelectual. Frente a todo lo anterior, Dios ha llamado a sus discípulos a ser íntegros; pero… ¿cómo se puede ser íntegro en medio de un mundo corrupto? Tratemos de entender esta contradicción integridad-corrupción.

1. El propósito de Dios para el ser humano: La integridad

La Biblia afirma que Dios creó al ser humano a su imagen y semejanza. Esto significa que los seres humanos fueron creados justos, incorruptibles, llenos de amor, bondad, santos y puros; pero el pecado cambió todo y, ahora, no vemos que sea así.

A. ¿Qué es integridad?

Veamos lo que dice el diccionario español acerca de integridad: "Calidad de íntegro, pureza de las vírgenes". Íntegro significa: "Que tiene todas sus partes. Honrado, recto, desinteresado" (Diccionario Sopena. Sopena, 1968, p.595).

La integridad tiene, entonces, tres características:

1. Completo o entero. Una persona íntegra es alguien que en su vida no tiene grietas, heridas o que le falte algo. Aplicándolo al sentido espiritual, significa que la presencia de Cristo es de tal naturaleza que su vida de

santidad es real y se ve en sus palabras, actitudes, hechos y relaciones sanas con los demás (1 Timoteo 4:12). Dios quiere que le entreguemos nuestra vida completa y le sirvamos en forma completa.

2. Puro sexualmente. Esto no sólo en relación con las vírgenes, sino de todos los varones también. Un cristiano íntegro es aquel que en su vida sexual se apega estrictamente al mandato de Dios. No juega con el sexo opuesto ni cae en la inmoralidad sexual, llámese amor libre (fornicación, adulterio), pedrastia, homosexualismo, o cualquier perversión sexual(1 Corintios 6:9). El Señor quiere que pasemos por las etapas de la vida en forma completa. Un(a) chico(a), que inicia relaciones sexuales sin estar casado(a), está apresurando etapas de su vida y no estará cumpliendo los planes de Dios.

3. Honrado. La persona íntegra es alguien en quien se puede confiar, porque es recta (Salmo 37:35-37). La rectitud es propia de aquellos que hay en su corazón una fuente de rectitud; esa fuente es Cristo. El íntegro no está pensando sólo en sí mismo; sino que también piensa en los demás.

B. Algunas expresiones bíblicas acerca de la integridad

1. Sólo los que son íntegros pueden estar en el monte de Dios, o sea en la casa de Dios (Salmo 15:1-2).
2. Dios aprecia la alabanza de los íntegros (Salmo 33:1).
3. El que adora a Dios anda en integridad en medio de su casa (Salmo 101:2).
4. Para poder ser íntegro (recto) es necesario aprender los justos juicios de Dios (Salmo 119:7).
5. Los que viven con integridad pueden caminar, viajar, etc. confiados (Proverbios 10:9).
6. Un padre que es íntegro hereda la dicha a sus hijos (Proverbios 20:7).
7. Delante de Dios es mejor un pobre íntegro que un rico de perversos caminos (Proverbios 28:6).
8. La integridad debe acompañarnos toda la vida y hasta la muerte (Job 27:5).
9. Los líderes de la iglesia deben enseñar con integridad y ser ejemplos de ella a los demás (Tito 2:7).

2. Un caso de corrupción en la iglesia del primer siglo

Lucas nos narra lo ocurrido en Samaria con el hombre conocido como Simón "el mago" (Hechos 8:14-25). Mirando este caso podremos comprender mejor lo que ocurre ahora en nuestro contexto.

A. ¿Qué es corrupción?

Según el diccionario español, es lo siguiente: "Acción y efecto de corromper o corromperse. Alteración o vicio de un libro o escrito. Vicio o abuso introducido en las cosas no materiales". Veamos también el significado de corromper: "Alterar la forma de alguna cosa. Echar a perder, dañar, pudrir. Pervertir o seducir a una mujer. Estragar, viciar, pervertir. Sobornar o cohechar. Incomodar, fastidiar, irritar…" (Diccionario Sopena, 1968, p.317).

En el sentido espiritual, la corrupción altera o tuerce la Palabra de Dios, los mandamientos de Dios, la doctrina cristiana y el comportamiento que corresponde a un cristiano.

B. Las señales de la corrupción en Simón "el mago"

Simón "el mago" había ejercido la magia en Samaria por mucho tiempo y había hecho creer a la gente que "su poder" era el poder de Dios. Luego, Felipe llegó a Samaria predicando el evangelio y entre tanta gente que se convirtió al Señor, también Simón "el mago" se convirtió. Al oír de estas cosas, los apóstoles en Jerusalén enviaron a Pedro y a Juan para que confirmaran a los hermanos, y entonces ocurrió algo inesperado. Como Juan y Pedro al orar imponían las manos para que recibiesen el Espíritu Santo (vv.15,17), Simón, al ver tal prodigio, pensó en comprar tal poder con dinero (vv.18,19). La reacción del apóstol Pedro fue fulminante al decirle que su dinero y él perezcan juntos; pues él no tenía parte en ese asunto (vv.20,21), pero a la vez le dijo que se arrepintiera de semejante maldad y prisión de amargura y maldad, a lo cual Simón parece que sí se arrepintió (vv.22-23).

Simón "el mago" corrompió y quiso corromper lo siguiente:

a. Corrompió el trabajo digno (Hechos 8:9-11). Haciendo uso de artes mágicas ganó dinero en forma contraria a la voluntad de Dios.

b. Corrompió la mente de las personas (Hechos 8:10). Hizo creer a la gente que lo que él hacía lo hacía por el poder de Dios. Tremenda falsedad: Atribuir a Dios las acciones del diablo.

c. Quiso corromper el evangelio y la impartición del Espíritu Santo (vv.18-19). Acostumbrado como estaba a recibir dinero por sus antiguas artes mágicas, este hombre pensó que había descubierto una fuente más productiva para captar dinero.

Tratándose de Simón, no sabemos cómo terminó; pero hay indicios históricos que parecen indicar que fue el padre de una herejía dentro del cristianismo en los primeros siglos. Asimismo, su nombre ha quedado relacionado para siempre a la práctica de comprar los puestos eclesiásticos. A esto se le llama "simonía", práctica corrupta que ha hecho tanto daño a la iglesia cristiana, sobre todo en la Edad Media; pero de la que tampoco estamos libres en este tiempo.

Vivir con integridad en medio de un mundo corrupto es un reto para los cristianos. Cualquier área de nuestra vida se puede corromper. Debemos ser capaces de obedecer a Dios y vivir puros; es decir, rectamente delante del Señor y contribuir así para la transformación de la humanidad a la imagen de Cristo.

| Conéctate | ¡A Navegar! | Descargas |

Instrucciones de las hojas de trabajo

Hoja de trabajo (12 a 17 años).

Dé un tiempo para que respondan. Las respuestas se encuentran en la lección.

¿Qué te enseña sobre la corrupción la vida de Simón en Hechos 8:9-19?

_____

Salmo 119:7 _____

Proverbios 10:9_____

Proverbios 28:6_____

Job 27:5_____

Tito 2:7 _____

Hoja de trabajo (18 a 23 años).

Dé un tiempo para que respondan. Las respuestas se encuentran en la lección.

¿En qué aspectos se corrompió Simón según Hechos 8:9-19?

a. Hechos 8:9-11 _____

b. Hechos 8:10 _____

c. Hechos 8:18-19 _____

¿Qué te enseñan los siguientes pasajes acerca de la integridad?

1. Salmo 15:1-2 _____

2. Salmo 33:1 _____

3. Salmo 101:2 _____

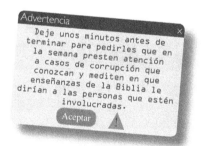

Advertencia

Deje unos minutos antes de terminar para pedirles que en la semana presten atención a casos de corrupción que conozcan y mediten en que enseñanzas de la Biblia le dirían a las personas que estén involucradas.

Aceptar

Palabra clave

Objetivo: Que el joven examine su conducta y forme un carácter responsable en cada área de su vida.

Para memorizar: "Y todo lo que hagáis, hacedlo de corazón, como para el Señor y no para los hombres" Colosenses 3:23.

Advertencia

Dé un tiempo para que compartan sobre el reto de ¡Vamos al chat!

Aceptar

Conéctate ¡A Navegar! Descargas

Dinámica introductoria (12 a 17 años).

- Materiales: Prepare dos juegos de letras separadas de 8cm x 6 cm que formen la palabra "responsabilidad.
- Instrucciones: Forme uno o dos grupos, dependiendo de la cantidad de alumnos. Luego, entrégueles los juegos de letras separadas (las letras deben estar desordenadas) para que ellos formen la palabra "responsabilidad".

Después de unos cinco minutos, o si ellos tardan menos mejor, pídale al grupo que terminó primero que escriba una breve definición de la palabra en cuestión; y al otro grupo pídale que prepare un ejemplo que ilustre dicha palabra.

Dinámica introductoria (18 a 23 años).

- Materiales: Hojas de papel blanco y bolígrafos.
- Instrucciones: Entregue sendas hojas de papel y bolígrafos, e indíqueles que cada uno debe anotar cinco cosas, las más relevantes, que hace durante el día desde que se levanta hasta que se acuesta. Luego, pregunte qué les motiva hacer todas las cosas que escribieron. Cuando alguien diga la palabra responsabilidad, pregunte al grupo cómo definirían esa palabra. Para concluir, mencione que escribirán entre todos una definición de esta palabra.

Conéctate **¡A Navegar!** Descargas

1. La demanda de la responsabilidad: El compromiso

El primer ingrediente para formar un carácter responsable es el compromiso. Y este es el grave problema en muchos de nuestros adolescentes y jóvenes, porque no se les ve un compromiso y, por ende, no son responsables. Sin embargo, muchos de ellos anhelan tener privilegios; pero nos preguntamos cómo van a tener privilegios si no asumen compromiso en sus vidas.

El joven Josué es un ejemplo práctico de compromiso. Como el compromiso demanda sacrificio, él tomó cada reto y cada desafío con mucha responsabilidad. Uno de los primeros desafíos que le tocó enfrentar fue su designación como príncipe de la tribu de Efraín. Él fue escogido (por su carácter maduro) de entre todos los de su tribu para ir junto a otros once príncipes de las demás tribus como espía hacia la tierra de Canaán (Números 13). Después de cuarenta días de ardua labor en tierras enemigas y con muchos peligros de muerte, regresaron y dieron cuentas a Moisés. Pero sólo Josué y Caleb fueron los únicos que hicieron valer su esfuerzo con valentía.

¿Recuerda el significado de responsable? Habíamos mencionado que responsable es aquella persona que cumple con sus obligaciones y pone atención en lo que hace o decide. Así pues, la historia de Josué nos muestra los tres pasos decisivos que hicieron que él actuara con responsabilidad: Él se fue, él vio la tierra de Canaán y él volvió con las ganas de conquistar. En realidad, Moisés no los envió para que vean si podían o no conquistarla. Josué y Caleb entendieron que fueron a espiar Canaán para estructurar una estrategia de conquista. Cuando nos encontramos ante un desafío, es fácil tirar la toalla. Pregunte: ¿Alguna vez escuchaste

140

la frase: "Quien no arriesga, nada gana"? En realidad, Josué tomó el riesgo con fe y compromiso; por eso, pudo entrar a la tierra prometida.

Si deseamos conquistar grandes cosas en nuestras vidas, es hora de que asumamos responsabilidades. Lo primero es comenzar cada día con compromiso y lucha, con fe en el nombre poderoso de Cristo. Pregunte: ¿Tienen estudios? ¿Tienen trabajo? ¿Tienen proyectos? Esos son compromisos ante los cuales deben ser responsables y cumplirlos fielmente.

Además de los grandes desafíos que tomó Josué, también podemos ver en su historial que él asumió su compromiso con mucha obediencia. El compromiso no es un simple hacer las cosas, sino que también hay que tener en cuenta los consejos y demandas que nos hacen los que tienen más experiencia que nosotros. Así pues, Josué siempre estuvo al lado de Moisés como su ayudante (Números 11:28), y en todo le obedecía sujetándose a su liderazgo (Éxodo 17:10). A muchos jovencitos y señoritas les cuesta someterse en obediencia. Al respecto, alguien dijo lo siguiente: "El precio de la obediencia es la responsabilidad". La obediencia te ayudará a asumir las cosas con mucha responsabilidad.

Hay cosas que los padres generalmente inculcan a sus hijos, como por ejemplo que sean responsables con su limpieza, la puntualidad, el orden, el estudio o el trabajo. Hoy en día, necesitamos una generación que sea capaz de hacer un compromiso responsable con estas ocupaciones.

2. El fruto de la responsabilidad: La autoridad

La responsabilidad comienza en nuestras vidas desde que somos muy pequeños. En cada etapa de nuestro crecimiento físico, tenemos que aprender el hábito de ser responsables. La responsabilidad es una disciplina que traerá réditos y ganancias cuando nos concentramos en practicarla.

Pregunte: ¿Por qué Josué llegó a ser el sucesor del gran Moisés? ¿Qué hizo Josué para llegar a ser el líder general de toda la nación israelita? Su libro nos habla de su liderazgo al mando del pueblo de Israel; sin embargo, en los libros anteriores (desde el libro de Éxodo hasta Deuteronomio), podemos ver a este joven en muchas experiencias al lado de Moisés, y tanto así que Dios vio en él un potencial responsable para encargarle la máxima autoridad en toda la nación de Israel.

Dios le dijo a Josué: "Mi siervo Moisés ha muerto; ahora, pues, levántate y pasa este Jordán, tú y todo este pueblo…" (Josué 1:2). Este mandato no era más que una ratificación de lo que antes había escuchado por medio de Moisés (Números 27:18,19,22-23). El pueblo había sido testigo de esta encomienda hecha a Josué; además, ellos ya conocían el carácter responsable de Josué. Por lo tanto, creían que era capaz de llevarles a la tierra prometida. Tanto fue así que a la primera orden de Josué (Josué 1:10-15), el pueblo respondió a su autoridad diciendo: te obedeceremos" (Josué 1:16-17).

Más adelante, Dios ratificó delante del pueblo la autoridad de Josué. Una vez que cruzaron el Jordán, Dios engrandeció a Josué ante los ojos del pueblo tanto que lo respetaron como habían respetado a Moisés (Josué 4:14). Y no sólo se ganó el respeto de su nación; sino que también fue respetado por muchos reyes paganos cuando supieron de su capacidad conquistadora.

Cuando actuamos responsablemente, veremos también privilegios que se nos abrirán. Si responsablemente estudias o trabajas, verás también los frutos de tu esfuerzo.

3. El fundamento de la responsabilidad: Su disciplina espiritual

La constante entrega de Josué, su disposición perenne y su adoración continua lo que hizo que tenga un corazón valiente y responsable. Nos dice el escritor del libro de Éxodo que "el joven Josué hijo de Nun, su servidor, nunca se apartaba de en medio del tabernáculo" (Josué 33:11b). Su búsqueda de Dios y su consagración era total a Dios, y por esto él entendió que la responsabilidad es un principio del carácter del hijo de Dios. Entonces, una persona que dice ser un hijo de Dios debe demostrarlo en su carácter responsable.

Para el inconverso la responsabilidad es una práctica interesada; por otro lado, el cristiano cree en la responsabilidad como un compromiso de agradar a Dios por sobre todo. Nuestro texto para memorizar nos anima a hacer todo de buena gana, como para el Señor.

Un dicho anónimo dice: "Hay una gran diferencia entre el interés y el compromiso. Cuando estás interesado en algo, lo haces sólo cuando las circunstancias lo permiten. Cuando estás comprometido con algo, no aceptas excusas, sólo resultados''. Estos resultados vienen a ser las metas que tendrás a nivel familiar, personal, laboral, etc.

Josué nos da a entender que nuestro compromiso con Dios es esencial para cumplir nuestras responsabilidades. La disciplina espiritual no sólo nos ayuda a ser responsables; sino que nos anima a alcanzar las metas. Para Josué no le fue fácil cumplir el rol que Moisés había dejado, pero en su plática espiritual con Dios siempre escuchaba la siguiente frase: "¡Solamente esfuérzate y sé valiente!" Esta frase se repite hasta en cuatro oportunidades en el primer capítulo del libro de Josué (vv. 6, 7, 9, 18). Nosotros, así como Josué, también necesitamos esas palabras de apoyo y aliento para cumplir el objetivo; y lo cual sólo lo encontraremos cuando buscamos al Señor de todo corazón. Así, Dios le había advertido a Josué que nunca dejara de meditar en su Palabra, porque en ella estaban los pasos para prosperar en todo.

Imitemos el carácter responsable de Josué y entonces, veremos esos mismos ingredientes forjarse en nuestras vidas. La corona que ganó Josué por su responsabilidad fue la aceptación de Dios y su ejemplo el cual perdura en nuestras mentes y corazones a través de tantos siglos.

Conéctate | **¡A Navegar!** | **Descargas**

Instrucciones de las hojas de trabajo

Hoja de trabajo (12 a 17 años).

Pida que de acuerdo al estudio del joven Josué, ponga "V" si es verdadero y "F" si es falso.

_F_ Josué fue de la tribu de Benjamín.

_V_ Por su carácter responsable fue el caudillo de Israel.

_V_ Dios le instó a escudriñar su Palabra para que sea prosperado.

_F_ Josué guio al pueblo de Israel a cruzar el mar Rojo.

_V_ Moisés fue quien le dio el encargo de Dios a Josué para que sea su sucesor.

_F_ Josué fue uno de los que animaba a volver a Egipto.

_V_ Su responsabilidad hizo que lograse conquistar la tierra prometida.

Hoja de trabajo de (18 a 23).

Ayude a sus alumnos a reflexionar en las siguientes preguntas personales:

1. ¿Cuáles son los tres ingredientes de la responsabilidad?

La demanda es el compromiso, el fruto es la autoridad y su fundamento es la disciplina espiritual.

2. ¿Crees que la vida de Josué te inspira para aumentar tu responsabilidad? Sí o no, y ¿cómo?

_____

3. ¿Eres de los que esperan que alguien te esté diciendo las cosas que tienes que hacer, o tienes iniciativa? Sí o no… (explica un poco).

_____

4. ¿Has dejado algo por falta de responsabilidad? Si es así, ¿te sientes desafiado a luchar? Sí o no… (es bueno animarle a tomar con firmeza sus retos).

_____

5. Según la vida de Josué, ¿cuál es el secreto para formar un carácter responsable?

El secreto viene a ser mucha consagración a Dios para ser motivados y tener un carácter responsable.

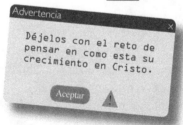

Advertencia

Déjelos con el reto de pensar en como esta su crecimiento en Cristo.

Aceptar

¿Me pueden leer?

Objetivo: Que el joven comprenda que debemos vivir honradamente.

Para memorizar: "Procurando hacer las cosas honradamente, no sólo delante del Señor sino también delante de los hombres" 2 Corintios 8:21.

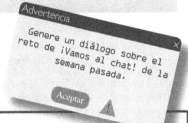

Advertencia

Genere un diálogo sobre el reto de ¡Vamos al chat! de la semana pasada.

Aceptar

Conéctate   ¡A Navegar!   Descargas

Dinámica introductoria (12 a 17 años).

- Materiales: Lápices de colores, papeles, tijeras, cartulinas, pegamento, revistas. Mientras más diversidad de materiales se tenga para esta actividad, será mayor la creatividad.
- Instrucciones: Prepare los materiales y divida a la clase en dos o tres grupos dependiendo de la cantidad de alumnos. La dinámica consiste en expresar "la honradez" usando los materiales disponibles. Anímelos a usar la creatividad.

Dinámica introductoria (18 a 23 años).

- Materiales: Un juego de mesa (uno, naipes, scrabble, domino, etc.).
- Instrucciones: Escoja un juego de mesa que la mayoría sepa jugar y que no sea largo. Antes de comenzar la clase, hable con un alumno y explíquele la dinámica. Dígale que esta consiste en que todos empezarán a jugar con las mismas reglas; pero de repente, usted empezará a cambiar las reglas adrede para favorecerle a él ç (al alumno con el que está hablando antes de la clase). Luego, entre el alumno con el que conversó antes y usted harán trampas, algunas obvias y otras no tanto. Observe las reacciones de los demás alumnos. Termine la dinámica antes de que todo el grupo termine molesto; y al final, pregúntales: ¿Qué ocurrió durante el juego? ¿Alguien estaba haciendo trampas? ¿Cómo se sintieron al ver que otro/s hacía/n trampas? ¿Se han comportado todos honradamente? Pídeles que levanten la mano los que no hicieron trampas.

  A través de esta dinámica, el alumno podrá ver cómo otras personas se comportan deshonradamente (haciendo trampas) u honradamente (sin hacer trampa).

Conéctate   ¡A Navegar!   Descargas

En el colegio, siempre nos ponían lecturas obligatorias y una de ellas era "El Lazarillo de Tormes" (no se conoce con exactitud el autor). En este libro, se cuenta la vida de un niño, Lázaro de Tormes, que nació rodeado de pobreza. Se quedó huérfano desde pequeño y debido a su situación, su madre lo puso al servicio de un ciego. En la narración de estos hechos, ocurre una escena que llama mi atención: Cuando Lazarillo y el ciego comparten un racimo de uvas.

El ciego y Lazarillo estaban llegando a un sitio, entonces un vendedor de uvas les dio un racimo de uvas como limosna. Así que acordaron que ambos comerían cantidades iguales: Uno comería una vez y el otro, la siguiente vez; tomando así cada uno de ellos sólo una uva cada vez. Entonces, empezaron a comer el racimo, una uva cada uno a la vez; pero en el siguiente turno, el ciego comenzó a tomar dos uvas. Viendo esto, Lazarillo hizo lo mismo e incluso, comenzó a comer tres uvas a la vez.

Al acabar el racimo de uvas, el ciego le dice:

Lázaro: … Juraré yo a Dios que has comido las uvas de tres en tres.

No comí --dije yo-; mas, ¿por qué sospecháis eso?

Respondió el sagacísimo ciego:

¿Sabes en qué veo que las comiste de tres a tres?

En que comía yo dos a dos y callabas."

Es decir que el Lazarillo no se quejó ni dijo nada al ver que el ciego tomaba dos uvas a la vez; sino que decidió agarrar tres uvas cada vez. En esta historia, podemos ver que ambos dejaron la honradez de lado; y no sólo eso, sino que Lazarillo terminó buscando ganar para su propio bien, en vez de hacer las cosas honradamente.

En esta escena, el Lazarillo pensó haberse salido con las suyas; pero en verdad, el ciego se había dado cuenta de lo ocurrido. Esto también nos puede pasar; ya que podemos pensar que nadie se dará cuenta de las "cositas" que hacemos o decimos. Pero esto es mentira; nos estamos autoengañando, porque al final todo queda expuesto: "Y no hay cosa creada que no sea manifiesta en su presencia; antes bien todas las cosas están desnudas y abiertas a los ojos de aquel a quien tenemos que dar cuenta" (Hebreos 4:13). Este versículo nos revela que el primero en saber todo lo que hacemos es Cristo.

En el Evangelio según San Lucas, encontramos la historia de Zaqueo (Lucas 19:1-10), quien fue un cobrador de impuestos. Los cobradores de impuestos tenían mala reputación, ya que tendían a engañar o extorsionar a las personas para conseguir más ganancias. Por esto, Zaqueo no era el hombre más querido del lugar, sino que era uno de los más despreciados.

Al oír Zaqueo que Jesús estaba en Jericó (v.1), quería conocerle, o por lo menos verle. En la historia de Zaqueo, podemos ver que Cristo impactó su vida y, después, este hombre buscó ser honrado e íntegro.

1. Cristo impacta las vidas

Hoy en día, podemos leer la historia de Zaqueo, e incluso conocemos algunas cosas de él. No obstante, si tan sólo hubiese un libro de su vida, seguro que habría partes de esta que a Zaqueo no le gustaría enseñar. Ahora, pensemos en nuestras vidas, como si estas fuesen un libro. Pregunte: ¿Estaríamos tranquilos y contentos al enseñar todos los capítulos? Seguro que hay partes que desearíamos que no estuviesen ahí o que nunca hubiesen pasado.

Así como dijimos antes, Zaqueo era uno de los hombres más despreciados de su ciudad. Su trabajo no le daba buena fama; pero no era culpa del trabajo, sino de sus actitudes.

Al saber Zaqueo que Jesús estaba en su ciudad, buscó la manera de acercarse a Él. Se subió a un árbol sicómoro para poder verlo mejor. Jesús lo vio y lo llamó por su nombre. Este hecho seguro impactó la vida de Zaqueo. Probablemente, se preguntaría: ¿Cómo era posible que Cristo conociese su nombre, y encima, le dijese que iría a su casa? Probablemente, al ser publicano y al conocer las actitudes de Zaqueo, la gente no iba a su casa a menudo; y quizá Zaqueo tenía pocos invitados. Así que el hecho de que Jesús lo llamase por su nombre, sin ni siquiera conocerlo, y además le dijese que iba a su casa impactó la vida de este recaudador de impuestos.

Pregunte: ¿Recordamos la vez en que Jesús impactó nuestras vidas? Seguro que ninguno de nosotros fue recolector de impuestos, pero ciertamente hemos hecho cosas de las que no nos sentimos orgullosos. Por ejemplo, hemos dicho algunas mentiras, no hemos obedecido a nuestros padres, hemos hablado mal de nuestros amigos, nos hemos peleado con algunos amigos (¡espero que no!) y otras cosas más. No nos gustaría que estos hechos apareciesen en el libro de nuestras vidas. No nos gustaría que nadie leyese estos capítulos de nuestras vidas. La verdad es que cuando Cristo nos dice: "Voy a tu casa", está diciéndonos que quiere entrar en nuestras vidas, y es en aquel momento cuando todas las cosas cambian (2 Corintios 5:17).

2. Siendo honrados e íntegros

Pregunte: ¿De qué manera las cosas viejas pasaron y fueron hechas nuevas en la vida de Zaqueo? (Lucas 19:8). Zaqueo sabía que no había sido honrado en su trabajo; de hecho, él había engañado a personas, las había extorsionado para conseguir más dinero. No había tenido misericordia a la hora de cobrar los impuestos. No le había importado la situación de las personas, incluso, si podía sacar más dinero, lo hacía. El deshonrado cobrador de impuestos había estado haciendo esas cosas; sin embargo, la llegada de Jesús a su casa, lo transformó. Así pues, Zaqueo dio cuenta de toda la maldad que había hecho a su prójimo.

En el momento que Cristo llega a nuestra vida y nos muestra todas las cosas que hemos hecho mal, esto debería provocar un cambio en nosotros, así como en Zaqueo. El Espíritu Santo nos muestra un camino en el que podemos vivir honradamente.

Una vida de honradez e integridad no sólo hace referencia al dinero; sino a todas las áreas de nuestras vidas. Por ejemplo, no copiar en los exámenes, no quitarle los bolígrafos a nuestro compañero, no hablar mal de nuestros amigos, etc. Según la RAE, la palabra integridad significa "cualidad de íntegro", e íntegro significa a su vez "que no carece de ninguna de sus partes". Por lo tanto, al buscar una vida de honradez e integridad está hablando de incluir todas las partes de nuestra vida, no sólo unas y otras no. Debe ser el conjunto de todas nuestras actitudes.

El Señor sabe todas las cosas, pero también debemos tener cuidado de nuestro testimonio (2 Corintios 8:21). Una amiga una vez me dijo:" No hagas cosas buenas que puedan parecer malas". Así que si algunas de nuestras actitudes no hablan bien de nosotros delante de nuestros hermanos en Cristo, entonces deberíamos plantearnos si deberíamos cambiar. El Señor conoce todas las cosas, conoce nuestras intenciones; pero las personas no. Debemos ser honrados e íntegros tanto en la soledad como en público.

Hoy hemos visto el ejemplo de Zaqueo. Cristo llegó a su vida y cambió su estilo de vivir. Zaqueo pasó de ser el engañador, ladrón, extorsionador, a ser un hombre honrado que quería ayudar a los pobres y devolver todo lo que había robado. Así como hemos visto en la historia de Lázaro de Tormes, podemos pensar que nadie se da cuenta de lo que estamos haciendo; pero el Señor conoce todo y puede que nuestros padres u otras personas también, como el caso del ciego y el Lazarillo.

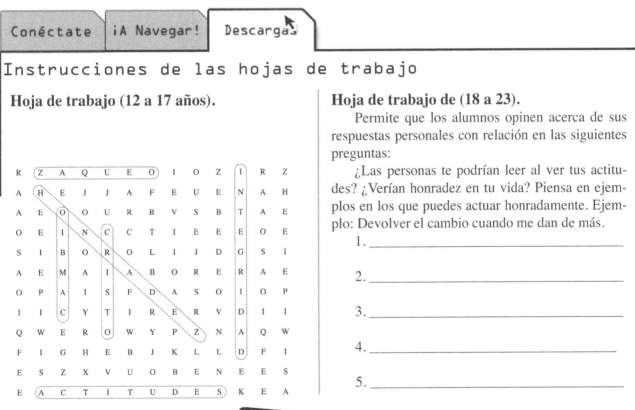

Conéctate | ¡A Navegar! | Descargas

Instrucciones de las hojas de trabajo

Hoja de trabajo (12 a 17 años).

Hoja de trabajo de (18 a 23).

Permite que los alumnos opinen acerca de sus respuestas personales con relación en las siguientes preguntas:

¿Las personas te podrían leer al ver tus actitudes? ¿Verían honradez en tu vida? Piensa en ejemplos en los que puedes actuar honradamente. Ejemplo: Devolver el cambio cuando me dan de más.

1. _____

2. _____

3. _____

4. _____

5. _____

Advertencia

Ayude a los alumnos a pensar seriamente en si otros podrían leer su libro.

Aceptar

Sé diferente

Objetivo: Que el joven aprenda que la honestidad es una característica indispensable para poder agradar a Dios y ser luz a los demás.

Para memorizar: "Por lo demás, hermanos, todo lo que es verdadero, todo lo honesto, todo lo justo, todo lo puro, todo lo amable, todo lo que es de buen nombre; si hay virtud alguna, si algo digno de alabanza, en esto pensad." Filipenses 4:8.

> Advertencia
> Comience preguntando si pudieran leer su libro de acciones completo en la clase.
> Aceptar

Conéctate | ¡A Navegar! | Descargas

Dinámica introductoria (12 a 17 años).

- Instrucciones: Divida la clase en dos grupos y pida que un grupo dramatice en un minuto una situación en la cual se vea cómo actúa una persona honesta. Y al otro grupo pídale que dramatice una situación en la cual se vea cómo actúa una persona deshonesta. Luego, permita a los alumnos que comenten sobre lo que se hizo.

Dinámica introductoria (18 a 23 años).

- Materiales: Pizarra y marcadores o tizas.
- Instrucciones: Haga dos columnas en la pizarra y en una columna escriba la palabra Honestidad y en la otra Deshonestidad. Luego, pida a los alumnos que digan qué les sugieren esas palabras. Escriba todo lo que digan en la columna correspondiente. Al finalizar, escriban una definición de cada una de las palabras mencionadas.

Conéctate | ¡A Navegar! | Descargas

En un pueblo lejano, el rey convocó a todos los jóvenes a una audiencia privada con él en donde les daría un importante mensaje. Muchos jóvenes asistieron y el rey les dijo: "Os voy a dar una semilla diferente a cada uno de vosotros, al cabo de seis meses deberán traerme en una maceta la planta que haya crecido, y la planta más bella ganará la mano de mi hija". Así se hizo, pero había un joven que plantó su semilla y esta no germinaba; mientras tanto, todos los demás jóvenes del reino no paraban de hablar y mostrar las hermosas plantas y flores que habían sembrado en sus macetas. Llegaron los seis meses y todos los jóvenes empezaron a desfilar hacia el castillo con hermosísimas plantas. El joven cuya semilla no había germinado estaba demasiado triste al punto de ni siquiera desear ir al palacio. Pero su madre insistía en que debía ir, pues era un participante y debía estar ahí. Por fin, desfiló de último hacia el palacio con su maceta vacía. Todos los jóvenes, al ver a nuestro amigo, soltaron en risa y burla. En ese momento, el alboroto fue interrumpido por el ingreso del rey; entonces, todos hicieron su respectiva reverencia mientras el rey se paseaba entre todas las macetas admirando las plantas. Finalizada la inspección, el rey hizo llamar también, a su hija, y llamó de entre todos, al joven que llevó su maceta vacía; atónitos, todos esperaban la explicación de aquella acción. El rey dijo entonces: "Este es el nuevo heredero del trono y se casará con mi hija, pues a todos ustedes se les dio una semilla infértil, y todos trataron de engañarme plantando otras plantas; pero este joven tuvo el valor de presentarse y mostrar su maceta vacía, siendo sincero, real y valiente, cualidades que un futuro rey debe tener y que mi hija merece".(http://www.encinardemamre.com/premium/a-z/h/honestidad.htm#La zorra y el mono disputando sobre su nobleza).

Estamos en un mundo lleno de maldad y perversión, y poder encontrar gente honesta cada vez es más difícil. Al no tener a Dios en sus vidas, las personas viven tratando de satisfacerse a sí mismas sin importar cómo lo logren. Dios, a través de su Palabra, pide a sus hijos que sean honestos para hacer su voluntad y así ser luz al mundo.

1. Honestidad

Primero, tenemos que entender bien este término. Así pues, según la Real Academia Española, honesto significa lo siguiente: "Decente o decoroso, recatado, pudoroso, razonable, justo, recto, honrado" (http://lema. rae.es/drae/?val=honesto). Y si buscamos sinónimos, encontraremos como resultado los siguientes términos: "Íntegro, intachable, irreprochable, cumplidor, austero, desprendido, desinteresado, púdico, casto, comedido, puro, modesto" (http://www.wordreference.com/sinonimos/honesto).

Como hemos visto, ser honesto significa ser una persona con muchas virtudes. Es alguien que trata de hacer las cosas bien, rectamente; no le gusta el engaño y es responsable de sus actos, por eso, cuida mucho su manera de vivir.

Para el cristiano, la honestidad es una actitud y una aptitud. Pregunte: ¿Cuál será la diferencia entre estas dos palabras? (haga pensar un poco a sus alumnos pidiéndoles que den sus opiniones antes de darles la respuesta).

Actitud: Es la disposición (voluntad) para realizar una actividad. Aptitud: Es el conocimiento y habilidad (capacidad) para realizar una actividad. http://www.como-se-escribe.com/actitud-aptitud/).

La Biblia dice en Filipenses 2:13: "… Dios es el que en vosotros produce así el querer como el hacer…". ¡Qué maravilloso! Dios nos ha dado la actitud y la aptitud para poder vivir honestamente; a diferencia de otros que por causa del pecado que mora en ellos no tienen la capacidad para hacerlo.

2. Honestidad en la Biblia

Escriba en una pizarra o en un papel grande las frases mencionadas líneas abajo sin la cita bíblica. Designe un versículo por persona para que sea leído en voz alta. Después que cada uno haya leído su versículo asignado, pida que lo relacione a la frase que crea que se ajusta más a lo que dice el versículo.

a) "Debo ser honesto para ser luz a los que viven en tinieblas" (Filipenses 2:15).
   Debemos mantenernos fieles a nuestros principios sin dejarnos influenciar por el mundo; al contrario, nosotros debemos influenciar en él con nuestro testimonio, con nuestros hechos, para que vean por medio de nosotros a un Dios vivo y real.
b) "Debo ser honesto para que mi alabanza sea grata a Dios" (Salmos 33:1).
   Es necesario que vivamos en integridad para poder acercarnos a Dios con confianza y darle nuestra adoración sabiendo que Él la recibe con gozo.
c) "Debo ser honesto para mantener la unidad dentro de la comunidad cristiana" (Efesios 4:25).
   La honestidad hará que fluyan en la iglesia la confianza y la unidad unos con otros, de esta manera alegraremos a Dios.
d) "Debo ser honesto para ser un buen siervo de Dios" (1 Timoteo 3:8).
   Debemos servir al Señor con integridad. Todos somos siervos de Dios aunque no tengamos ningún título o cargo en la iglesia. Todo cristiano es llamado a servir.
e) "Debo ser honesto en todo lo que hago y en todo momento" (2 Corintios 8:21).
   Debemos ser honestos a toda hora y en todo lugar, porque no lo hacemos para los hombres, sino para Dios, sabiendo que Él siempre nos ve.
f) "Debo ser honesto para ser bendecido por Dios" (Proverbios 28:20).
   Dios bendice grandemente a aquellos que son íntegros, pues sabe que no es fácil; pero vale la pena hacerlo por el Señor.

3. Daniel, ejemplo de honestidad

A. La honestidad de Daniel ante la tentación

Daniel era un joven que fue llevado de Jerusalén a Babilonia (Daniel 1). Allí, junto con otros jóvenes fue seleccionado para servir al rey. A todos ellos se les ordenó que comiesen de la comida del rey, pero Daniel se negó y tres de sus amigos también. Pregunte: ¿Por qué haría esto Daniel? El problema no era la comida, sino que Daniel no quiso pecar contra Dios, puesto que ellos estaban bajo la ley judía (que prohibía estos alimentos). Así que prefirió cumplirla a pesar de estar fuera de su patria, porque sabía que esto le agradaría a Dios.

Probablemente, Daniel sintió la tentación de comer la comida del rey, pero mayor fue su deseo de agradar a Dios que sus ansias de probarla. Nosotros también tenemos muchas tentaciones en nuestra vida, pero Dios espera que escojamos hacer su voluntad. A Daniel no le importó desobedecer las órdenes del rey, pues su único Rey (Dios). A nosotros tampoco nos debe importar lo que piensen o digan los demás. Lo único que nos debe preocupar es la opinión de Dios; eso nos ayudará mucho a la hora de tomar alguna decisión importante.

B. La honestidad de Daniel ante la adversidad

El rey Darío dictó una ley en la que todos tenían que adorarlo a él; de lo contrario, serían echados al foso de los leones (Daniel 6). Pero esta ley no detuvo a Daniel en seguir buscando la presencia de Dios. Daniel vivió honestamente toda su vida, nadie podía acusarlo de nada (Daniel 6:4); pero a pesar de eso sus enemigos lograron apresarlo y echarlo al foso de los leones. Debemos ser conscientes que a pesar de nuestro buen testimonio el mundo siempre buscará algo de qué acusarnos; sin embargo, eso no nos debe parar, sino que debemos seguir viviendo honestamente. La Biblia no dice exactamente si en ese momento Daniel tuvo miedo o no, lo que sí sabemos es que él confiaba en Dios. Él sabía que podría salir victorioso al ser protegido por Dios o, simplemente, moriría encontrándose así con su Señor. De cualquier forma, saldría ganando. Felizmente, Dios lo libró de la muerte y castigó a aquellos que le querían hacer daño.

En la actualidad, los hijos de Dios también tenemos pruebas y adversidades; pero Dios permite que pasen esas cosas para que nuestra fe sea probada y fortalecida, y que al final su nombre sea exaltado. Pase lo que pase, debemos saber que siempre obtendremos la victoria.

C. La honestidad de Daniel, recompensada por Dios

Después de cada uno de los episodios difíciles de la vida de Daniel, vemos que siempre salió victorioso. Cuando rehusó comer la comida del rey, al final, él y sus amigos fueron los que mejor semblante tenían (Daniel 1:15); y Dios los hizo más inteligentes que los demás y a Daniel le dio la capacidad de comprender los sueños y las visiones. Luego, Daniel fue puesto como el jefe de los gobernadores del reino (Daniel 6:3), y más adelante vemos cómo Dios lo libró de los leones; pero además, Daniel logró que el nombre de Dios sea alabado por todo el reino y Dios lo prosperó.

Daniel fue un hombre que vivió una vida de integridad y rectitud en todo sentido. Esto se debe a que él nunca se alejó de Dios. Daniel 6:10 dice que Daniel oraba a Dios tres veces al día. Esto confirma que era un hombre de oración y de consagración a Dios; por esa razón, Daniel pudo ser fiel en los momentos más difíciles de su vida.

Conéctate   **¡A Navegar!**   **Descargas**

Instrucciones de las hojas de trabajo

Hoja de trabajo (12 a 17 años).

Dé un tiempo para que respondan las siguientes preguntas:

¿Cómo definirías la honestidad?
_____

¿Te consideras una persona honesta? ¿Por qué?
_____

¿Qué esperas de una persona honesta?
_____

Cuando piensas en honestidad, ¿qué otros personajes aparte de Daniel vienen a tu mente?
_____

Hoja de trabajo (18 a 23 años).

Dé un tiempo para que respondan lo siguiente:
Define la palabra honestidad con tus palabras.
_____

¿Crees que es fácil ser honesto en el mundo de hoy?
_____

¿Has tenido experiencias en que la gente no fue honesta contigo? Escribe una.
_____

Menciona 2 o 3 ejemplos de honestidad y 2 o 3 de deshonestidad que hayas vivido en el último tiempo.
_____

Advertencia

Tome un tiempo para el desafío que se encuentra en el ¡Vamos al chat!

Aceptar

Mi identidad

Objetivo: Recordar a los jóvenes y adolescentes que parte de nuestras vidas como cristianos es tener el valor de la humildad.

Para memorizar: "Es necesario que él crezca, pero que yo mengüe" Juan 3:30.

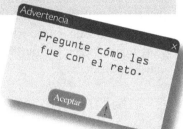

Advertencia
Pregunte cómo les fue con el reto.
Aceptar

Conéctate | ¡A Navegar! | Descargas

Dinámica introductoria (12 a 17 años).
- Materiales: Hojas de papel y lápices de colores.
- Instrucciones: Reparta a los alumnos las hojas de papel y pídales que se inspiren y dibujen algo que a su parecer ejemplifique la humildad. Luego, permita que cada uno muestre su dibujo y que el resto de la clase lo interprete, y después de ello, que cada persona explique qué dibujó y por qué. Dé un tiempo para que todos participen.

Dinámica introductoria (18 a 23 años).
- Materiales: Hojas de papel blanco (una para cada uno de sus alumnos).
- Instrucciones: Dígale a toda la clase que cada uno haga un acróstico con la palabra "humildad" (usar cada letra para formar una frase o palabra).

Conéctate | **¡A Navegar!** | Descargas

La etapa del adolescente y del joven se caracteriza por ser una etapa de superación, exploración de su yo, y también es una etapa en la que muchas veces se da lugar a la soberbia, el orgullo y la vanidad. Por ello, encontramos el consejo del apóstol Pedro dirigiéndose a los jóvenes para que se revistan de humildad (1 Pedro 5:5).

Según la RAE, humildad viene a ser la "virtud que consiste en el conocimiento de las propias limitaciones y debilidades y en obrar de acuerdo con este conocimiento".

La Biblia entera nos anima e insta a ser humildes. Nuestra identidad debemos construirla en la base de la humildad; para ver esto tomaremos como ejemplo la vida de Juan el Bautista.

1. Juan el Bautista no era un sabelotodo

Cuando Juan el Bautista empezó su ministerio, salían los pobladores de Jerusalén y toda Judea para pedir perdón por sus pecados y ser bautizados (Mateo 3:5). En el Evangelio según Lucas, se registra que hasta en tres oportunidades le preguntaron: "¿Qué haremos?" (Lucas 3:10,12,14). Esto nos enseña que para el pueblo judío Juan el Bautista era un sabio, una persona a la cual venían las personas con sus inquietudes.

Sin embargo, en su opinión personal, él no lo asimilaba así; porque en el pasaje de Mateo 11:2-3, nos da a entender que humanamente tenía cuestiones que resolver en cuanto a Cristo. En cierta ocasión envió a dos de sus discípulos a preguntarle personalmente a Jesús si Él era el Mesías. Con esto, nos damos cuenta que Juan el Bautista necesitaba saber aún más sobre Jesucristo.

Mientras vamos creciendo en las cosas del Señor, siempre vamos a necesitar saber más acerca de Jesús; pues nunca podremos alcanzar la plenitud del conocimiento. Aun cuando Juan había sido muy cercano de

Jesús desde que estaban ambos en el vientre (Lucas 1:41-44), y de haberle bautizado, nunca creyó saber todo de Jesús.

La humildad de Juan se denota al quitarse de encima el prejuicio del qué dirán o la vergüenza de que creyeran que no sabía todo. Además, Juan no envió a cualquier persona, de hecho él envió a dos de sus discípulos. Esto indica que envió a dos de aquellos que sabían muy bien quién era él. Juan quiso saber más acerca de Jesús para su crecimiento espiritual.

Quizá hayamos sido instruidos desde muy pequeños en las cosas de Dios; pero tengamos en cuenta que tenemos que seguir pidiendo al Señor Jesús que nos siga aclarando las cosas como lo hizo con Juan. Sólo la persona orgullosa y vanagloriosa cree que todo lo sabe y que no necesita saber más.

Por otro lado, cuando Juan el Bautista envió la pregunta no estaba denotando incredulidad; sino que buscaba una aclaración y ratificación específica sobre su propósito redentor, al fin y al cabo, él estaba preso por causa de Jesucristo.

2. Jesús se refirió a la humildad de Juan

A. ¿Qué salisteis a ver al desierto?

El lugar donde desarrolló su ministerio Juan fue el desierto (Mateo 3:1). Hoy en día, algunos o muchos predicadores no elegirían como su oficina de trabajo a un desierto. En un desierto, no hay luz, no hay diversión, no hay alimentos fácilmente, no hay comodidades. Sin embargo, a Juan el Bautista no le interesó la situación en la que desarrollaría su ministerio; a él lo que le interesó fue ir en nombre de Dios. Su ministerio fue respaldado por Dios, por eso, la gente iba aun al desierto para escucharle predicar de la Palabra (Mateo 11:7).

B. ¿Una caña sacudida por el viento?

Con esta otra pregunta, Jesús estaba apelando al carácter fuerte de Juan el Bautista (Mateo 11:7). No por ser humilde tiene que ser una caña movida por el viento. Más bien su carácter humilde radicaba en su actitud interna delante de Dios y de los hombres; pero no en su aspecto externo. Una caña es sinónimo de endeble, débil y delicado y da a entender que una persona así es fácil de quebrar, o que es miedoso o cobarde. A veces, hallamos la definición de humilde como una persona débil, pobre y miedosa. Esto no es más que una definición de caña sacudida por el viento. Mas no es así con Juan el Bautista; él fue fuerte en la exposición de su mensaje, fiable en su testimonio y estable en su llamado, por eso, hasta pagó con su propia vida las consecuencias de su mensaje. Renunció a la cobardía por no traicionar a su Maestro por excelencia.

C. ¿Salisteis a ver a un hombre cubierto de vestiduras delicadas?

Con esta pregunta, Jesús quiso demostrar a sus oyentes que Juan sabía el propósito de su llamado y que estaba dispuesto a vivir sumiso al llamado antes que a las comodidades (Mateo 11:8). Él no hizo del ministerio su medio de vida para aprovecharse carnalmente.

Juan el Bautista buscó una vestidura natural, o sea, no se preocupó mucho en lo que vestiría, pues no era su prioridad (Mateo 3:4); en realidad, lo que más le preocupaba a Juan era la vestidura de la unción espiritual para testimoniar de Jesucristo(Juan 1:6-7).

Como cristianos tenemos que decidir en dónde vivir: Si en las delicias de nuestros propios intereses y orgullo, o en una vida anónima por el mensaje del evangelio llevando una vida sencilla y humilde. Actualmente, los jóvenes buscan más las marcas de la ropa para hacer ver su vanidad; sin embargo, el de espíritu humilde, buscará consagrar su corazón más allá de lo que pudiera vestir.

D. ¿Salisteis a ver a un profeta?

En el Evangelio de Juan podemos leer el testimonio de Juan el Bautista cuando sacerdotes y levitas le preguntaron quién era él (Juan 1:19-21).

Por esta razón, Jesús con esta cuarta pregunta quiso dejar bien en claro quién era realmente Juan el Bautista (Mateo 11:9). Vivimos en medio de un mundo religioso en el cual las personas se autodenominan como "ungidas"; sin embargo, Juan el Bautista nos enseña que mejor es dejar que el mismo Maestro dé su opinión acerca de nosotros. Juan no se reconoció como un profeta, pero Jesús dijo él que era más que un profeta (Mateo 11:9). No hay mayor privilegio que recibir la aprobación de Cristo en nuestro cargo. En Juan el Bautista, se cumplió Mateo 23:12. Él primero se humilló; luego, Jesús lo exaltó declarando tres cosas: Primero, que era más que un profeta (Mateo 11:9); segundo, que entre los que nacen de mujer no se ha levantado otro mayor que él (v.11); y tercero, lo alabó diciendo que él era el Elías (v.14). Compararlo con Elías era lo máximo entre los profetas. Además, cuando fue profetizado su nacimiento por el ángel, este dijo de él: "Porque será grande delante de Dios…" (Lucas 1:13-15). Quizá, él no se dio cuenta de la repercusión de su ministerio; pero se convirtió en el precursor del evangelio. Su único interés era estar comprometido con hacer la voluntad de Dios. Esto le llevó a ser el que bautizó a Jesús. Ni siquiera este último acto con Jesús le llevó a engrandecerse (Juan 1:26-27); más bien, tomó su lugar detrás de aquel que le llamó a predicar. Después de estas palabras, añadió la más bella afirmación sobre Jesús (Juan 1:29).

Dos cosas hicieron grande a Juan el Bautista y, por ende, vivir en humildad: "Fue lleno del Espíritu Santo" (Lucas 1: 15) y "la mano del Señor estaba con él" (Lucas 1:66). Busquemos estos ingredientes para vivir en humildad. Las palabras de Juan el Bautista remueven nuestro ser al escucharle: "Es necesario que él crezca, pero que yo mengüe." (Juan 3:30).

Conéctate   ¡A Navegar!   Descargas

Instrucciones de las hojas de trabajo

Hoja de trabajo (12 a 17 años).

Dé un tiempo para que lean los versículos bíblicos y llenen los espacios en blanco con el nombre del personaje bíblico que no fue humilde y la consecuencia que tuvo que sufrir.

1. Génesis 4:3-8 Caín, y fue desterrado porque se ensañó contra su hermano.
2. Éxodo 11 Faraón, porque se creía dios y fue muerto su primogénito.
3. 2 Crónicas 26:16-21 Uzías, y encontró la lepra.
4. Lucas 12:16-21 El rico insensato, porque se creía ser dueño de todo y encontró la muerte repentina.
5. Hechos 12:20-23 Herodes, porque no dio la gloria a Dios, expiró.
6. Daniel 5:22-30 Belsasar, porque no se humilló, fue asesinado por los caldeos.

Hoja de trabajo (18 a 23 años).

De acuerdo al estudio realizado, pida a los alumnos que respondan las siguientes preguntas:

1. ¿Qué tiene que menguar para que yo sea humilde?
   Mi ego.
2. ¿Cómo le reconocía el pueblo a Juan el Bautista?
   Como un maestro y el Elías.
3. ¿Por qué envió Juan el Bautista a sus discípulos para que preguntaran a Jesús?
   Porque quería ratificar sobre el propósito redentor de Jesús.
4. ¿Cuáles fueron las cuatro preguntas de Jesús acerca de Juan el Bautista según Mateo 11:7-9?
   ¿Qué salisteis a ver al desierto? ¿Una caña sacudida por el viento? ¿Salisteis a ver a un hombre cubierto de vestiduras delicadas? ¿Salisteis a ver a un profeta?
5. ¿Qué declaró Jesús exaltando a Juan el Bautista por su humildad (Mateo 11:9,11,14)?
   Primero, que es el más grande de los profetas; segundo, que entre los que nacen de mujer no se ha levantado otro mayor que Juan el Bautista; y tercero, le alabó diciendo que él era el Elías. Compararlo con Elías era lo máximo entre los profetas.
6. ¿Cuáles fueron las dos revelaciones que hicieron grande a Juan el Bautista según Lucas 1:15,66?
   Primero, "fue lleno del Espíritu Santo" y; segundo, "la mano del Señor estaba con él".

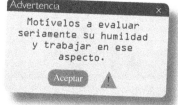
Advertencia   x
Motívelos a evaluar seriamente su humildad y trabajar en ese aspecto.
Aceptar

Regalo inolvidable

Objetivo: Que el joven comprenda que es necesario servir al Señor mientras tengamos oportunidad.

Para memorizar: "De cierto os digo que dondequiera que se predique este evangelio, en todo el mundo, también se contará lo que ésta ha hecho, para memoria de ella" Mateo 26:13.

> **Advertencia** ☒
>
> Dé unos minutos para repasar el tema de la humildad tratado la semana pasada.
>
> Aceptar ⚠

Conéctate · ¡A Navegar! · Descargas

Dinámica introductoria (12 a 17 años).

- Materiales: Una pelota o un muñeco de peluche y música.
- Instrucciones: Al ritmo de la música, el sonido de una pandereta o de palmadas, el objeto debe pasar de una persona a otra y al detenerse el sonido, quien tenga el objeto deberá contar cuál es el regalo más importante que ha dado y a quién se lo dio.

  Reflexionar sobre cuán generosos somos al dar un regalo. Se hará especial énfasis en las mejores cosas que hemos hecho o dado para Dios.

Dinámica introductoria (18 a 23 años).

- Materiales: Una muñeca u oso de peluche.
- Instrucciones: El maestro contará una historia. Ejemplo: "Cuando venía a la reunión me encontré a "Pepita" (nombre de la muñeca o del osito), ella estaba triste y sola, y necesita mucho amor. Yo le conté que en este grupo, ustedes le podían brindar muchísimo amor. Pida que cada joven demuestre con un gesto el amor a Pepita, como por ejemplo, un beso, un abrazo, una frase cariñosa (te quiero Pepita), etc. Una vez que todos le hayan demostrado su amor a Pepita, diga: "Pepita está muy contenta porque todos ustedes la quieren, pero ahora ella les quiere pedir un favor más. Pepita te quiere regalar de su amor, por lo tanto, repite el gesto que le hiciste a Pepita al compañero que tienes a tu lado.

Conéctate · ¡A Navegar! · Descargas

Pregunte: ¿Qué harías si supieras que a tu ser amado le quedan pocos días de vida?

En la vida hay oportunidades que no se repetirán. Si las dejamos pasar, quizá luego lamentemos no haberlas aprovechado (dar un abrazo, una sonrisa, un consejo oportuno, una palabra amable). En los sepelios la gente suele arrepentirse de no haber hecho algunas cosas, que nunca más podrán hacer porque su ser querido ya no está.

Lea Mateo 26:1-13. Divida la clase en dos grupos para dramatizar el pasaje bíblico. En el punto 1, un grupo dramatizará el plan de los líderes religiosos y en el punto 2, el otro grupo dramatizará cómo Jesús fue ungido con un perfume. Luego pueden hacer un análisis de las actitudes de los principales personajes.

1. Una reunión siniestra

Estaba muy próxima la celebración anual de la Pascua, (Mateo 26:2) la fiesta en la que el pueblo judío conmemoraba la liberación de la esclavitud de Egipto y de la salvación de la muerte de los primogénitos, por medio de la sangre de un cordero untada en los dinteles de la puerta de cada familia hebrea. Era una fiesta en la que podían agradecer a Dios por su prodigiosa liberación.

El Señor Jesús, manifestó uno de sus atributos divinos, omnisciencia (el pleno conocimiento de todas las cosas pasadas, presentes y futuras) cuando les hizo saber a sus discípulos lo que le sucedería durante la Pascua (v.2), más ellos no le dieron importancia, o no se lo tomaron en serio, o quizá no comprendieron lo que les dijo. ¡Cómo deben haber lamentado su indiferencia, cuando sucedieron las cosas! Ya no habría marcha atrás.

Los líderes de la reunión: Los líderes religiosos se reunieron para tramar artimañas para prender a Jesús con engaños y luego matarlo (vv.3-4). Eran muy astutos, pues sabían que Jesús había favorecido a muchos con sus milagros y temían que al arrestarlo en plena fiesta de la Pascua, la gente se alborotaría. No les preocupaba la justicia, sino el desorden que pudiera atraer la crueldad del ejército romano sobre el pueblo.

Principales Sacerdotes: En el patio de la residencia del sumo sacerdote hubo una reunión de los principales sacerdotes, quienes eran la autoridad en asuntos religiosos, gente respetada, reconocida, influyente; aquellos que habían sido llamados a ser intermediarios de el pueblo ante Dios. Sin embargo, encontramos en ellos lo que dice la Escritura "este pueblo de labios me honra más su corazón está lejos de mí"... (Isaías 29:13) estos líderes religiosos estaban muy lejos de agradar a Dios con sus acciones. Cómo es posible que quienes debían guiar el corazón de las personas a Dios fueran justamente los enemigos del Hijo de Dios.

Ancianos del pueblo: También estaba este grupo llamado el Sanedrín, que eran representantes de las principales familias, y junto con el sumo sacerdote podían juzgar asuntos civiles y religiosos. Eran quienes representaban la integridad y la rectitud, los promotores de la justicia.

Es increíble cómo altos líderes religiosos, pueden violentar toda moral y ética por convenir a sus intereses personales. El Señor lo había profetizado por medio de David, (Salmo 2:1-3). Esa corrupción se repitió una y otra vez en la historia humana, como si fuera una plaga que se niega a desaparecer. Sucede en muchos de nuestros países, en algunas iglesias, que se pasan por alto los principios bíblicos, tolerando algunos pecados o tomando ciertas decisiones retorcidas o justificando acciones para favorecer a un pariente o a un miembro influyente. Pero no debemos olvidar que el que tiene más luz, mayor responsabilidad le será demandada.

La alta jerarquía civil y religiosa no fue inmune a la maldad y al pecado, con razón dice la Escritura: "El que piensa estar firme, mire que no caiga" (1 Corintios 10:12).

Antes de iniciar este punto, invite al segundo grupo a dramatizar este pasaje.

2. Homenaje en Betania

A. Amigos en Betania

Betania era una aldea ubicada a poca distancia de Jerusalén y los evangelios muestran que Jesús tenía allí algunos amigos (Lázaro, sus hermanas y Simón el leproso) a los que visitaba cuando andaba por esa región. Los líderes encumbrados eran sus enemigos, mientras que en la gente sencilla Jesús encontró un corazón dispuesto a encontrarse con su Salvador.

B. Un regalo inolvidable

Pregunte: ¿Qué estás dispuesto a enfrentar por agradar a un ser amado? Muchas veces las personas hacen esfuerzos inusitados para agradar a quien aman. En otros casos la gente selecciona los regalos que darán de acuerdo a la posición social del homenajeado o al grado de aprecio que le tengan. Entonces el regalo puede ser sencillo o fastuoso.

Según Mateo, Jesús estaba en casa de Simón el leproso, compartiendo con sus discípulos, cuando llegó una mujer con un frasco de alabastro de perfume de nardo puro, muy costoso y lo derramó sobre la cabeza de Jesús.

Aunque el status social de Jesús no era prominente, como el de los sacerdotes o el Sanedrín, la mujer que menciona Mateo 26 tenía suficiente estima, respeto y gratitud como para gastar una suma significativa en el perfume que llevó para el Señor. Aquella mujer tuvo que superar muchas barreras para ofrecer a Jesús aquel presente, tal como los prejuicios sobre el acercamiento de una mujer a un hombre en público; además, la crítica de los asistentes a aquella cena; Marcos agrega que los discípulos la regañaron severamente (vv.8-9).

Pese a la murmuración, el desprecio y los regaños de los presentes, la mujer fue obediente a la dirección de Dios e hizo lo correcto en el momento oportuno. El Señor aceptó aquel regalo con agrado, y una vez más profetizó su muerte diciendo que ella lo había preparado para su sepultura (vv.10-12). Ella le hizo un homenaje en vida. Nosotros muchas veces hacemos homenajes a gente que ya falleció y por tanto, la honra llega muy tarde.

El Señor no fue indiferente ante el regalo y menos ante la crítica, pues la defendió ante sus agresores y puso al descubierto su falsa preocupación por los pobres. Ella no dejó pasar la oportunidad de agradar al Señor, aún sin saber que esa oportunidad no se presentaría de nuevo. El Señor una vez más profetizó que dondequiera que se predicara el evangelio se hablaría de lo que ella hizo (v.13). Nuestro servicio a Dios puede pasar desapercibido para las personas y quizá lo critiquen, pero no pasará inadvertido para el Señor.

Hay cosas que debemos hacer para el reino de Dios, pero dejamos pasar las oportunidades creyendo que aún tendremos mucho tiempo, como visitar a un enfermo, ayudar a un necesitado, ser amable con alguien, brindar una sonrisa, etc., muchas veces ni siquiera son cosas que requieren dinero. Sin embargo el regalo de aquella mujer costó el salario de casi un año de trabajo.

Ahora mismo debemos reflexionar acerca de qué cosas hemos dejado de hacer para el Señor, sabiendo que las debemos hacer. Es necesario poner manos a la obra, como lo hizo la mujer de Betania, porque luego quizá sea muy tarde y no nos alcance el resto de la vida para lamentar lo que no hicimos. Con toda seguridad Dios ha hecho cosas grandes en nuestra vida, que merecen nuestro agradecimiento. Si sabemos que Dios pide algo de nosotros, no tardemos en hacerlo.

Conéctate | **¡A Navegar!** | **Descargas**

Instrucciones de las hojas de trabajo

Hoja de trabajo (12 a 17 años).

Pida que relacionen los términos de la izquierda con los de la derecha escribiendo el número correspondiente en el paréntesis.

1 Mujer de Betania — (4) Sumo sacerdote.

2 Simón, el leproso — (3) Se enojaron por la predicación de Jesús y planearon matarlo.

3 Principales Sacerdotes — (1) Derramó un perfume muy costoso en la cabeza de Jesús.

4 Caifás — (7) Concilio, Sanedrín, se reunían bajo la dirección del sumo sacerdote.

5 Discípulos — (2) Jesús llegó a su casa.

6 Jesús — (5) Se enojaron porque se derramó el perfume.

7 Ancianos del pueblo — (6) Dijo que al derramar el perfume lo habían preparado para la sepultura.

Hoja de trabajo (18 a 23 años).

Pida que respondan las siguientes preguntas:

a) ¿Qué anunció Jesús que sucedería en la Pascua?

Que sería entregado para ser crucificado.

b) ¿Qué manifestación de su divinidad hubo cuando Jesús anunció lo que pasaría durante la Pascua?

Su omnisciencia.

c) ¿Qué significa para ti que personas respetables de la sociedad tramaran la muerte de Jesús?

Que eran respetables solo de apariencia, pero en el fondo eran corruptos e injustos.

d) Cuando Jesús recibió la ofrenda del perfume, ¿cual fue la razón del enojo de los discípulos?

Se enojaron porque consideraban más importante el dinero que las personas.

e) ¿Qué motivó a la mujer para haber dado a Jesús un perfume tan costoso?

Tenía mucha gratitud porque le había perdonado sus pecados, además le tenía mucha estima y respeto.

f) ¿Por qué muchas personas rehúsan servir al Señor con su tiempo o sus bienes?

Porque no lo aman o no tienen gratitud.

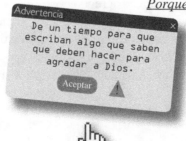

Advertencia

De un tiempo para que escriban algo que saben que deben hacer para agradar a Dios.

Aceptar

Despedida

Objetivo: Que el joven revea el evento de la ascensión de Jesús y reflexione acerca de su significado.

Para memorizar: "Aconteció que bendiciéndolos, se separó de ellos, y fue llevado arriba al cielo" Lucas 24:51.

> Advertencia
>
> Genere el diálogo refiriéndose a lo que escribieron en el reto de la semana pasada.
>
> Aceptar

Conéctate | ¡A Navegar! | Descargas

Dinámica introductoria (12 a 17 años).

- Intrucciones: Pregunte si alguno de los alumnos ha podido estar con alguien al momento de morir y si lo desean, pida que relaten cómo fue ese momento de despedida. Si no, puede preguntar si han tenido que despedir a alguien o han participado de una despedida. Permita que relaten detalles de esos momentos. Puede llevar un ejemplo suyo o recordar una despedida que hayan hecho en la iglesia. Asócielo con la despedida de Jesús de sus discípulos y comience la lección.

Dinámica introductoria (18 a 23 años).

- Materiales: Pizarra y tiza, o papel grande y lápiz.
- Instrucciones: En la pizarra escriba en letras grandes el título: "La ascensión de Jesús" y pídale a sus estudiantes que escriban (por turnos en la pizarra) las preguntas que personas no creyentes puedan tener acerca de este evento en la vida de Jesús. Reflexionen juntos acerca de las dudas y preguntas que este evento nos puede causar al igual que la seguridad y promesas que este suceso significa para los seguidores de Cristo.

Conéctate | ¡A Navegar! | Descargas

Los autores Lucas y Marcos, relatan que después que Jesús habló con los discípulos y dio las últimas instrucciones, su cuerpo físico fue levantando de la tierra y llevado al cielo hasta que ya no fue visto más por los ojos de los discípulos.

Durante sus tres años de ministerio aquí en la tierra, Jesús hizo muchos milagros. Sin embargo, en los últimos minutos de su tiempo aquí, su cuerpo humano y físico literalmente "fue alzado, y le recibió una nube que le ocultó de sus ojos" (Hechos 1:9) y discípulos que quedaron mirando desde la tierra.

1. El significado de la ascensión para Jesús

La historia de los evangelios nos narran que Jesús fue un hombre "de carne y de hueso", igual que cualquier otro ser humano en el planeta tierra. Él necesitó dormir (Marcos 4:38) y comer (Marcos 14:22), también sintió tristeza y lloró (Juan 11:35); sintió enojo (Marcos 11:15) y sufrió (Lucas 22:44). Ese mismo Jesús humano, fue el que vivió entre sus discípulos como uno más del pueblo de Nazaret. Sin embargo, vemos que después de ser crucificado y morir, Jesús no fue como las demás personas, sino que resució y se presentó ante sus discípulos demonstrándoles el poder de Dios; el poder que vence aun a la muerte.

En los días entre la resurrección y la ascensión al cielo, Jesús se presentó ante los discípulos en el lugar donde estaban reunidos (Lucas 24:36-49) y les enseñaó las marcas de los clavos en sus manos y pies, y les pidió de comer; estas evidencias son una muestra más del cuerpo humano de Jesús que necesitaba alimento. El evangelio de Lucas también nos refiere que Jesús se presentó ante dos de sus seguidores que iban viajando hacia la ciudad de Emaús (Lucas 24:13-35) y habló con ellos de manera clara y entendible. Este mismo Jesús fue después recibido en el cielo.

Es interesante notar que Jesús llevó una vida normal y humana en los días antes de su ascensión al cielo; también siguió enseñando a sus discípulos el camino para seguir a Dios fielmente.

Es interesante darse cuenta de que este evento tan sobrenatural fue experimentado por Jesús con total calma y naturalidad (Lucas 24:50-53; Marcos 16:19-20). Es probable que Jesús estuviera tranquilo porque Él sabía lo que estaba ocurriendo cuando empezó a subir al cielo; en Juan 16:16, Jesús les había avisado a sus discípulos lo que sucedería.

Sabemos que después de ser elevado al cielo, Jesús fue recibido por su Padre en su morada celestial; y esto se dio porque Jesús había completado su tarea ministerial aquí en la tierra. Para Jesús, la ascensión significaba que iría a disfrutar de la presencia de su Padre otra vez, y ya no estaría separado del Padre (Marcos 16:19).

2. El significado de la ascensión hoy

En Romanos 8:34, leemos que Jesús, después de ascender al cielo está aún trabajando para nuestro beneficio, intercediendo ante el Padre por nosotros, para que nos sustente y nos perdone. La ascensión de Jesús al cielo nos recuerda que ahora tenemos acceso constante al Padre por medio de Él. Podemos confiar en el hecho de que Jesús conoce muy bien cómo es la vida aquí en la tierra, ya que Él mismo la experimentó; esto también nos ayuda a confiar en que Jesús nos tiene misericordia y por eso no deja de interceder ante Dios Padre por nosotros.

En los procesos legales de nuestra sociedad moderna, las personas demandadas siempre buscan tener un buen abogado que los ayude ante la Corte y pueda hablar al juez por ellos, pidiendo misericordia en la sentencia; de la misma manera, podemos comparar a Jesús con la figura de "nuestro abogado perfecto", que nos ama e intercede con Dios por nosotros cuando fallamos y necesitamos misericordia. ¡Gracias a Jesús que hace por nosotros lo que nosotros no podemos hacer por nosotros mismos!

En Juan 16:7-8 vemos que Jesús dijo a los discípulos que su ida al cielo significaba que vendría el Espíritu Santo a estar con ellos para ayudarlos a continuar la misión salvadora: "En realidad, a ustedes les conviene que me vaya. Porque si no me voy, el Espíritu que los ayudará y consolará no vendrá; en cambio, si me voy, yo lo enviaré" (Juan 16:7 TLA). Es muy reconfortante entender que Dios tenía preparado al Espíritu Santo para seguir acompañando a los cristianos después de la partida de Jesús. Vemos que Dios es un Dios amoroso y que tiene todo bajo su perfecto control. Podemos tener una actitud de agradecimiento por la ascensión de Jesús, ya que marca una nueva etapa del plan de Dios, en la que podemos disfrutar de su presencia, de una manera personal, en nuestros corazones por medio del Espíritu Santo.

En Juan 14:1-4 vemos que Jesús estaba preparando a sus discípulos para su partida. Él los animó a confiar y a tener paz, y también a retener la esperanza de la vida futura en la presencia de Dios. Jesús, una vez más, les aclaró a los discípulos que su ascensión era parte del maravilloso y perfecto plan de Dios.

Vemos que, la ascensión de Jesús al cielo tiene un significado muy especial para nosotros en cuanto a nuestro propio futuro. La ida de Jesús al cielo es una garantía de nuestra propia ida al cielo a estar en la presencia de Dios, juntos con Jesucristo. Es una promesa inigualable.

Finalmente, debemos recordar que para nosotros como cristianos, la ascensión de Jesús al cielo, también tiene un profundo significado espiritual, como lo tuvo para Jesús. Esta continúa estableciendo nuestro camino de acceso al Padre para nuestro beneficio y perdón con Jesús como nuestro "intercesor", nos permite disfrutar de la presencia del Espíritu Santo en el presente, y nos garantiza nuestra propia presencia celestial con Jesús en el futuro en "la morada del Padre" (Juan 14:2). Estas promesas son únicas y fieles, y gracias al trabajo de Jesús, podemos confiar plenamente que así se cumplirán. Amén.

Instrucciones de las hojas de trabajo

Hoja de trabajo (12 a 17 años).

Sopa de Letras. En el recuadro abajo, deberán encontrar las palabras principales de la lección de hoy:

Resurrección, ascensión, sobrenatural, intercesor, Espíritu Santo, morada celestial, promesas.

Y	U	O	E	C	I	E	L	E	S	U	I	O	P	E	R
M	C	U	S	O	B	R	E	N	A	T	U	R	A	L	N
O	E	Y	P	E	S	P	I	R	S	N	O	P	O	P	L
R	L	H	I	N	T	E	R	C	E	S	O	R	A	D	Z
A	E	K	R	E	A	Q	W	E	R	T	Y	E	T	Y	B
D	S	J	I	D	S	X	C	S	D	F	G	S	F	G	A
A	T	N	T	C	C	Z	X	C	V	B	N	U	B	N	S
O	I	L	U	S	E	Q	W	E	R	T	Y	R	T	Y	C
G	A	R	S	O	N	X	C	S	D	F	G	R	F	G	E
H	L	F	A	M	T	Z	X	C	V	B	N	E	B	N	N
J	P	I	N	T	I	I	U	N	M	L	D	C	L	D	S
K	R	P	T	O	M	E	S	A	S	S	D	C	S	D	I
L	P	R	O	M	E	S	A	S	A	F	J	I	F	J	O
Q	W	E	R	T	Y	U	I	O	W	T	R	O	T	R	N
X	C	S	D	F	G	H	J	K	L	T	Y	N	Y	U	P
Z	X	C	V	B	N	M	A	S	D	F	G	H	J	K	L

Hoja de trabajo de (18 a 23 años).

Pida que completen el cuadro.

PROMESA DE JESUS	MI RESPUESTA
Cristo es el que murió;... el que también intercede por nosotros" (Romanos 8:34)	Puedo confiar que Jesús desea perdonarme cuando fallo al pecar.
"porque si no me voy, el Espíritu que los ayudará y consolará no vendrá; en cambio, si me voy, yo lo enviaré" (ver Juan 16:7, versión Traducción en Lenguaje Actual)	'Puedo confiar que el Espíritu Santo está conmigo aunque las circunstancias sean difíciles.
"después de esto, volveré para llevarlos conmigo. Así estaremos juntos."	Puedo tener la esperanza de que mi futuro, después de la muerte, será bueno con Jesús.

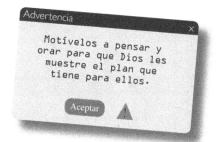

Advertencia

Motívelos a pensar y orar para que Dios les muestre el plan que tiene para ellos.

Aceptar

Sorpresa esperada

Objetivo: Que el joven reconozca la importancia de la venida del Espíritu Santo y su repercusión en la historia de la iglesia.

Para memorizar: "...pero recibiréis poder, cuando haya venido sobre vosotros el Espíritu Santo, y me seréis testigos en Jerusalén, en toda Judea, en Samaria, y hasta lo último de la tierra" Hechos 1:8.

> *Advertencia*
> Recuerde empezar repasando el ¡Vamos al chat! de la clase anterior.
> Aceptar

Conéctate | ¡A Navegar! | Descargas

Dinámica introductoria (12 a 17 años).

- Materiales: La Biblia, marcadores de diversos colores y pliegos de papel.
- Instrucciones: Divida la clase en tres grupos y asígneles uno de los versículos siguientes: Hechos 2:2,3 o 4. Pídales que imaginen lo que describe su versículo e intenten expresarlo a través de un dibujo. Que cada grupo exponga su dibujo y explique las ideas expresadas en él.

Dinámica introductoria (18 a 23 años).

- Materiales: Hojitas de papel que contengan cada una la frase "Jesús ha resucitado" en un idioma diferente:
  1. Portugués: Jesus ressuscitou
  2. Zulú: Ujesu Wavuka
  3. Inglés: Jesus is risen
  4. Alemán: Jesus ist auferstanden
  5. Italiano: Gesú é risorto
  6. Francés: Jésus est ressuscité
- Instrucciones: Reparta a cada estudiante un papel con la frase indicada en un idioma diferente. Al indicarles deben leer todos al mismo tiempo y en voz alta varias veces su respectiva frase asignada, repitiéndola por varios minutos.
  Explíqueles que en el día de Pentecostés ocurrió algo similar, con la diferencia que las personas congregadas hablaban diferentes idiomas y cada uno entendió el mensaje expresado por los discípulos.

Conéctate | ¡A Navegar! | Descargas

El día de Pentecostés ocurrió algo parecido a nuestra fiesta de Navidad y Año Nuevo: el bullicio de mucha gente reunida con gran alegría para celebrar el fin de una época y comenzar otra.

Los discípulos reunidos en aquél lugar llamado el aposento alto celebraban algo muy significativo. Pero además esperaban que algo extraordinario sucedería entre ellos: La llegada del Espíritu Santo prometido (Hechos 2:1-13).

En realidad, no tenían ni la más remota idea de las cosas que sucederían ni en qué momento, pero cada día aguardaban fielmente el cumplimiento de la promesa hecha por Jesús.

Y llegó el cumplimiento de la promesa y en efecto, aquél día el Espíritu Santo hizo una entrada espectacular a los corazones y la vida de la iglesia. Ese día, literalmente marcó un "antes" y un "después" para la iglesia. ¡Ya nada sería igual, ni para ellos, ni para nosotros!

Pentecostés fue el paso de los discípulos a una relación profunda con Dios. La presencia del Espíritu Santo produjo un nivel más íntimo en la experiencia de su fe personal. Esta transformación dio como resultado la consagración y el testimonio. A partir de Pentecostés el mensaje del evangelio fue esparcido por todo el mundo.

1. Pentecostés: una gran fiesta de gratitud

"Cuando llegó el día de Pentecostés estaban todos unánimes juntos" (v.1). Pregunte: ¿Qué se celebraba el día de Pentecostés? ¿Qué significaba?

En primer lugar debemos saber que el Pentecostés era una gran fiesta. Las fiestas son importantes, dependiendo de lo que celebramos en ellas. Nosotros tenemos fiestas de cumpleaños, compromisos nupciales, aniversarios de bodas, graduación, etc. También, cada país celebra fiestas nacionales, donde se recuerdan eventos importantes de su historia. Los cristianos celebramos el nacimiento de Jesús, su muerte, resurrección y Pentecostés.

Los judíos celebraban durante el año varias fiestas religiosas que recordaban eventos significativos. Pentecostés era una de las tres más importantes (junto a la Pascua y la fiesta de los Tabernáculos). En esta fiesta, especialmente se le rendía gratitud a Dios por los frutos de la tierra, y del trabajo de cada persona.

La palabra griega de donde se traduce "Pentecostés" significa "cincuenta", porque se realizaba al día siguiente de cumplirse siete semanas después que se mecían las primeras gavillas del trigo. Como era el día después de siete sábados, caía un domingo, o primer día de la semana. Por eso se le llamaba también "la fiesta de las semanas" y "el día de la primicias".

En este día tan especial se suspendía todo trabajo y la gente se reunía con mucho gozo y gratitud. El propósito era tener un acercamiento significativo a la presencia de Dios. Se acostumbraba compartirla con todos (Deuteronomio 16:11-12). Seguramente los primeros cristianos participaron de una comida colectiva en esta celebración, algo parecido a una comida de acción de gracias.

Dios escogió la fiesta del Pentecostés para dar cumplimiento a su promesa hecha por Jesús en Hechos 1:8, "...pero recibiréis poder cuando haya venido sobre vosotros el Espíritu Santo". A partir de ese momento comenzó la expansión mundial del evangelio a través del testimonio de la iglesia.

2. El gran milagro del Pentecostés

Pregunte: ¿Alguna vez has presenciado un milagro o un hecho sorprendente? ¿Qué es un milagro? Un milagro es un hecho fuera de lo natural. Es algo extraordinario donde interviene el poder de Dios. La Biblia nos habla de muchos milagros como aquellos realizados por Jesús y los profetas antiguos.

Se puede decir que lo ocurrido el día de Pentecostés es el milagro más importante en la historia de la iglesia cristiana. El Espíritu Santo vino sobre los creyentes para morar permanente en ellos, purificar sus corazones del pecado, y llenarles de poder para el servicio.

Algunas señales milagrosas acompañaron la venida del Espíritu al aposento alto. Estas cosas sobrenaturales llenaron de asombro a los presentes. En los versículos 2 al 4 aparecen en orden de sucesión estos tres hechos extraordinarios:

a. "Y de repente vino del cielo un estruendo como de un viento recio que soplaba, el cual llenó toda la casa..." (v.2).

b. "y se les aparecieron lenguas repartidas, como de fuego, asentándose sobre cada uno de ellos" (v.3).

c. "Y fueron todos llenos del Espíritu Santo, y comenzaron a hablar en otras lenguas, según el Espíritu les daba que hablasen" (v.4).

Pregunte: ¿Qué fueron el viento y el fuego? Fueron símbolos de la poderosa presencia purificadora del Espíritu Santo.

Pregunte: ¿Por qué creen que hablaron en otros idiomas? Fue una señal para los incrédulos y una forma de llamar su atención, además de un medio para comunicar el evangelio a los extranjeros.

Pero el milagro central del Pentecostés fue la llenura del Espíritu Santo. "Y fueron todos llenos del Espíritu Santo". La palabra lleno significa "plenitud", y habla de la consagración total a Dios (santificación).

Lo que la llenura del Espíritu realiza fue descrita posteriormente por el apóstol Pedro en Hechos 15:9 como la "purificación del corazón". La limpieza del corazón es el gran milagro que se opera en los creyentes a través del bautismo con el Espíritu Santo. Los discípulos recibieron el poder para vivir santamente.

3. El mensaje de Pentecostés: la salvación para todos

Jesús dio el mandato a sus discípulos de predicar el evangelio a toda criatura. A este mandato se le conoce como la Gran Comisión (Mateo 28:16-20; Marcos 16:14-18; Lucas 24:36-49; Juan 20:19-23).

La venida del Espíritu Santo el día de Pentecostés, precisamente, inició el movimiento de expansión de la iglesia a todo el mundo.

Los discípulos en su mayoría eran personas de poco conocimiento y cultura, pero el Espíritu Santo los usó aquél día para comunicar "las maravillas de Dios" en los diferentes idiomas de los extranjeros reunidos en Jerusalén. Según un comentario bíblico, "las maravillas de Dios" se referiría primeramente a la resurrección de Jesucristo de los muertos.

A través de Pentecostés, Dios no solo dio a conocer "las maravillas", o milagros del evangelio y la vida de Jesús, sino que impulsó la propagación del mensaje a todas las naciones del mundo conocido (Hechos 1:8).

Es lógico pensar que muchos de aquellos extranjeros que recibieron el testimonio del Pentecostés, y que pueden contarse entre los primeros convertidos de la iglesia, llevaron luego a sus lugares de origen las buenas nuevas de la salvación.

El poder que el Espíritu Santo trajo sobre la iglesia en Pentecostés capacitó a los que estaban en el aposento alto para que fueran testigos fieles del Salvador, nuestro Señor Jesucristo.

Pregunte: ¿Cuál es el resultado del Pentecostés en tu propia vida? ¿Has recibido ese poder que te permite ser un testigo fiel de Jesús?

| Conéctate | ¡A Navegar! | Descargas |

Instrucciones de las hojas de trabajo

Hoja de trabajo (12 a 17 años).

Completa los espacios con la palabra correcta.

- El día de Pentecostés los <u>discípulos estaban reunidos en el aposento alto</u>. (Hechos 1:13).

- El Pentecostés fue el cumplimiento de la <u>promesa</u> hecha por Jesús en <u>Hechos 1:8</u>.

- El milagro central del Pentecostés fue la llenura del <u>Espíritu Santo</u>. (Hechos 2:4).

- El día de Pentecostés los <u>discípulos</u> hablaron en diferentes <u>idiomas</u>.(Hechos 2:4).

- El mensaje del Pentecostés es que la salvación es para <u>todos</u>.(Hechos 2:8-11).

Hoja de trabajo de (18 a 23 años) .

Divídanse en grupos y escriban los significados de las siguientes frases o palabras. Luego compartan con la clase los diferentes significados.

- Pentecostés <u>Cumplimiento de la promesa. Hechos 1:8</u>

- Hablar en otras lenguas <u>Hablaron en otros idiomas. Hechos 2:4</u>

- El mensaje de salvación <u>Era para todos. Hechos 2:8-11</u>

- Al llegar Pentecostés <u>Estaban todos unánimes juntos. Hechos 2:1</u>

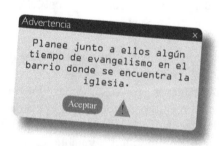

Advertencia

Planee junto a ellos algún tiempo de evangelismo en el barrio donde se encuentra la iglesia.

Aceptar

Mensaje de amor

Denis Espinoza • Nicaragua

51

Objetivo: Que los jóvenes analicen los hechos del nacimiento de Jesús como el cumplimiento de las profecías.

Para memorizar: "Pero cuando vino el cumplimiento del tiempo, Dios envió a su Hijo, nacido de mujer y nacido bajo la ley" Gálatas 4:4.

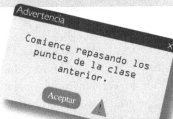

Advertencia

Comience repasando los puntos de la clase anterior.

Aceptar

Conéctate   ¡A Navegar!   Descargas

Dinámica introductoria (12 a 17 años).

- Materiales: Hojas impresas con pasajes bíblicos.
- Instrucciones: Organice a sus alumnos en dos grupos. Oriente que cada grupo elija un moderador y un secretario. Seguidamente, que lean detenida y atentamente las siguientes citas bíblicas e identifiquen la profecía cumplida relacionada con Jesús.

Miqueas 5:2. Lugar de nacimiento____ Belén_____

Isaías 7:14. Quién sería la madre___Una virgen_____

Isaías 9:7. Sería de la familia y trono de ____David_____

Isaías 9:1.Viviría en _____Galilea_____

Oseas 11:1.Pasaría algún tiempo en_____Egipto_____

Compartan las conclusiones con el resto del grupo.

Dinámica introductoria (18 a 23 años).

- Materiales: Hojas de papel, lapiceros o lápices de grafito.
- Instrucciones: Organice a su clase en tres grupos, conforme a la cantidad de alumnos que tenga. Pídales que nombren un moderador y un secretario. Entrégueles dos hojas de papel y lapiceros a cada grupo. Pida que dividan una hoja en dos columnas. En una enlistarán los regalos que han recibido alguna vez en la época de navidad, en la otra, los regalos que ellos han dado. El secretario anotará todos los aportes del grupo. Cuando hayan completado esta parte, pídales que lean Juan 3:16, y que contesten las siguientes preguntas ¿Cuál fue el regalo de Dios para la humanidad? ¿Con qué propósito dio ese regalo? Pida que compartan las respuestas con los otros grupos.

Conéctate   ¡A Navegar!   Descargas

Una de las maravillosas historias de la Biblia que más nos impacta, es la que tiene que ver con el nacimiento de nuestro Señor. Es el llamado misterio de la encarnación (Juan 1:14; 1 Timoteo 3:16).

1. El nacimiento de Jesús cumplió la profecía bíblica

Es impresionante cómo las antiguas profecías que anunciaban la llegada del Redentor de la humanidad, se cumplieron a cabalidad en la persona de Jesús. Desde el proto evangelio, el primer anuncio acerca de un Salvador, en Génesis 3:15; hasta la resurrección mencionada en el Salmo mesiánico 16:8-11, fueron cumplidas de manera estricta. Nada quedó fuera. Todo se cumplió.

En ese sentido, es hermosa la declaración que hizo Pablo en Gálatas 4:4, la que hace alusión al tiempo de Dios. Nos indica que Él tenía y tiene el control de todo.

Si nos fijamos en el contexto y las circunstancias históricas que rodearon el nacimiento de Jesucristo, uno podría pensar, humanamente, que se trataron de casualidades de la vida o de la historia. Pero cuando pensamos en Dios como el Señor de todo, a quien nada le toma por sorpresa, y ejercitamos nuestra fe, nos damos cuenta que Él tuvo siempre el control y que utilizó el decreto de un imperio tan pagano como el Romano, para cumplir su Palabra y sus santos propósitos.

Lucas, el médico e historiador, nos da los detalles de este acontecimiento (Lucas 2:1-7). Se promulgó un edicto (v.1). Jurídicamente hablando, se trataba de un mandato o decreto publicado con la autoridad del emperador, Augusto César, y por lo tanto, era de obligatorio cumplimiento para todos los habitantes del imperio. El decreto decía que: "todo el mundo fuese empadronado". La palabra traducida empadronado, literalmente significa "registrado" o "enrolado". Al referirse a todo el mundo se entendía que era todo el imperio Romano.

"E iban cada uno a su ciudad", escribió Lucas 2:3-5, refiriéndose a la ciudad de sus antepasados. Los judíos establecieron la costumbre de que cada persona debía ir a su ciudad de origen. Entonces José, quien era de la casa y familia de David, fue de Galilea, de la ciudad de Nazaret, hasta Judea, la ciudad de David, llamada Belén.

"Belén, era un lugar rico en recuerdos históricos. Era la ciudad de David, el hogar de Rut, y el lugar donde fue sepultada Raquel. A sólo 25 kilómetros al sur estaba Hebrón, hogar de Abraham, Isaac y Jacob. 15 kilómetros al noroeste estaba Gabaón, en donde Josué había hecho detenerse el sol. 20 kilómetros al oeste estaba Soco, en donde David había matado a Goliat, el gigante filisteo. 10 kilómetros al norte estaba Jerusalén, en donde Abraham había pagado los diezmos a Melquisedec, después la magnífica capital de David y Salomón, asiento del trono de David por 400 años". (Compendio Manual de la Biblia. Henry Halley. Moody, Décima novena edición, p.434).

Pues bien, hasta allí llegó José para ser empadronado. Llegó con María su mujer, desposada con él y quien estaba embarazada. Es interesante notar que Dios escogió el lugar dónde su Hijo nacería y a sus padres terrenales. Los padres escogidos vivían a unos 160 kilómetros de distancia de Belén. Providencialmente tuvieron que hacer el recorrido. Debió ser un viaje difícil y cansador, especialmente para María que ya estaba por dar a luz.

"Se cumplieron los días" (Lucas 2:6). Esto tiene que ver con los nueve meses de embarazo de María, pero también con el tiempo de Dios. La providencia divina los había llevado hasta Belén, y estando allí, se cumplieron los días de su alumbramiento.

No se nos da la fecha, la tradición estableció el 25 de diciembre, pero no hay bases históricas ni bíblicas que den certidumbre al respecto. La fecha se estableció por conveniencia y con ciertas influencias paganas.

2. Una demostración del amor de Dios

A. Hizo posible la encarnación

La encarnación del Verbo, del Hijo de Dios, expresa de manera inconfundible cómo Dios nos ama. Tanto el Padre como el Hijo se pusieron de acuerdo para que la segunda persona de la Trinidad se hiciera hombre y se desprendiera de todo lo suyo, de toda su gloria eterna para venir, vivir y sacrificarse por nosotros.

No podemos separar el acto divino de esta encarnación del propósito salvífico que la motivó. Era para que Dios tuviese la oportunidad de emparentar con los seres humanos, acercarse a ellos y salvarlos (Juan 3:16).

B. Es amor con propósito

El conocidísimo texto de Juan 3:16 nos enseña ese gran amor de Dios. El Padre celestial se desprendió de lo más preciado, su Hijo, para darnos la salvación (Romanos 8:32). !Qué impactante es esto!!Nos amó tanto que nos dio a su Hijo! La reflexión y pregunta es, ¿quiénes éramos nosotros para merecer tan grande amor? Por causa de nuestros pecados no merecemos nada sino la muerte, pero bueno, Él nos amó y vino en nuestro rescate (Romanos 5:8). Por causa de su grande amor estuvo dispuesto a entregarlo todo, y lo hizo.

Su propósito fue darnos salvación y vida eterna. "... para que todo aquel que en él cree, no se pierda, mas tenga vida eterna", nos dice el apóstol (Juan 3:16). El amor de Dios hizo posible que los seres humanos accedamos a este tipo de vida presente y permanente.

C. Es amor eterno

Desde la triste y desgraciada caída del hombre, aunque lo disciplinó echándolo del huerto, Dios lo siguió amando. Los seres humanos aún en sus épocas de mayor rebeldía siguieron siendo sujetos del amor de Dios. Aunque tuvo que castigarlos en varias ocasiones, siempre les mostró la oportunidad del arrepentimiento para que se volvieran a Él. El pueblo rebelde de Dios en el Antiguo Testamento, supo de la grandeza del amor del Señor para él (Jeremías 31:3).

3. Una respuesta del hombre

Dios hizo su parte. La más grande y más importante. Él tomó la iniciativa enviándonos a su Hijo unigénito, único en su género. El Hijo se humanizó, se vistió de debilidad, nació en un humilde pesebre y murió por nuestros pecados.

A través de la historia, la humanidad se ha encontrado frente a dos alternativas; creer o no creer en el Señor, recibirlo o rechazarlo, escoger la vida eterna o la muerte eterna, servirle o dejar de hacerlo.

Lo ideal y más beneficioso para todos y todas es recibir al Salvador en el corazón. Rendir la vida completamente a Él y pedir perdón por los pecados. Pero todos tenemos libertad para hacerlo o no. Quienes lo rechacen se perderán eternamente, pero quienes lo reciban, obtendrán grandes bendiciones. La principal es que se convertirán en hijos e hijas de Dios. Cristo Jesús les otorga ese status, bendición y privilegio. ¡Hijos e hijas de Dios! (Juan 1:12-13).

La mejor demostración de nuestra gratitud al Señor es con un servicio desinteresado y comprometido. Reconozcamos su grandeza y poder. Si Él nos amó tanto, lo mínimo que podemos hacer es ofrecerle un servicio devoto y comprometido. Tanto amor demostrado por Dios amerita ser correspondido por cada hombre y mujer, (1 Juan 4:19).

El Señor Jesús merece que todos le ofrezcamos un servicio con calidad y calidez, y así no perderemos su recompensa hoy, y en el mundo venidero la vida eterna (Juan 12:26).

Hay que llevar la persona y el mensaje de Jesús a todas las personas y lugares donde no lo conocen. Que todos sepan de Él y tengan la oportunidad de tenerlo en sus corazones. No escatimemos ni tiempo, ni energías, ni dinero, con tal que Jesucristo sea conocido por hombres y mujeres de todas las edades.

Conéctate	¡A Navegar!	Descargas

Instrucciones de las hojas de trabajo

Hoja de trabajo (12 a 17 años).

Oriente a sus alumnos que realicen el siguiente ejercicio de selección múltiple. Pídales que lean las declaraciones y seleccionen la respuesta correcta, subrayándola.

Jesús nació en:
   a. Jerusalén b. Galilea c. Nazaret d. <u>Belén</u>

Jesús creció en:
   a. Capernaum b. Betania c. <u>Nazaret</u>

El decreto para ser empadronado lo dio:
   a. El imperio Babilónico b. El imperio Asirio
   c. <u>El imperio Romano</u>

José era de:
   a. Jerusalén b. Galilea c. <u>La ciudad de David</u>

Hoja de trabajo (18 a 23 años).

Organice a sus alumnos en dos grupos. Que lean las siguientes citas bíblicas: Isaías 7:14; Mi- queas 5:2; Oseas 11:1; Isaías 9:1-2, 11:1; Jeremías 31:15; Mateo 1:22-23, 2:5-6, 2:16-18, 2:22-23, 4:12-16. Que tomen una hoja de papel y la dividan en dos columnas. En la parte izquierda coloquen la cita bíblica que contiene la profecía, y en la parte derecha, la cita que tiene el cumplimiento.

Profecía Bíblica	Cumplimiento
Isaías 7:14	Mateo 1:22-23
Miqueas 5:2	Mateo 2:5-6
Oseas 11:1	Mateo 2:15
Isaías 9:1-2	Mateo 4:12-16
Isaías 11:1	Mateo 2:22-23
Jeremías 31:15	Mateo 2:16-18

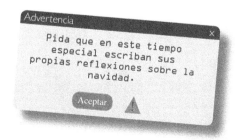

Advertencia

Pida que en este tiempo especial escriban sus propias reflexiones sobre la navidad.

Aceptar

Reconfigurando

Objetivo: Que los jóvenes consagren sus vidas al Señor en esta primera clase del nuevo año.

Para memorizar: "Así que, hermanos, os ruego por las misericordias de Dios, que presentéis vuestros cuerpos en sacrificio vivo, santo, agradable a Dios, que es vuestro culto racional" Romanos 12:1.

Advertencia

Dé un tiempo para que compartan lo que escribieron.

Aceptar

Conéctate | ¡A Navegar! | Descargas

Dinámica introductoria (12 a 17 años).

- Material: Tarjetas de cartulina (10 por 15 cm.) y lápiz
- Instrucciones: Explique brevemente, la importancia de tener un "proyecto de vida", y la oportunidad de estar en la primera clase del año. Antes de hacer cualquier plan debemos pedir dirección al Señor para que sea guiado por Él. Lance la pregunta: ¿Qué les gustaría ser cuando sean adultos?, y ¿por qué?

¿Qué les gustaría ser y hacer para el Señor en la iglesia?

Deles unos 5 minutos para que escriban y luego compartan lo que escribieron.

Dinámica introductoria (18 a 23 años).

- Material: Papel y lápiz para cada participante.
- Instrucción: Una vez facilitado el papel y lápiz a cada joven, deberán escribir y responder: ¿Qué planearon hacer a principios del año pasado? ¿Qué logros alcanzaron a nivel personal? ¿Qué logros alcanzaron a nivel de trabajo, estudio y de servicio al Señor? Comenten por unos minutos las respuestas.

Conéctate | ¡A Navegar! | Descargas

El Año Nuevo. Será bueno que los jóvenes, que pertenecen a nuestra congregación, consagren sus vidas al Señor y los que ya lo hicieron, puedan evaluar cómo están.

1. Consagrando nuestros miembros físicos

El escritor a los hebreos escribió sobre la disciplina de Dios, cuyo propósito ayuda a la madurez de sus hijos (Hebreos 12:5-8). Cualquier hijo de Dios que rememora los momentos difíciles que le tocó vivir el año que terminó, podrá considerar que, todo lo que vivió le ayudó de alguna manera a crecer hacia la perfección y madurez en su vida espiritual.

Después de este tema el autor de la epístola, pidió a sus lectores lo siguiente:

A. Levantad las manos caídas

Pregunte: Según Hebreos 12:12a ¿Qué podemos hacer con las manos? Alabar a Dios, señalar al Altísimo y la obra de Dios en la naturaleza y en nosotros.

También con las manos podemos extender la ayuda al necesitado: A las viudas, a los huérfanos, a los inmigrantes, a los niños de la calle, a los enfermos, a las personas con capacidades diferentes, etc.

Con las manos podemos llevar adelante proyectos de desarrollo humano, que beneficien a la sociedad, en forma integral hacia la vida plena, que Jesús nos ofrece.

B. Y las rodillas paralizadas

El ejercicio de caminar hace que uno avance (Hebreos 12:12b). Además, para no paralizarse es necesario ejercitarse, correr, trotar, mover nuestras piernas. Pregunte: ¿Cómo podemos usar las rodillas y por consiguiente las piernas para extender el Reino de Dios? Podemos ir a visitar a los amigos que no conocen a Cristo, visitar a los hospitales y cárceles, ir a ayudar a las nuevas obras o misiones que se están extendiendo en nuestros distritos y fuera de él. Cuando avanzamos y hacemos diferentes ministerios vemos las posibilidades de servicio y en medio del servicio Dios puede llamarnos a hacer misiones en nuestro país o a ser misioneros a otras culturas y más allá de nuetras naciones.

C. Y haced sendas derechas

"Corran por un camino recto y parejo" (Hebreos 12:13ª TLA). Es importante que seamos ejemplos en el caminar de nuestra vida diaria, como buenos cristianos que vivimos de acuerdo a los mandatos de su Palabra.

La santidad debe reflejarse en nuestro andar: "Sino, como aquél que os llamó es santo, sed también vosotros santos en toda vuestra manera de vivir" (1 Pedro 1:15). El versículo que acabamos de mencionar, demanda de nosotros una manera de vivir diferente (santidad) en todo momento y en todo lugar. Una vida íntegra, no solo en nuestro relacionarnos con los cristianos en la iglesia o cuando nos congregamos, sino en la casa, en el trabajo, en el colegio y en la universidad.

D. Para que lo cojo no se salga del camino

"...para que el pie que esté cojo se sane y no se tuerza más" (Hebreos 12:13 TLA). La conducta de uno puede motivar a otros. Muchos pueden ser ganados para Cristo, sin palabras. Pero también alguna mala conducta puede ser piedra de tropiezo para los débiles en la fe, para aquellos que están en peligro de apartarse del Señor. Recordemos un dicho popular: "Tus hechos hablan tan fuerte, que no dejan escuchar lo que dices".

Jesús dijo: "Y cualquiera que haga tropezar a alguno de estos pequeños que creen en mí, mejor le fuera que se le colgase al cuello una piedra de molino de asno, y que se le hundiese en lo profundo del mar" (Mateo 18:6). Dios nos ayude para no ser tropiezo a nuestro prójimo y pidamos ayuda a Dios para que seamos vidas ejemplares y mostremos a Cristo en todo lo que hagamos.

2. Consagrando nuestras relaciones

A. "Seguid la paz con todos"

Dios siempre pidió que cuidemos la relación con el prójimo (Lucas 10:27). Es importante que el cristiano viva en paz con sus semejantes o prójimo (Hebreos 12:13a). Y el prójimo más cercano se encuentra en nuestro hogar y son nuestros padres y hermanos y continúa fuera de nuestra casa con amigos, vecinos y compañeros.

Cuando hablamos de relaciones y de mantener la paz podemos hacer referencia a lo que dijo Jesús al enseñar sobre el enojo (Mateo 5:23-25).

El pecado, perturba las relaciones, por tanto se debe poner fin a la brevedad (Efesios 4:26). Pon fin a tu enojo durante el día, esto significa que la resolución de conflictos, debe ser de inmediato.

Hay jóvenes que hacen durar su enojo, hasta que esto se convierte en ira y se encadenan con otros pecados; no deje que su enojo dure más allá de las veinticuatro horas, aprender a pedir perdón y a perdonar, hará que sus relaciones con sus pares sean armoniosos.

B. "Y la santidad, sin la cual nadie verá al Señor"

Continuando con las relaciones, la santidad tiene que ver con la condición del cristiano como resultado de su relación con Dios. Al ser humano le corresponde consagrar su vida, tal como nos instruye Hebreos 12:1 despojándonos del pecado. ¡Qué buena oportunidad para empezar el nuevo año y cumplir con las instrucciones y requerimientos que el versículo demanda!

3. Perseverancia y conservación

Es interesante que muchos comienzan el año con bastante entusiasmo, pero, al correr los días, las semanas y los meses, no continúan con la misma motivación y abandonan sus objetivos a medida que va pasando el tiempo. Luego, al concluir el año se dan cuenta que no hicieron lo que deseaban y no alcanzaron sus metas, ni cumplieron con sus objetivos. Para tener un año bendecido y satisfactorio, es importante tener objetivos y metas claras para la vida individual y social. Una vez que uno comienza el caminar de la vida en una nueva gestión debe ser perseverante. La perseverancia debe ir acompañada del control y la evaluación constante para no desviarse. Esto traerá como resultado el poder llevar adelante las decisiones adoptadas.

Como hijos de Dios cuando tomamos la decisión de hacer cambios debemos continuar en ellos.

Conservación

Es importante cuidar lo que uno tiene, lo que hemos cultivado por años. Debemos tener cuidado para no cometer el pecado de Esaú, quien cambió la primogenitura por un plato de lentejas, al cual el escritor, califica como profano. En otras palabras es menospreciar las cosas sagradas, por otras pasajeras y temporales. El mismo escritor a los hebreos nos dice: "¿Cómo escaparemos nosotros, si descuidamos una salvación tan grande?..." Hebreos 2:3.

Uno conserva algo, cuando sabe que tiene un valor significativo, puede ser una joya de piedras preciosas que adquirió, o que recibió como regalo. Como puede ser un objeto, peluches, cartas, de un ser querido, etc.

Jesús pagó un gran precio por nuestros pecados, derramó su sangre en la cruz, y somos comprados con ella, la cual es de un valor incalculable, para nuestra salvación y santificación. La cual no debemos descuidar, ni menospreciar.

Al concluir recordemos lo que apóstol Pablo dijo: "porque habéis sido comprados por precio; glorificad, pues, a Dios en vuestro cuerpo y en vuestro espíritu, los cuales son de Dios" (1 Corintios 6:20).

| Conéctate | ¡A Navegar! | Descargas |

Instrucciones de las hojas de trabajo

Hoja de trabajo (12 a 17 años).

Pida a los jóvenes que dibujen las dos manos, y que dentro de una escriban "todo en las manos de Dios en el año que comenzará" y en la otra una lista con las cosas que necesitan cambiar, mejorar o continuar en este nuevo año.

Hoja de trabajo de (18 a 23 años) .

Dé un tiempo para que respondan a las siguientes preguntas:

1. ¿Qué significa para ti consagrarte a Dios?
   _____

2. ¿Cómo podrías consagrar tus relaciones personales?
   Físico_____
   Intelectual_____
   Social_____
   Servicio del Señor_____

3. ¿Por qué es importante el control y la evaluación en las metas?
   _____

4. ¿Cómo perseverarás en el compromiso hecho hoy?
   _____

5. ¿Qué voy hacer para lograrlo?
   _____

Advertencia

Desafíelos a poner sus vidas en las manos de Dios y dejarse guiar por Él.

Aceptar

Parte 2

Hojas para alumnas y alumnos

Lección 1

Conéctate ▸   Descargas   ¡Vamos al chat!

Para memorizar: "'Para siempre, oh Jehová, permanece tu palabra en los cielos'" Salmo 119:89.

Conéctate   Descargas ▸   ¡Vamos al chat!

Une con una línea los términos actuales con los versículos que se relacionen con los mismos.

Homosexualismo

Modas

Sexo prematrimonial

Guerras

Violencia

Economía

Diversión

Mateo 24:6

Hebreos 13:4

I Corintios 10:23

Romanos 12:2

Salmo 37:25

Salmo 91:7

I Pedro 3:3-4

Conéctate   Descargas   ¡Vamos al chat! ▸

Toma unos minutos de oración personal para pedir a Dios que les ayude a que su Palabra se haga actual en sus vidas. Toma un tiempo para pedir perdón si has pensado que es un libro anticuado. Por último, ora pidiendo que esta Palabra sea puesta en práctica en tu vida.

Sabías que...

La Santa Biblia se tradujo a más de 2018 idiomas, es el libro más leído, fue el primer libro impreso y el primer libro leído en el espacio. Al mismo tiempo, fue el libro más perseguido de toda la historia.

CLiC Conéctate con Cristo y su Palabra

Lección

1

Para memorizar: "Para siempre, oh Jehová, permanece tu palabra en los cielos" Salmo 119:89.

Escribe qué significa para ti...

Cambio: _____

Permanencia: _____

Relaciona los dos conceptos con el concepto de actualidad de la Biblia: _____

Sabías que...

La Santa Biblia se tradujo a más de 2018 idiomas, es el libro más leído, fue el primer libro impreso y el primer libro leído en el espacio. Al mismo tiempo, fue el libro más perdurable en el tiempo, fue el libro más leído de toda la historia.

Toma unos minutos de oración personal para pedir a Dios que les ayude a que su Palabra se haga actual en sus vidas. Toma un tiempo para pedir perdón si has pensado que es un libro anticuado. Por último, ora pidiendo que esta Palabra sea puesta en práctica en tu vida.

Conéctate con Cristo y su Palabra

UN LIBRO ACTUAL

Conéctate   Descargas   ¡Vamos al chat!

Conéctate   Descargas   ¡Vamos al chat!

Conéctate   Descargas   ¡Vamos al chat!

cnp

Lección 2

Conéctate → Descargas | ¡Vamos al chat!

Para memorizar: "Toda la Escritura es inspirada por Dios, y útil para enseñar, para redargüir, para corregir, para instruir en justicia" 2 Timoteo 3:16.

Conéctate Descargas → ¡Vamos al chat!

Lee las declaraciones y coloca al lado de cada una, una (V) si es verdadera, o una (F) si es falsa.

1. La Biblia fue escrita sólo por el esfuerzo humano. ( )

2. La lectura diaria de la Biblia es una manera de mostrar nuestro amor e interés por ella. ( )

3. La lectura superficial de la Biblia ayuda a entender su mensaje. ( )

4. El Espíritu Santo inspiró a los escritores de la Biblia. ( )

5. El estudio de la Biblia implica más esfuerzo y trabajo. ( )

6. Uno de los resultados del impacto de la Biblia en las personas, es que transforma su estilo de vida. ( )

Conéctate Descargas ¡Vamos al chat! →

O rganízate con un grupo de jóvenes de tu edad, dialoguen acerca de la importancia y necesidad de compartir la Palabra de Dios con jóvenes que no conocen al Señor. Consigan Nuevos Testamentos, visiten a esos jóvenes, invítenlos a venir a la iglesia y entreguen a cada uno un ejemplar del libro sagrado.

Sabías que...

La Biblia está formada por sesenta y seis libros, escritos por unos cuarenta diferentes autores. El tiempo que requirió la escritura de la Biblia fue de aproximadamente 1600 años.

CHC Conéctate con Cristo y su Palabra

L E C C I Ó N D I S T R I B U I D O A R C H I V O

Lección

2

Para memorizar: "Toda la Escritura es inspirada por Dios, y útil para enseñar, para redargüir, para corregir, para instruir en justicia"
2 Timoteo 3:16.

¡Vamos al chat! | Descargas | Conéctate

¡Vamos al chat! | Descargas | Conéctate

Lee el texto bíblico y llena los espacios:

1. Hebreos 4:12 La Palabra de Dios es _____

2. 2 Tesalonicenses 3:1 Se debe orar para que la palabra del Señor _____

3. Salmo 119:105. La Palabra de Dios es _____

4. Juan 6:63. Las palabras del Señor son _____

5. 2 Timoteo 3:16. La palabra de Dios es útil para _____

6. Salmo 119:9. El joven limpiará su camino _____

Sabías que...

La Biblia está formada por sesenta y seis libros, escritos por unos cuarenta diferentes autores. El tiempo que requirió la escritura de la Biblia fue de aproximadamente 1600 años.

¡Vamos al chat! | Descargas | Conéctate

Organízate con un grupo de jóvenes de tu edad, dialoguen acerca de la importancia y necesidad de compartir la Palabra de Dios con jóvenes que no conocen al Señor. Consigan Nuevos Testamentos, visiten a esos jóvenes, invítenlos a venir a la iglesia y entréguen a cada uno un ejemplar del libro sagrado.

Conéctate con Cristo y su Palabra

Lección 3

Para memorizar: "Mantengamos firme, sin fluctuar, la profesión de nuestra esperanza, porque fiel es el que prometió" Hebreos 10:23.

Completando la frase. A continuación encontrarás algunas promesas de Dios para sus hijos. Tu misión será encontrar y escribir las palabras que faltan.

Salmo 25:9 "_____ a los humildes por el juicio, y _____ a los mansos su _____."

Salmo 29:11 "Jehová _____ a su pueblo, Jehová bendecirá a su pueblo con _____."

Josué 1:9 "Mira que te mando que te esfuerces y seas valiente; no temas ni desmayes, porque Jehová tu Dios _____ en _____ que _____."

Jeremías 33:3 "Clama a mí, y yo _____, y _____ cosas grandes y ocultas que tú no conoces."

Mateo 5:8 "Bienaventurados los de limpio corazón, porque ellos _____ a _____."

Hechos 16:31 "Ellos dijeron: Cree en el Señor Jesucristo, y _____, y tu _____."

Sabías que...

"Cuanto más cavamos en las Escrituras, más nos parecen una mina inagotable de verdad" (Charles Spurgeon).

• Habías pensado en las promesas de Dios antes de la lección de hoy? ¿Tienes alguna promesa favorita? Te animo a pedirle a Dios que te dé una promesa para ti o para algún momento específico de tu vida. Estas promesas especiales son de mucha ayuda cuando las compartimos con otros. En esta semana piensa y escoge una promesa para tu vida.

¡TE LO PROMETO!

CNC Conéctate con Cristo y su Palabra

cnp

Lección

3

¡TE PROMETO!

Para memorizar: "Mantengamos firme, sin fluctuar, la profesión de nuestra esperanza, porque fiel es el que prometió" Hebreos 10:23.

Buscando el significado. A continuación encontrarás algunas citas bíblicas que contienen una promesa de Dios para sus hijos. En la columna de la derecha escribe lo que esa promesa significa específicamente para ti.

CITA BIBLICA CON PROMESA	SIGNIFICADO DE LA PROMESA
Jeremías 29:11	
Hageo 2: 4-5	
Salmos 25:9; 32:8	
I Corintios 10:13	
Filipenses 4: 6-7	
Santiago 1:5	

Sabías que...

"Cuanto más cavamos en las Escrituras, más nos parecen una mina inagotable de verdad" (Charles Spurgeon).

Conéctate **Descargas** **¡Vamos al chat!**

¿Habías pensado en las promesas de Dios antes de la lección de hoy? ¿Tienes alguna promesa favorita? Te animo a pedirle a Dios que te dé una promesa para ti o para algún momento específico de tu vida. Estas promesas especiales son de mucha ayuda cuando las compartimos con otros. En esta semana piensa y escoge una promesa para tu vida.

Conéctate con Cristo y su Palabra

Lección 4

Conéctate ➤ | Descargas | ¡Vamos al chat!

Para memorizar: "Hijo mío, no te olvides de mi ley, y tu corazón guarde mis mandamientos" Proverbios 3:1.

Conéctate ➤ | Descargas ➤ | ¡Vamos al chat!

Haz una lista de seis ventajas de guardar la Palabra, según los siguientes versículos de estudio.

1. Proverbios 3:12 _____

2. Proverbios: 3:3-4 _____

3. Josué 1:7-8 _____

4. Colosenses 3:16 _____

Conéctate | Descargas | ¡Vamos al chat! ➤

Realiza las siguientes lecturas diarias y trata de memorizar un versículo de cada lectura. Comenta el próximo domingo cómo te sirvió memorizar estos versículos durante la semana.
Lunes: Salmo 119:1-11; martes: Salmo 119:12-22; miércoles: Salmo 119:27-36; jueves: Salmo 119:89-94; viernes: Salmo 119:97-105; sábado: Salmo 119:129-138; domingo: Salmo 119:151-163.

CWC Conéctate con Cristo y su Palabra

Sabías que...

En la Biblia, hay 1189 capítulos: 929 en Antiguo Testamento y 260 en Nuevo Testamento. Mucha información que debemos poner en nuestro "disco duro", ¿verdad?

CWC

TU 'DISCO DURO'

4 Lección

| Conéctate | Descargas | ¡Vamos al chat! |

Para memorizar: "Hijo mío, no te olvides de mi ley, y tu corazón guarde mis mandamientos" Proverbios 3:1.

| Conéctate | Descargas | ¡Vamos al chat! |

A continuación hay una lista de situaciones. Trata de recordar un versículo que te ayude en cada situación mencionada.

Situaciones	Contraataque
Tienen que estudiar para un examen y el curso es muy difícil.	
Tu papá y tu mamá se separaron, o no los conociste.	
Te sientes solo.	
Estás desanimado, sin fuerzas.	
Mal uso del tiempo.	

| Conéctate | Descargas | ¡Vamos al chat! |

Realiza las siguientes lecturas diarias y trata de memorizar un versículo de cada lectura. Comenta el próximo domingo cómo te sirvió memorizar estos versículos durante la semana.
Lunes: Salmo 119:1-11; martes: Salmo 119:12-22; miércoles: Salmo 119:27-36; jueves: Salmo 119:89-94; viernes: Salmo 119:97-105; sábado: Salmo 119:129-138; domingo: Salmo 119:151-163.

Chic Conéctate con Cristo y su Palabra

Sabías que...

En la Biblia, hay 1189 capítulos: 929 en Antiguo Testamento y 260 en Nuevo Testamento. Mucha información que debemos poner en nuestro "disco duro", ¿verdad?

TU "DISCO DURO"

cnp

Lección 5

Conéctate | Descargas | ¡Vamos al chat!

Para memorizar: "Y tomad el yelmo de la salvación, y la espada del Espíritu, que es la palabra de Dios" Efesios 6:17.

Conéctate | Descargas | ¡Vamos al chat!

Preparándome para la batalla. A continuación encontrarás listadas algunas situaciones difíciles que puedes enfrentar como joven. Tu tarea será buscar en tu Biblia algunos versículos que te pueden ayudar con fortaleza, guía, o recordándote una verdad. Puedes pedir la ayuda de tus compañeros de clase o de tu maestro/a.

SITUACIÓN DE ATAQUE	ARMAMENTO BÍBLICO
Dudas acerca de mi futuro: llamado, profesión o pareja/noviazgo y familia	
Conflicto con mis padres	
Dudas acerca de qué estudiar en la universidad	
Situaciones de adicciones	
Sentimientos de ansiedad, miedo, o nerviosismo	
Sentimientos de depresión	

Conéctate | Descargas | ¡Vamos al chat!

Te animo a refugiarte, como nunca antes, en la Palabra de Dios; ella es tu mejor arma y si la lees, estudias, y memorizas, puedes estar seguro de que el enemigo no podrá vencerte. Muchos adultos, que antes eran jóvenes de tu misma edad, pueden contarte acerca de cómo Dios los ayudó en su juventud por medio de su Palabra. En esta semana busca a alguien que desee compartir contigo su testimonio acerca de cómo la Biblia fue su arma para poder vencer una situación difícil.

CMC Conéctate con Cristo y su Palabra

Sabías que...
La Biblia no es difícil de entender; simplemente es difícil de vivir.

M
H
A
R
M
A

cnp

Lección

5

Para memorizar: "Y tomad el yelmo de la salvación, y la espada del Espíritu, que es la palabra de Dios" Efesios 6:17.

Completando la frase. A continuación encontrarás algunas de las palabras que Jesús usó para vencer a su enemigo. Tu misión será encontrar y escribir las palabras que faltan. También deberás marcar cómo ayudó esto a Jesús. Al finalizar comparte con tus compañeros en qué situaciones hoy podrías usar esos pasajes.

Lucas 4:4 "Jesús, respondiéndole, dijo: Escrito está: _____ de _____ de _____ vivirá el _____, sino de _____ de _____ ."

Esto ayudó a Jesús dándole una palabra de _____ .

Lucas 4:8 "Respondiendo Jesús, le dijo: _____ de mí, Satanás, porque escrito está: Al _____ tu Dios _____ , y a él _____ ."

Esto ayudó a Jesús dándole una palabra de _____ .

Lucas 4: 12 "Respondiendo Jesús, le dijo: Dicho está: _____ al _____ tu _____ ."

Esto ayudó a Jesús dándole una palabra de _____ .

Sabías que...

La Biblia no es difícil de entender, simplemente es difícil de vivir.

Te animo a refugiarte, como nunca antes, en la palabra de Dios; ella es tu mejor arma y si la lees, estudias, y memorizas, puedes estar seguro de que el enemigo no podrá vencerte. Muchos adultos, que antes eran jóvenes de tu misma edad, pueden contarte acerca de cómo Dios los ayudó en su juventud por medio de su Palabra. En esta semana busca a alguien que desee compartir contigo su testimonio acerca de cómo la Biblia fue su arma para poder vencer una situación difícil.

Conéctate con Cristo y su Palabra

Conéctate   Descargas   ¡Vamos al chat!

MI ARMA

Lección 6

Conéctate ▶ Descargas | ¡Vamos al chat!

Para memorizar: "...Y él (Israel) dijo: Acércalos ahora a mí, y los bendeciré." Génesis 48:9b.

Conéctate ▶ Descargas ▶ ¡Vamos al chat!

Conectando las ideas. A continuación encontrarás una lista de palabras y otra de definiciones. Deberás conectar cada palabra con su explicación correcta usando una línea.

Palabras de hoy

Definiciones

Honra — Una cualidad que permite identificar a algo o alguien, distinguiéndolo de sus semejantes.

Instrucción — Nombre de respeto de una persona, padre o madre de su padre o de su madre.

Característica — Una demostración de aprecio que se hace a una persona reconociendo su virtud y mérito.

Abuelo — Acción de instruir, enseñar, adoctrinar, comunicar conocimientos, dar a conocer el estado de algo.

Conéctate ▶ Descargas ▶ ¡Vamos al chat! ▶

• Tienes alguna persona mayor que sea parte de tu vida? Te animo a que esta semana hagas el ¿esfuerzo de pasar un tiempo especial con tu abuelito o abuelita. Si ya no están con vida o viven lejos de ti, junto a otro compañero invita a una persona mayor de tu congregación a tomar un café o visítalo en su hogar.

CHC Conéctate con Cristo y su Palabra

Sabías que...

"Actualmente hay alrededor de 600 millones de personas de 60 años y más; esta cifra se duplicará hacia el año 2025 y llegará a casi dos mil millones hacia el año 2050". http:// www.who.int/ageing/events/idop_rationale/es/

G R A C I A S H O N R A A B U E L I T O

Lección

6

Conéctate   Descargas   ¡Vamos al chat!

Para memorizar: "…Y él [Israel] dijo: Acércalos ahora a mí, y los bendeciré" Génesis 48:9b.

Conéctate   Descargas   ¡Vamos al chat!

Conectando con el adulto mayor. En los recuadros de abajo, describe algunas formas en las que puedes poner en práctica los puntos de la lección de hoy.

Formas de dar honra	Formas de recibir instrucción

Conéctate   Descargas   ¡Vamos al chat!

¿Tienes alguna persona mayor que sea parte de tu vida? Te animo a que esta semana hagas el esfuerzo de pasar un tiempo especial con tu abuelito o abuelita. Si ya no están con vida o viven lejos de ti, junto a otro compañero invita a una persona mayor de tu congregación a tomar un café o visítalo en su hogar.

Sabías que...

"Actualmente hay alrededor de 600 millones de personas de 60 años y más; esta cifra se duplicará hacia el año 2025 y llegará a casi dos mil millones hacia el año 2050". http://www.who.int/ageing/events/idop_rationale/es/

¡GRACIAS ABUELO!

Conéctate con Cristo y su Palabra

Lección 7

Conéctate ► Descargas | ¡Vamos al chat!

Para memorizar: "Es verdad que ninguna disciplina al presente parece ser causa de gozo, sino de tristeza; pero después da fruto apacible de justicia a los que en ella han sido ejercitados" Hebreos 12:11.

Conéctate ► Descargas | ¡Vamos al chat!

Con base en la clase de hoy, ¿cuáles son los dos significados de honrar?

1._____
_____
     Intercambia ideas con tus compañeros de clase para que puedas honrar a tu mamá.

2._____
_____
     Memoriza y escribe Éxodo 20:12 que nos insta a honrar a mamá, sin importar cómo sea ella.

Si lo estás haciendo, ¡felicidades! Dios te recompensará.

Pero si estás fallando en alguna de las dos formas de honrar, ¿cómo le harás para honrar a tu mamá a partir de hoy?

1._____
_____

2._____
_____
_____

Conéctate ► Descargas | ¡Vamos al chat!

Leamos Hebreos 12:11 y reflexionemos en el pasaje.

LExaminemos nuestra vida y reconozcamos las fallas delante de Dios, ya que es a Él a quien primero debemos obediencia.

CliC Conéctate con Cristo y su Palabra

Sabías que...
En todos los idiomas del mundo existe la palabra madre.

HONRAR A MAMÁ

Lección

7

Para memorizar: "Es verdad que ninguna disciplina al presente parece ser causa de gozo, sino de tristeza; pero después da fruto apacible de justicia a los que en ella han sido ejercitados" Hebreos 12:11.

Conéctate | Descargas | ¡Vamos al chat!

Conéctate | Descargas | ¡Vamos al chat!

Escribe una poesía o reconoce por escrito todo lo que tu madre o la persona que ocupó su lugar ha hecho por ti:

_____

_____

_____

_____

_____

_____

¡Podrías llevarte esta hoja y dársela a ella justo ahora!

Si la tienes aún contigo, ¡valórala!

Sabías que...
En todos los idiomas del mundo existe la palabra madre.

Conéctate | Descargas | ¡Vamos al chat!

Leamos Hebreos 12:11 y reflexionemos en el pasaje.
Examinemos nuestra vida y reconozcamos las fallas delante de Dios, ya que es a Él a quien primero debemos obediencia.

Críc Conéctate con Cristo y su Palabra

H O N R A R   A   M A M Á

cnp

Lección 8

Para memorizar: "Hijos, obedeced a vuestros padres en todo, porque esto agrada al Señor" Colosenses 3:20.

Conéctate ► Descargas ► ¡Vamos al chat!

En Colosenses 3:20, la Biblia nos pide que obedezcamos a nuestros padres en todo. En los espacios que a continuación se presentan, haz una lista de los momentos o situaciones en los que te resulta más difícil obedecer a tus padres.

· _____
· _____
· _____
· _____

Escribe el siguiente versículo de Lucas 3:22.

_____
_____
_____

En los siguientes espacios, escribe cuatro cosas que puedes hacer para que tus padres puedan sentirse orgullosos de tu comportamiento.

· _____
· _____
· _____
· _____

Conéctate ► Descargas ► ¡Vamos al chat!

Puede ser que tengas que enfrentar momentos en los que obedecer no te será grato. En esos momentos, recuerda lo siguiente:

· Para Jesús obedecer no fue fácil, pero su ejemplo te dará fuerzas para obedecer aun en circunstancias difíciles.
· Ser obediente no sólo es un mandato, sino también una forma de agradar a Dios.
· Tu obediencia es de bendición para tus padres y es una forma en la que puedes reflejar que Cristo vive en ti.

CViC Conéctate con Cristo y su Palabra

Sabías que...

En el Código de Hammurabi del año 1692 a.C., decía que si por culpa de una casa mal hecha moría un hijo del dueño de la casa, la falta se pagaba con la muerte del hijo del constructor.

i•ESTE ES MI HIJO

Lección

8

Para memorizar: "Hijos, obedeced a vuestros padres en todo, porque esto agrada al Señor" Colosenses 3:20.

Escribe V si es verdadero o F si es falso según corresponda.

1. La obediencia es mandato de Dios. ___
2. El mandato de la obediencia es para algunos. ___
3. Es imposible ser obediente en todo. ___
4. Jesús fue modelo de obediencia. ___
5. Hay condiciones para ser obedientes. ___
6. Jesús se hizo hombre por obediencia. ___
7. Jesús murió por obediencia. ___
8. La obediencia es sólo cuando somos niños. ___
9. Sólo los hijos del pastor deben ser obedientes. ___
10. La obediencia puede ser parte de nuestro testimonio. ___

¿Cómo te calificarías en obediencia del 1 al 10?

¿Qué recomendarías a un adolescente que no quiere obedecer a sus padres?

¿Qué pasajes bíblicos de la clase te quedaron que podrías utilizar para compartir con un joven desobediente?

Puede ser que tengas que enfrentar momentos en los que obedecer no te será grato. En esos momentos, recuerda lo siguiente:

• Para Jesús obedecer no fue fácil, pero su ejemplo te dará fuerzas para obedecer aun en circunstancias difíciles.
• Ser obediente no sólo es un mandato, sino también una forma de agradar a Dios.
• Tu obediencia es de bendición para tus padres y es una forma en la que puedes reflejar que Cristo vive en ti.

Conéctate con Cristo y su Palabra

Sabías que...

En el Código de Hammurabi del año 1692 a.C., decía que si por culpa de una casa mal hecha de una casa moría un hijo del dueño de la casa, la falta se pagaba con la muerte del hijo del constructor.

¡ESTE ES MI HIJO!

cnp

Lección 9

Para memorizar: "Así que ya no son más dos, sino una sola carne; por tanto, lo que Dios juntó, no lo separe el hombre" Mateo 19:6.

Conéctate ➤ Descargas ➤ ¡Vamos al chat!

Tomen un tiempo para responder las siguientes preguntas:

¿Cómo definirías la fidelidad? ¿En qué relaciones se debe practicar?

¿Es importante la fidelidad?

Conéctate ➤ Descargas ➤ ¡Vamos al chat!

¿En qué consiste la exclusividad en una relación de pareja?

¿Cómo podría mostrar una persona a otra que ella tiene un lugar exclusivo en su vida?

¿Cómo se puede mostrar respeto en una relación de pareja?

¿Qué pasa cuando no hay respeto entre la pareja?

¿Cómo definirías el compromiso?

¿Cómo te sentiste alguna vez que cumpliste con un compromiso?

¿Cómo te sentiste alguna vez que incumpliste con un compromiso?

¿Qué se piensa de una persona que no es honesta?

¿Cómo se llega a ser honesto/a?

¿Qué dificultades hay para ser honesto/a?

Conéctate ➤ Descargas ➤ ¡Vamos al chat!

Elige uno de los cinco valores que sustentan la monogamia y decide cómo practicarlo conscientemente durante esta semana. El siguiente domingo, comparte con tu grupo cómo te fue con la puesta en práctica de ese valor. También elaboren un periódico mural en el cual se expongan los valores que sustentan la monogamia. Luego, colóquenlo en un lugar visible de la iglesia para que los congregantes puedan verlo.

Sabías que...

El término unirse (hebreo "dabaq") significa "adherirse, enlazarse, unirse a modo de ligadura". Es decir, hombre y mujer, por el matrimonio, se "unen" de tal modo que no cabe la ruptura de tal "ligamento". Cualquier separación implica un desgarramiento.

FIDELIDAD
EXCLUSIVIDAD
RESPETO
COMPROMISO
HONESTIDAD

Lección

9

Para memorizar: "Así que ya no son más dos, sino una sola carne; por tanto, lo que Dios juntó, no lo separe el hombre" Mateo 19:6.

Conéctate | Descargas | ¡Vamos al chat!

Conéctate | Descargas | ¡Vamos al chat!

Define cada uno de los siguientes valores que sustentan la monogamia. Cuando te lo indiquen, comparte lo que escribiste con la clase.

FIDELIDAD: _____

HONESTIDAD: _____

RESPETO: _____

COMPROMISO: _____

EXCLUSIVIDAD: _____

EXCLUSIVO: _____

Sabías que...

El término unirse (hebreo "dabaq") significa "adherirse, enlazarse, unirse a modo de ligadura". Es decir, hombre y mujer, por el matrimonio, se "unen" de tal modo que no cabe la ruptura de tal "ligamento". Cualquier separación de tal "ligamento" implica un desgarramiento.

Conéctate | Descargas | ¡Vamos al chat!

Elige uno de los cinco valores que sustentan la monogamia y decide practicarlo conscientemente durante esta semana. El siguiente domingo, comparte con tu grupo cómo te fue con la puesta en práctica de ese valor. También elaboren un periódico mural en el cual se expongan los valores que sustentan la monogamia. Luego, colóquenlo en un lugar visible de la iglesia para que los congregantes puedan verlo.

Conéctate con Cristo y su Palabra

¡FIDELIDAD EXTREMA!

cnp

Lección 10

DIOS ES EL AUTOR DE LA FAMILIA.

Para memorizar: "Solícitos en guardar la unidad del Espíritu en el vínculo de la paz" Efesios 4:3.

Conéctate   Descargas   ¡Vamos al chat!

Une con una línea los textos bíblicos con las respectivas afirmaciones.

Dios estableció la familia.

Los dos grandes mandamientos.

Mandamiento para los hijos.

Dios nos da una buena actitud.

Orar por la familia.

Filipenses 2:13

Santiago 5:16

Mateo 22:37-39

Génesis 1:28, 2:24

Efesios 6:1-3

Conéctate   Descargas   ¡Vamos al chat!

¿Cuál ha sido hasta ahora tu actitud con respecto a tu familia? ¿Crees que has hecho todo lo posible por mantener fuerte los lazos de amor y unidad en ella, o simplemente te has dejado llevar por tus deseos egoístas? Te animo a que busques más a Dios para que con su ayuda puedas ser parte de esa lista de personas que contribuyeron a la unidad de su hogar con su correcta actitud.

Sabías que...

Teresa de Calcuta dijo "¿Qué puedes hacer para promover la paz mundial? Ve a casa y ama a tu familia".

CHiC Conéctate con Cristo y su Palabra

10 Lección

Hoja de trabajo para alumnos de 18 a 23 años de edad.

Conéctate   Descargas   ¡Vamos al chat!

Para memorizar: "Solícitos en guardar la unidad del Espíritu en el vínculo de la paz" Efesios 4:3.

Conéctate   Descargas   ¡Vamos al chat!

Responde las siguientes preguntas:

1. ¿Qué nos dicen Génesis 1:28 y 2:24 con relación al tema de la familia?

_____

2. ¿Cómo puede contribuir a la unidad de su familia?

_____

3. ¿Qué nos dice Efesios 6:1-3 con respecto a la familia?

_____

4. ¿Qué dos grandes mandamientos hay en Mateo 22:37-39?

_____

5. Según Santiago 5:16, ¿de qué otra manera podemos contribuir a la unidad familiar?

_____

Sabías que...

Teresa de Calcuta dijo: "¿Qué puedes hacer para promover la paz mundial? Ve a casa y ama a tu familia".

Conéctate   Descargas   ¡Vamos al chat!

¿Cuál ha sido hasta ahora tu actitud con respecto a tu familia? ¿Crees que has hecho todo lo posible por mantener fuerte los lazos de amor y unidad en ella, o simplemente te has dejado llevar por tus deseos egoístas? Te animo a que busques más a Dios para que con su ayuda puedas ser parte de esa lista de personas que contribuyeron a la unidad de su hogar con su correcta actitud.

cvic Conéctate con Cristo y su Palabra

¿CUIDO A MI FAMILIA? cnp

Lección 11

Para memorizar: "Camina en su integridad el justo; sus hijos son dichosos después de él" Proverbios 20:7.

Conéctate   Descargas   ¡Vamos al chat!

Responde:

1. ¿Cómo está la relación con tu papá?

_____

Si estás en buena relación con él, podríamos tener un tiempo para orar y darle gracias a Dios.

Si no es así, ¿qué mejor forma de empezar a mejorar la relación que intercediendo por él!

2. Si estás en una mala relación con tu padre, ¿qué pasos podrías dar tú para mejorar eso?

_____

Conéctate   Descargas   ¡Vamos al chat!

3. Escribe lo que aprendes de los siguientes dos pasajes bíblicos en la relación con tu papá:

Proverbios 23:12-26

_____

Juan 15:1-17

_____
_____

Recuerda que Dios nos juzgará tanto a padres como a hijos por todo lo que hagamos, digamos y pensemos. Esta semana no olvides de honrar a tu papá con tu vida.

Sabías que...

En todos los países se celebra el Día del Padre en diferentes fechas, pero 19 países del mundo lo celebran en el mes de junio.

¡VERDAD!

CLIC Conéctate con Cristo y su Palabra

Lección 11

Hoja de trabajo para alumnos de 18 a 23 años de edad.

Conéctate   Descargas   ¡Vamos al chat!

Para memorizar: "Camina en su integridad el justo; sus hijos son dichosos después de él" Proverbios 20:7.

Conéctate   Descargas   ¡Vamos al chat!

Reflexiona sobre el rol que ha ejercido tu papá en el hogar y en los actos del padre en la parábola del hijo pródigo. Recuerda que Dios puede concederte el ser papá, y tú tendrás ahora la oportunidad de mejorar:

LO QUE HIZO MI PAPÁ	PARÁBOLA DEL HIJO PRÓDIGO	LO QUE YO HARÉ COMO PAPÁ

Conéctate   Descargas   ¡Vamos al chat!

Recuerda que Dios nos juzgará tanto a padres como a hijos por todo lo que hagamos, digamos y pensemos. Esta semana no olvides de honrar a tu papá con tu vida.

Sabías que...

En todos los países se celebra el Día del Padre en diferentes fechas, pero 19 países del mundo lo celebran en el mes de junio.

CViC Conéctate con Cristo y su Palabra

¡-QUÉ PADRE-!

cnp

Lección 12

Conéctate · Descargas · ¡Vamos al chat!

Para memorizar: "Toda la Escritura es inspirada por Dios, y útil para enseñar, para redargüir, para corregir, para instruir en justicia" 2 Timoteo 3:16.

Conéctate · Descargas · ¡Vamos al chat!

Escribe V si es verdadero o F si es falso según corresponda.

1. Timoteo fue criado en un hogar creyente. ___

2. Pablo llama a Timoteo a "desistir" del conocimiento bíblico. ___

3. El mundo nos presenta señales engañosas que nos llevan por caminos equivocados. ___

4. La Palabra de Dios puede quebrantar cualquier atadura espiritual. ___

5. La Biblia es como un mapa para guiarnos en el camino de la vida. ___

6. Hay situaciones de la vida para las cuales la Biblia no proporciona ninguna enseñanza. ___

Conéctate · Descargas · ¡Vamos al chat!

Esta semana, lee los siguientes pasajes bíblicos que hablan sobre la importancia y eficacia de la Biblia: 1 Pedro 1:23-2:3; Hebreos 4:12-13. Luego, escribe un concepto personal sobre el significado que tiene la Biblia en tu vida.

Sabías que...

"Hay 2.426 lenguas en las que al menos un libro de la Biblia ha sido completamente traducido. Entre ellas, 260 tienen traducción completa". http://achiral.blogspot.com/2007/03/bible-translations.html

G
P
S

P
A
R
A

M
i
M
A

CHIC Conéctate con Cristo y su Palabra

12 Lección

| Conéctate | Descargas | ¡Vamos al chat! |

Para memorizar: "Toda la Escritura es inspirada por Dios, y útil para enseñar, para redargüir, para corregir, para instruir en justicia"
2 Timoteo 3:16.

| Conéctate | Descargas | ¡Vamos al chat! |

Define en tus propias palabras lo siguiente:

La Biblia: _____

Persuasión cristiana: _____

Inspiración divina de la Biblia: _____

Redargüir en justicia: _____

Corregir en justicia: _____

Instruir en justicia: _____

G P S   P A R A   M Í

Sabías que...

"Hay 2.426 lenguas en las que al menos un libro de la Biblia ha sido completamente traducido. Entre ellas, 260 tienen traducción completa". http://achiral.blogspot.com/2007/03/bible-translations.html

| Conéctate | Descargas | ¡Vamos al chat! |

Esta semana, lee los siguientes pasajes bíblicos que hablan sobre la importancia y eficacia de la Biblia: 1 Pedro 1:23-2:3; Hebreos 4:12-13. Luego, escribe un concepto personal sobre el significado que tiene la Biblia en tu vida.

CViC Conéctate con Cristo y su Palabra

Lección 13

Para memorizar: "Al principio de tus ruegos fue dada la orden, y yo he venido para enseñártela, porque tú eres muy amado...."
Daniel 9:23.

¿Cómo te sientes cuando no recibes respuesta de alguien?

_____

Ciertamente, Dios responde todas las oraciones. ¿Tú sientes que hay alguna oración en tu vida que no fue contestada? ¿Por qué?

_____

Relata el ejemplo de dos respuestas claras de oraciones contestadas.

_____

Desarrolla tiempo de oración en tu vida. Haz una planificación diaria e incluye el tiempo de oración dentro de esta planificación.

_____

¿Qué te parece si nos proponemos hacer un diario de oración que incluya aquellos asuntos que tocan el corazón de Dios? A continuación se menciona dichos asuntos.
1. Nuestra consagración
2. La conversión de los perdidos
3. La intersección por las necesidades de otros
4. Orar por nuestros líderes (padres, profesores, empleadores, presidente y autoridades civiles).

CWC Conéctate con Cristo y su Palabra

Sabías que...

La Biblia dedica aproximadamente 500 versículos para hablar de la oración.

TIEMPO DE ORACIÓN

Corte aquí

Hoja de trabajo para alumnos de 18 a 23 años de edad.

Lección 13

TIEMPO CON DIOS

| Conéctate | Descargas | ¡Vamos al chat! |

Para memorizar: "Al principio de tus ruegos fue dada la orden, y yo he venido para enseñártela, porque tú eres muy amado…" Daniel 9:23.

| Conéctate | Descargas | ¡Vamos al chat! |

Escribe una definición de oración que presente todos los aspectos que esta debe incluir.

_____

Desarrolla tiempo de oración en tu vida. Haz una planificación diaria e incluye el tiempo de oración dentro de esta planificación.

_____
_____
_____

| Conéctate | Descargas | ¡Vamos al chat! |

¿Qué te parece si nos proponemos hacer un diario de oración que incluya aquellos asuntos que tocan el corazón de Dios? A continuación se menciona dichos asuntos.

1. Nuestra consagración
2. La conversión de los perdidos
3. La intersección por las necesidades de otros
4. Orar por nuestros líderes (padres, profesores, empleadores, presidente y autoridades civiles).

Sabías que…

La Biblia dedica aproximadamente 500 versículos para hablar de la oración.

Conéctate con Cristo y su Palabra

cnp

Lección 14

Para memorizar: "Está mi alma apegada a ti; tu diestra me ha sostenido." Salmo 63:8.

Conéctate · Descargas · ¡Vamos al chat!

Completa el siguiente versículo de Salmo 63:7.

"Porque has sido mi socorro, _____ ."

Conéctate · Descargas · ¡Vamos al chat!

Une con una línea a cada palabra con su concepto correcto.

Albergue   Hora en que David buscaba a Dios.

Tamar   Profeta que ungió a David.

David   Hija de David.

Rendición   Dios la tiene para todos.

Samuel   Lugar temporal para protegerse.

Madrugada   Acto por el que se alzan las manos.

Misericordia   De ojos hermosos y bien parecido.

Conéctate · Descargas · ¡Vamos al chat!

En el planeta Tierra, existen albergues a los cuales acudir en circunstancias difíciles. En la lección de hoy, aprendimos que existe un lugar eterno para los que aceptan a Jesucristo como su único y suficiente Salvador y Señor. En esta semana sin importar lo que suceda acude a Él como tu único refugio.

Sabías que...

Un buen refugio, además de protegernos del clima, incendios, terremotos o lluvias, nos proporciona comodidad, seguridad y firmeza psicológica.

M
H
R
E
F
U
G
I
O

CMC Conéctate con Cristo y su Palabra

14 Lección

Para memorizar: "Está mi alma apegada a ti; tu diestra me ha sostenido." Salmo 63:8.

Conéctate   Descargas   ¡Vamos al chat!

Reflexiona y responde las siguientes preguntas.

¿Qué tipo de situaciones difíciles te ha tocado enfrentar o estas enfrentando?

_____

¿Cómo enfrentaste o enfrentas estas situaciones difíciles?

_____

¿Qué enseñanzas personales puedes extraer del Salmo 63?

_____

De acuerdo a lo que extrajiste del Salmo 63 escribe una oración personal.

_____

Conéctate   Descargas   ¡Vamos al chat!

Sabías que...

Un buen refugio, además de protegernos del clima, incendios, terremotos del clima, incendios, terremotos o lluvias, nos proporciona comodidad, seguridad y firmeza psicológica.

E n el planeta Tierra, existen albergues a los cuales acudir en circunstancias difíciles. En la lección de hoy, aprendimos que existe un lugar eterno para los que aceptan a Jesucristo como su único y suficiente Salvador y Señor. En esta semana sin importar lo que suceda acude a Él como tu único refugio.

Conéctate   Descargas   ¡Vamos al chat!

cvíc Conéctate con Cristo y su Palabra

MI REFUGIO

cnp

Lección 15

Conéctate   Descargas   ¡Vamos al chat!

Para memorizar: "El respondió y dijo: Escrito está: No sólo de pan vivirá el hombre, sino de toda palabra que sale de la boca de Dios" Mateo 4:4.

Conéctate   Descargas   ¡Vamos al chat!

Responde verdadero o falso a las siguientes afirmaciones:

1. Los judios ayunaron por Ester durante tres días.____

2. Es importante ayunar una vez al mes.____

3. El ayuno es de valor espiritual.____

4. Los primeros cristianos jamás practicaron el ayuno.____

5. La primera tentación que le hizo el diablo a Jesús fue por la necesidad del hambre.____

¿Has ayunado alguna vez? Comparte tu experiencia.

_____

_____

Conéctate   Descargas   ¡Vamos al chat!

Dedica un día de esta semana para realizar un ayuno parcial. Esto significa que debes suspender una o dos comidas. La mejor forma de comenzar a practicar el ayuno es consumiendo sólo jugo de frutas frescas. Aunque estés realizando tus tareas habituales del día, internamente permanece en oración, rindiendo adoración al Señor. Lo más importante es tu actitud espiritual. Al finalizar el ayuno, ingiere una comida liviana, preferiblemente compuesta de frutas y verduras.

Sabías que...
La primera mención en la Biblia de un ayuno como tal, se encuentra en Jueces 20:26, donde se menciona que en un tiempo de gran aflicción del pueblo de Israel, este ayunó.

CHIC Conéctate con Cristo y su Palabra

Lección 15

Lección

1.5

| | Conéctate | Descargas | ¡Vamos al chat! |

Para memorizar: "El respondió y dijo: Escrito está: No sólo de pan vivirá el hombre, sino de toda palabra que sale de la boca de Dios" Mateo 4:4.

| | Conéctate | Descargas | ¡Vamos al chat! |

Responde a las siguientes preguntas:

1. ¿Cuántos días ayunaron Ester y su pueblo?

_____

2. ¿El ayuno de Ester fue parcial o absoluto?

_____

3. ¿Cuál es tu alimento durante el ayuno?

_____

4. ¿Has ayunado alguna vez? ¿Cuál fue tu experiencia?

_____

| | Conéctate | Descargas | ¡Vamos al chat! |

Dedica un día de esta semana para realizar un ayuno parcial. Esto significa que debes suspender una o dos comidas. La mejor forma de comenzar a practicar el ayuno es consumiendo sólo jugo de frutas frescas. Aunque estés realizando tus tareas habituales del día, internamente permanece en oración, rindiendo adoración al Señor. Lo más importante es tu actitud espiritual. Al finalizar el ayuno, ingiere una comida liviana, preferiblemente compuesta de frutas y verduras.

Conéctate con Cristo y su Palabra

Sabías que...

La primera mención en la Biblia de un ayuno como tal, se encuentra en Jueces 20:26, donde se menciona que en un tiempo de gran aflicción del pueblo de Israel, este ayunó.

¿VAS N COMER?

cnp

Lección 1b

Para memorizar: "Bendeciré a Jehová en todo tiempo; su alabanza estará de continuo en mi boca." Salmo 34:1.

Haz un acróstico con la palabra alabanza.

A _____

L _____

A _____

B _____

A _____

N _____

Z _____

A _____

Como aprendimos en la clase de hoy, es importante alabar a Dios en todo tiempo. Escoge un canto y entónalo diariamente, y practica la alabanza en el tiempo de oración. Para el próximo domingo, comparte con el grupo cómo te sentiste al alabar a Dios en forma privada.

Chic Conéctate con Cristo y su Palabra

Sabías que...

En la antigüedad, la música sólo se destinaba a los actos religiosos hasta que los griegos la introdujeron en la celebración de sus juegos deportivos. http://alabanzamej.blogspot.mx/2011/10/datos-interesantes-sobre-la-musica.html (14 de junio de 2014)

C
R
E
A
S
O
D
A
R
A
P
A
R
A
N
Z
A
L
A
B
A
R

cnp

16 Lección

Para memorizar: "Bendeciré a Jehová en todo tiempo; su alabanza estará de continuo en mi boca." Salmo 34:1.

| Conéctate | Descargas | ¡Vamos al chat! |

Elaborando una alabanza: En equipos de dos o tres integrantes, realicen una alabanza a partir de sus experiencias. Puede ser un canto, poema, una narración, etc. Después, preséntalo al grupo.

| Conéctate | Descargas | ¡Vamos al chat! |

_____
_____
_____
_____
_____
_____
_____
_____

Como aprendimos en la clase de hoy, es importante alabar a Dios en todo tiempo. Escoge un canto y entónalo diariamente, y practica la alabanza en el tiempo de oración. Para el próximo domingo, comparte con el grupo cómo te sentiste al alabar a Dios en forma privada.

| Conéctate | Descargas | ¡Vamos al chat! |

Sabías que...

En la antigüedad, la música sólo se destinaba a los actos religiosos hasta que los griegos la introdujeron en la celebración de sus juegos deportivos. http://alabanzamej.blogspot.mx/2011/10/datos-interesantes-sobre-la-musica.html (14 de junio de 2014)

CREADOS PARA ALABAR

Conéctate con Cristo y su Palabra

cnp

Lección 17

A
D
O
R
A
C
I
Ó
N
V
E
R
D
A
D
E
R
A

CHIP

Conéctate | Descargas | ¡Vamos al chat!

Para memorizar: "...los verdaderos adoradores adorarán al Padre en espíritu y en verdad; porque también el Padre tales adoradores busca que le adoren." Juan 4:23.

Conéctate | Descargas | ¡Vamos al chat!

Busca en la sopa de letras las siguientes palabras que tratan sobre la verdadera adoración:
GERIZIM, SAMARIA, ADORACIÓN, VERDAD, ESPÍRITU, PADRE.

Escribe tu propia definición de adoración.

R	G	E	R	I	Z	I	M	O	Z	O	R	R
S	E	E	J	J	A	F	E	E	U	S	S	S
A	A	S	O	U	R	R	V	R	B	T	A	A
O	E	M	P	A	C	V	I	D	E	I	O	O
S	I	M	A	O	E	L	I	A	D	R	S	S
A	E	J	A	R	N	B	O	P	E	I	A	A
O	P	S	D	S	I	S	A	S	O	P	O	O
I	I	A	Y	B	I	A	A	R	V	S	I	I
Q	D	E	R	T	A	Y	P	B	N	E	Q	Q
F	I	G	H	E	B	J	K	L	L	Q	F	F
E	S	N	O	I	C	A	R	O	D	A	E	E
E	E	S	Y	U	E	Q	Z	O	M	K	E	E

Conéctate | Descargas | ¡Vamos al chat!

Durante la semana, piensa en algunas formas en que has adorado a Dios, ya sea en la iglesia de manera colectiva o a solas. ¿Qué cambiarías de esa adoración sabiendo que quienes adoran al Padre "deben hacerlo en espíritu y en verdad"?

CHIC Conéctate con Cristo y su Palabra

Sabías que...
El templo de Jerusalén fue destruido en el año 70 d.C.; y el del monte Gerizim, en el año 129 a.C.

17 Lección

Conéctate   Descargas   ¡Vamos al chat!

Para memorizar: "...los verdaderos adoradores adorarán al Padre en espíritu y en verdad; porque también el Padre tales adoradores busca que le adoren." Juan 4:23.

Conéctate   Descargas   ¡Vamos al chat!

Según el pasaje de estudio de la clase de hoy, contesta estas preguntas:

1. ¿Por qué la mujer samaritana le preguntó a Jesús cómo se le ocurría pedirle agua?

_____

2. Según la mujer, ¿dónde decían los judíos que se debía adorar?

_____

3. Según el versículo 22, ¿qué adoraban los samaritanos y qué adoraban los judíos?

_____

4. ¿Cómo rendirán culto al Padre los verdaderos adoradores?

_____

5. ¿Qué significan estas palabras para ti hoy?

_____

Conéctate   Descargas   ¡Vamos al chat!

Durante la semana, piensa en algunas formas en que has adorado a Dios, ya sea en la iglesia de manera colectiva o a solas. ¿Qué cambiarías de esa adoración sabiendo que quienes adoran al Padre "deben hacerlo en espíritu y en verdad"?

Sabías que...

El templo de Jerusalén fue destruido en el año 70 d.C.; y el del monte Gerizim, en el año 129 a.C.

Conéctate con Cristo y su Palabra

ADORACIÓN VERDADERA

cnp

Lección 18

Conéctate Descargas ¡Vamos al chat!

Para memorizar: "...Y todas las familias de las naciones adorarán delante de ti." (Salmo 22:27b).

Conéctate Descargas ¡Vamos al chat!

Descubre en siete palabras con siete letras cada una de ellas, algunos conceptos que te ayudarán a recordar lo que vimos hoy.

1. Libro de la Biblia donde narra que la familia de Noé adoró:

2. Significa "el más próximo":

3. Carta donde Pablo nos exhorta a ser adoración a Dios:

4. Es el primer espacio donde podemos ser cristianos de verdad:

5. Son las convicciones de fe que promueve el reino de Dios:

6. Es un acto sencillo que puedo hacer por mi familia cada semana:

7. Es algo que Dios puede darnos, si adoramos en familia:

A
D
R O
A
N Ó H C
N
E
F
A H L H M A
A

Conéctate Descargas ¡Vamos al chat!

Esta semana procura vivir todas tus convicciones de fe en tu casa. Recuerda algunos de los consejos:

Por lo menos un día a la semana, podemos orar los unos por los otros.

- Comprometámonos a no insultarnos en casa de ninguna manera: Ni con golpes, ni con palabras ofensivas, ni con gestos.
- Una vez a la semana podemos abrir la Biblia y leer algunos pasajes de fortaleza espiritual.
- Cuando viajemos juntos, tomemos un tiempo antes de partir o regresar para hacer una oración familiar.
- Mantengamos encendida la música que honra a Cristo durante los quehaceres domésticos.

Sabías que...
La iglesia se conforma de todas las familias que asistimos a ella. Por tanto, si nuestras familias están bien, nuestra congregación estará bien.

CHC Conéctate con Cristo y su Palabra

cnp

18 Lección

Hoja de trabajo para alumnos de 18 a 23 años de edad.

| Conéctate | Descargas | ¡Vamos al chat! |

Para memorizar: "…Y todas las familias de las naciones adorarán delante de ti" (Salmo 22:27b).

| Conéctate | Descargas | ¡Vamos al chat! |

Toma un tiempo para escribir lo que se te pide y, posteriormente, comparte algo de eso en el grupo para poder interceder por ello. Al final, haz un compromiso para adorar en tu familia.

Redacta los nombres de quienes conforman tu familia, sus roles en ella y las necesidades que tienen ahora mismo.

Ejemplo:

| Eduardo Pérez | Papá | Conversión |

| Nombre: | Rol: | Necesidad: |

_____ _____ _____

_____ _____ _____

_____ _____ _____

_____ _____ _____

_____ _____ _____

Para finalizar, haz un compromiso para que tú seas quien inicie la adoración en tu familia. A continuación se te presenta un modelo de dicho compromiso.

"Yo, _____, me comprometo ante Dios para ser el primero en adorar a Dios en mi hogar, siendo ejemplo en todo cuanto hago y digo".

| Conéctate | Descargas | ¡Vamos al chat! |

Esta semana procura vivir todas tus convicciones de fe en tu casa. Recuerda algunos de los consejos:

• Por lo menos un día a la semana, podemos orar los unos por los otros.
• Comprometámonos a no insultarnos en casa de ninguna manera: Ni con golpes, ni con palabras ofensivas, ni con gestos.
• Una vez a la semana podemos abrir la Biblia y leer algunos pasajes de fortaleza espiritual.
• Cuando viajemos juntos, tomemos un tiempo antes de partir o regresar para hacer una oración familiar.
• Mantengamos encendida la música que honra a Cristo durante los quehaceres domésticos.

Sabías que...

La iglesia se conforma de todas las familias que asistimos a ella. Por tanto, si nuestras familias están bien, nuestra congregación estará bien.

Conéctate con Cristo y su Palabra

cnp

Lección 19

Conéctate ➤ | Descargas | ¡Vamos al chat!

Para memorizar: "Así nosotros, siendo muchos, somos un cuerpo en Cristo, y todos miembros los unos los unos de los otros" Romanos 12:5.

Conéctate | Descargas ➤ | ¡Vamos al chat!

Para memorizar: "Así nosotros, siendo muchos, somos un cuerpo en Cristo, y todos miembros los unos de los otros" Romanos 12:5.

Encuentra la palabra usando la definición.

1. _____ Proclamar la palabra de Dios.
2. _____ Habilidad de ayudar a otros en forma práctica.
3. _____ Enseñar la palabra de Dios con claridad.
4. _____ Motivar a vivir una vida cristiana.
5. _____ Apoyar materialmente para la obra de Dios -- Dar
6. _____ Guiar a otros con visión y solicitud -- Liderar:
7. _____ Tener compasión de las necesidades de los demás
8. _____ Poder sanar enfermedades.
9. _____ Habilidad de organizar y dirigir actividades.

Conéctate | Descargas | ¡Vamos al chat! ➤

La iglesia es como un gran rompecabezas. No hay dos piezas iguales, si las hubiera, no podríamos **L**ver la imagen terminada y significaría que una pieza sobra y que otra falta. En el cuerpo de Cristo ocurre lo mismo, no hay dos miembros iguales, por lo tanto, tu don es necesario. ¿Conoces ya tus dones? ¿Estás sirviendo en tu iglesia, comunidad, barrio? ¡Pon tus dones al servicio de Dios!

CdC Conéctate con Cristo y su Palabra

Sabías que...

La atrofia es la disminución del tamaño de un órgano causada por el desuso o inactividad del mismo. Puede llevar a muerte o al cese de las funciones del órgano.

T
O
D
O
S

=

S
E
R
V
I
M
O
S

=

19 Lección

| Conéctate | Descargas | ¡Vamos al chat! |

Para memorizar: "Así nosotros, siendo muchos, somos un cuerpo en Cristo, y todos miembros los unos de los otros" Romanos 12:5.

| Conéctate | Descargas | ¡Vamos al chat! |

En grupos, escriban las definiciones de los siguientes dones y una o dos funciones prácticas para la iglesia. Luego ubica cuál es tu don dentro de la iglesia.

1 Administración: _____

2 Exhortación: _____

3 Repartir o Dar: _____

4 Presidir o Liderar: _____

5 Misericordia: _____

6 Profecía/predicación: _____

7 Servicio: _____

8 Enseñanza: _____

9 Sanidad: _____

Sabías que...

La atrofia es la disminución del tamaño de un órgano causada por el desuso o inactividad del mismo. Puede llevar a muerte o al cese de las funciones del órgano.

| Conéctate | Descargas | ¡Vamos al chat! |

La iglesia es como un gran rompecabezas. No hay dos piezas iguales, si las hubiera, no podríamos ver la imagen terminada y significaría que una pieza sobra y que otra falta. En el cuerpo de Cristo no ocurre lo mismo, no hay dos miembros iguales, por lo tanto, tu don es necesario. ¿Conoces ya tus dones? ¿Estás sirviendo en tu iglesia, comunidad, barrio? ¡Pon tus dones al servicio de Dios!

CVC Conéctate con Cristo y su Palabra

TODOS SERVIMOS

Lección 20

Conéctate → Descargas → ¡Vamos al chat!

Para memorizar: "Porque al que tiene, le será dado, y tendrá más; y al que no tiene, aun lo que tiene le será quitado" Mateo 25:29.

Conéctate → Descargas → ¡Vamos al chat!

Escribe un acróstico con las palabras SIERVO FIEL.

S _____

I _____

E _____

R _____

V _____

O _____

F _____

I _____

E _____

L _____

Conéctate → Descargas → ¡Vamos al chat!

Quitar y poner : Hazte el propósito de ayudar en la iglesia, para ello puedes hablar con tu maestro de escuela dominical u otro líder, preguntándole en qué le puedes ayudar; podría ser visitación, preparar materiales para la próxima lección, etc.

Sabías que...

Talento, era una medida de peso usada por babilonios, judíos, griegos y romanos; era una medida para pesar oro, plata, hierro y bronce.

CViC Conéctate con Cristo y su Palabra

cup

20 Lección

Para memorizar: "Porque al que tiene, le será dado, y tendrá más; y al que no tiene, aun lo que tiene le será quitado" Mateo 25:29.

| Conéctate | Descargas | ¡Vamos al chat! |

Preguntas para discusión en grupos:

1. Piensa en una persona (si quieres puedes decir su nombre) de tu congregación que se caracteriza por su disponibilidad en servir en lo que se le pida y lo hace con gusto. ¿Qué efecto ha tenido su ejemplo en tu vida? ¿Es una persona amada y respetada? ¿Te gustaría ser como ella? ¿Por qué?

2. De acuerdo con Mateo 24: 30-51, ¿Cuáles son las características de quiénes no son fieles en hacer la obra que Dios les ha encomendado?

3. ¿Cuáles pueden ser los resultados de la negligencia en el servicio a Dios?

| Conéctate | Descargas | ¡Vamos al chat! |

4. ¿Cuáles serán las consecuencias de la fidelidad en el servicio a Dios?

5. ¿Qué lecciones prácticas tiene para tu vida la parábola de los talentos?

6. ¿Qué estás dispuesto a hacer como resultado del estudio de esta lección?

| Conéctate | Descargas | ¡Vamos al chat! |

Hazte el propósito de ayudar en la iglesia, para ello puedes hablar con tu maestro de escuela dominical u otro líder, preguntándole en qué le puedes ayudar; podría ser visitación, preparar materiales para la próxima lección, etc.

Sabías que...

Talento, era una medida de peso usada por babilonios, judíos, griegos y romanos; era una medida para pesar oro, plata, hierro y bronce.

¿CÓMO SERVIR?

Conéctate con Cristo y su Palabra

Lección 21

Conéctate ➤ Descargas · ¡Vamos al chat!

Para memorizar: "Ten cuidado de ti mismo y de la doctrina; persiste en ello, pues haciendo esto, te salvarás a ti mismo y a los que te oyeren" 1 Timoteo 4:16.

Conéctate Descargas ➤ ¡Vamos al chat!

Lee los pasajes, reflexiona y responde:

1 Timoteo 4:7-8. ¿Por qué Timoteo no debe hacer caso de chismes y dejar de lado el ejercicio físico, para dedicarse a cumplir su ministerio?

1 Timoteo 4:12. ¿En qué áreas de tu vida cristiana debes trabajar para poder desarrollar un ministerio en la iglesia?

¿En qué áreas del ministerio te gustaría servir a Dios, dentro o fuera de la iglesia?

Conéctate Descargas ¡Vamos al chat! ➤

Dios nos sigue hablando sobre el servicio y el compartir lo que hemos recibido de Él. Sigue meditando en esto, y en esta semana, si tienes ya un ministerio, piensa en cómo hacerlo crecer, y si todavía no estás sirviendo, no dejes que pase esta semana para poner tus manos a la obra y comenzar ya.

Chic

Conéctate con Cristo y su Palabra

Sabías que...

"Recuerda que cuando abandones esta tierra, no podrás llevar contigo nada de lo que has recibido, solamente lo que has dado: un corazón enriquecido por el servicio honesto, el amor, el sacrificio y el valor." San Francisco de Asís.

cup

21 Lección

| Conéctate | Descargas | ¡Vamos al chat! |

Para memorizar: "Ten cuidado de ti mismo y de la doctrina; persiste en ello, pues haciendo esto, te salvarás a ti mismo y a los que te oyeren." I Timoteo 4:16.

| Conéctate | Descargas | ¡Vamos al chat! |

Formen parejas, luego lean y analicen el siguiente pasaje: I Timoteo 4:6-14 y anoten qué cualidades debía tener Timoteo para ser un buen ministro de Jesucristo.

1. (v.6) _____

2. (v.7) _____

3. (v.8) _____

4. (v.10) _____

5. (v.12) _____

6. (v.13) _____

7. (v.14) _____

Sabías que...
"Recuerda que cuando abandones esta tierra, no podrás llevar contigo nada de lo que has recibido, solamente lo que has recibido, solamente lo que has dado: un corazón enriquecido por el servicio honesto, el amor, el sacrificio y el valor." San Francisco de Asís.

| Conéctate | Descargas | ¡Vamos al chat! |

Dios nos sigue hablando sobre el servicio y el compartir lo que hemos recibido de Él. Sigue meditando en esto, y en esta semana, si tienes ya un ministerio, piensa en cómo hacerlo crecer; y si todavía no estás sirviendo, no dejes que pase esta semana para poner tus manos a la obra y comenzar ya.

cyic Conéctate con Cristo y su Palabra

DENTRO Y FUERA

cnp

Lección 22

Conéctate → Descargas | ¡Vamos al chat!

Para memorizar: "Y el que de vosotros quiera ser el primero, será siervo de todos" Marcos 10:44.

Conéctate Descargas → ¡Vamos al chat!

A continuación encontrarás algunas frases del pasaje de estudio de hoy y deberás escribir qué te sugieren esas afirmaciones a tu vida hoy.

"Maestro, querríamos que nos hagas lo que pidiéremos." Marcos 10:35b.

_____

"Concédenos que en tu gloria nos sentemos el uno a tu derecha, y el otro a tu izquierda" Marcos 10:37.

_____

"No sabéis lo que pedís. ¿Podéis beber del vaso que yo bebo, o ser bautizados con el bautismo con que yo soy bautizado?" Marcos 10:38.

_____

"El que de vosotros quiera ser el primero, será siervo de todos" Marcos 10:44.

Conéctate Descargas ¡Vamos → al chat!

¿ Cuál es tu perspectiva acerca del ministerio cristiano? ¿Qué experiencias o ejemplos has tenido con tus líderes? ¿Has tenido alguna vez el deseo de servir en la iglesia o lo estás haciendo ya? Recuerda que Dios te ha creado para un plan especial, lo dice en Jeremías 29:11, "Porque yo sé los pensamientos que tengo acerca de vosotros, dice Jehová, pensamientos de paz, y no de mal, para daros el fin que esperáis". No dudes en compartir con tu maestro/a de escuela dominical tus dudas y preguntas.

CWC Conéctate con Cristo y su Palabra

Sabías que...

La palabra "ministro" viene originalmente del idioma latín. Ministro era simplemente aquel que hacía lo que alguien superior le mandaba, es decir, servía a otros.

¿SERVIR O MANDO?

Lección

22

Para memorizar: "Y el que de vosotros quiera ser el primero, será siervo de todos" Marcos 10:44.

Imitando a Jesús. Piensa en maneras prácticas en las que puedes aplicar las enseñanzas de Jesús en tu servicio a otros.

ENSEÑANZA DE JESÚS	MI RESPUESTA
Actitud de Humildad	
Disposición al Sacrificio	
Acción de Servicio	

¿Cuál es tu perspectiva acerca del ministerio cristiano? ¿Qué experiencias o ejemplos has tenido con tus líderes? ¿Has tenido alguna vez el deseo de servir en la iglesia o lo estás haciendo ya? Recuerda que Dios te ha creado para un plan especial, lo dice en Jeremías 29:11, "Porque yo sé los pensamientos que tengo acerca de vosotros, dice Jehová, pensamientos de paz, y no de mal, para daros el fin que esperáis". No dudes en compartir con tu maestro/a de escuela dominical tus dudas y preguntas.

Sabías que...

La palabra "ministro" viene originalmente del idioma latín. Ministro era simplemente aquel que hacía lo que alguien superior le mandaba, es decir, servía a otros.

¿SIERVO O AMO?

Conéctate | Descargas | ¡Vamos al chat!

Conéctate con Cristo y su Palabra

Lección 23

Para memorizar: "Porque los que ejerzan bien el diaconado, ganan para sí un grado honroso, y mucha confianza en la fe que es en Cristo Jesús" I Timoteo 3:13.

Conéctate   Descargas   ¡Vamos al chat!

Seis diferencias. Uno de los dibujos tiene 6 diferencias que hacen que un dibujo sea diferente al otro. De la misma manera todos somos diferentes, sin embargo, poseemos grandes cualidades para ser usados por Dios en diferentes ministerios.

Conéctate   Descargas   ¡Vamos al chat!

Conéctate   Descargas   ¡Vamos al chat!

Observa con detenimiento a las personas que están involucradas en el ministerio de la iglesia local, y hazle a algunos de ellos, las siguientes preguntas:

¿Cómo fue su decisión de brindar su tiempo y sus talentos para la obra de Dios? ¿Siempre estuvo claro que tenían ese ministerio? ¿Fueron desafiados por otras personas para embarcarse en esta tarea?

Comparte tus respuestas con los demás compañeros la próxima vez que se reúnan.

CLiC Conéctate con Cristo y su Palabra

Sabías que...

¡Hay por lo menos 9.265 misioneros transculturales que hablan español o portugués en el mundo hoy!

cnp

23 Lección

Conéctate   Descargas   ¡Vamos al chat!

Para memorizar: "Porque los que ejerzan bien el diaconado, ganan para sí un grado honroso, y mucha confianza en la fe que es en Cristo Jesús" I Timoteo 3:13.

Conéctate   Descargas   ¡Vamos al chat!

El día de hoy, observamos dos ejemplos claros de personas que se pusieron en las manos de Dios para dejarse usar por Él. A través de la siguiente actividad te proponemos identificar, a lo largo de la Biblia, a personas que dijeron sí al ministerio como forma de vida.

Nació en Tarso, fue perseguidor de la iglesia, predica a los gentiles. (_____)

Varón lleno del Espíritu Santo, fe y sabiduría. (_____)

Pastor joven, de buen testimonio, discípulo de Pablo. (_____)

Fue uno de los compañeros de Pablo, en quien depositaba mucha confianza, era gentil. (_____)

Profeta y legislador hebreo, fundador de Israel o del pueblo judío. Llamado por Dios para liberar a su pueblo. (_____)

Nativo de Betsaida, se le llama Simeón y también Simón, hijo de Jonás; hermano de Andrés, era pescador, negó tres veces a su Maestro. (_____)

Habló del Reino de Dios, hizo muchos milagros, nació en un pesebre, es el hijo de Dios. (_____)

Fue el segundo rey de Israel, era el hijo más joven de Isaí, fue un pastor de Belén, adquirió fama por sus aptitudes musicales y por su valentía, en su enfrentamiento contra el gigante filisteo Goliat. (_____)

Conéctate   Descargas   ¡Vamos al chat!

O bserva con detenimiento a las personas que están involucradas en el ministerio de la iglesia local, y hazle a algunos de ellos, las siguientes preguntas:

¿Cómo fue su decisión de brindar su tiempo y sus talentos para la obra de Dios? ¿Siempre estuvo claro que tenían ese ministerio? ¿Fueron desafiados por otras personas para embarcarse en esta tarea?

Comparte tus respuestas con los demás compañeros la próxima vez que se reúnan.

Sabías que...

¡Hay por lo menos 9.265 misioneros transculturales que hablan español o portugués en el mundo hoy!

Conéctate con Cristo y su Palabra

Lección 24

Conéctate ▶ Descargas | ¡Vamos al chat!

Para memorizar: "Por tanto, id, y haced discípulos a todas las naciones, bautizándolos en el nombre del Padre, y del Hijo, y del Espíritu Santo" Mateo 28:19.

Conéctate ▶ Descargas | ¡Vamos al chat!

Busca en la Biblia Hechos 1:13, encuentra los nombres de los discípulos y anímate a buscarlo lo más pronto posible.

A	E	X	Z	Q	R	J	U	A	N
N	M	Z	W	W	Z	A	S	X	O
D	O	K	F	X	K	C	X	J	M
R	L	P	E	D	R	O	O	U	I
E	O	X	L	X	V	B	P	D	S
S	T	W	I	W	T	O	M	A	S
X	R	X	P	Q	W	Z	X	S	Z
W	A	Ñ	E	M	A	T	E	O	X
X	B	X	J	A	C	O	B	O	X

Conéctate ▶ Descargas | ¡Vamos al chat!

• De qué manera puedes expresar que eres un testigo de Jesús? Piensa en formas creativas de ser
¿un testigo de Cristo. Comparte tus ideas con la clase la próxima vez que se reúnan.

CHC Conéctate con Cristo y su Palabra

Sabías que...
La historia del cristianismo relata que en el año 64 d.C., bajo el emperador Nerón, hubo una gran persecución y muchos de los testigos de Cristo murieron.

TESTIGOS COMOS

24 Lección

| Conéctate | Descargas | ¡Vamos al chat! |

Para memorizar: "Por tanto, id, y haced discípulos a todas las naciones, bautizándolos en el nombre del Padre, y del Hijo, y del Espíritu Santo" Mateo 28:19.

| Conéctate | Descargas | ¡Vamos al chat! |

Busca la cita bíblica, encuentra los nombres de los que se animaron a ser discípulos y aceptaron ser testigos de Cristo:

Hechos 2:14: _____

Hechos 3:1: P_____ y J_____

Hechos 6:8 E_____

Hechos 8:26: F_____

Hechos 9:36 T_____

Hechos 16:1 T_____

Hechos 17:10 P_____ y S_____

Colosenses 4:12: E_____

Efesios 6:21:T_____

Sabías que...

La historia del cristianismo relata que en el año 64 d.C., bajo el emperador Nerón, hubo una gran persecución y muchos de los testigos de Cristo murieron.

| Conéctate | Descargas | ¡Vamos al chat! |

¿De qué manera puedes expresar que eres un testigo de Jesús? Piensa en formas creativas de ser un testigo de Cristo. Comparte tus ideas con la clase la próxima vez que se reúnan.

Cnc Conéctate con Cristo y su Palabra

SOMOS TESTIGOS

[cnp]

Lección 25

Conéctate   Descargas   ¡Vamos al chat!

Para memorizar: "…Jehová tu Dios te ha escogido para serle un pueblo especial… guarda, por tanto, los mandamientos, estatutos y decretos que yo te mando hoy que cumplas" Deuteronomio 7:6b,11.

Conéctate   Descargas   ¡Vamos al chat!

Lee cada consigna y descubre las palabras escondidas en este crucigrama. Ten en cuenta que algunas palabras se escriben de derecha a izquierda y otras de izquierda a derecha.

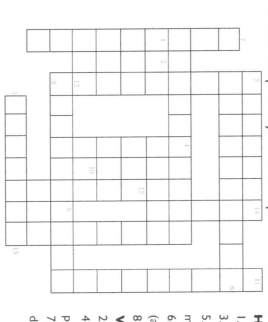

Horizontal:

1. Sinónimo de elegido (escogido)

3. Sinónimo de convenio, trato (pacto).

5. Conjunto de habitantes de un país regido por el mismo gobierno (nación).

6. Sinónimo de conseguir, comprar, posesionarse (adquirido).

8. Sinónimo de oscuridad, tenebrosidad (tinieblas).

Vertical:

2. Sinónimo de consagrado, dedicado a Dios (santo).

4. Línea de antepasados y descendientes de una persona (linaje).

7. Cargo, estado y ejercicio del sacerdote (sacerdocio).

9. Sinónimo de resplandor, claridad (luz).

10. Falta cometida con conciencia contra la ley de Dios (pecado).

11. Generalmente, al ofrecimiento u ofrenda de una persona, animal, etc., con el objeto de conseguir un determinado fin (sacrificio).

12. Acto formal, por el que una persona recibe como hijo al que no lo es naturalmente (adopción).

13. Hechos y narraciones que anuncian la salvación de Dios (evangelio).

14. Contrario de viejo, antiguo (nuevo).

15. Población pequeña y con menos habitantes que una ciudad (pueblo).

Conéctate   Descargas   ¡Vamos al chat!

Sería muy bueno que pudieran organizarse con su maestro y planear un día o una tarde, en un lugar específico de tu barrio, o lugar cercano de la iglesia, para poner en práctica la evangelización. Quizá todavía no has tenido la oportunidad de hacerlo, hay muchas maneras de compartir el evangelio: a través de un folleto, obra de teatro, coreografía, etc. ¡No pierdas esta oportunidad de compartir lo que Dios hizo por ti!

Conéctate con Cristo y su Palabra

Sabías que...

Según una estadística del año 2013: ¡Somos 2,263,249 miembros nazarenos en todo el mundo! ¡Somos parte de un gran cuerpo de creyentes y mensajeros de la santidad!

Lección

25

NUEVO PUEBLO

| Conéctate | Descargas | ¡Vamos al chat! |

Para memorizar: "... Jehová tu Dios te ha escogido para serle un pueblo especial... guarda, por tanto, los mandamientos, estatutos y decretos que yo te mando hoy que cumplas" Deuteronomio 7:6b,11.

| Conéctate | Descargas | ¡Vamos al chat! |

Escribe en tus propias palabras qué significa el texto de 1 Pedro 2:9.

_____

_____

_____

_____

_____

_____

_____

_____

Sabías que...

Según una estadística del año 2013: ¡Somos 2.263,249 miembros nazarenos en todo el mundo! ¡Somos parte de un gran cuerpo de creyentes y mensajeros de la santidad!

| Conéctate | Descargas | ¡Vamos al chat! |

Sería muy bueno que pudieran organizarse con su maestro y planear un día o una tarde, en un lugar específico de tu barrio, o lugar cercano de la iglesia, para poner en práctica la evangelización. Quizá todavía no has tenido la oportunidad de hacerlo, hay muchas maneras de compartir el evangelio: a través de un folleto, obra de teatro, coreografía, etc. ¡No pierdas esta oportunidad de compartir lo que Dios hizo por ti!

CIC Conéctate con Cristo y su Palabra

Corte aquí

Lección 2b

Para memorizar: "¿Cómo, pues, invocarán a aquel en el cual no han creído? ¿Y cómo creerán en aquel de quien no han oído? ¿Y cómo oirán sin haber quien les predique?" Romanos 10:14.

Conéctate · Descargas · ¡Vamos al chat!

A continuación anota al lado de cada afirmación F si es falso o V si es verdadero.

1. Los obreros para predicar son muy pocos __

2. Sólo los pastores deben ser misioneros __

3. Las obras no necesitan de la fe __

4. La generosidad también es necesaria en la obra __

5. Puedo dedicarme a enseñar sin haber aprendido __

6. La oración es una llave para abrir puertas __

7. A Jesús no le importa mucho las almas perdidas __

8. Todos podemos involucrarnos en misiones __

9. Solo viajando se puede ser misionero __

10. Hay que predicarle solo a los cristianos __

Conéctate · Descargas · ¡Vamos al chat!

Subraya las palabras incorrectas en el texto de la siguiente cita bíblica: Ezequiel 3:11.

"Y ve y entra a los sabios, a los padres de tu pueblo, y escríbeles y diles: Así ha dicho Jehová el Cristo; escuchen o dejen de escuchar"

Conéctate · Descargas · ¡Vamos al chat!

En el mundo hay actualmente 194 países oficialmente reconocidos (actualizado a 2014): 54 en África, 35 en América, 14 en Oceanía, 50 en Europa (7 euroasiáticos), 48 en Asia (7 euroasiáticos). La suma da 201 pero hay 7 países que comparten Europa y Asia por eso la suma de países es de 194

http://www.saberespractico.com/estudios/%C2%BFcuantos-paises-hay/

CLiC Conéctate con Cristo y su Palabra

Sabías que...

En julio de 2013, la población era de 7,200 millones de personas, y aproximadamente solo habían 1,700 millones de cristianos bautizados, que es el 23.61%, mientras que el 76.39%, pertenecía a otro o ningún grupo religioso.

O R E M Z O H U H M Z Ô N A R O C

26 Lección

Hoja de trabajo para alumnos de 18 a 23 años de edad.

Conéctate   Descargas   ¡Vamos al chat!

Para memorizar: "¿Cómo, pues, invocarán a aquel en el cual no han creído? ¿Y cómo creerán en aquel de quien no han oído? ¿Y cómo oirán sin haber quien les predique?" Romanos 10:14.

Conéctate   Descargas   ¡Vamos al chat!

Trazar una línea hacia el concepto correcto:

Evangelio	La tarea que Jesús nos dejó
Enseñar	Convence para arrepentimiento
Misionero	Discipular
Mies	Oración
Espíritu Santo	Buenas nuevas
Intercesión, petición	Persona que comparte el evangelio
Gran Comisión	Cosecha lista para recoger

Completa el siguiente versículo: Ezequiel 3:11

"Y ve y entra a los cautivos, a los hijos de tu pueblo, y háblales y diles: _____ ; _____ ; _____ ,"

Sabías que...

En julio de 2013, la población era de 7,200 millones de personas, y aproximadamente solo habían 1,700 millones de cristianos bautizados, que es el 23.61%, mientras que el 76.39%, pertenecía a otro o ningún grupo religioso.

Conéctate   Descargas   ¡Vamos al chat!

En el mundo hay actualmente 194 países oficialmente reconocidos (actualizado a 2014): 54 en África, 35 en América, 14 en Oceanía, 50 en Europa (7 euroasiáticos), 48 en Asia (7 euroasiáticos). La suma da 201 pero hay 7 países que comparten Europa y Asia por eso la suma de países es de 194 http://www.saberespractico.com/estudios/%C2%BFcuantos-paises-hay/

cnc Conéctate con Cristo y su Palabra

CORAZÓN MISIONERO

Conéctate — Descargas — ¡Vamos al chat!

Para memorizar: "Yo soy el buen pastor; y conozco mis ovejas, y las mías me conocen" Juan 10:14.

Conéctate — Descargas — ¡Vamos al chat!

Relaciona las columnas: en la primera aparecen los conceptos que estudiamos en clase y en la segunda lo que representan.

A. Rebaño

( ) Alimento físico y de la Palabra de Dios para crecer y madurar en la fe.

B. Alimento y sustento

( ) Son las que no escuchan ni siguen a Jesús.

C. Vara y cayado

( ) El Espíritu Santo nos guía para seguir a Jesús.

D. Puerta

( ) Grupo de personas que conocen a Jesús, creen en Él, escuchan su voz y le siguen.

E. Camino

( ) Jesús murió en la cruz para pagar por nuestros pecados y darnos vida eterna.

F. Ovejas perdidas

( ) Jesús es la única puerta para la salvación.

G. Dar la vida

( ) El buen pastor nos rescata de los peligros y nos protege del enemigo

Ahora que sabes que la iglesia se ejemplifica como un rebaño, ¿cómo cambiarías tu actitud respecto a los demás hermanos?

_____

¿Crees que las ovejas puedan cuidarse por sí solas?

_____
_____

Conéctate — Descargas — ¡Vamos al chat!

¿Dios te está llamando a ser uno de los pastores de su rebaño? ¿O quiere que seas la voz que llame a las ovejas perdidas? En los rebaños, las ovejas más experimentadas también ayudan a guiar a las demás. ¿Estás ayudando a los más pequeños en la fe dentro de tu congregación? Tal vez has pensado que la obra de Dios está casi terminada, pero aún falta mucho por hacer. Si no lo has hecho, ponte al servicio de tu iglesia, ya sea para ayudar, para enseñar, para acompañar, para aconsejar a otros. Y recuerda el modelo de Jesús.

Sabías que...

El cetro de oro de los reyes es una especie de vara y denota poder y autoridad. Tuvo su origen en la vara que usaban los pastores. En la antigüedad, a los reyes se les consideraba pastores de su pueblo.

¡SÍ, VOY A CONECTARME!

27 Lección

¡SOY OVEJA!

Conéctate | **Descargas** | **¡Vamos al chat!**

Para memorizar: "Yo soy el buen pastor; y conozco mis ovejas, y las mías me conocen" Juan 10:14.

Toma unos minutos para reflexionar en cómo Jesús es un buen pastor para tu vida y la iglesia a la que asistes. Llena los siguientes espacios y después comparte tus respuestas con la clase.

Jesús proveyó alimento espiritual cuando _____

Cuando _____ supe que el buen pastor estaba guiando.

Siempre que estoy pasando por problemas como _____ sé que Cristo está a mi lado.

Si me siento _____ puedo buscar consuelo en Jesús.

Cuando el buen pastor dio su vida por mí, yo _____

_____

Sabías que...

El cetro de oro de los reyes es una especie de vara y denota poder y autoridad. Tuvo su origen en la vara que usaban los pastores. En la antigüedad, a los reyes se les consideraba pastores de su pueblo.

Conéctate | **Descargas** | **¡Vamos al chat!**

Contesta las siguientes preguntas:

Considerando las relaciones entre los hermanos de la iglesia a la que asistes, ¿qué consecuencias debe haber al saber ahora que somos un rebaño?

_____

_____

¿Qué implica ser parte de un rebaño más grande, es decir, el rebaño de todos los cristianos en el mundo?

_____

_____

Conéctate | **Descargas** | **¡Vamos al chat!**

¿Dios te está llamando a ser uno de los pastores de su rebaño? ¿O quiere que seas la voz que llame a las ovejas perdidas? En los rebaños, las ovejas más experimentadas también ayudan a guiar a las demás. ¿Estás ayudando a los más pequeños en la fe dentro de tu congregación? Tal vez has pensado que la obra de Dios está casi terminada, pero aún falta mucho por hacer. Si no lo has hecho, ponte al servicio de tu iglesia, ya sea para ayudar, para enseñar, para acompañar, para aconsejar a otros. Y recuerda el modelo de Jesús.

CViC Conéctate con Cristo y su Palabra

cnp

Lección 28

Para memorizar: "Mas vosotros sois linaje escogido, real sacerdocio, nación santa, pueblo adquirido por Dios, para que anunciéis las virtudes de aquel que os llamó de las tinieblas a su luz admirable" I Pedro 2:9.

Conéctate | Descargas | ¡Vamos al chat!

Escriban dos listas de cosas que hacen los del mundo y los que no son del mundo.

Personas del mundo Ejemplo:

Palabras groseras

Conéctate | Descargas | ¡Vamos al chat!

Personas que no son del mundo

Palabras correctas

Conéctate | Descargas | ¡Vamos al chat!

Es importante que apliquemos lo que hemos aprendido. Como sacerdotes hemos sido llamados a ofrecer sacrificios espirituales. Haz una lista de las maneras en que tú puedes ofrecer sacrificios espirituales. Escoge algo de la lista en la cual te concentrarás para hacer en la próxima semana. Busca a un compañero de clase y ora con él pidiéndole a Dios ayuda en este sacrificio espiritual que le vas a ofrecer. Cuando te reúnas en la próxima clase, debes de venir preparado para compartir tus experiencias.

CWC Conéctate con Cristo y su Palabra

Sabías que...

Uno de los papeles que desempeñaban los sacerdotes en el Antiguo Testamento era el de ser mediadores entre Dios y los hombres. Una de nuestras funciones al ser sacerdotes espirituales, es el de interceder a Dios a favor de los hombres.

NO ERES DEL MUNDO

28 Lección

Para memorizar: "Mas vosotros sois linaje escogido, real sacerdocio, nación santa, pueblo adquirido por Dios, para que anunciéis las virtudes de aquel que os llamó de las tinieblas a su luz admirable" I Pedro 2:9.

Toma un tiempo para escribir

¿Qué cosas haces aún, que son del mundo?

_____

¿Qué cosas del mundo has dejado de hacer?

_____

_____

Conéctate   **Descargas**   ¡Vamos al chat!

Conéctate   **Descargas**   ¡Vamos al chat!

Conéctate   **Descargas**   ¡Vamos al chat!

Es importante que apliquemos lo que hemos aprendido. Como sacerdotes hemos sido llamados a ofrecer sacrificios espirituales. Haz una lista de las maneras en que tú puedes ofrecer sacrificios espirituales. Escoge algo de la lista en la cual te concentrarás para hacer en la próxima semana. Busca a un compañero de clase y ora con él pidiéndole a Dios ayuda en este sacrificio espiritual que le vas a ofrecer. Cuando te reúnas en la próxima clase, debes de venir preparado para compartir tus experiencias.

Sabías que...

Uno de los papeles que desempeñaban los sacerdotes en el Antiguo Testamento era el de ser mediadores entre Dios y los hombres. Una de nuestras funciones al ser sacerdotes espirituales, es el de interceder a Dios a favor de los hombres.

Conéctate con Cristo y su Palabra

N O   D E L   M U N D O

cnp

Lección 29

Conéctate   Descargas   ¡Vamos al chat!

Para memorizar: "Vosotros también, como piedras vivas, sed edificados como casa espiritual y sacerdocio santo,..." I Pedro 2:5a.

Conéctate   Descargas   ¡Vamos al chat!

De acuerdo a la lección que has recibido hoy, rellena con la respuesta correcta lo que somos, cuál es nuestra dinámica como iglesia y sobre quién estamos cimentados.

¿Qué somos?

JESUCRISTO

Conéctate   Descargas   ¡Vamos al chat!

¿Cuál es la dinámica de la iglesia?

Sería bueno preguntarte, ¿dónde te encuentras? ¿Te sientes como un extranjero y advenedizo? Te invito a ser parte de los privilegiados que se sientan a la mesa del Señor como miembros especiales. Si ya eres parte, en esta semana comparte con alguien que sientas que se ha alejado hace un tiempo.

Sabías que...

Existe una iglesia universal que está formada por todos los cristianos desde el siglo I hasta ahora y la iglesia local que es donde te congregas semanalmente y sirves al Señor.

Chic Conéctate con Cristo y su Palabra

VIVA Y ACRECENTE

Hoja de trabajo para alumnos de 18 a 23 años de edad.

29 Lección

Para memorizar: "Vosotros también, como piedras vivas, sed edificados como casa espiritual y sacerdocio santo,…" I Pedro 2:5.a

De acuerdo al estudio resuelve las siguientes preguntas:

1. ¿Dónde se ubicaba Éfeso y dónde está ahora?

2. ¿Qué significan los términos "extranjeros" y "advenedizos" dentro del contexto bíblico?

3. ¿Qué somos ahora en Cristo Jesús?

4. ¿Sobre qué estamos edificados como iglesia?

5. Según Efesios 4:2, ¿cuáles son las cuatro actitudes básicas para mantenernos unidos y coordinados?

[Conéctate] [Descargas] [¡Vamos al chat!]

[Conéctate] [Descargas] [¡Vamos al chat!]

Sería bueno preguntarte, ¿dónde te encuentras? ¿Te sientes como un extranjero y advenedizo? Te invito a ser parte de los privilegiados que se sientan a la mesa del Señor como miembros especiales. Si ya eres parte, en esta semana comparte con alguien que sientas que se ha alejado hace un tiempo.

[Conéctate] [Descargas] [¡Vamos al chat!]

Conéctate con Cristo y su Palabra

Sabías que…

Existe una iglesia universal que está formada por todos los cristianos desde el siglo I hasta ahora y la iglesia local que es donde te congregas semanalmente y sirves al Señor.

VIVA Y CRECE

cnp

Lección 30

Conéctate   Descargas   ¡Vamos al chat!

Para memorizar: "Porque no tenemos un sumo sacerdote que no pueda compadecerse de nuestras debilidades, sino uno que fue tentado en todo según nuestra semejanza, pero sin pecado" Hebreos 4:15.

Conéctate   Descargas   ¡Vamos al chat!

Encuentra y encierra las siguientes palabras:

Sacerdote, Cristo, santos, somos, intercesores, Aarón, ora, sumo, Israel, linaje, escogido, ellos, ya, fueron, nuevo, empieza, Silo.

Z	M	B	I	G	H	X	F	V	L	S	Z	M
E	S	Ñ	O	D	I	G	O	C	S	E	E	S
J	O	A	R	O	N	R	Q	W	R	J	O	
A	M	W	C	R	I	S	T	O	A	O	A	M
N	O	H	N	E	S	T	E	V	Z	S	N	O
I	S	U	M	O	R	I	A	E	E	I	S	O
L	U	A	N	D	R	D	R	U	I	C	L	U
S	E	L	N	E	N	E	O	N	P	R	S	E
A	L	A	Y	T	I	O	U	T	M	E	A	L
S	L	P	R	R	O	S	A	F	E	T	S	L
E	O	U	I	S	J	S	I	L	O	N	E	O
P	S	Y	S	A	I	D	E	E	S	I	P	S

Conéctate   Descargas   ¡Vamos al chat!

En tu facebook, manda a tus amigos un regalo excelente: I Pedro 2:5, 9 y 10. Procura enviar a un mínimo de diez amigos. Haz eso el lunes y martes. El jueves y viernes invítalos a tu grupo de jóvenes. Enimo de diez amigos.

CliC Conéctate con Cristo y su Palabra

Sabías que...

Todos los días, y más de una vez por día, los padres judíos piadosos bendicen a sus hijos. Esa debe ser una de las razones porque más de la mitad de los premios NÓBEL han sido ganados por judíos. Pídele a tus padres que te bendigan cada día.

30 Lección

Para memorizar: "Porque no tenemos un sumo sacerdote que no pueda compadecerse de nuestras debilidades, sino uno que fue tentado en todo según nuestra semejanza, pero sin pecado" Hebreos 4:15.

Conéctate	Descargas	¡Vamos al chat!

Lee las siguientes frases, explica lo que significa y cómo se aplica a tu vida.

¿Cómo era el sacerdocio en tiempos del Antiguo Testamento según Hebreos 5:1-4?

¿Qué sientes al pensar que eres un sacerdote?

Conéctate	Descargas	¡Vamos al chat!

¿Qué verdades sobre el sacerdocio de Cristo encuentras en Hebreos 7:22-28?

Sabías que...

Todos los días, y más de una vez por día, los padres judíos piadosos bendicen a sus hijos. Esa debe ser una de las razones porque más de la mitad de los premios NÓBEL han sido ganados por judíos. Pídele a tus padres que te bendigan cada día.

En tu facebook, manda a tus amigos un regalo excelente: I Pedro 2:5, 9 y 10. Procura enviar a un mínimo de diez amigos. Haz eso el lunes y martes. El jueves y viernes invítalos a tu grupo de jóvenes.

Conéctate	Descargas	¡Vamos al chat!

¿QUE SOMOS?

CviC Conéctate con Cristo y su Palabra

cnp

Lección 31

Para memorizar: "Vosotros, pues, sois el cuerpo de Cristo, y miembros cada uno en particular" 1 Corintios 12:27.

Lee atentamente las declaraciones y selecciona la respuesta correcta subrayándola:

El fundador de la iglesia es:

a. Pedro b. Pedro y Pablo c. Jesucristo

La cabeza de la iglesia es:

a. El papa b. Los obispos c. Jesucristo

Pablo usa las siguientes figuras para referirse a la iglesia:

a. La viña b. La higuera c. Cuerpo y edificación

La iglesia está sujeta a

a. La Conferencia Episcopal c. A Cristo c. El pastor

Los miembros de la iglesia son:

a. Todas las personas que tienen una religión

b. La persona que lee la Biblia

c. La persona que recibió a Jesús

Escribe tus reflexiones acerca del significado e importancia de pertenecer a la membresía de tu iglesia local. Saca conclusiones y compártelas con tu clase.

_____

_____

Si eres miembro de la iglesia, asegúrate de conocer tus privilegios y responsabilidades. Si aún no
eres miembro de la iglesia, habla con tu pastor para conocer los pasos a seguir. Mencionen los nombres de aquellos que faltaron a la clase hoy, y hagan un plan para visitarlos durante la semana para conocer las razones por qué no llegaron a la iglesia; orar por ellos y animarlos a seguir adelante sirviendo al Señor.

CHC Conéctate con Cristo y su Palabra

Sabías que...

El cuerpo humano produce unos 18 kilos de piel inerte a lo largo de su vida, es decir, el peso aproximado de un niño de 6 o 7 años.

NUEVOS RETOS

cnp

31 Lección

Para memorizar: "Vosotros, pues, sois el cuerpo de Cristo, y miembros cada uno en particular" I Corintios 12:27.

| Conéctate | Descargas | ¡Vamos al chat! |

| Conéctate | Descargas | ¡Vamos al chat! |

Lean los textos bíblicos y escriban la enseñanza que les deja.

Cita Bíblica   Enseñanza

1. I Corintios 12:12 _____

2. I Corintios 12:14 _____

3. I Corintios 12:18 _____

4. I Corintios 12:25 _____

5. I Corintios 12:26 _____

6. I Corintios 12:27 _____

7. Filipenses 2:4 _____

Sabías que...

El cuerpo humano produce unos 18 kilos de piel inerte a lo largo de su vida, es decir, el peso aproximado de un niño de 6 o 7 años.

| Conéctate | Descargas | ¡Vamos al chat! |

Si eres miembro de la iglesia, asegúrate de conocer tus privilegios y responsabilidades. Si aún no eres miembro de la iglesia, habla con tu pastor para conocer los pasos a seguir. Mencionen los nombres de aquellos que faltaron a la clase hoy, y hagan un plan para visitarlos durante la semana para conocer las razones por qué no llegaron a la iglesia; orar por ellos y animarlos a seguir adelante sirviendo al Señor.

Conéctate con Cristo y su Palabra

NUEVOS RETOS

Lección 32

Conéctate | Descargas | ¡Vamos al chat!

Para memorizar: "El hombre que tiene amigos ha de mostrarse amigo; Y amigo hay más unido que un hermano" Proverbios 18:24.

Conéctate | Descargas | ¡Vamos al chat!

Responde las siguientes preguntas, y luego comparte con la clase tus respuestas.

Al momento de hacer amigos, ¿qué es lo que más trabajo te cuesta hacer?

¿Qué te resulta difícil para establecer una nueva relación de amistad?

¿Cómo podrías cambiarlo o mejorarlo?

Conéctate | Descargas | ¡Vamos al chat!

La unidad en amor es sumamente importante para el crecimiento espiritual de la iglesia. Piensa en alguno de tus compañeros de clase o en alguna chica que conozcas que asiste a la iglesia, pero que no los has considerado como parte de tu círculo de amigos. Toma la iniciativa y acércate a él o ella con el propósito de hacerte su amiga o amigo. Sigue el ejemplo de Jesús y muéstrale que te interesa reflejar el amor de Dios en su vida.

Sabías que...

Todas las acciones para mostrar nuestro amor se pueden clasificar en: Palabras de afirmación, tiempo de calidad, toque significativo, actos de servicio y dar regalos. (The Five Love Languages. Chapman, Gary. Northfield Publishing. EUA: 2004).

T U A M G I H E F L O

CLIC Conéctate con Cristo y su Palabra

32 Lección

Para memorizar: "El hombre que tiene amigos ha de mostrarse amigo; Y amigo hay más unido que un hermano" Proverbios 18:24.

| Conéctate | Descargas | ¡Vamos al chat! |

Los cinco principios del amor de Jesús tienen aplicación práctica. En equipos, dialoguen en cómo podrían llevar a cabo cada principio en acciones concretas.

| Conéctate | Descargas | ¡Vamos al chat! |

AMARLOS PRIMERO	
SERVIRLES	
HACERSE IGUAL A ELLOS /AS	
PERDONARLOS	
ACERCARLOS A DIOS	

| Conéctate | Descargas | ¡Vamos al chat! |

La unidad en amor es sumamente importante para el crecimiento espiritual de la iglesia. Piensa en alguno de tus compañeros de clase o en alguna chica que conozcas que asiste a la iglesia, pero que no los has considerado como parte de tu círculo de amigos. Toma la iniciativa y acércate a él o ella con el propósito de hacerte su amiga o amigo. Sigue el ejemplo de Jesús y muéstrale que te interesa reflejar el amor de Dios en su vida.

Conéctate con Cristo y su Palabra

Sabías que...

Todas las acciones para mostrar nuestro amor se pueden clasificar en: Palabras de afirmación, tiempo de calidad, toque significativo, actos de servicio y dar regalos. (The Five Love Languages. Chapman, Gary. Northfield Publishing, EUA: 2004).

TU AMIGO FIEL

Lección 33

Para memorizar: "Por esto, mis amados hermanos, todo hombre sea pronto para oír, tardo para hablar, tardo para airarse" Santiago 1:19.

Ordena las siguientes palabras clave de la lección de hoy.

ITLANECARO _____

OTREPES _____

ATANIGOS _____

ECAINCIPA _____

OAMR _____

LABADIMIAD _____

UCESHCRA _____

SOCESOLNES _____

JENOO _____

RHALAB _____

Durante la semana, piensa en algunas personas a quienes te sea difícil tolerar o con quienes has tenido un conflicto. Ora esta semana por esas personas o situación y pídele a Dios que te dé amor para acercarte a ellas y/o darles la oportunidad de explicar lo ocurrido. Tal vez sea necesario que tu líder de jóvenes u otro adulto funja como mediador.

CMC Conéctate con Cristo y su Palabra

Sabías que...

La intolerancia religiosa y racial dejó cerca de un millón de muertos en Ruanda debido al conflicto entre hutus y tutsies en 1994. (http://diarioadn.co/vida/tendencias/tolerancia-conflictos-y-muertes-por-intolerencia-1.3329I).

i-PACHEMNHUTA

33 Lección

Para memorizar: "Por esto, mis amados hermanos, todo hombre sea pronto para oír, tardo para hablar, tardo para airarse" Santiago 1:19.

Contesta lo siguiente:

1. ¿Qué deben mantener ante los incrédulos? (1 Pedro 2:12).

_____

¿Para qué deben estar todos listos? (Santiago 1:19).

_____

2. ¿Para qué deben revestirse de afecto entrañable y de bondad, humildad, amabilidad y paciencia? (Colosenses 3: 12-13).

_____

3. ¿Qué no produce la ira? (Santiago 1:20).

_____

4. ¿Cuál es el vínculo perfecto?(Colosenses 3:14).

_____

Conéctate · **Descargas** · **¡Vamos al chat!**

Conéctate · **Descargas** · **¡Vamos al chat!**

D urante la semana, piensa en algunas personas a quienes te sea difícil tolerar o con quienes has tenido un conflicto. Ora esta semana por esas personas o situación y pídele a Dios que te dé amor para acercarte a ellas y/o darles la oportunidad de explicar lo ocurrido. Tal vez sea necesario que tu líder de jóvenes u otro adulto funja como mediador.

Conéctate · **Descargas** · **¡Vamos al chat!**

Sabías que...

La intolerancia religiosa y racial dejó cerca de un millón de muertos en Ruanda debido al conflicto entre hutus y tutsies en 1994. (http://diarioadn.co/y-tutsies-en-1994. (http://diarioadn.co/vida/tendencias/tolerancia-conflictos-y-vida/tendencias/tolerancia-1.3329).) muertes-por-intolerancia-1.3329).)

¡PACIENCIA!

Conéctate con Cristo y su Palabra

cnp

Lección 34

Para memorizar: "Si es posible, en cuanto dependa de vosotros, estad en paz con todos los hombres." Romanos 12:18.

Conéctate → **Descargas** **¡Vamos al chat!**

Haz una lista de situaciones donde puede haber conflictos con tus amigos. Piensa en algunos conflictos que estés atravesando o que hayas atravesado en el pasado. Luego, escribe qué puedes o hubieras podido hacer al respecto.

Conéctate **Descargas** → **¡Vamos al chat!**

Conflictos	¿Qué puedo hacer?

Conéctate **Descargas** **¡Vamos al chat!** →

Reflexiona en qué actitudes o rasgos de tu personalidad despiertan conflictos con tus amistades. Toma la decisión de cambiar, y ora a Dios en los días siguientes para que te ayude a hacerlo. Después, comparte en la clase cómo te ha ido.

Sabías que...

Una vida exenta de conflictos no posibilita el desarrollo de habilidades, debido a que el desarrollo humano de una sociedad se da por medio de cambios, que por lo general son movilizados por el conflicto.

CVC Conéctate con Cristo y su Palabra

Hoja de trabajo para alumnos de 18 a 23 años de edad.

34 Lección

Para memorizar: "Si es posible, en cuanto dependa de vosotros, estad en paz con todos los hombres." Romanos 12:18.

Conéctate · Descargas · ¡Vamos al chat!

¿Qué es el conflicto?

Haz una lista de situaciones donde puede haber conflictos con tus amigos. Piensa en algunos conflictos que estés atravesando o que hayas atravesado en el pasado. Luego, escribe qué puedes o hubieras podido hacer al respecto.

Conéctate · Descargas · ¡Vamos al chat!

¿Es posible vivir sin conflicto? _____ ¿Por qué? _____

Mencione tres caminos que nos permiten resolver conflictos.

1) _____
2) _____
3) _____

Y reflexione con la clase sobre cómo llevarlos a la práctica.

Mencione una de las actitudes que necesita desarrollar cuando enfrenta una situación de conflicto, y cómo puede hacerlo.

_____

Reflexiona en qué actitudes o rasgos de tu personalidad despiertan conflictos con tus amistades. **T**oma la decisión de cambiar, y ora a Dios en los días siguientes para que te ayude a hacerlo. Después, comparte en la clase cómo te ha ido.

Conéctate · Descargas · ¡Vamos al chat!

Conéctate con Cristo y su Palabra

Sabías que...

Una vida exenta de conflictos no posibilita el desarrollo de habilidades, debido a que el desarrollo humano de una sociedad se da por medio de cambios, que por lo general son movilizados por el conflicto.

¡¡UY CONFLICTOS!!

cnp

Lección 35

Para memorizar: "...Hemos hallado a aquel de quien escribió Moisés en la ley, así como los profetas: a Jesús..." Juan 1:45.

Lee las siguientes declaraciones, después y contesta verdadero(V) o falso(F) según corresponda.

1. Antes de seguir a Jesús, Andrés era discípulo de Juan el Bautista. ( )

2. Andrés era hermano de Felipe. ( )

3. Juan el Bautista le cambió el nombre a Simón. ( )

4. Cefas quiere decir Pedro. ( )

5. Un escéptico es alguien que tiene fe en Dios. ( )

6. Natanael habló de Cristo a Felipe. ( )

7. Jesús dijo de Natanael:"He aquí un verdadero israelita en quien no hay engaño". ( )

Busca amigos y forma un grupo de visitación de tu iglesia local, y ve a visitar a tus amigos, hábla-les de Cristo e invítalos a recibirlo en su corazón como Salvador y Señor. O también puedes escribir tus ideas acerca de las maneras que hay para compartir a Jesús con tus amigos y amigas. Díselas a tus compañeros de clase y comienza a practicarlas.

Sabías que...

La amistad es una relación de afecto que se establece entre dos perso-nas y que muchas veces sobrepasa la fuerza de una relación familiar.

Chic Conéctate con Cristo y su Palabra

cup

35 Lección

Para memorizar: "...Hemos hallado a aquel de quien escribió Moisés en la ley, así como los profetas: a Jesús..." Juan 1:45.

| Conéctate | Descargas | ¡Vamos al chat! |

Lee las siguientes citas bíblicas: Job 2:11; Proverbios 17:17, 18:24, 27:10; Juan 15:13,14. Luego, escribe en la columna izquierda la cita bíblica y en la derecha, la enseñanza que tiene el pasaje.

Cita bíblica   Enseñanza del pasaje

| Conéctate | Descargas | ¡Vamos al chat! |

Busca amigos y forma un grupo de visitación de tu iglesia local, y ve a visitar a tus amigos, háblales de Cristo e invítalos a recibirlo en su corazón como Salvador y Señor. O también puedes escribir tus ideas acerca de las maneras que hay para compartir a Jesús con tus amigos y amigas. Díselas a tus compañeros de clase y comienza a practicarlas.

| Conéctate | Descargas | ¡Vamos al chat! |

Sabías que...

La amistad es una relación de afecto que se establece entre dos personas y que muchas veces sobrepasa la fuerza de una relación familiar.

¡A LA CONQUISTA!

Conéctate con Cristo y su Palabra

Lección 36

Conéctate | Descargas | ¡Vamos al chat!

Para memorizar: " … si perdonáis a los hombres sus ofensas, os perdonará también a vosotros vuestro Padre celestial; mas si no perdonáis a los hombres sus ofensas, tampoco vuestro Padre os perdonará vuestras ofensas" Mateo 6:14-15.

Conéctate | Descargas | ¡Vamos al chat!

Busca todas las palabras PERDÓN dentro del cuadro (no se considera la tilde).

P	E	R	P	D	O	P	E	R	D	O
P	E	P	E	P	E	R	D	O	N	P
E	E	R	R	R	N	O	D	R	E	P
P	E	R	D	O	N	O	D	R	E	P
E	E	O	O	O	D	R	D	R	E	P
R	N	O	N	P	N	P	D	R	P	E
D	O	N	O	O	P	O	D	N	O	D
P	E	R	D	O	N	P	D	N	O	D
P	E	R	R	D	O	N	P	R	R	N
P	E	R	E	R	D	O	O	D	E	R
P	E	R	P	E	R	D	O	N	R	P

¿Qué dicen los siguientes pasajes en cuanto al perdón Marcos 11:25; Efesios 4:32; Colosenses 3:13?

_____

¿Necesitas perdonar a alguien que te ha hecho mucho daño?

_____

¿Qué impide que la perdones?

_____
_____

Sabías que…

La falta de perdón puede ser la causa de muchos males físicos: problemas estomacales, dolores de cabezas crónicos y hasta algunos tipos de cáncer.

Conéctate | Descargas | ¡Vamos al chat!

Lee la oración del Padre nuestro tres veces: Mateo 6:9-15.
Piensa en las personas que te ha herido. Haz una lista de maneras que puedes ofrecerle el perdón:

_____

Haz una lista de personas que tú has herido. Haz una lista de acciones que puedes tomar para enseñarle tu arrepentimiento:

_____

Conéctate con Cristo y su Palabra

PERDONAR

36 Lección

Para memorizar: " … si perdonáis a los hombres sus ofensas, os perdonará también a vosotros vuestro Padre celestial; mas si no perdonáis a los hombres sus ofensas, tampoco vuestro Padre os perdonará vuestras ofensas" Mateo 6:14-15.

| Conéctate | Descargas | ¡Vamos al chat! |

Busca los siguientes versículos y escribe lo que dicen respecto al perdón.

I Juan 1:9 _____

Efesios 1:3,7 El perdón viene de Dios. _____

Mateo 18:21-22 Debemos perdonar. _____

Marcos 11:25; Efesios 4:32; Colosenses 3:13 Debemos perdonar como Dios nos perdonó. _____

| Conéctate | Descargas | ¡Vamos al chat! |

Lee la oración del Padre nuestro tres veces: Mateo 6:9-15.
Piensa en las personas que te ha herido. Haz una lista de maneras que puedes ofrecerle el perdón:

Haz una lista de personas que tú has herido. Haz una lista de acciones que puedes tomar para enseñarle tu arrepentimiento: _____

| Conéctate | Descargas | ¡Vamos al chat! |

Sabías que…
La falta de perdón puede ser la causa de muchos males físicos: problemas estomacales, dolores de cabezas crónicos y hasta algunos tipos de cáncer.

¿PERDONAR?

cnc Conéctate con Cristo y su Palabra

cnp

Lección 37

Conéctate   **Descargas**   **¡Vamos al chat!**

Para memorizar: Yo soy la vid, vosotros los pámpanos; el que permanece en mí, y yo en él, éste lleva mucho fruto; porque separados de mí nada podéis hacer.

Conéctate   **Descargas**   **¡Vamos al chat!**

A continuación encontrarás una sopa de letras. En esta, debes buscar palabras relacionadas con el tema de hoy, y al encontrarlas, debes colorearlas.

A	P	E	R	M	A	N	E	C	E
R	M	F	A	M	I	L	I	A	G
A	G	I	F	Q	U	W	M	P	O
M	M	Z	G	E	P	R	P	Q	Z
B	J	I	Y	O	A	T	L	I	O
O	K	C	G	P	F	M	Ñ	H	Q
L	V	I	D	O	G	F	O	J	W
Ñ	L	V	O	N	N	B	R	R	R
W	Y	S	P	D	M	M	V	P	T
Q	M	Q	M	W	Z	P	X	F	Y

Respuestas en la sopa de letras

1. Vid
2. Gozo
3. Amor
4. Permanece
5. Familia
6. Amigo

Conéctate   **Descargas**   **¡Vamos al chat!**

Responde las siguientes preguntas:

1. ¿Quién es un amigo?
_____

2. ¿Qué tipo de amigo se te ha presentado en esta lección?
_____

3. ¿Cómo deben permanecer los amigos?
_____

4. ¿Qué es la vid?
_____

5. ¿Qué son los pámpanos?
_____

6. Menciona las cualidades de Jesús como tu mejor amigo.
_____

Conéctate   **Descargas**   **¡Vamos al chat!**

En la semana, reflexiona en qué tipo de relación tienes con Jesús; si realmente es tu mejor amigo y si estás permaneciendo en Él. Asimismo, te sugerimos que planifiques con tu maestro y compañeros de clase salir a visitar a alguna persona esta semana y compártele a tu mejor amigo. Dios quiere usarte para bien de otras personas que lo necesitan conocer.

CHC Conéctate con Cristo y su Palabra

Sabías que...

La vid es una planta trepadora que cuando se la deja crecer puede alcanzar más de 30 m; pero por la acción humana, podándola anualmente, queda reducida a un pequeño arbusto de 1 m.

37 Lección

Para memorizar: Yo soy la vid, vosotros los pámpanos; el que permanece en mí, y yo en él, éste lleva mucho fruto; porque separados de mí nada podéis hacer.

Conéctate   Descargas   ¡Vamos al chat!

Conéctate   Descargas   ¡Vamos al chat!

Define las siguientes palabras:

Amigo: _____

Frutos: _____

Amor: _____

Gozo: _____

Compañerismo: _____

Humanidad: _____

Familia: _____

Hermanos: _____

Permanecer: _____

Obediencia: _____

Sabías que...

La vid es una planta trepadora que cuando se la deja crecer puede alcanzar más de 30 m ; pero por la acción humana, podándola anualmente, queda reducida a un pequeño arbusto de 1 m.

En la semana, reflexiona en qué tipo de relación tienes con Jesús; si realmente es tu mejor amigo y si estás permaneciendo en Él. Asimismo, te sugerimos que planifiques con tu maestro y compañeros de clase salir a visitar a alguna persona esta semana y compártele a tu mejor amigo. Dios quiere usarte para bien de otras personas que lo necesitan conocer.

Conéctate   Descargas   ¡Vamos al chat!

¡MI MEJOR AMIGO!

Chic Conéctate con Cristo y su Palabra

cnp

Lección 38

Conéctate Descargas ¡Vamos al chat!

Para memorizar: "Nadie tiene mayor amor que este, que uno ponga su vida por sus amigos" Juan 15:13.

Conéctate Descargas ¡Vamos al chat!

Haz un acróstico asignando una cualidad de un amigo a cada letra.

A-

M-

I-

S-

T-

A-

D-

Conéctate Descargas ¡Vamos al chat!

Es tiempo de examinarnos. Hoy hemos estudiado sobre las diferentes características que conlleva una verdadera amistad sin límites. Considera tu vida y las amistades que estás llevando. En
los espacios de abajo, escribe algunas de las características en las cuales debes de trabajar:

Sabías que...

El no tener un amigo cercano es perjudicial a tu salud. Es tan negativo como
tener sobrepeso o fumar. El tener
buenos amigos da longevidad y alivia
el estrés.
http://www.quora.com/Friendship/
What-are-some-mind-blowing-facts-
about-friendship

Chic Conéctate con Cristo y su Palabra

Lección

38

SIN LIMITES

Para memorizar: "Nadie tiene mayor amor que este, que uno ponga su vida por sus amigos" Juan 15:13.

| Conéctate | Descargas | ¡Vamos al chat! |

Conecte cada característica con su versículo correspondiente.

Amor		I Samuel 20:15
Compromiso		I Samuel 20:41
Respeto		I Samuel 20:17
Confianza		I Samuel 18:4
Lealtad		I Samuel 20:16

| Conéctate | Descargas | ¡Vamos al chat! |

Sabías que...

El no tener un amigo cercano es perjudicial a tu salud. Es tan negativo como tener sobrepeso o fumar. El tener buenos amigos da longevidad y alivia el estrés.
http://www.quora.com/Friendship/What-are-some-mind-blowing-facts-about-friendship

| Conéctate | Descargas | ¡Vamos al chat! |

Es tiempo de examinarnos. Hoy hemos estudiado sobre las diferentes características que conlleva una verdadera amistad sin límites. Considera tu vida y las amistades que estás llevando. En los espacios de abajo, escribe algunas de las características en las cuales debes de trabajar.

_____

_____

_____

Conéctate con Cristo y su Palabra

cnp

Lección 39

Para memorizar: "Y al extranjero no engañarás ni angustiarás, porque extranjeros fuisteis vosotros en la tierra de Egipto." Éxodo 22:21.

Conéctate   Descargas   ¡Vamos al chat!

Llena las siguientes columnas de acuerdo a lo que se te vaya indicando.

Conéctate   Descargas   ¡Vamos al chat!

Lo que sé

Lo que espero aprender

Lo que aprendí

_____

_____

_____

_____

_____

Conéctate   Descargas   ¡Vamos al chat!

Durante la semana, elabora un plan de trabajo que tu iglesia pueda implementar a favor de los migrantes. Platica con tu pastor sobre las necesidades de tu comunidad y lo que la iglesia puede hacer con relación en temas migratorios.

Sabías que...

De acuerdo con el Banco Mundial, más de 215 millones de personas viven fuera de sus países de nacimiento (http://www.bancomundial.org/temas/remesas/, consulta 22 de diciembre, 2013).

CMC Conéctate con Cristo y su Palabra

S
Y
O
E
X
T
R
A
N
J
E
R
O

cnp

39 Lección

| Conéctate | Descargas | ¡Vamos al chat! |

Para memorizar: "Y al extranjero no engañarás ni angustiarás, porque extranjeros fuisteis vosotros en la tierra de Egipto." Éxodo 22:21.

| Conéctate | Descargas | ¡Vamos al chat! |

Descubre la palabra escondida y escribe la definición en tus propias palabras.

Niloboglazica: _____ :

Nasomiliaci: _____ :

Crasnoramtgi: _____ :

Clurtau: _____ :

Ranocinimig: _____ :

Nocigraimer: _____ :

Tiendadid: _____ :

Sabías que...

De acuerdo con el Banco Mundial, más de 215 millones de personas viven fuera de sus países de nacimiento (http://www.bancomundial. org/temas/remesas/, consulta 22 de diciembre, 2013).

| Conéctate | Descargas | ¡Vamos al chat! |

Durante la semana, elabora un plan de trabajo que tu iglesia pueda implementar a favor de los migrantes. Platica con tu pastor sobre las necesidades de tu comunidad y lo que la iglesia puede hacer con relación en temas migratorios.

CWC Conéctate con Cristo y su Palabra

SOY EXTRANJERO

cnp

Lección 40

Para memorizar: "Por lo demás, hermanos, todo lo que es verdadero, todo lo honesto, todo lo justo, todo lo puro, todo lo amable, todo lo que es de buen nombre; si hay virtud alguna, si algo digno de alabanza, en esto pensad" Filipenses 4:8.

El versículo que vimos hoy nos motiva a pensar en todo lo puro, en todo lo honesto, en todo lo justo, en algo digno de alabanza. Escribe al costado de cada palabra qué cosas haces para favorecer esto; y qué cosas debes dejar de hacer, porque no lo promueven. Por ejemplo:

Puro: _____

Honesto: _____

Justo: _____

Digno de alabanza: _____

¿Qué te parece si en esta semana analizamos los programas que vemos, la música que escuchamos, las páginas en las que navegamos y nos deshacemos de los contenidos que no nos hacen bien?

Sabías que...

Los medios de comunicación han evolucionado de tal manera que hoy se integran en uno llamado Multimedia, el cual incluye, por ejemplo, texto, imagen, animación, video, sonido, y todo se renueva a diario.

Chic Conéctate con Cristo y su Palabra

CONÉCTATE CON CRISTO

cmp

40 Lección _____

Hoja de trabajo para alumnos de 18 a 23 años de edad.

Para memorizar: "Por lo demás, hermanos, todo lo que es verdadero, todo lo honesto, todo lo justo, todo lo puro, todo lo amable, todo lo que es de buen nombre; si hay virtud alguna, si algo digno de alabanza, en esto pensad" Filipenses 4:8.

| Conéctate | Descargas | ¡Vamos al chat! |

Responde con tus palabras las siguientes preguntas:

1. ¿En qué quiere Dios que pensemos?

Justo: _____

| Conéctate | Descargas | ¡Vamos al chat! |

Digno de alabanza: _____

2. De todo el contenido del versículo para memorizar, ¿qué cosas estoy haciendo bien y cuáles necesito mejorar?

¿Cómo debo ocupar mi tiempo? _____

Puro: _____

Honesto: _____

Sabías que...

Los medios de comunicación han evolucionado de tal manera que hoy se integran en uno llamado Multimedia, el cual incluye, por ejemplo, texto, imagen, animación, video, sonido, y todo se renueva a diario.

| Conéctate | Descargas | ¡Vamos al chat! |

¿Qué te parece si en esta semana analizamos los programas que vemos, la música que escuchamos, las páginas en las que navegamos y nos deshacemos de los contenidos que no nos hacen bien?

¿QUÉ VEO O LEO?

Clic Conéctate con Cristo y su Palabra

Lección 41

MARCANDO DIFERENCIAS

Conéctate ➤ Descargas ¡Vamos al chat!

Para memorizar: "Para que seáis irreprensibles y sencillos, hijos de Dios sin mancha en medio de una generación maligna y perversa, en medio de la cual resplandecéis como luminares en el mundo" Filipenses 2:15.

Conéctate Descargas ➤ ¡Vamos al chat!

¿Qué falta? A continuación encontrarás los versículos principales de la lección de hoy, y tu misión será completar las palabras que han desaparecido, pero sin buscar en la Biblia. ¡A trabajar la memoria…! Luego escribe que dicen estos versículos a tu vida hoy.

Estad, pues, _____ en la _____ con que Cristo nos hizo _____, y no estéis otra vez _____ al _____ de _____ (Gálatas 5:1).

_____

_____

Y ahora, hijitos, _____ en él, para que cuando se manifieste, tengamos _____, para que en su _____ no nos _____ de él avergonzados (1 Juan 2:28).

_____

_____

"Para que seáis _____ y _____, hijos de Dios sin mancha en medio de una _____ maligna y perversa, en medio de la cual _____ como _____ en el mundo" (Filipenses 2:15).

Conéctate Descargas ¡Vamos ➤ al chat!

Recuerda que tú puedes marcar una gran diferencia con la forma en la que vives tu vida. ¿Cómo puede ayudarte Dios a lograrlo? Dios tiene grandes planes para tu vida (Jeremías 29:11) y Él desea darte todo el poder necesario para que lo logres. Lo importante es que dependas de Él cada día y le obedezcas en todo. En esta semana permanece atento/a a las circunstancias en que puedes marcar la diferencia y comparte con la clase la próxima vez que te reúnas. Dios no te dejará solo/a.

CMC
Conéctate con Cristo y su Palabra

Sabías que…

El Papa (líder religioso de la iglesia católica) recibió un obsequio de su equipo de fútbol, y dijo: "Son parte de mi identidad cultural".

Lección

41

Para memorizar: "Para que seáis irreprensibles y sencillos, hijos de Dios sin mancha en medio de una generación maligna y perversa, en medio de la cual resplandecéis como luminares en el mundo" Filipenses 2:15.

Conéctate   Descargas   ¡Vamos al chat!

Brillando en la oscuridad. Piensa en maneras prácticas en las que puedes marcar una diferencia en tu vida diaria.

Conéctate   Descargas   ¡Vamos al chat!

SITUACIÓN	TU RESPUESTA DIFERENTE
CASA/FAMILIA	
ESCUELA	
TRABAJO/CON AMIGOS	

Recuerda que tú puedes marcar una gran diferencia con la forma en la que vives tu vida. ¿Cómo puede ayudarte Dios a lograrlo? Dios tiene grandes planes para tu vida (Jeremías 29:11) y Él desea darte todo el poder necesario para que lo logres. Lo importante es que dependas de Él cada día y le obedezcas en todo. En esta semana permanece atento/a a las circunstancias en que puedes marcar la diferencia y comparte con la clase la próxima vez que te reúnas. Dios no te dejará solo/a.

Conéctate   Descargas   ¡Vamos al chat!

Conéctate con Cristo y su Palabra

Sabías que...

El Papa (líder religioso de la iglesia católica) recibió un obsequio de su equipo de fútbol, y dijo: "Son parte de mi identidad cultural".

MARCANDO DIFERENCIAS

cnp

Lección 42

Conéctate   Descargas   ¡Vamos al chat!

Para memorizar: "Porque no nos ha dado Dios espíritu de cobardía, sino de poder, de amor y de dominio propio." 2 Timoteo 1:7.

Conéctate   Descargas   ¡Vamos al chat!

Descubre doce valores que los cristianos fomentamos en nuestra sociedad (no se consideran las tildes).

```
F D A N A R D O S T I A S E U S J
U A A B Z A P P I N G E C D S H
I D Y D P R E D I C U L E D A E B
M I U A I D R O C I R E S I M R R
A V T I O L J Q U I R I N E R V E
C A S U T O I U R O M E R U I N
G S E A T D E B S H O N N Q M C D
T U L A M I S M A T D E O A A I I
P P G P R O M A I S I L D S T O T
Z R E O S A L I N D N C R E U G A
C A M R E N D O Z A R O I M P E L
A D D A D I L A U T N U P A I U A
R U I Z M O R A L E S V H S L F L
I Y L I L I N L A O T E P S E R U
O A N O I S A P M O C M C E M R N Z
```

Conéctate   Descargas   ¡Vamos al chat!

Esta semana mantén en revisión tu vida y esfuérzate en hacer cosas que honren a Dios y benefi-cien a quienes te rodean.

CLIC Conéctate con Cristo y su Palabra

Sabías que...

Nadie nos recordará por nuestras buenas intenciones, a menos que estas se conviertan en obras.

42 Lección

Para memorizar: "Porque no nos ha dado Dios espíritu de cobardía, sino de poder, de amor y de dominio propio." 2 Timoteo 1:7.

Con base en el ejemplo, enlista 9 valores culturales que el mundo promueve y confróntalos con los que en la Biblia Dios nos ha enviado a vivir.

VALOR CULTURAL	PASAJE BÍBLICO	VALOR DEL REINO DE DIOS
Ambición	Lucas 6:38	Generosidad
1		
2		
3		
4		
5		
6		
7		
8		
9		

¡Vamos al chat!

Conéctate · Descargas

¡Vamos al chat!

Conéctate · Descargas

¡Vamos al chat!

Conéctate · Descargas

Esta semana mantén en revisión tu vida y esfuérzate en hacer cosas que honren a Dios y benefi-cien a quienes te rodean.

Sabías que...

Nadie nos recordará por nuestras buenas intenciones, a menos que estas se conviertan en obras.

CwC Conéctate con Cristo y su Palabra

CONTRACULTURA CRISTIANA

cmp

Lección 43

Para memorizar: "Todas las cosas son puras para los puros, mas para los corrompidos e incrédulos nada les es puro; pues hasta su mente y su conciencia están corrompidas" (Tito 1:15).

Conéctate | **Descargas** | **¡Vamos al chat!**

¿Qué te enseña sobre la corrupción la vida de Simón en Hechos 8:9-19?

_____

Conéctate | **Descargas** | **¡Vamos al chat!**

Salmo 119:7 _____

Proverbios 10:9 _____

Proverbios 28:6 _____

Job 27:5 _____

Tito 2:7 _____

Conéctate | **Descargas** | **¡Vamos al chat!**

En la semana presta atención a casos de corrupción que escuches o veas a tu alrededor o en los medios y medita en que enseñanzas de la Biblia le dirías a esas personas que estén involucradas. Comparte próximamente con la clase.

CHIC Conéctate con Cristo y su Palabra

Sabías que...

La corrupción empieza cuando la transparencia termina y no es corrupto quien puede sino quien quiere.

CORRUPCIÓN

43

43 Lección

Hoja de trabajo para alumnos de 18 a 23 años de edad.

Para memorizar: "Todas las cosas son puras para los puros, mas para los corrompidos e incrédulos nada les es puro; pues hasta su mente y su conciencia están corrompidas" (Tito 1:15).

Conéctate   Descargas   ¡Vamos al chat!

¿En qué aspectos se corrompió Simón según Hechos 8:9-19?

a. Hechos 8:9-11 _____

b. Hechos 8:10 _____

c. Hechos 8:18-19 _____

Conéctate   Descargas   ¡Vamos al chat!

¿Qué te enseñan los siguientes pasajes acerca de la integridad?

1. Salmo 15:1-2 _____

2. Salmo 33:1 _____

3. Salmo 101:2 _____

Conéctate   Descargas   ¡Vamos al chat!

En la semana presta atención a casos de corrupción que escuches o veas a tu alrededor o en los medios y medita en que enseñanzas de la Biblia le dirías a esas personas que estén involucradas. Comparte próximamente con la clase.

Sabías que...

La corrupción empieza cuando la transparencia termina y no es corrupto quien puede sino quien quiere.

¡CORRUPCIÓN!

CHC Conéctate con Cristo y su Palabra

cnp

Lección 44

Conéctate · Descargas · ¡Vamos al chat!

Para memorizar: "Y todo lo que hagáis, hacedlo de corazón, como para el Señor y no para los hombres" Colosenses 3:23.

Conéctate · Descargas · ¡Vamos al chat!

Pida que de acuerdo al estudio del joven Josué, ponga "V" si es verdadero y "F" si es falso.

___Josué fue de la tribu de Benjamín.

___Por su carácter responsable fue el caudillo de Israel.

___Dios le instó a escudriñar su Palabra para que sea prosperado.

___Josué guio al pueblo de Israel a cruzar el mar Rojo.

___Moisés fue quien le dio el encargo de Dios a Josué para que sea su sucesor.

___Josué fue uno de los que animaba a volver a Egipto.

___Su responsabilidad hizo que lograse conquistar la tierra prometida.

Conéctate · Descargas · ¡Vamos al chat!

Dice Andrea Jiménez:"No te haces mayor cuando cambias de estatura, te haces mayor cuando crees que sirves para corresponder a tus responsabilidades" ¿Eres de los que crecen en estatura y son irresponsables? o ¿Eres de los que crecen correspondiendo a sus responsabilidades? Toma hoy una decisión con la ayuda de Cristo.

Sabías que...

Muchas veces demandamos responsabilidad de los altos dirigentes, pero no nos damos cuenta que la responsabilidad comienza desde uno mismo para transformar nuestra sociedad.

CLIC Conéctate con Cristo y su Palabra

PALABRA LA VALE

44 Lección

Para memorizar: "Y todo lo que hagáis, hacedlo de corazón, como para el Señor y no para los hombres" Colosenses 3:23.

	Conéctate	Descargas	¡Vamos al chat!

Reflexiona en lo siguiente

1. ¿Cuáles son los tres ingredientes de la responsabilidad?

2. ¿Crees que la vida de Josué te inspira para aumentar tu responsabilidad? Sí o no, y ¿cómo?

3. ¿Eres de los que esperan que alguien te esté diciendo las cosas que tienes que hacer, o tienes iniciativa? Sí o no… (explica un poco).

	Conéctate	Descargas	¡Vamos al chat!

4. ¿Has dejado algo por falta de responsabilidad? Si es así, ¿te sientes desafiado a luchar? Sí o no… (es bueno animarle a tomar con firmeza sus retos).

5. Según la vida de Josué, ¿cuál es el secreto para formar un carácter responsable?

	Conéctate	Descargas	¡Vamos al chat!

Dice Andrea Jiménez: "No te haces mayor cuando cambias de estatura, te haces mayor cuando crees que sirves para corresponder a tus responsabilidades" ¿Eres de los que crecen en estatura y son irresponsables? o ¿Eres de los que crecen correspondiendo a sus responsabilidades? Toma hoy una decisión con la ayuda de Cristo.

Conéctate con Cristo y su Palabra

Sabías que…

Muchas veces demandamos responsabilidad de los altos dirigentes, pero no nos damos cuenta que la responsabilidad comienza desde uno mismo para transformar nuestra sociedad.

P A L A B R A   C L A V E

Lección 45

Conéctate   Descargas   ¡Vamos al chat!

Para memorizar: "Procurando hacer las cosas honradamente, no sólo delante del Señor sino también delante de los hombres" 2 Corintios 8:21.

Conéctate   Descargas   ¡Vamos al chat!

Sopa de letra: Encuentra seis palabras relacionadas con el tema.

R	Z	A	Q	U	E	O	I	O	Z	I	R	Z
A	H	E	J	A	F	E	U	E	N	A	H	
A	E	O	O	U	R	R	V	S	B	T	A	E
O	E	I	N	C	C	T	I	E	E	O	E	
S	I	B	O	R	O	L	I	J	D	G	S	I
A	E	M	A	I	A	B	O	R	E	R	A	E
O	P	A	I	S	F	D	A	S	O	I	O	P
I	I	C	Y	T	I	R	E	R	V	D	I	I
Q	W	E	R	O	W	Y	P	Z	N	A	Q	W
F	I	G	H	E	B	J	K	L	L	D	F	I
E	S	Z	X	V	U	O	B	E	N	E	E	S
E	A	C	T	I	T	U	D	E	S	K	E	A

Sabías que...

Antes de conocer a Cristo, Zaqueo prefería tener más ganancias antes de tener amigos.

Conéctate   Descargas   ¡Vamos al chat!

• He estado actuando honradamente en mi colegio, en mi casa, en la tienda, en el supermercado...? ¿He estado permitiendo que Cristo se refleje en mi vida? Si mi vida fuera un libro, ¿dejaría que las personas leyeran el capítulo del día de hoy o de la última semana? Piensa en las actitudes que debes permitir que el Espíritu Santo cambie en tu vida. Cada día de esta semana, pregúntate por la mañana:"¿Podrían los demás leer el capítulo de este día?:y por la noche:"¿Pueden leer los demás el capítulo de este día?"

CMC Conéctate con Cristo y su Palabra

45 Lección

Para memorizar: "Procurando hacer las cosas honradamente, no sólo delante del Señor sino también delante de los hombres" 2 Corintios 8:21.

| Conéctate | Descargas | ¡Vamos al chat! |

¿Las personas te podrían leer al ver tus actitudes? ¿Verían honradez en tu vida? Piensa en ejemplos en los que puedes actuar honradamente. Ejemplo: Devolver el cambio cuando me dan de más.

| Conéctate | Descargas | ¡Vamos al chat! |

1. _____

2. _____

3. _____

4. _____

5. _____

| Conéctate | Descargas | ¡Vamos al chat! |

.He estado actuando honradamente en mi colegio, en mi casa, en la tienda, en el supermercado...? ¿He estado permitiendo que Cristo se refleje en mi vida? Si mi vida fuera un libro, ¿dejaría que las personas leyeran el capítulo del día de hoy o de la última semana? Piensa en las actitudes que debes permitir que el Espíritu Santo cambie en tu vida. Cada día de esta semana, pregúntate por la mañana: "¿Podrían los demás leer el capítulo de este día?; y por la noche: "¿Pueden leer los demás el capítulo de este día?"

CViC Conéctate con Cristo y su Palabra

Sabías que...

Antes de conocer a Cristo, Zaqueo prefería tener más ganancias antes de tener amigos.

¿ME PUEDEN LEER?

Lección 4b

Conéctate [Descargas] [¡Vamos al chat!]

Para memorizar: "Por lo demás, hermanos, todo lo que es verdadero, todo lo honesto, todo lo justo, todo lo puro, todo lo amable, todo lo que es de buen nombre; si hay virtud alguna, si algo digno de alabanza, en esto pensad" Filipenses 4:8.

Conéctate [Descargas] [¡Vamos al chat!]

Responde las siguientes preguntas:

¿Cómo definirías la honestidad?

_____

¿Te consideras una persona honesta? ¿Por qué?

_____

¿Qué esperas de una persona honesta?

_____

Cuando piensas en honestidad, ¿qué otros personajes aparte de Daniel vienen a tu mente?

_____

Conéctate [Descargas] [¡Vamos al chat!]

Daniel fue un hombre que nunca negó lo que era y en quién creía. De la misma manera, tú debes ser la misma persona en la calle como en la iglesia. Sé valiente para defender tu fe y mantenerte firme aunque parezca que vas contra corriente. No permitas que el mundo te amilane o te seduzca a vivir deshonestamente. Demuéstrales a tus amigos, vecinos, familiares, etc. que tú eres hijo de un Dios santo, y vive honestamente, marcando la diferencia.¿Cómo afectará esta decisión tu vida hoy? Medítalo en la semana y comparte con tu grupo la próxima vez que se reúnan.

Chic Conéctate con Cristo y su Palabra

Sabías que...

Las personas que reducen su tendencia a mentir están más sanas, menos tensas, sufren menos dolores de cabeza y menos problemas de irritación de garganta que los que sí lo hacen.

SÉ DIFERENTE

Lección

46

SÉ DIFERENTE

Conéctate   **Descargas**   ¡Vamos al chat!

Para memorizar: "Por lo demás, hermanos, todo lo que es verdadero, todo lo honesto, todo lo justo, todo lo puro, todo lo amable, todo lo que es de buen nombre; si hay virtud alguna, si algo digno de alabanza, en esto pensad" Filipenses 4:8.

Conéctate   **Descargas**   ¡Vamos al chat!

Responde lo siguiente:

Define la palabra honestidad con tus palabras.

_____

_____

_____

¿Crees que es fácil ser honesto en el mundo de hoy?

_____

_____

_____

¿Has tenido experiencias en que la gente no fue honesta contigo? Escríbe una.

_____

_____

_____

_____

Menciona 2 o 3 ejemplos de honestidad y 2 o 3 de deshonestidad que hayas vivido en el último tiempo.

_____

_____

_____

_____

_____

_____

Conéctate   **Descargas**   ¡Vamos al chat!

Daniel fue un hombre que nunca negó lo que era y en quién creía. De la misma manera, tú debes ser la misma persona en la calle como en la iglesia. Sé valiente para defender tu fe y mantenerte firme aunque parezca que vas contra corriente. No permitas que el mundo te amilane o te seduzca a vivir deshonestamente. Demuéstrales a tus amigos, vecinos, familiares, etc. que tú eres hijo de un Dios santo, y vive honestamente, marcando la diferencia.¿Cómo afectará esta decisión tu vida hoy? Medítalo en la semana y comparte con tu grupo la próxima vez que se reúnan.

Sabías que...

Las personas que reducen su tendencia a mentir están más sanas, menos tensas, sufren menos dolores de cabeza y menos problemas de irritación de garganta que los que sí lo hacen.

Conéctate con Cristo y su Palabra

Lección 47

Para memorizar: "Es necesario que él crezca, pero que yo mengüe" Juan 3:30.

Lee los siguientes versículos bíblicos y llena los espacios en blanco con el nombre del personaje bíblico que no fue humilde y la consecuencia que tuvo que sufrir.

1. Génesis 4:3-8 _____

2. Éxodo 11 _____

3. 2 Crónicas 26:16-21 _____

4. Lucas 12:16-21 _____

5. Hechos 12:20-23 _____

6. Daniel 5:22-30 _____

Del 1 al 10, ¿cómo estás en la humildad? No te preocupes si crees que estás menos de 5. Decide hoy a seguir el ejemplo de Juan el Bautista. Dios quiere que ya no vivas en tu yo, sino en Cristo Jesús (Gálatas 2:20). Busca la forma de cambiar tu actitud en ésta semana.

Sabías que...

Filipenses 2:5-11 nos habla de una doble humillación en la vida de Jesucristo. Se humilló cuando decidió ser hombre y se humilló cuando decidió morir en la cruz. ¡Qué gran ejemplo!

M
H
I
D
E
N
T
I
D
A
D

CHC Conéctate con Cristo y su Palabra

47 Lección

Para memorizar: "Es necesario que él crezca, pero que yo mengüe" Juan 3:30.

De acuerdo al estudio realizado, resuelve las siguientes preguntas:

1. ¿Qué tiene que menguar para que yo sea humilde?

2. ¿Cómo le reconocía el pueblo a Juan el Bautista?

3. ¿Por qué envió Juan el Bautista a sus discípulos para que preguntaran a Jesús?

4. ¿Cuáles fueron las cuatro preguntas de Jesús acerca de Juan el Bautista según Mateo 11:7-9?

5. ¿Qué declaró Jesús exaltando a Juan el Bautista por su humildad (Mateo 11:9,11,14)?

6. ¿Cuáles fueron las dos revelaciones que hicieron grande a Juan el Bautista según Lucas 1:15,66?

Conéctate **Descargas** **¡Vamos al chat!**

Conéctate **Descargas** **¡Vamos al chat!**

Conéctate **Descargas** **¡Vamos al chat!**

Procura tener un acercamiento profundo con Dios en oración personal. En la semana medita en lo que hablamos e identifica aquellas áreas de tu vida que no has rendido por completo a Dios y confiésale cualquier pecado que hayas cometido. Pídele en oración que limpie tu corazón y te santifique por completo. Si lo crees conveniente acude a alguna persona madura espiritualmente que te ayude en oración por este motivo.

Conéctate con Cristo y su Palabra

Sabías que...

El hombre puede ser santo, pero no en sentido absoluto, pues la santidad absoluta le pertenece únicamente a Dios.

MI IDENTIDAD

Lección 48

Conéctate → Descargas → ¡Vamos al chat!

Para memorizar: "De cierto os digo que dondequiera que se predique este evangelio, en todo el mundo, también se contará lo que ésta ha hecho, para memoria de ella." Mateo 26:13.

Conéctate → Descargas → ¡Vamos al chat!

Relaciona los términos de la izquierda con los de la derecha escribiendo el número correspondiente en el paréntesis.

1 Mujer de Betania   ( ) Sumo sacerdote

2 Simón, el leproso   ( ) Se enojaron por la predicación de Jesús y planearon matarlo.

3 Principales Sacerdotes   ( ) Derramó un perfume muy costoso en la cabeza de Jesús

4 Caifás   ( ) Concilio, Sanedrín, se reunían bajo la dirección del sumo sacerdote.

5 Discípulos   ( ) Jesús llegó a su casa

6 Jesús   ( ) Se enojaron porque se derramó el perfume

7 Ancianos del pueblo   ( ) Dijo que al derramar el perfume lo habían preparado para la sepultura

Conéctate → Descargas → ¡Vamos al chat!

Escribe algo que sabes que debes hacer para agradar Dios:

Ahora, hazte el propósito de realizarlo esta misma semana. ¡No lo pospongas! No sabes si tendrás una nueva oportunidad.

CVC Conéctate con Cristo y su Palabra

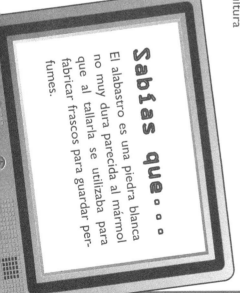

Sabías que...

El alabastro es una piedra blanca no muy dura parecida al mármol que al tallarla se utilizaba para fabricar frascos para guardar perfumes.

48 Lección

Para memorizar: "De cierto os digo que dondequiera que se predique este evangelio, en todo el mundo, también se contará lo que ésta ha hecho, para memoria de ella" Mateo 26:13.

Conéctate | Descargas | ¡Vamos al chat!

Responde las siguientes preguntas:

a) ¿Qué anunció Jesús que sucedería en la Pascua?

_____

d) Cuando Jesús recibió la ofrenda del perfume, ¿cual sería la razón del enojo de los discípulos?

_____

Conéctate | Descargas | ¡Vamos al chat!

b) ¿Qué manifestación de su divinidad hubo cuando Jesús anunció lo que pasaría durante la Pascua?

_____

e) ¿Qué motivó a la mujer para haber dado a Jesús un perfume tan costoso?

_____

c) ¿Qué significa para ti que personas respetables de la sociedad tramaran la muerte de Jesús?

_____

f) ¿Por qué muchas personas rehúsan servir al Señor con su tiempo o sus bienes?

_____

Conéctate | Descargas | ¡Vamos al chat!

Escribe algo que sabes que debes hacer para agradar Dios:

_____

Ahora, hazte el propósito de realizarlo esta misma semana. ¡No lo pospongas! No sabes si tendrás una nueva oportunidad.

Sabías que...

El alabastro es una piedra blanca no muy dura parecida al mármol que al tallarla se utilizaba para fabricar frascos para guardar perfumes.

Conéctate con Cristo y su Palabra

R E G A L O   I N V O L V I D A B L E

cnp

Lección 49

Conéctate ➤ Descargas ¡Vamos al chat!

Para memorizar: "Aconteció que bendiciéndolos, se separó de ellos, y fue llevado arriba al cielo" Lucas 24:51.

Conéctate ➤ Descargas ➤ ¡Vamos al chat!

Sopa de Letras. En el recuadro abajo, encuentra las palabras principales de la lección de hoy: Resurrección, ascensión, sobrenatural, intercesor, Espíritu Santo, morada celestial, promesas.

Y	U	O	E	C	I	E	L	E	S	U	I	O	P	E	R
M	C	U	S	O	B	R	E	N	A	T	U	R	A	L	N
O	E	Y	P	E	S	P	I	R	S	N	O	P	O	P	L
R	L	H	I	N	T	E	R	C	E	S	O	R	A	D	Z
A	E	K	R	E	A	Q	W	E	R	T	Y	E	T	Y	B
D	S	J	I	D	S	X	C	S	D	F	G	S	F	G	A
A	T	N	T	C	C	Z	X	C	V	B	N	U	B	N	S
O	I	L	U	S	E	Q	W	E	R	T	Y	R	T	Y	C
G	A	R	S	O	N	X	C	S	D	F	G	R	F	G	E
H	L	F	A	M	T	Z	X	C	V	B	N	E	B	N	N
J	P	I	N	T	I	U	N	M	L	D	C	L	D	S	I
K	R	P	T	O	M	E	S	A	S	S	D	C	S	D	S
L	P	R	O	M	E	S	A	S	A	F	J	I	F	J	O
Q	W	E	R	T	Y	U	I	O	W	T	R	O	T	R	N
X	C	S	D	F	G	H	J	K	L	T	Y	N	Y	U	P
Z	X	C	V	B	N	M	A	S	D	F	G	H	J	K	L

Conéctate ➤ Descargas ➤ ¡Vamos al chat! ➤

• Cuál es tu perspectiva acerca de la ida de Jesús al cielo? ¿Qué has escuchado comentar al respecto? ¿Has tenido alguna vez preguntas acerca de este evento? Recuerda que Dios siempre está dispuesto a ayudarte y a guiarte; por medio de la oración y al leer la Biblia, podrás encontrar respuestas y guía para tu juventud; sobre todo, recuerda que Dios tiene un plan perfecto para tu vida al igual que lo tuvo para Jesús. No dudes en compartir con tu maestro/a tus dudas y preguntas.

Clic Conéctate con Cristo y su Palabra

Sabías que...
Existen más de 3.000 promesas en la Biblia. Una de ellas es que Jesús promete estar con nosotros hasta el fin del mundo (Mat. 28:20).

Corte aquí

49 Lección

Para memorizar: "Aconteció que bendiciéndolos, se separó de ellos, y fue llevado arriba al cielo" Lucas 24:51.

Escuchando a Jesús. Piensa en las tres promesas de Jesús que estudiamos en la lección de hoy día y escribe formas en las que puedes aplicarlas en tu vida diaria.

PROMESA DE JESUS	MI RESPUESTA
Cristo es el que murió;... el que también intercede por nosotros" (Romanos 8:34)	
"porque si no me voy, el Espíritu que los ayudará y consolará no vendrá; en cambio, si me voy, yo lo enviaré" (ver Juan 16:7, versión Traducción en Lenguaje Actual)	
"después de esto, volveré para llevarlos conmigo. Así estaremos juntos."	

Conéctate   **Descargas**   **¡Vamos al chat!**

Sabías que...

Existen más de 3.000 promesas en la Biblia. Una de ellas es que Jesús promete estar con nosotros hasta el fin del mundo (Mat. 28:20).

¿Cuál es tu perspectiva acerca de la ida de Jesús al cielo? ¿Qué has escuchado comentar al respecto? ¿Has tenido alguna vez preguntas acerca de este evento? Recuerda que Dios siempre está dispuesto a ayudarte y a guiarte; por medio de la oración y al leer la Biblia, podrás encontrar respuestas y guía para tu juventud; sobre todo, recuerda que Dios tiene un plan perfecto para tu vida al igual que lo tuvo para Jesús. No dudes en compartir con tu maestro/a tus dudas y preguntas.

Conéctate   **Descargas**   **¡Vamos al chat!**

DESPEDIDA

Conéctate con Cristo y su Palabra

Lección 50

Conéctate   Descargas   ¡Vamos al chat!

Para memorizar: "…Pero recibiréis poder cuando haya venido sobre vosotros el Espíritu Santo, y me seréis testigos en Jerusalén, en toda Judea, en Samaria, y hasta lo último de la tierra" Hechos 1:8.

Conéctate   Descargas   ¡Vamos al chat!

Completa los espacios con la palabra correcta

- El día de Pentecostés los _____ estaban reunidos en el _____.(Hechos 1:13).

- El Pentecostés fue el cumplimiento de la _____ hecha por Jesús en _____.

- El milagro central del Pentecostés fue la llenura _____.(Hechos 2:4).

- El día de Pentecostés los _____ hablaron en diferentes _____.(Hechos 2:4).

- El mensaje del Pentecostés es que la salvación es para _____.(Hechos 2:8-11).

Conéctate   Descargas   ¡Vamos al chat!

Planea con tu maestro y compañeros un tiempo de evangelismo personal en el barrio o comunidad donde se encuentra tu iglesia. Antes de la actividad tengan un tiempo de oración grupal para pedir la dirección del Espíritu Santo.

Sabías que...
El viento que sopló el día de Pentecostés era tan fuerte que probablemente por todo Jerusalén "probablemente por día ser oído" (Comentario Bíblico Beacon. Tomo 7. CNP, EUA, p. 285).

CHIC Conéctate con Cristo y su Palabra

PROSPERAS ES PRESAD A

CNP

50 Lección

Para memorizar: "...Pero recibiréis poder cuando haya venido sobre vosotros el Espíritu Santo, y me seréis testigos en Jerusalén, en toda Judea, en Samaria, y hasta lo último de la tierra" Hechos 1:8.

Conéctate · Descargas · ¡Vamos al chat!

Escriban los significados de las siguientes frases o palabras. Luego compartan con la clase los diferentes significados.

Pentecostés _____

Hablar en otras lenguas _____

El mensaje de salvación _____

Al llegar Pentecostés _____

¿Crees que tienes el Espíritu Santo en tu vida? Si no lo tienes, ¿qué impide que lo tengas?

_____
_____
_____

Conéctate · Descargas · ¡Vamos al chat!

Sabías que...

El viento que sopló el día de Pentecostés era tan fuerte que podía ser oído "probablemente por toda Jerusalén" (Comentario Bíblico Beacon. Tomo 7. CNP, EUA, p. 285).

Planea con tu maestro y compañeros un tiempo de evangelismo personal en el barrio o comunidad donde se encuentra tu iglesia. Antes de la actividad tengan un tiempo de oración grupal para pedir la dirección del Espíritu Santo.

Conéctate · Descargas · ¡Vamos al chat!

Conéctate con Cristo y su Palabra

cnp

Lección 51

Conéctate → Descargas | ¡Vamos al chat!

Para memorizar: "Pero cuando vino el cumplimiento del tiempo, Dios envió a su Hijo, nacido de mujer y nacido bajo la ley" Gálatas 4:4.

Conéctate | Descargas → | ¡Vamos al chat!

Lee las declaraciones y selecciona la respuesta correcta subrayándola:

Jesús nació en:

a. Jerusalén   b. Galilea   c. Nazaret d. Belén

Jesús creció en:

a. Capernaum   b. Betania   c. Nazaret

El decreto para ser empadronado lo dio:

a. El imperio Babilónico   b. El imperio Asirio   c. El imperio Romano

José era de:

a. Jerusalén   b. Galilea   c. La ciudad de David

Conéctate | Descargas | ¡Vamos al chat! →

Escribe tus reflexiones acerca del significado de la Navidad para tu vida y compártela con tu clase la próxima vez que se reúnan.

Conéctate con Cristo y su Palabra

Sabías que...

El emperador que ordenó el decreto para el empadronamiento se llamaba Cayo César Octaviano Augusto. El término Augusto era más un título que un nombre utilizado por todos los emperadores romanos que le sucedieron en el trono.

M
E
N
S
A
J
E

D
E

A
M
O
R

cnp

51 Lección

Para memorizar: "Pero cuando vino el cumplimiento del tiempo, Dios envió a su Hijo, nacido de mujer y nacido bajo la ley" Gálatas 4:4.

Lean las siguientes citas bíblicas: Isaías 7:14, Miqueas 5:2, Oseas 11:1, Isaías 9:1-2, Isaías 11:1, Jeremías 31:15, Mateo 2:6, Mateo 2:15, Mateo 4:15, Mateo 2:23, Mateo 2:18. Tome cada grupo una hoja de papel y divídanla en dos columnas. En la columna izquierda ubique el texto que contiene la profecía bíblica y en la derecha el texto que contiene el cumplimiento.

Profecía   Cumplimiento

_____   _____

_____   _____

_____   _____

_____   _____

_____   _____

_____   _____

Escribe tus reflexiones acerca del significado de la Navidad para tu vida y compártela con tu clase la próxima vez que se reúnan.

Sabías que...

El emperador que ordenó el decreto para el empadronamiento se llamaba Cayo César Octaviano Augusto. El término Augusto era más un título que un nombre utilizado por todos los emperadores romanos que le sucedieron en el trono.

MENSAJE DE AMOR

Lección 52

Conéctate ➤ Descargas | ¡Vamos al chat!

Para memorizar: "Así que, hermanos, os ruego por las misericordias de Dios, que presentéis vuestros cuerpos en sacrificio vivo, santo, agradable a Dios, que es vuestro culto racional" Romanos 12:1.

Conéctate ➤ Descargas | ¡Vamos al chat!

Dibuja dos manos, y dentro haz un letrero que diga "todo en las manos de Dios en el año que comenzará" y en la otra una lista con las cosas que necesitas cambiar, mejorar o continuar en este nuevo año.

Conéctate | Descargas | ¡Vamos al chat! ➤

En la semana ora para que Dios te ayude para entender su propósito en tu vida y para que en base a ese propósito puedas tener metas claras para tu futuro.Anota las ideas que surjan de este tiempo de oración.

Sabías que...

José tenía diecisiete años, cuando tuvo el sueño de ser líder, y por ello lo odiaron sus hermanos y tuvieron envidia de él.

RECONSTRUYENDO

CMC Conéctate con Cristo y su Palabra

52 Lección

Para memorizar: "Así que, hermanos, os ruego por las misericordias de Dios, que presentéis vuestros cuerpos en sacrificio vivo, santo, agradable a Dios, que es vuestro culto racional" Romanos 12:1.

| Conéctate | Descargas | ¡Vamos al chat! |

Responde las siguientes preguntas:

¿Qué significa para ti consagrarte a Dios?

Social: _____

¿Cómo podrías consagrar tus relaciones personales?

Servicio al Señor: _____

| Conéctate | Descargas | ¡Vamos al chat! |

¿Por qué es importante el control y la evaluación en las metas?

¿Cuáles son tus metas para este nuevo año en los siguientes puntos?

¿Cómo perseverarás, en el compromiso hecho hoy?

Físico: _____

Intelecual: _____

Sabías que...

José tenía diecisiete años, cuando tuvo el sueño de ser líder, y por ello lo odiaron sus hermanos y tuvieron envidia de él.

| Conéctate | Descargas | ¡Vamos al chat! |

En la semana ora para que Dios te ayude para entender su propósito en tu vida y para que en base a ese propósito puedas tener metas claras para tu futuro. Anota las ideas que surjan de este tiempo de oración.

RECONFIGURANDO

Encuesta E

Libro 6

Tome unos minutos para darnos su apreciación del presente material.

	Bueno	Muy bueno	Debe mejorar *
. Presentación	_____	_____	_____
2. Temas	_____	_____	_____
3. Dinámicas	_____	_____	_____
4. Desarrollo de la lección	_____	_____	_____
5. ¡Vamos al chat!	_____	_____	_____
6. Hoja de trabajo (Libro alumno)	_____	_____	_____

* Si en algún ítems respondió Debe mejorar, por favor especifique cómo podemos mejorar. Sea lo más claro posible.

Debe mejorar en _____
_____
_____
_____
_____

Otra observación: _____
_____
_____
_____
_____

Por favor, envíela hoy mismo por alguno de los siguientes medios:

Correo postal:
Patricia Picavea
Casilla de Correo 154
169 Pilar, Buenos Aires
Argentina.

Correo electrónico:
informacion@editorialcnp.com

CLiC Conéctate con Cristo y su Palabra